U0143073

文 化 中 国 ： 传 承 与 汇 通　丛书主编：叶隽

中德文化空间与
凯泽林感性哲学的形成

——以知识的社会建构为中心

董琳璐 著

海峡出版发行集团
THE STRAITS PUBLISHING & DISTRIBUTING GROUP｜福建教育出版社

图书在版编目（CIP）数据

中德文化空间与凯泽林感性哲学的形成：以知识的
社会建构为中心/董琳璐著. —福州：福建教育出版
社，2023.9
（文化中国：传承与汇通/叶隽主编）
ISBN 978-7-5334-9710-1

Ⅰ.①中…　Ⅱ.①董…　Ⅲ.①哲学－研究　Ⅳ.
①B0

中国国家版本馆 CIP 数据核字（2023）第 128433 号

文化中国：传承与汇通
丛书主编：叶隽

Zhong De Wenhua Kongjian Yu Kaizelin Ganxing Zhexue De Xingcheng
中德文化空间与凯泽林感性哲学的形成
——以知识的社会建构为中心
董琳璐　著

出版发行　福建教育出版社
　　　　　（福州市梦山路 27 号　邮编：350025　网址：www.fep.com.cn
　　　　　编辑部电话：0591-83779615　83726908
　　　　　发行部电话：0591-83721876　87115073　010-62024258）
出 版 人　江金辉
印　　刷　福建新华联合印务集团有限公司
　　　　　（福州市晋安区福兴大道 42 号　邮编：350014）
开　　本　710 毫米×1000 毫米　1/16
印　　张　23.25
字　　数　310 千字
插　　页　2
版　　次　2023 年 9 月第 1 版　　2023 年 9 月第 1 次印刷
书　　号　ISBN 978-7-5334-9710-1
定　　价　59.00 元

如发现本书印装质量问题，请向本社出版科（电话：0591-83726019）调换。

总　序

叶　隽

作为世界文明的核心文化体之一，中国之崛起于世界，并非仅仅如撒切尔夫人所言"今天的中国出口的是电视机，而不是思想"（China today exports televisions not ideas. [①]），中国文化源远流长，更具有备受世界一流精英景仰慕重的元思维资源，后者同样参与哺育了西方文化和知识传统的构建。所以，按照瑞典科学家汉尼斯·阿尔文（Alfvén，Hannes Olof Gosta，1908－1995）在 1988 年巴黎举行的"面对 21 世纪：威胁与承诺"诺贝尔奖获得者国际会议上（Promesses et menaces à l'aube du XXIe siècle-Conférence des Lauréats du prix Nobel à Paris，18－21 janvier 1988）所言："如果人类要在 21 世纪生存下去，必须回头 2500 年，去汲取孔子的智慧。"这种说法或略显夸张，但确实表明了西方学者对中国文化和智慧的文明史整体价值的认知度。遗憾的是，中国文化自近代以来因西方坚船利炮之来而历经坎坷，五四新文化运动虽有开创之功，但也难辞重创传统

---

① Thatcher，Margaret. *Statecraft：Strategies for a changing world*. London：Harper Collins Publishers，2022. p. 179.

之责。故此，中国现代文化之构建大业远未完成，后来者任重道远；而西方尤其以美国为主导的世界文明也同样步履蹒跚，世界文明正面临"全球航行大海，谁家执灯未来"之困局。

在全球化时代背景下，对于正处于或崛起、或复兴、或形成中的现代中国来说，在经济强势崛起、政治步入中心的同时，文化的发展如何入流乃至引流，其实不仅涉及自身，而且关乎世界。一方面，在全球化时代，理解人类各种不同类型文化的整体形成过程至关重要，因为这涉及文明发展的关键所在。而文化史的研究，正是将文化作为一个完整的体系，考察其产生、发展的整体历程，将事物作为一种历史过程进行研究。另一方面，作为东方世界的核心文化，中国文化当然不仅居于中心，而且具有关键性意义。但我们这里不仅要关注"中国文化"，更主张一个拓展了的"文化中国"概念，唐君毅这样说："若问中国在哪里？就在诸位的生命里。我们每一个人，皆有资格代表中国，毫无惭愧。要说认同，即要先认同于自己个人心中之中华民族，与中国文化生命。"[1] 这里指向的，应该就是"文化中国"，这是一个超越性的概念，即超越了具体政权、国族的层次，而指向一种更具有理念共识的符号标志，在某种意义上或许接近宗教，但又不是。

就这个概念的具体界定而言，杜维明的看法颇有代表性，他认为："中国不仅是经济实体、政治结构、社会组织，同时是一个文化理念。"所以，他将"文化中国"的概念界定为三层"意义世界"，即：华人所组织的社会，包括中国、新加坡，也包括这些地区的少数民族；散布世界各地的华人社会；和中国无血亲关系但和中国文化有缘的世界各阶层人士，包

---

[1] 《海外中国知识分子对当前时代之态度》，载唐君毅：《说中华民族之花果飘零》，台北：三民书局，1974年，第103页。

括学术界、媒体、企业、宗教、政府及民间机构。[①] 这是一个很有层次递进感的概念界定，具有继续讨论的基本参考价值，在我看来，"文化中国"就是一个通向"世界中心"的桥梁，同时也不妨视为相应的学术范式、思想范式、实践范式，"文化中国"具有多层次的内涵，"它既是中国文化向外传播、交流可以倚重的特殊文化符号意象，也是用以说明中华文明在世界文化和全球文明大格局中重要地位的标示性概念，同时也是连接海内外华人以及一切对中国和中国文化抱有好感或兴趣的异族有识之士的精神纽带"。[②] 更重要的是，可以在一个更为开阔的世界语境中来为"文化中国"定位，具体言之，就是既关注到本土-外来的"华人"视线，也同时深掘外来-本土的"外人"线索，这其中又可分为若干层次：即汉学家中国、汉语中国、文化中国。汉学家乃以专门研究中国为志业（职业）者，这批人物虽然数量不多，但在高端文化交往中常居于枢纽位置，经典著作常经由他们翻译转介；通汉语且知中国者，这又是一个不同的层次，譬如较为专门的汉语译者就是一种值得注意的群体，这些人中还包括如传教士、外交官、记者、学者等，他们由各种因缘而学习汉语或从事与中国相关的职业，从而对中国颇有了解，在各个层面都可能具有中国与外部世界的桥梁功用；"文化中国"的概念则铺展到更为广大的外国人士，其中既有第一流的精英人物，如歌德、席勒等既不通汉语，又未亲历中国，但却对中国知识与文化抱有极大兴趣，并能引为资源、发为创造，在世界知识谱系中铭刻文化中国的意义；也有大量的普通常人，如 18 世纪欧洲社会中普遍的"中国热"，譬如《道德经》德译本是各种外文译本中最多的，其译者中既

---

① 杜维明：《"文化中国"精神资源的开发》，载郑文龙编：《杜维明学术文化随笔》，北京：中国青年出版社，1999 年，第 63—64 页。

② 涂可国、赵迎芳：《文化现实与文化建构——中国社会文化研究》，济南：山东人民出版社，2017 年，第 21 页。参考沈庆利：《溯梦"唯美中国"——华文文学与"文化中国"》，成都：巴蜀书社，2018 年。

有名家，也有大量的常人，他们对中国的了解虽然难免道听途说，或是经由其他语言辗转译介，甚至受到西方媒体的片面影响，但对中国仍葆有兴趣，这部分是世界性的中国文化的巨大存在感所在。

所以，文化中国之存在及其亲密接触，乃是世界共和的一个必备要素。知识者（普遍意义）的文化中国，更是具有深刻的世界理想共和国的建构意义。故此，本套丛书既推传承，亦重汇通，希望在纵横两个维度上同时考察"文化中国"的形成史，并努力使之进入现代世界心灵的建构过程中。

借用尼采的论断，所谓"精神三变"（Drei Verwandlungen）之"骆驼—狮子—婴儿"来比拟中国文化精神成长的三阶段：第一阶段，内在于华夏，周秦时代由《易经》到儒道诸子，冲击力是"百家争鸣"，其核心是"儒道二元结构"的基本形成，鼎盛标志是到汉代的"罢黜百家，独尊儒术"，但其实是"二化为三"，"外儒内法"的成型同时似也即意味着此一结构的消解开始与新结构的酝酿；第二阶段，内在于东方，冲击力是汉唐时代各种宗教入华，其核心是佛教西来，以宋代理学的形成为鼎盛标志，其实质则为"外儒内佛"，但同时开始新一轮的消解与重组过程；第三阶段，内在于世界，冲击力是宋元以降的西人东来与海外留学，其核心是西教、西学（现代学术）冲击，以现代新儒家的形成为标志，其思路在于"以西济儒"（但此处之儒也非单纯纯粹之儒，而是援佛入儒之后的儒）。必须指出的是，现代新儒家的体系建构远未完成，也未能形成一整套应对西学冲击的完整文化方略。由此而中国融入世界，所开辟的新一轮的文化整合创生，仍在过程之中。

本丛书既关注作为高深知识的"文化史"面相，同时又努力兼及更为开阔的"文化互动史"图景，尤其希望能借助侨易思维，在全球史境的整体框架下，努力在一种联通的维度中体现文化、观念与思想的张力，要知道，"知识传播是文明进步过程中不可或缺的环节，是推动人类社会发展的重要助力"，在这样一种全球史的整体视野中，考察人类文明的形成和社会的进步，则可别出手眼。故此，在这样一个动与常的互动维度中来考察中国与外部世界的关系，在全球史进程、东西二元格局的框架中来理解中外交流、中国之世界、世界之中国的互动；同时努力具备世界理念，将其他若干核心文明体的起落兴衰线索及其外部互动纳入视域，诸如希腊文明兴起及其东方语境、中世纪阿拉伯文化的复兴及其西学翻译运动、文艺复兴与启蒙运动的东方资源等，这样使得对中国文化世界影响的论述更具质感和比较文明史意义。当然，我们念兹在兹的，则是在这样一种立体系统的全球格局里，现代中国是如何形成的，尤其是在世界文明空间中占据怎样的文化中国地位，形成如何的文化中国影响，如此则对理解"中国梦"的概念无疑深有助益。当然这里的中国也有大中华的概念隐含于内，因为说到底中国梦也是华夏梦，也是华夏文明通向世界，开启普遍范式的立体之道。

尽管外界由金融资本、强势权力、异化江湖而引发的噪音早已甚嚣尘上，但本丛书仍希望能集腋成裘、脚踏实地、循序渐进，尊重知识的内在伦理，遵循学术的基本规律，积跬步以求致千里，积细流以汇入江海。一方面，我们将积极推出本土作者的精品力作，希望能在一个较为融通的维度上呈现出中国知识体系重建的"可能范式"；另一方面也希望适当引介海外对于中国文化史与文化关系史的系统研究，尤其是较为经典的著作。假以时日，或可对现时代之文化建设略有补益。

2023 年 3 月 6 日

目　录

侨易学方法如何以个案展示

叶　隽

　　曾应邀参加过一些博士论文的答辩，答辩人在陈述的环节会特别提到论文运用了侨易学理论。有答辩委员提出疑问，觉得似乎并不能见出其独特之处。我只好笑而无语，这或许有违学术的"如实直言"，但在那种答辩环节，似乎也只能如此"和光同尘"，否则只能是大家都尴尬而已。不过我确实认同这样的说法，即侨易学理论"不花时间不好懂，一时把握不住"①。对于侨易学来说，一方面其自身在构建之中，仍有漫长的道路需要跨越；另一方面因其哲理建构有内在独特逻辑，确实也需要研究者用心用力，耗费精神，才能得窥门径、握其要义。或者按照林盼的说法："目前侨易学的研究现状，确实面临如何'出圈'的问题。我也几次尝试使用侨易学的理论进行案例分析，从'用户'的角度而言，深感侨易学的理论体系庞大复杂，绝非简单的三言两语可以概括，但这种庞杂也部分限制了概念工具的广泛接受，使研究者（尤其是青年研究者）有'望峰息心'之感，甚至不断地拨开迷雾，努力理解概念话语中的微言大义，扪心自省

①　方维规：《有"侨"必"易"》，载《跨文化对话》第33辑，北京：生活·读书·新知三联书店，2015年，第173页。不过可以补充的是，对于任何一种专门知识，尤其是有价值的理论，想要有所获得，必然需要首先付出，这至少包括浸入式的阅读与思考，如果不尝试去"辛勤耕耘"，而只是简单地希望"为我所用"，则并非"拿来主义"的态度，有时恰恰是适得其反的效果。

'是否已理解个中意涵'？如果使用者时常陷入'自我怀疑'的状态，对于理论的推广无疑是十分不利的。归根结底，无论是理论工具还是智能手机，最基本的评价标准永远是'功能多样、简单好用'，而不是'外观独特，包装华丽'。"① 这当然是有道理的，而且切中"理论为器"的基本逻辑，但在另一方面，我们似乎也需要意识到，学术毕竟更应立足于学理层面，它不该仅是单纯地以"实用"或"致用"为标准的，它有其更加高远的意义乃至使命。我则更倾向于将侨易学视为一种融汇了哲思、方法、观念等诸层面的"高级游戏"，是一种充满智慧的学思成长和博弈过程。但说来容易，行之何难？

凯泽林（Keyserling，Count Hermann，1880—1946）自然是一个值得深究的人物，他的思想史意义，尤其值得追问。我最初接触凯泽林，就是由卫礼贤、荣格等人延伸而至②，这种知识网络的自然延伸是有趣的，

---

① 林盼：《新理论如何"出圈"：关于"侨易学"的观察与思考》，《中华读书报》，2023 年 2 月 15 日，第 8 版。

② 可以另举例说明的是，在杜里舒（Driesch，Hans，1867—1941）访华期间，卫礼贤、杜里舒、张君劢合作编纂了《德英汉哲学词典》。由此机缘，杜里舒成为中国学院的成员，同时也进入了凯泽林在达姆施塔特的智慧学校圈子，担任报告人。Wippermann, Dorothea. *Richard Wilhelm—Der Sinologe und seine Kulturmission in China und Frankfurt*（卫礼贤——汉学家及其在中国与法兰克福的文化使命）. Frankfurt am Main：Sozietäts Verlag, 2020. S. 66-67. 张君劢称："在卫礼贤担任德国驻北京大使馆科学顾问期间，莱比锡哲学家德瑞施教授曾来到中国。为了编纂一本汉德小词典，我们曾每周聚会两次。"张君劢：《卫礼贤——世界公民》，原载《中国》，1930 年第 5 卷第 2 期，第 71—73 页，参见孙立新、蒋锐主编：《东西方之间：中外学者论卫礼贤》，济南：山东大学出版社，2004 年，第 28 页。德瑞施即杜里舒。杜里舒则还提到了瞿世英："在我逗留北京期间，卫礼贤博士、张嘉森博士、瞿世英和我几乎每周都会进行深入的讨论，目的是为所有重要的哲学和心理学术语确定中文术语。这项工作的成果将作为《德英汉哲学词典》出版。当然，我自己的工作是一个非常有限的部分，仅仅是选择与偶尔做些解释。其余则归功于其他三位先生，他们需要在所有出问题的相关语言中进行回应，大多数情况都能对在特定的欧洲术语中选择合适的中文单词达成一致；如果一次不行的话，通常自然会有长时间的争论。"Driesch, Hans & Driesch. *Margarete*：*Fern Ost*（远东）. Leipzig：F. U. Brockhaus, 1925. S. 203.

每一个陌生名物，其实都可能蕴藏着无穷奥妙的"未知之境"，同时也可能孕育着无数有待打开的"芝麻之门"，这取决于好奇心，也受限于兴趣面、敏锐性，当然最后往往是判断力在起作用，所以在求知探索的过程中，尤其应该珍惜过程中发现的蛛丝马迹，它往往是冥冥中天意与你的缘分，是否能得到，则殊有待于自己的善自珍惜与把握机缘。知识是一个无所不在又永无止境的探索之海，有些接近于我所谓的"网链点续"概念，即有它自己的不断勾连、互系、成长、变形、新生、循环的过程。但这种网链结体的结构，乃是在求知过程中自然形成的，非刻意可为之，更非资本、权力、江湖等强力以一时之势而强为所致。ChatGPT再强大，终究也只是器而已，我不否认它可能带来的巨大技术性便利，但就最高端的哲思创造而言，它是不可能替代那些最伟大的思想家、艺术家、科学家的，甚至在很长一段时段内都无法望其项背。若是真有"造物主"，那也真是可以叹为观止，或又需与魔鬼来一场豪赌了，不知后世是否还能再现浮士德？

董琳璐本科毕业于上海外国语大学德语系，2012年到北京来随我读书，硕博都是在中国社会科学院外文所完成的，其间又去法兰克福大学汉学系一年，这对于开阔眼界、搜集材料、丰富阅历等当然是有好处的。她下的功夫不少，不但去凯泽林的"根据地"达姆施塔特（Darmstadt）探根索源，而且也去了慕尼黑，对卫礼贤的档案也顺藤摸瓜，虽然只能算是浅尝，但也毕竟是有了"亲手触摸"的经历。她的硕士论文不乏出彩的地方，其中一部分修改以后以《侨易路线：青年凯泽林的异文化漫游与哲学志向的形成》发表，能借助青年凯泽林的个案而提出"侨易路线"的概念①，很能显出她颇为敏锐的眼光和思考的张力。或许是博士修读年限时间限制的缘故，她的博士论文呈现出的状况却并不是很令人满意，我嘱她毕业后不必着急出书，尽可能再好好打磨一番。其实背后的判断是希望她能"沉下心来"，重识来时路！好在她有耐性，也能克服时艰；有想法，也有行动的能力；有主见，又能善于听取意见；有明辨是非曲直的眼光，又能和光同尘与适应环境。这些，都是难得的优点，在现如今的环境里能集中体现，颇为难能。

知识侨易是一个大命题。在这部著作里，董琳璐其实借鉴了颇多的理论资源和技术手段，譬如说图形展示的直观性，图像具有符号意义，但其貌似"高简"的背后却是对制作者的智慧、认知与技巧的综合考验，在这方面，通过一系列的图表绘制，她给读者提纲挈领、简明扼要地提供了相关资源，这是值得肯定的；还有学术史的自觉意识与具体落实，至少就侨易学而言，其实有一个学术史回顾问题，研究者大多会关注到我的著述，但仅有此是不够的，或至少不足的，在相关领域内其他学者的贡献同样是值得参考的，董琳璐就注意到李川、谭渊、胡继华等的论文，这是很重要的；我尤其感到高兴的是，她能在"左顾右盼"的前提下，不囿于既有成果的局限，能形成自己独特的反思意识，如她所言："围绕本案对侨易学

① 董琳璐：《侨易路线：青年凯泽林的异文化漫游与哲学志向的形成》，《江苏师范大学学报（哲学社会科学版）》，2016 年第 4 期。日后她在文学侨易学的方法论推进方面，也做了一些有益的尝试，并在核心侨易概念的文学转化等方面颇有发现，提出了"时—空—人"结构、"时—空—思"主体性等概念，难得的是还能努力结合穿越文学的具体文本进行分析。参考董琳璐《文学侨易学的一种研究方法：基于穿越文学的"时—空—人"结构》，《南京师范大学文学院学报》，2021 年第 2 期，第 70—78 页；董琳璐：《文学侨易学何以可能：从穿越文学中的时空结构谈起》，《国际比较文学》，2021 年第 3 期，第 559—569 页；董琳璐《核心侨易概念的文学转化——逆时空侨易现象中的"时—空—思"主体性》，《河南大学学报（社会科学版）》，2022 年第 1 期，第 86—91 页。

的使用过程，我对侨易学在理论层面和方法层面的基本原则有所掌握，同时在实际章节运用中也发现了一些问题，这些未尽的思考其实正说明了侨易学在案例层面具有的宏观的延展性和微观的生命力。"侨易学远非一个已然完善的理论体系，它实际上是一个"进行时"过程，这不仅需要构建者的持之以恒，同时也需要同行者的同气连枝，这才能是一个理想的"学术共同体"状态，尽管在当下的语境中很难，但仍是值得尝试的。

她将凯泽林的个体旅行视为联结异文化（不同城市）之间的"侨易空间"，并将其与知识生产联系起来，视为一种"不间断的流力"，这自然是可以被视为打开"知识侨易"具体路径的精彩发覆。更值得期待的，是如何将这样的思路转化为具体的实证研究。或者也可以说是"旅有终途，知无尽处"，在我看来，更是"侨而无涯，易也无涯"。人的宿命或许就是如此，没有终点或是破除主体的最佳策略（实际上"消解主体"也正是侨易学很重要的"无用之用"），所以易经的终卦是"未济"，而非"既济"。尼采宣称："我的时代，尚未到来；有些人，死后方生。"这话说得大气磅礴，但却是过于直白了些，我还是更欣赏席勒借波沙侯爵（Marquis von Posa）所表达的含蓄之美："对于这个世纪来说，我的理想过于早熟。我只能做，未来时代的公民臣属。"（Das Jahrhundert/Ist meinem Ideal nicht reif. Ich lebe/Ein Bürger derer, welche kommen werden. ）①。可见真正对自己的原创性价值有信心者，往往未必求之于当世的"冠冕荣誉"。在这个时代追求"高山流水"或是一种奢望，按照周宁教授的说法："叶隽君处承平之际，却力为创辟之学，我不知道学界理解、接受他的学说需要多少年，期望更短，也可以等待更长，毕竟思想的确立与流布，不是三年五

----

① Schiller, Friedrich von. Don Carlos. Martini, Fritz und Müller-Seidel, Walter (Hrsg.): *Klassische Deutsche Dichtung*. Band 13. （德国文学经典，第 13 册）Freiburg im Breisgau: Verlag Herder KG, 1964. S. 114-115. 此处中文为作者自译，另可参见张威廉译《唐·卡洛斯》，上海：上海译文出版社，1981 年，第 115 页。

载的事。"① 但读到这本书稿还是很有感慨，时而有"会心一笑"的感觉，"世界学术""学者共和国""文化交域"等确实是我颇为在意也略有自得的概念。

"中德文化"是我念兹在兹并长期工作的一个重要学域，董琳璐将其拓展为"中德文化侨易空间"无疑是有见地的，她将凯泽林作为一个饶有意味的个案放置在这一宏观语境里，似可引申出"接天莲叶无穷碧"的风景；而凯泽林的知识建构则又不仅仅局限在"中德文化"而已，虽然这是主流，但由此而拓展出的"世界气象"或许是更让人耳目一新的。若能结合全球史、现代性、跨学科等视域则或更可有所发明。诚如我所言，中德文化关系是一种具有两种基点文明代表性意义的文化交流，而非仅一般意义上的"双边文化关系"。这是东西文化内部的两种核心子文化的交流，即作为欧洲北方文化的条顿文明与亚洲北方文化的华夏文明之间的交流。这样一种主导性的文化间的交流，具有重要的范式意义②。虽然已有相当研究，但其中所蕴藏的"无限风光"，仍有待于开掘，我说的不仅是在史料史实层面，也包括诗与哲思领域。其要义端在于如何"以新眼观旧书"。侨易学无疑是一个值得引入的视角。

即便以我挑剔的眼光，似仍可以说，这部著作可以视为侨易学方法具体运用的一个有益尝试，而且是值得细读的。当然，作为一个初入学域者，毕竟免不了不成熟的方面甚至"学术青涩"的表现，所以自然也就有了更为开阔的学术空间展开的可能，而这也正是学术研究的魅力所在！譬如说："知识侨易是知识生产的另一个面向，即异文化资源的知识生产包含了知识侨易的过程。"我不太倾向于将知识视为简单的资本支配下的产

---

① 周宁：《序》，载叶隽：《变创与渐常：侨易学的观念》，北京：北京大学出版社，2014年，第2页。

② 《中德文化丛书总序》，载叶隽：《德国学理论初探——以中国现代学术建构为框架》，上海：上海外语教育出版社，2012年，第Ⅱ页。

物或器具，当然它无法摆脱身处的资本语境，甚至必须受到资本制度的约束（甚至某种程度的操控），但知识又必然葆有其不屈不挠的独立品格，否则我们强调"学者共和国"的意义何在呢？同样，"知识侨易"更多指向的应是一种超越性的价值中立的概念，是具有包容性的，而不应是被"生产"的。此外，就凯泽林的思想而言，对其"感性哲学"的发覆无疑是有价值的，但具体到凯泽林感性哲学的形成因素的细致分析以及其在时代语境中的意义，用力无疑还是不够的，也是今后可进一步发力开掘的地方。李泽厚强调"情本体"的思路亦可参考①，在我看来，东西本自相通，为学何分南北？或正如歌德所言，"谁若了解自身与他者，自当能明白。东方与西方，永不再分离。"（Wer sich selbst und andre kennt/Wird auch hiererkennen：/Orient und Occident/Sind nicht mehr zu trennen.）至于具体的知识层面，"智慧学校"是可以连接起多个向度、多重空间的上佳研究对象，这里的介绍和处理都未免简单了些。

随着积学愈富、入世愈深，我愈信钱锺书之言不虚，即"大抵学问是荒江野老屋中，二三素心人商量培养之事，朝市之显学必成俗学"。在这样一个功利至上、道德退位的时代里，传统价值似乎已经一溃涂地，即便是连坚守基本立场也成了一种迂腐而被嘲笑的对象。可我仍然坚信，"天有常道矣，地有常数矣，君子有常体矣。君子道其常，而小人计其功。"（《荀子·天论》）学术之道，更是道统之本，因其所蕴藏的知识与精神内涵都有远超其本身的意义，所谓"吾侪所学关天意"并非仅是学人自慰之语而已。换一个思路想，"这世界这么坏"，我却还能沐浴阳光，感恩曾经遭遇过的一切艰难挫折、沧桑忧患，乃至阴谋诡计、陷阱恶局，它们都可以成为我们向上的阶梯。要知道，"世界首先是个坏世界，而人们幻想好

---

① 不过要注意的是，正如李泽厚自己解释的："'情本体'强调的是情理结构。"李泽厚：《伦理学新说述要》，北京：世界图书出版公司，2019 年，第 141 页。其他如"新感性"等概念也值得关注。

世界。人们通过政治去研究坏世界，而通过道德去想象好世界。古代人看重理想，所以把政治学看做是伦理学的一部分，现代人认清现实，因此政治哲学成为了第一哲学"。① 从这个意义上来说，我们可以经由认知"坏世界"而亲近哲学，甚至发明哲思，未尝不是"转危致思"的另类方式，所以我们会吟唱："尽管这世界，给我满身的伤，我依然要赞美太阳。"（《就是现在》，刀郎、云朵、王琴唱，刀郎词曲）这是理想主义的沧桑！还有简单明快的向往："你伴我迎接灿烂的曙光，迎接崭新的黎明，是你给我无穷的力量，勇敢地向前行！"（《早安隆回》，袁树雄唱并作词曲）不过我似乎还是更欣赏那种沉静淡定的诗意和正气："晚风中闪过几帧从前啊！飞驰中旋转已不见了吗？远光中走来你一身晴朗。"（《这世界那么多人》，莫文蔚唱，王海涛词，彭飞曲）

我的思路，大致是希望学生能借助博士论文的撰作过程，不但完成一部可以进入学界的"有效入场券"，更能形成学养，磨砺志向，明白道理，持守义利之辨。在选题阶段，董琳璐问题于我，并接受了我关于凯泽林的建议，且能孜孜不倦地进行探索，如今终于成书。作为导师，我为她感到高兴，甚至还觉得或许在这样的艰难时世中所体现的那份执着是尤其可贵的。2018 年毕业后，董琳璐学成回到上外德语系任教，这五年之间，她需要承担一个青年教师在这个时代所不得不面临的"功利裹挟"，外语院校的繁重课程也让她有时难免"疲于应对"，还能做出这样的研究，确实很是不易。然而，时代就是如此地冷酷而公平，它似乎在以一种摧枯拉朽之力对学人进行着"适者生存"的选择，当然在某种意义上也是"大浪淘沙"。从选定凯泽林为题，到此书问世，董琳璐也可算是"十年磨一剑"了。虽然还不能说就是"羽翼丰满"，但也可被期待"仗剑走天涯"了。作为她一路行来的求学见证者，我更看重的则是她在这一过程中表现出的

---

① 赵汀阳：《坏世界研究：作为第一哲学的政治哲学》，北京：中国人民大学出版社，2009 年，第 1 页。

"知学、知礼、知径"的学术面相，恐怕也是现下青年学人更值得关注的经验所在。我曾将某些关于侨易学个案研究的论文发给资深前辈请教，倒是青年学者的文章颇得到他们的认同，邹振环教授在阅读后感慨："起步阶段不可能做到深入完美，但深感青年人确实大有可为。这么短的时间就能将这些理论用之于个案，且做得相当不错，我觉得如能经过类似十来年关于侨易学个案研究的积累，相信这个学科的面貌一定非同寻常。"① 这其中就有董琳璐关于凯泽林研究的文章。弹指间十年过去，侨易学之路走得颇为艰难，也很难说没有弯路的经验，不过正是这样的"一路风雨"，让我们认识到学术的"艰难困苦，玉汝于成"的苦意。路漫漫，道也正长，光在前方，但只要我们坚守初心，必可乘风破浪，"江海虽远，我行必达"！

不知为何，我常会想起少年时极为喜爱的《正气歌》来，文天祥在国族断续的关键时刻而坚守立场、不改初心，乃能书此气贯日月之伟大诗篇："顾此耿耿在，仰视浮云白。悠悠我心悲，苍天曷有极。"现在想来，这种忠贞不贰与忧患天下的融汇意识不仅让人千万载之下仍不得不油然而生敬意，同时也正是我华夏民族能历经沧桑而终究屹立不倒的精神源泉所在。当初对"三纲实系命，道义为之根"这句颇有些过于悬高之感，可而今读来，竟又观感完全不同，或许是受了陈寅恪的影响，他说："吾中国文化之定义，具于《白虎通》三纲六纪之说，其意义为抽象理想最高之境，犹希腊柏拉图所谓 Eidos 者。若以君臣之纲言之，君为李煜亦期之以刘秀；以朋友之纪言之，友为郦寄亦待之以鲍叔。其所殉之道，与所成之仁，均为抽象理想之通性，而非具体之一人一事。夫纲纪本理想抽象之物，然不能不有所依托，以为具体表现之用。其所依托表现者，实为有形之社会制度，而经济制度尤其最要者。故所依托者不变易，则依托者亦得

---

① 邹振环致叶隽的电子邮件，2014 年 12 月 2 日。

因以保存。"① 这段论述将西方古典概念取来作比，又以君臣朋友故事为喻，归结之点却在于"道义"之为"根基"，此实为我华夏文化最核心的价值理念，其中既包括了儒家对于"义利之辨"的强势态度，也蕴含了道家之"道法自然"的循守立场，实有曲通易经本源之妙，但又不完全尚空虚谈，而是落实到具体制度层面，其苦心孤诣而嫁思巧构，不逊于其所表彰韩愈一代之用心良苦，非知者难得体会。

我很欣赏尼采的这首诗："谁终将声震人间，必长久深自缄默；谁终将点燃闪电，必长久如云漂泊。"② 这表明了一个寂寞天才的极端自信，同时也是学人诗哲的庄严承诺。历史当然证明了尼采对自己的预言，他当然是"在身后声震人间"的最佳典范之一，宋人说"了却君王天下事，赢得生前身后名"（宋·辛弃疾《破阵子·为陈同甫赋壮词以寄之》），格局还是小了些，作为德意志天才的尼采无疑更表露出"为万世开太平"的儒家不朽之相。而荀子的这句话则更具实践性："道虽迩，不行不至；事虽小，不为不成。"（《荀子·修身》）在我们前面的是星辰大海，更是宇宙光年，虽然人类面临的挑战层出不穷，但走向太空已然开启了新时代的光辉篇章，马斯克及其探索事业所象征的乃是全人类的"关键一步"；而我们守于书斋的学人，纵不能披甲执剑以征戎马，但同样有着不可推卸的使命和责任，那就是在知识的疆域中不断探索，追寻大道。

---

① 《王观堂先生挽词并序》，载陈寅恪：《陈寅恪集·诗集》，北京：生活·读书·新知三联书店，2009 年，第 12 页。

② 德文为：Wer viel einst zu verkünden hat, /schweigt viel in sich hinein. /Wer einst den Blitz zu zünden hat, /muβlange Wolke sein. Nietzsche, Friedrich. *Die Gesammelte Werke*. Vol. 8. Leipzig：Drunk und Verlag，1899. S. 359. 中译文自周国平：《尼采：在世纪的转折点上》，上海：上海人民出版社，1986 年，第 1—2 页。参见瑞德尔（Rehder, Helmut）：《不情愿的门徒：尼采与席勒》，载［美］奥弗洛赫蒂（O'Flaherty, James）等编：《尼采与古典传统》（*Studies in Nietzsche and the classical tradition*），田立年译，北京：华夏出版社，2007 年，第 260 页。

第一章

导　论

第一节　全球史背景下的形象发现

一、旅行与空间

旅行首先是人的一种行动，《辞海》中讲，"旅"指"在外作客"，另有"旅，寄也。不因播种而生，故曰旅"[①]；因此，旅也是"行"而生"变"的，《周易·系辞下》讲"穷则变，变则通，通则久"，即是对变通的褒奖，而一个封闭的空间总是以移动变通为进步发展的必要条件，如"一桥飞架南北，天堑变通途"，"桥"目的在于"侨"。而旅行的地理范围和时间范畴则始终是一个不可回避的话题，以中国传统文化为例，既有父母在不远游的立场，也有"好男儿志在四方"的俗语鼓励，可见，旅行与文化的发展是相伴相生的。

那么以一个人的乡土空间、知识空间为界限，会发现跨空间旅行的意义在于对广义文化的发展和跨文化的交流有着重要助推作用。乡土空间是

---

① 辞海编辑委员会编纂：《辞海》（彩图珍藏本）第 7 册，上海：上海辞书出版社，1999 年，第 4190 页。

指由个体的人际（工作、亲友）网络所搭建的日常活动范畴，如费孝通的《乡土中国》，以及文化人类学中对基于语言、土地、亲属和种族的文化定义。知识空间是指个体在阅读等学习过程中后天形成的对于世界的最大认识范围。跨空间旅行（如图1-1）则是指从乡土空间到知识空间，或者从知识空间向外扩展的过程。因此，本文所用的旅行概念为"主体的移动"，而对主体的界定则进一步受限于研究对象或者研究需要和深入程度，比如旅行主体可以是人、观念、概念或某种制度。乡土空间内部的位移往往是"侨而不易"，侨易现象多发生在跨空间旅行中。

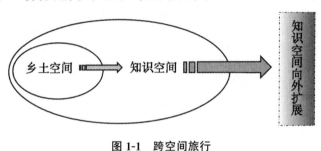

图 1-1　跨空间旅行

以上种种，是围绕旅行与个体之间的关系所做的文化角度的简单阐述；而更为复杂的是存在于跨空间旅行与文化体之间的关系，即从单文化体的知识空间到另一文化体的知识空间，或者从某一个体所处的乡土空间到另一文化体的知识空间——反之亦然——的一种（文化）流通和（人际）勾连关系（如图1-2）。

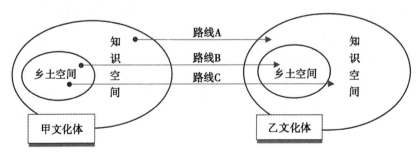

图 1-2　跨空间旅行与文化体关系

图 1-2 所示为异文化体之间的跨空间旅行关系，具体而言：路线 A（起点为甲文化体知识空间、终点为乙文化体知识空间），路线 B（起点为甲文化体乡土空间、终点为乙文化体乡土空间），路线 C（起点为甲文化体乡土空间、终点为乙文化体知识空间）分别代表了三种基本的跨空间旅行。但是从实际的跨空间旅行情景来看，首先，任何一种跨空间旅行都是基于乡土空间的，即起点不变，路线 A 和路线 C 代表了图 1-1 路线继续外延的两种可能。其次，路线 B 代表了广义的地理旅行，即从甲文化体的一地直接前往乙文化体的一地，知识空间并不作为必要的过渡空间，其原因有可能是个体的文化感知度不够，也有可能受制于其他外因。再次，图 1-1 至图 1-2 路线 A 的可能性代表了大多数知识精英的跨空间旅行基础模式，即知识先导，而地理位移后发；更进一步来说，这一路线还存在方向上的逆向流动（图 1-3），即一般而言从乡土空间到知识空间为正序，而跨空间旅行多存在从（异文化体）知识空间到乡土空间的倒序迁移（路线 D）。

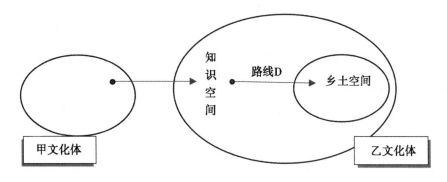

图 1-3　跨空间旅行中的逆向流动

而具体以某一个个体为例或者以某一类跨空间的旅行为例，则可以观察到多条路线的混杂并存。这也是跨空间旅行的复杂性的表现。或者再进一步，存在着从乙文化体知识空间继续扩展（图 1-4 路线 E），或者回转至甲文化体内部发生扩展的情况（图 1-4 路线 F）。

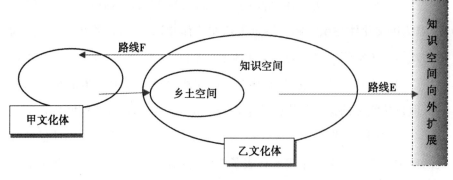

图 1-4　异文化体的知识空间扩展

当然，乡土空间和知识空间的区分并不仅在空间层面有意义，其更重要的意义在于区分旅行主体。即乡土空间内以及以乡土空间为起点的旅行线路仍然是以人之个体为主要的旅行主体的；而（跨）知识空间的旅行线路则包含了更多的主体可能，其中，知识本身就是一种极为重要的跨（文化）空间旅行主体。

进一步来看，以上各种路线的归纳并不仅仅在于观察和分析种种文化现象，更在于将旅行（广义）作为推动空间扩展、变化、进步的动力，按照旅行路线的方向来分析对个体、对空间产生的影响。在这个层面上，文化现象的分析具有了历史学的研究意义。不过，对应过去的宏观史学观点来看，国别史的宏观性仍然只能与上述"乡土空间"对应，微观史则更与"乡土空间"内部的现象吻合。而目前成为重心的全球史方法则聚焦"社会空间"的概念，并"将其从微观放大到宏观"①。虽然全球史观承认了历史上跨文化体的交流的必然事实，但其研究方法仍然基于对同一（社会）空间的扩大化，而对这一空间扩大过程中跨文化的旅行线路也采取了同一逻辑的分析（"世界历史的基本叙述单元应该是具有相互依存关系的社会

---

① 刘新成：《总序》，载［美］帕特里克·曼宁：《世界史导航：全球视角的构建》，田婧、毛佳鹏译，北京：商务印书馆，2016 年，第 3 页。

空间"），在宏观和微观之间，"中观"史学观点仍然是缺失的，或者说是不言不明的，或许，在认同文化体（往往以国别差异体现）差异的基础上，确认"全球史"的社会空间共同性，是一种分析跨文化体的（知识）旅行现象的更好方法。在这里，引入侨易学的理论："侨"对应基本的乡土空间旅行以及跨空间旅行，"易"对应上述几条路线过程中主体的思想变化。

侨易路线和侨易节点的确认则以不同空间的界限和周转为标志进行标记。尤其是，侨易学理论中对侨易主体的界定响应了全球史的"整体"思维，不但人作为旅行主体承担了侨易的主体性，而且知识作为更重要的文化发展推动力成为新的侨易主体，前者可以对以移民群体为代表的跨文化体旅行进行分析，而后者则是对跨文化体旅行的现象及影响进行挖掘，并将知识的旅行视为文化体之间交流、文化体发展等重要历史事件的动因。从这个角度来看，知识旅行的意义更胜一筹，因此，知识作为侨易主体也是侨易现象的观察、分析和总结的一种必然，种种侨易个案的分析最终都将在"知识"侨易的层面得到更深入的阐释。

谈到跨文化体旅行，则欧亚之间的互动始终是一个宏大的话题，不论是欧亚地理范畴的细分，还是借助东方、西方等概念对欧亚的进一步概括，又或者是杂糅了自然地理和文化差异的东学、西学……由此衍生的子题不胜枚举，但都出自于一个最初的母题："欧亚旅行"。借助于跨空间旅行的概念和路线划分，将"东学西渐""西学东渐"等传统的文化影响议题放置在客观历史语境中，还原其原本的旅行样貌：首先被解构的就是一种截然对立的"西学""东学"二元概念；其次得以明确的是延续不断、方向交替的知识旅行不应被以地理界线为前提，实际上以文化中心主义为指导的方法一分为二，甚至叠加线性历史思维使更加割裂的文化论点得以传播。因此，在这一母题下统筹相关的内容显得尤为重要，而统筹的内容媒介是文字，亦即传统上的"旅行文学"、在旅行途中的事实记录、所思所感、评论臧否，乃至虽不在旅行，但可作为"知识旅行"之反映的文本。而旅行和文学之间的关系，通过欧亚旅行的文本得以进一步加强：旅行和文学一方面互相促进，另一方面又呈现出作为不同主体的媒介共同推动文化体发展的功能。

二、欧亚旅行与文学

历史学家所关注的旅行主要在"非国家行为体"[①] 上，即"非政府组织、跨国公司、私人组织以及许多跨国个体"[②]，这一定位主要与历史研究的对象选择逻辑相关：分为"国家"（nation）、"国际"（international）和"跨国"（transnational）三个层面。显而易见，其作为研究定位基础的主体是"国家"，这也与出现在各个时代的历史研究中的国家角色相符：国家是做出政治决策、经贸往来、文化传播的最重要单位，哪怕是器物史中，其源头和终点、其所受掣肘之原因，无不和国家相关，国家始终在历史的前台登场，或成为若隐若现的操纵线。比如航海时代的历史是荷兰史、西班牙史、葡萄牙史和英国史，思想史是国别的，等等。进入十九世纪，则是"国家"＋"民族"的模式，"民族国家"[③] 成为历史叙事的主线。虽然国际和跨国分别强调了国家类别和个体类别，即跨国个体成为历史研究的主体，而跨国个体中又偏向于对组织群体的关注，概因历史研究

––––––––––––––––

① ［美］入江昭：《全球史与跨国史：过去，现在和未来》，邢成吉、滕凯炜译，杭州：浙江大学出版社，2018 年，前言第 4 页。

② 同上。

③ "现代意义上的历史学发轫于 19 世纪的欧洲，彼时'民族国家'正日益成为人类活动、政治经济、社会乃至文化等各个维度的基本单位，而历史学本身也被视为研究追溯民族国家如何演变与发展的一门学问。在这样的叙事框架之下……人们的日常生活、所思所想也作为一个民族历史的组成部分。……而以民族国家为中心的历史研究不仅流行于西方世界，同样也为致力于国族构建、建设现代国家的非西方世界所认可。"［美］入江昭：《全球史与跨国史：过去，现在和未来》，邢成吉、滕凯炜译，杭州：浙江大学出版社，2018 年，第 2 页。

乃至全球史研究的行为本身是制度和器物层面的群体行为①，非个体行为，或者说是一种将国家看作是"大个体"的视角，比如经济政治文化的历史就是将不同国家视作不同个体（行为体）、将国际政治关系视作"大个体"关系（仍然是争夺资源和权力）的方法：西方强国在帝国主义时代的外交尤其可视为"大个体"研究的典范②。而将族群（ethnic communities）或种族（races）、行业等作为新的"大个体"衡量标准也在全球史研究中逐渐凸显，然而思想史和文学史的落脚点如与全球史相结合，则必须深挖个人主体的行为，这不仅仅是从群体到个体的转移，也是从传统的个体的思想节点向个体连续的行为链条的转移（"断链点续"③），即关注到文学作品、作家作为"点"连接思想史线索之外的作家本体之行为轨迹，所谓"深挖个人主体的行为"，而不是仅对文人群体、某一思想派别做"大个体"的分析。在文学研究中，则更加注意到最小单位——人——在历史中的主体作用，尤其是文学史上有围绕"文学"与"人学"④的不断争论。

此外，对人的个体行为链条的深挖还体现在对其在历史事件因果逻辑链条中的地位的重视。如全球史中，将各国、国际、跨国所发生的事件继续作为其他的各国、国际、跨国事件的因果，某一国际交流的大事件可能对个体、群体产生影响，也可能对个体或群体的跨国行为产生影响，反之

---

① "然而近二十年来，历史学家日益关注跨国群体（例如不同族裔、非国家组织等），以及跨国性与全球性的现象（例如人口迁徙、人权）。"［美］入江昭：《全球史与跨国史：过去，现在和未来》，邢成吉、滕凯炜译，杭州：浙江大学出版社，2018年，第1页。

② Langer, William. *The Diplomacy of Imperialism*，1890—1902. New York：Alfred. A. Knopf，1935.

③ 参考叶隽：《"理论旅行"抑或"观念侨易"——以萨义德与卢卡奇为中心的讨论》，载叶隽主编：《侨易》第一辑，北京：社会科学文献出版社，2014年，第258—277页。

④ "文学是人学"这一讨论在中国学术史上有段公案，从高尔基、泰纳到钱谷融、巴人，涉及对文学作品的批评方法重点问题，参见刘为钦：《"文学是人学"命题之反思》，《中国社会科学》，2010年第1期，第160—172、224页。

亦然，从这点出发，则勾连其个体行为、事件、影响之间持续的因果链条，这一点尤其对思想史研究有利。

具体到本书，则是对凯泽林为中心的一系列行为节点、前因、事件和影响的"跨国"梳理，将欧亚地区差异以及欧洲、亚洲内部的地区差异对思想行为的影响也纳入考量，即确定"欧亚旅行"作为研究的关键词之一，值得一提的是，在思想、观念的跨国流动和理论旅行的研究范畴，各学科的标志性专著多与"中国"相联系，如《中国与基督教》（Paul Cohen，*China and Christianity*，1963）、《中国联系》（Warren Cohen，*The Chinese Connection*，1978）、《优雅的福音》（Jane Hunter，*The Gospel of Gentility*，1984）等三本①对于基督教在宗教思想层面、传教士个体层面进入中国的过程和影响的研究。这也足以说明在"欧亚旅行"关键词下，"来华旅行"能成为可供研究的重要门类，而德国在欧洲思想史中的位置（尤其是十七世纪至十九世纪），更无需赘述②。

本书的旅行研究对象范畴以人为主体，文学则是知识侨易的重要空间，而文化侨易则依靠旅行和文学共同达成："在人类历史的发展进程中，本无所谓东无所谓西，东西文化侨动从未停止过，人类文化从来就是一个侨易文化的共同体。"③ 以全球为描绘对象的文学，如全球旅行文学也必须遵守空间规则，空间转向对于全球史和全球旅行文学的书写也有着很大启

---

① 转引自［美］入江昭：《全球史与跨国史：过去，现在和未来》，邢成吉、滕凯炜译，杭州：浙江大学出版社，2018 年，第 26 页。当然，国外汉学对中国的研究也自成一脉，具有广泛的影响力，如［美］史华慈：《寻求富强：严复与西方》，叶凤美译，北京：中信出版社，2016 年。［美］费正清、邓嗣禹：《冲击与回应：从历史文献看近代中国》，陈少卿译，北京：民主与建设出版社，2019 年。［美］柯文：《走过两遍的路：我研究中国的旅程》，刘楠楠译，北京：社会科学文献出版社，2022 年。

② ［奥地利］弗里德里希·希尔：《欧洲思想史》，赵复三译，桂林：广西师范大学出版社，2007 年。

③ 李川：《侨易通观——东西文化通观的文教资源》，《社会科学论坛》，2022 年第 2 期，第 148—161 页。

发。如："家宅具备了人体的生理和道德能量。……这样一座家宅号召人做宇宙的英雄。它是战胜宇宙的工具。……家宅协助我们针对并反对一切地说：我是一个属于世界而又违抗世界的居民。……我们所体验的家宅不是一个静态的箱子。居住的空间超越了几何学空间。……当形象是新的，世界就是新的。"[①]

旅行是文学的重要母题，甚至作为一个主题要早于文学，即旅行作为一种审美行为要早于文学这种艺术行为的创作。也因而，旅行者的身份往往相较于文学创作者的身份更加有价值，即旅行者的眼光能赋予本没有价值的地方以美学价值。比如曾受到歌德称赞的十七世纪的让·巴蒂斯特·塔维尼耶（Tavernier，Jean-Baptiste，1605—1689）和让·夏尔丹（Chardin，Jean）对波斯的观察[②]，十八世纪朱塞佩·巴雷蒂（Baretti，Giuseppe，1719—1789）对欧洲大陆的观察，当然也不能忽视歌德本人在意大利期间（1786—1788）所创作的旅行散文。

德语文学语境中的旅行母题又进一步和历史、文化、社会、政治题材相关联，在"教育"以及"流亡"的（次一级）母题下孕育了德国特色，旅行是物质交换和精神文化交流的重要媒介，在大航海时代之前，长途旅行主要承载了商贸、传教等实用功能，除了专职的探险家以外，旅行的休闲和开辟视野的功能并不凸显，因此旅行的文化意义通常是作为附属品出现的。但是随着交通方式发生质的变化，信息交换和交流的发生变得频繁密切，越来越多的人不满足于借助文学作品、传教士和商旅人士的二手描述来接触异文化，选择踏上旅途，以自己的五感六识取代他人的经验感受，如英国历史学家金莱克（Kinglake，Alexander W.，1809—1891）、

①　［法］加斯东·巴什拉：《空间的诗学》，张逸婧译，上海：上海译文出版社，2009年，第48—49页。

②　https://www.britannica.com/topic/nonfictional-prose/Dialogues，查询时间：2021年12月5日。译名还有塔韦尼埃，达文尼等。

法国外交官戈比诺（Gobineau，Arthur de，1816—1882）对亚洲的记录，当然还有赫尔曼·凯泽林伯爵（Keyserling，Hermann Graf，1880—1946）对中国的观察[①]，等等。

从十九世纪后期到二十世纪初，通过游记展现异国他乡风貌的文本层出不穷，同时，这一时段的全球交往在政治、经贸、文化等不同层面的发展和深入不一而足，因此旅行者的身份也更加多种多样，各个时代都出现了具有代表性的旅行文学文本，比如古典漫游、教育旅行、流亡旅行、传教旅行等，就分别展示了教育-地理旅行，政治迫害-地理旅行、宗教传播-地理旅行等多个文化空间的叠加，并产生了一个包含"作者旅行、主角旅行、读者旅行"三重维度的文学空间，每一个维度的路线可能是地理的、思想的，几个路线的交叉点往往是一个事实存在着的城市、一种景观、一个器物或者一种制度及概念。围绕着这一个个交叉点，即可以引入侨易学的思路。侨易学的概念主要依据两个核心词"侨"和"易"：前者意义在于揭示变之现象；后者意义在于强调变之实质和影响。侨易学即主要研究现象之变和实质之变两者间的关系和发生机制。由此，旅行文学是最适合使用侨易学进行分析和批评的对象之一，借助侨易学可以将旅行路线的线路延伸到地理纬度之外，将旅行文本的批评路径延伸到更广阔的社会空间内，将思想的影响研究延伸到时间维度外。换言之，侨易学所讲的"侨"（现象之变）可与"流散"（Diaspora）相比较，侨易学所讲的"易"可与"流动性"（Mobilität）相比较。

在当下，旅行文学已经成为一种不言而喻的体裁，原因自然是因为"旅行"就如同文学的一种天然特征，不带有旅行题材的文学是不存在的，

---

① Gahlings，Ute. "Keyerlings Begegung mit China und Japan". Ute Gahlings und Klaus Jork（Hrsg.）. *Hermann Graf Keyserling und Asien-Beiträge zur Bedeutung Asiens für Keyserling und seine Zeit*. Edition Vidya，Dr. Mittwede，Biebelsheim，2000，S. 156-181.

对旅行的叙事已经深入作家创作的动机，对旅行在叙事功能中的作用也心照不宣，读者所渴求的新鲜感从本质上来讲也是一种思想的探险（das Abenteuer），阅读经验（die Erfahrung）更体现为一种阅读经历（das Erlebnis），在这里，旅行文学的阅读和旅行本身具有了同样的功能，即经历（erleben）而不仅仅是经验的获得（erfahren），当然，"生活"（leben）和"旅行"（fahren）在这里通过前缀加入"er"也形成了一组奇妙的近义关系。所以，旅行文学首先是具有文学价值的旅行（生活）记录，其叙事的连贯性（如有）往往过分依赖于旅行路线或者旅行日期，因此往往欠缺文学叙事的结构美学价值（生活的结构往往不易发现与总结），又因为旅行文学的叙事者视角限制而被主流文学批评理论所忽视。而旅行文学得到严肃对待的契机就不能与福柯的社会学分析和萨义德的东方学分离，进而旅行获得了理论层面（侨）的升华：位移—互戏—升质—勾系①。

严格意义上讲，旅行文学的范畴并不像上文提到的这样宽泛，但显然在全球化已经深入各角落的今天，不应再对"旅行文学"的概念如此局限。而应该进一步将其纳入社会学、历史学、哲学甚至美学的范畴，对旅行-文学这组包含关系进行调整：文学的旅行（Reise von Literatur，强调文学本身跨地域流动的主体性）、伴随文学的旅行（Reise mit Literatur，指旅行者的文学意识及其文本的审美价值）、基于旅行的文学（Literatur aufgrund der Reise，强调旅行即地理位移作为文本创生的动机），几组新的子关系内涵如下：

文学的旅行强调文学本身跨语种的一种传播和移动，伴随文学的旅行强调旅行时所带有的文学叙事的动机和前提立场，基于旅行的文学则强调叙事逻辑与旅行密切相关，往往按照旅行路线来排布章节，显示出"文学地理学"的特质。而旅行与社会学、历史学、哲学乃至美学的联系不仅限

---

① 叶隽：《构序与取象：侨易学的方法》，杭州：浙江教育出版社，2021年，第44页。

于内容的联系，更有理论层面的触动。一方面，之所以强调旅行作为围绕文学的一个"卫星"式词汇，是因为旅行本身可以作为走出文学空间、进入其他领域的自觉行为，因此旅行文学绝不仅仅是文学（娱乐、审美、批评），而具有更广泛的社会意义和理论挖掘空间。从这个层面上看，旅行是侨易的前提，侨易是旅行的抽象，围绕旅行与侨、易所阐释的概念差异也可借助一张表格来展示（表1-1）。另一方面，旅行作为一种个体行为与集体的互动成为社会学研究的重要出发点，全球史的研究方法和视角也同样强调旅行带来的物质融通和思想交流对推动历史发展的动力作用，旅行本身作为一种审美行为也常触动哲学思考以及对时间空间逻辑的再思考。

表 1-1　侨易十六义简表[①]

侨 ＼ 易	移	仿	高	桥
变	移变	仿变	高变	桥变
常	移常	仿常	高常	桥常
简	移简	仿简	高简	桥简
交	移交	仿交	高交	桥交

当然，文学主体之外，如语言本身也可作为观察侨易现象的研究对象，而器物和制度的迁移变化也可观察到文化交流的痕迹，但以欧亚之间的融通为对象，文学是一种跨空间旅行最为直接的反应，而且旅行文本也随着旅行媒介的发展而带有了显而易见的地理过程性，而非像语言变化过程体现的历时性（如非洲地区的语言变化所反映的文化体关系，而词汇概念的东西互借则更多反映出差异性而非联系，比如"知识分子"一词在中国文化中体现的历史内涵是特定语境的，与法国或俄国源头完全不一样），或者器物和制度的横向比较性。

---

① 叶隽：《构序与取象：侨易学的方法》，杭州：浙江教育出版社，2021年，第49页。

从欧亚旅行与跨空间旅行的对应来看，首先可以将欧亚之别作为一个基本的空间界限，其次也可将欧洲、亚洲各文化体作进一步空间区分，由此欧亚（亚欧）旅行的路线得以扩展：如从中国乡土空间到东亚知识空间，再到德国乡土空间，再到欧洲知识空间……继而返回亚洲，实现一系列的跃迁。反之亦然，在这里"欧亚旅行"包容了多种侨易现象，甚至知识侨易的可能，例如剧本的跨文化翻译以及形成的文学文化观念的侨变[①]，以及中国现代民间文学研究的学科形成[②]。体现了几重内涵：文学文本、研究范式以及制度层面的知识侨易可能性。比如卫礼贤就在两个知识空间的交界建立了新的空间（兼具乡土-知识空间功能的礼贤书院）。

虽然跨空间的旅行范式容易与沃勒斯坦（Wallerstein，Immanuel，1930— ）提出的"中心-边缘"（center-periphery）[③] 模式混淆，但沃勒斯坦的模式更强调中心位置的主体的控制动机；而跨空间旅行则对于双向的旅行进行了"去动机"（尤其是控制和反控制的动机）化的分析，最重要的部分在于界定这种旅行是"趋向中心"还是"倾向均质"，并进而对背后的机制（regime）[④] 进行梳理。

再言之，这一时代的欧亚旅行是最后一次和文学、文化密切相关的旅行。此前的旅行是商贸（物料和钱财等器物层面）往来，此后的旅行是战争入侵和政治制度（如西方民主制度在东南亚、非洲等地）的侵入，当下的旅行（途中）与文学关联越来越少，而旅途后的历时性的发展，如"移

---

① 顾钧：《〈被解放了的堂·吉诃德〉的译境与知识侨易》，《政治思想史》，2022年第4期，第49—55、197页。

② 户晓辉：《发端于自由民主理念的中国现代民间文学研究——以胡适与康德、杜威的侨易关系为例》，《民间文化论坛》，2022年第1期，第27—36页。

③ ［美］伊曼纽尔·沃勒斯坦：《现代世界体系》（四卷本），郭方等译，北京：社会科学文献出版社，2013年。

④ regime theory，即机制理论，参见 Robert Keohane and Joseph Nye. *Power and Interdependence：World Politics in Transition*，Boston，M. A.：Little Brown，1977.

民"和"离散"① 与文学研究之间仍存在着紧密联系。我们不会把现下的"商贸"概念理解为有主体的旅行（比如"丝绸之路"既是丝绸走过的路，也是文化交往的路径），现下的商贸主要依靠"物流"通道的建立（如中欧班列），器物的交通意义居于主导，但文化的交通意义是缺失的。我们也不会将"金融贸易"及附带的"资本融通"称为旅行，而是"无实体的数字游戏"。

三、空间阐释：元宇宙、侨易学作为理论视角

元宇宙是互联网全球化的结果，也是社会模式的未来景象，有评论认为元宇宙是第三代互联网的终极形态，而回归前互联网时代的"网"，其更多是指在传统的地理空间内存在的关系网、贸易网等"权力"个体的"同气连声"，甚至是天、地、人三者之间的呼应，如人最初所形成的空间内外之分就是借助穴居在地、住宅布局所体现的，住宅构造也会体现人对天地的小认识论，如《黄帝宅经》② 对人与住宅、天地、宇宙等外在空间关系的解读，这是指自然宇宙中人对空间的理解。但元宇宙是人造物，其作为背景给予人对空间阐释的权力更大，甚至于元宇宙本身是"虚拟数字化的连续空间"，因此跨空间的定义和侨易现象会显得无法适应对数字化社会的分析，但其实不然。一方面人需要使用各类数字化硬件对元宇宙空间全面适应，这一过程显然是快中有慢的，很多机构、群体仍然在硬件、软件、认知上处于前"元宇宙"阶段，从"线下"向"线上"的转移过程必然是痛苦漫长的；另一方面，元宇宙在实际使用层面是现实世界的空间复制，并不影响其内部的关系模式，甚至会出现很多新的关系模式和权力空间，这些也仍然不妨碍在一个连续的数字空间内使用"跨空间"概念和侨易学的方法，诸如一些"技术""资产""资本"等核心内容依然不变，

---

① Cohen，Robin. *Global Diasporas：An Introduction*，London：Routledge，2008.

② 张述任、张怡鹤：《黄帝宅经》，北京：团结出版社，2009 年。

变的是"数字技术""数字资产""数字资本"。

但是元宇宙对于空间阐释的影响仍然不可小觑,"空间是关系与意义的集合"①,因此,其影响的首先是人对自身所处内部空间的定义,"两种空间的关系可能是这样的:一旦我想主题化我的身体空间,或想详细说明身体空间的意义,那么我在身体空间中只能发现纯概念性空间。但在同时,这种纯概念性空间并非得自方位确定的空间,它只不过是对方位确定的空间的解释,如果脱离了这个根基,纯概念性空间就完全没有意义,所以,均质的空间能表达方位确定的空间的意义,知识因为它已经从方位确定的空间获得了意义"②。在元宇宙的背景下,这种统一性势必会受到损害,而空间在脱离身体的情况下仍然可以存在于人的认识当中。其次是身体的物理位移的重要性降低,亦即身体的重要性降低,元宇宙所需要的是视觉、听觉等身体感觉:"所谓虚拟生存体验,就是数字媒介影响、渗透和改造日常生活,人类生成与内化了的相应心理结构、情绪体验、感知与想象方式。"③ 技术进步和技术观念从未如元宇宙来临时对身体有如此大的影响,歌德将身体作为(两个)灵魂的容器④,凯泽林说,认识自己内心的路在于远行,徐霞客将身体视为游记之根⑤,晚明文人的放浪形骸与享乐精神也是通过身体表现出来。以身体为中心的空间认知与阐释构成了最重要的文化内容之一,而数字化技术和数字化社会模式的形成则妨碍了以身体为基础的个体交流、环境体验和空间感知。人的精神体和身体不再同时"在场",它们分属于不同的空间,这必然会对人的精神空间产生更繁

---

① 参见［英］大卫·哈维:《巴黎城记:现代性之都的诞生》,桂林:广西师范大学出版社,2009年。

② ［法］莫里斯·梅洛-庞蒂:《知觉现象学》,姜志辉译,北京:商务印书馆,2001年,第140页。

③ 参见黎杨全:《中国网络文学与虚拟生存体验》,北京:中国社会科学出版社,2021年。

④ 参见［德］歌德:《浮士德》,钱春绮译,上海:上海译文出版社,2011年。

⑤ 参见吴承学:《晚明小品研究》(修订本),北京:北京大学出版社,2017年。

杂之影响，人的身体对空间的影响降低、影响范围缩小，而精神体对空间的影响始终是跨空间的，或在线下的别处，或在元宇宙里："意识是一个思维的东西而没有广延，肉体是广延的东西而不能思维，我之所以称为我的那个东西是意识（灵魂）而不在于肉体，它完全区别于肉体，灵魂可以独立于肉体而存在。"[①] 但是在元宇宙时代，意识的广延存在了，而身体的广延消失了，意识、思维与灵魂完全寄居于科技硬件营造的空间中。权力秩序的操控经由元宇宙背景的技术触角来接触私人空间，私人空间不再有内外之分，通过打卡、扫码、监控设备等硬件和规则的确立，人在一定程度上再次失去了对身体的控制权（自奴隶制以来），而这一次身体的整体价值被抛弃了，视觉、听觉、手部操纵速度和肢体语言、直播观众的需求（演奏、唱歌等与身体功能相关的直播应用，比如克拉克拉平台）被提炼出来，被抽象为新的资本，注入元宇宙中，而身体与空间的互动被稀释和割裂，身体失去了对空间阐释的主动权。再次则是对人与人之间关系的影响：在传统空间内，个体之间、个体与群体之间的关系强烈依存于空间（包括自然的、人造的），如学校内的师生关系以具体的教室以及教室内部的讲台、座椅分布来定义，家庭内的家族尊长关系则通过具体的住宅坐落方向、餐桌布局来展现和加强，呼啸山林的绿林好汉通过"聚义厅"的"上下"、"中心-左右分列"来展示远近亲疏、地位角色。当然，《水浒传》中宋江换牌匾（忠义堂）的举动也涉及了对空间的控制：体现了"庙堂"权力对"江湖"权力[②]的遥控。这样对权力的直接的空间性展示又增强了外部、边缘的空间对中心和权力符号的热烈追求，"目之所见"即是高官显爵，关系的中心是可视化的。但元宇宙带来的影响则是"去空间的"，人目前还无法通过实在空间对身体的"压力"来产生个体间的情感关联

---

① ［法］笛卡尔：《第一哲学沉思录：反驳和答辩》，庞景仁译，北京：商务印书馆，1986 年，第 82 页。

② 于江：《"庙堂"与"江湖"》，《社科纵横》，2005 年第 2 期，第 159－161 页。

（正面或负面的），缺乏有效的视觉沟通、气场影响也会使个体间关系停留于表层和肤浅层面（虽然社交软件中有"拍一拍"等模仿肢体语言的社交符号）。但同时，元宇宙又会对人产生"现实空间建构"的影响，如新的中心的诞生、新的虚拟空间基础上的关系（如互联网在线就业形成的新劳动关系以及互联网零工经济"Gig economy"①），比如网上社交圈的逐步深化和交叉等，都影响了现实空间的建构、更新。

以上这些新变化势必要影响理论研究层面的空间阐释，也自然会影响文学研究范畴的空间阐释。这种影响不仅体现在提供了更广泛的"跨空间"的分析思路，即文学空间、地理空间、族群空间以及观念空间的交错跨接，还体现在对传统的研究方法的思路启发。传统的文献研究方法中对于研究材料的积累和深入挖掘不免孤立于研究对象，但围绕互联网全球化可以使文献搜集方法和效率有所提升；同时也得益于万物互联的元宇宙思维，旅行的范畴和边际在不断扩展，比如旅行的实际路途出现了至近至远的现象，而旅行文学不仅成为旅行的替代品，而且成为在三重世界（作者、读者和书中）旅行的绝好空间。作者世界投射于局促的个人身体和室内空间，也产生了另类的旅行文学，如军人兼作家格扎维埃·德·梅斯特（Maistre，Xavierde，1763— ）1794 年所写《宅游记》② 等，这对于研究者的启发自然与研究视域相关：文献取之于各地域各时代，分析和研究也要汪洋恣肆，不局限于单独的研究对象。"我们生活在物的时代：我是说，我们根据它们的节奏和不断替代的现实而生活着。在以往的所有文明中，能够在一代一代人之后存在下来的是物，是经久不衰的工具或建筑物；而

---

① ［美］黛安娜·马尔卡希：《零工经济》，陈桂芳译，北京：中信出版社，2017年。

② ［法］格扎维埃·德·梅斯特：《宅游记》，车琳译，《世界文学》，2022 年第 1期，第 290－347 页。

今天，看到物的产生、完善和消亡的却是我们自己。"① 或者我们可以再加上一句：二十一世纪，物的时代和人的关系都已上传至空间网络和网络空间。

网络与空间在元宇宙的背景下更加紧密地联系起来，成为一个统一的、体现人-物关系、人-人关系新模式的"场"：个体获得了纵横捭阖的新战场，资本寻找到了逐利的角斗场，政治体从中感受到了权力、管理的危机和机遇。这与福柯对空间本质的定义仍然是一脉相承的，即"权力关系网"②，而各种权力关系中，能对我们的研究有所启发的应该是沙朗·佐京（Zukin，Sharon，1946— ）所提出的文化权力关系③：不论是个体或群体，支配文化发展和影响力的一方处于文化权力关系和空间的中心，这一点即便在元宇宙背景下也未曾改变。同时，元宇宙为物质空间、精神空间和社会空间的统一提供了实证。实际上，三者统一的侨易空间也强调列斐伏尔对"社会、历史、空间"④ 进行的辩证论述，而侨易空间则强调侨易主体从中获得的知识生产可能性与侨易现象发生的必然。尤其是物质消费者、精神生产者和社会关系参与者三种身份的相互叠加，又重新确立了侨易空间的独特属性。

第二节　十九世纪至二十世纪的欧亚文化体关系与来华旅行文学

以上文所列举的跨空间旅行路线为线索，来华旅行文学属于这条线索

---

① ［法］鲍德里亚：《消费社会》，刘成富等译，南京：南京大学出版社，2000年，第2页。

② 参见孙立平：《"关系"、社会关系与社会结构》，《社会学研究》，1996年第5期，第22—32页。

③ 参见 Zukin，Sharon. *Loft Living：Culture and Capital in Urban Change*，Rutgers University Press，1989.

④ ［法］列斐伏尔：《空间：社会产物与使用价值》，载包亚明主编：《现代性与空间的生产》，上海：上海教育出版社，2002年，第48页。

中比较明晰的，不论是以线性的西学东渐为模式，还是以东学西渐为模式，来华旅行文学都是作为一个庞大的数据库为这些研究提供资料、佐证。但是其功能绝非仅仅在于揭示一种文化交流传播的模式或者简单证明文化体之间互学互见的论据。来华旅行文学作为引子，作为见证，甚至作为结果——能够证明文化体生长的内生动力与旅行密不可分，甚至现代中国形象的塑造也受到了来华旅行文学的影响，即西方来华旅行文学中的中国形象的主动构建功能可在其中得到潜在线索的指引。在图 1-4（异文化体的知识空间扩展）中，路线 E 即代表了知识空间扩展同旅行主体之间的关系，而旅行不仅是一种行为表现，更是一种行为动机，旅行的线路往往与文明的诞生、演变、兴衰相映衬，甚至可以说，旅行带来了文明，也带来了毁灭。而来华旅行文学作为旅行者的成果也在一定程度上参与了现代中国的缔造，而不仅仅是观察者。换言之，我们（中国）将其表述的部分内容（不论真假）作为了我们的一部分，如果已经是事实，就作为传统进行延续，如果还不是事实，就（不加辨别地）被作为我们的目标和理想（这当然是缺乏主体思维的）。因此，重新（从旅行的角度）对文本内容进行梳理和分析，更能明确看到这些内容影响了现代中国的身份，或者成为建构身份的重要参照。中国也是文学作为发现世界的主要媒介所能挖掘的最后一片土地，此后，人们不再需要借助文字去想象，人们可以或者经过图画①和录像、或者通过更加便捷的交通，就可实现更加直观、无需文学翻译的海量"信息"（information）。这种信息直接"构成"（inform）了印象，进而构成了形象，最终主导了认知，在文学从文化交流的媒介作用中逐渐退场，重新成为审美对象的同时，这些信息在很大程度上影响了中国

---

① 参见［美］欧文·潘诺夫斯基：《西方艺术中的文艺复兴与历次复兴》，杨贤宗译，徐一维校，北京：商务印书馆，2022 年，第 238－253 页。潘诺夫斯基认为 14 世纪的文艺复兴中产生了一种新的"图画空间"（picture space），代表画家如乔托和杜乔。

的"转型"(transformation)。

十九世纪以来，各文化体之间的横向联系不断加强，中国作为亚洲文化中最重要的文化体之一显然不能遗世独立，虽然这种联系在政治历史的语境中是侵略与被侵略、殖民与反抗的对立关系，但是文化历史层面则有着更加复杂的关系，而中国在其中并不一直被分配到弱者的角色。也因此，通过来华旅行文学乃至其他西方旅行者的文本，并不仅仅可以解释这段复杂的历史，而是发现中国和世界的更多联系。而以往的类似研究模式，更多地发生在以西方为研究对象的案例中①。

之所以将研究的时间范畴初步限定于十九世纪至二十世纪，也是基于跨空间旅行的模式：在此之前，中国经常作为一个吸纳和接收周围文化体来客的大知识空间和大乡土空间，而这段时间恰恰是空间（两个层面）逐渐萎缩，知识精英难以从空间内旅行获得答案，而趋向于向周围文化体旅行、向西方旅行的关键转折点。一旦此空间的体量逐渐萎缩，小于周遭文化体时，坍塌和毁灭几乎成为必然，而文化的衰败往往是民族灭亡的预兆。尽管衰败的气息越来越浓，但现代中国的迭代也同样隐藏在这股不祥的气息下，"平衡状态一旦被某种革新打破，革新成果就会传播，同时反对革新的潮流也会涌现，直到重新恢复到另一个平衡状态"②。西方旅行者对中国的记录和思考中，不乏褒奖，这也让中国获得了文化心理上的自我肯定、身份认同，但始终，这种"潮流"冲刷了原知识空间的脉络和枝干，最终支撑起的是新的中国，当然，这里讲的是抽象精神和文化意志层

　　① Dathorne, Tapan Raychaudhuri. *Europe Reconsidered：Perceptions of the West in Nineteenth-Century Bengal*，New York，1988；David C. Gordon. *Images of the West*，New York，1989；Samuel M. Wilson. *The Emperor's Giraffe，and Other Stories of Cultures in Contact*，Boulder，1999.

　　② Vansina, Jan. *Paths in the Rainforests：Toward a History of Political Tradition in Equatorial Africa*，Madison：University of Wisconsin Press，1990，p. 193. 转引自［美］帕特里克·曼宁：《世界史导航：全球视角的构建》，田婧、毛佳鹏译，北京：商务印书馆，2016年，第245页。

面的中国，也是作为物质、制度、社会生活所有建设之先导的精神中国。

当然，"宏观文化史相关主题的经验分析可以简单分为两类，一类研究单一社会（或地区）内部的文化发展，另一类研究社会之间的交流与互动"①。本书所认为的文化研究视角，是将社会之间的交流和互动与社会内部的文化发展建立一个相关性。"前者的分析逻辑必须将重点放在社会内部矛盾与演进的模式上，而后者的分析逻辑则必须放在各种互动模型上。"② 因此，本书既要关注中国，也要关注欧洲以及欧亚文化体的关系，在关注过程中借助的是一个侨易的体系，这一体系为观察整个文化体的关系提供了新的"范式"（Paradigm），尤其是中国以及中国文化资源在西方的思想史以及社会结构发展定型过程中所承担的角色③。

而所谓的"中国的位置"则是一种多中心的视角，即从形象学的角度考虑，"西方的中国形象作为一种话语力量控制相关话题并参与西方现代性实践的问题"④：这是以中国被（不同主体）塑造的形象（包括知识、符号等内容）为主要研究对象，分析这一对象在相应的外文化体中（相应的时代和不同动机下）扮演何种角色。另一方面，也要关注这种形象与中国自身认知的差距，至少是对客观知识的理解差异、更深层次则是中国形象的三个层面差异（实际、理想、外部），这里以一种实际的比较方法出发，对本研究中"知识侨易"的过程的揭示有所帮助，而实际意义则要回归于文化交流的积极动机，希望对"全球化进程中，世界范围内西方现代性文化霸权渗透到各个领域，其中西方的中国形象也随着西方现代性思想扩

---

① ［美］帕特里克·曼宁：《世界史导航：全球视角的构建》，田婧、毛佳鹏译，北京：商务印书馆，2016 年，第 290 页。

② 同上。

③ 如 Lach，Donald F.，*Asia in the making of Europe*，Vol. 1-2，Chicago and London：University of Chicago Press，1965，1970，1977.

④ 周云龙：《别处的世界：早期近代欧洲旅行书写与亚洲形象》，北京：商务印书馆，2021 年，第 13 页。

张，或多或少地控制着世界不同国家或文化区的中国叙事"① 的问题加以关注。需要注意的是，宏观中国和文化体的存在不应该脱离个体，尤其是民族身份的个体和传播个体，即将个体在这种形象的构建、传播和反思中的作用加以明示，并结合侨易学理论对以知识侨易为实际组成的"形象"表征进行分析和追踪。

第三节　本书所选个案

我们会发现，即便本书是以文学文本作为主要研究对象的（也因为在彩色摄影尚未到来、摄像尚未普及的时代，文字仍然是信息密度最大的媒介），也是以其跨空间旅行的事实为依据，必然会牵连文化生产的多个领域，比如"文学研究、语言学、宗教研究、视觉艺术和艺术史、戏剧和电影研究、音乐研究和民族音乐学、舞蹈研究、（社会和文化）人类学、通俗文化"② 等。反言之，以侨易学的基本理论，可以对多个领域交杂中的案例作尽可能全面的阐释，只不过因为研究对象与文学文本研究更适宜，但绝不能只采取一种文学的研究方法。"近期以世界历史为背景的文学研究将重点定为旅行家的作品，或是从欧洲视角看待世界其他地区，或是非欧洲地区对欧洲的看法。"③ 时至十九、二十世纪之交，不论是亚洲还是欧洲，都面临着历史的转折：或者是政治军事上的，或者是社会制度上的，

---

①　周宁：《跨文化研究：以中国形象为方法》，北京：商务印书馆，2011 年，第 5—6 页。如 Mary B. Campbell. *The Witness and the Other World：Exotic European Travel Writing*，*400-1600*，Ithaca，1988；Teresa Hubel. *Whose India？The Independence Struggle in British and Indian Fiction and History*，Durham，1996；Mary Louise Pratt. *Imperial Eyes：Studies in Travel Writing and Transculturation*，New York，1992 等。

②　［美］帕特里克·曼宁：《世界史导航：全球视角的构建》，田婧、毛佳鹏译，北京：商务印书馆，2016 年，第 286 页。

③　同上，第 287 页。

或者是根本的文化存续和自信问题。这一时期的欧亚关系也处于一个特殊的时期：从观光猎奇到掠夺侵略，伴随着钦慕到除魅……行为和心理的错位使这一时期的跨欧亚旅行者面临更复杂的外部空间。尤其是这一时期的来华德国人的记录，可作为一个多面相的棱镜，折射了全息多维度的历史语境。因此，从本研究选取的人物个案来看，凯泽林属于一位时间上承前启后、文化上勾连东西、地理上联通欧陆的社会活动家和文化学者。他所创作的文本既是一种文学表达，又是一种哲学思想的零散表述，也因而超脱了一般的旅行文学，跃入了"反思性文化"范畴。

比如凯泽林的《一个哲学家的旅行日记》中表现的旅行-文学关系就足以使其成为研究对象：旅行文学的文本很多，而德国知识分子（包括传教士等）来华而作的文本更以其"东学-西学""文明冲击反应""文化霸权"等诸多热门研究范式而得到至少是中国学者的关注和追捧。而如果脱离出这种二元关系，围绕旅行这一行为以及旅行者这一个体，则可对文学与旅行关系有更为深刻的观察。

再比如凯泽林其人：他出生于欧洲北部、波罗的海东岸与俄罗斯接壤的利沃尼亚地区①。被称为"波罗的海德国人"（Die Deutsch-Balten 或者 Deutschbalten、Baltendeutsche，旧称：Balten）的移民是受斯拉夫文化与日耳曼文化共同影响的群体，德语是他们的主要语言，在政治上保留了自治权力，在文化上保持着自己的传统。凯泽林所属的德国贵族移民一直是本地的上层阶级（不但统治着本地爱沙尼亚和拉脱维亚本土民族，而且相对于俄罗斯帝国也有着极大的自治权），无论在政治上还是文化上，都具备相当的号召力和影响力。在七年战争（1756—1763）期间，凯泽林家族

---

① 利沃尼亚是中世纪后期的波罗的海东岸地区，即现在的爱沙尼亚以及拉脱维亚的大部分领土的旧称。历史上曾先后由圣剑骑士团（通称利沃尼亚骑士团）、丹麦、条顿骑士团、波兰立陶宛联邦、瑞典、俄罗斯帝国、德意志帝国、纳粹德国和苏联统治。以下称"波罗的海地区"。

以俄国军队身份驻扎柯尼斯堡；凯泽林伯爵夫人（Keyserling，Caroline Charlotte Amalie，1729—1791）与当地文化界交往频繁，颇受康德赞誉。波罗的海地区作为德国和俄国交往的地理桥梁，处于日耳曼文化体和斯拉夫文化体的碰撞中心，当地的贵族深受两种文化的熏陶。凯泽林作为其中的代表，"汇聚了德国精神和俄国血脉"，并"融合了斯拉夫民族的思维"①。除俄语和德语两门母语外，凯泽林还掌握了英语、法语、西班牙语和意大利语。在当地高中毕业之后，他辗转于日内瓦、海德堡和维也纳等城市学习。在游学过程中，他的兴趣从原本的地质学专业转向了哲学。大学毕业后，他继续在欧洲主要城市游历，于巴黎、柏林、米兰、威尼斯等地留下了足迹。在旅行过程中，他逐渐发展着自己的哲学兴趣，寻找着未来的事业方向。

距离歌德那句"世界文学的时代已经到来"②的宏大论断已经有两百余年，虽然在文学批评的学术范畴内已经提前实现了世界范围内的比较文学学科发展，但真正的世界文学时代尚未到来。不过，基于全球化时代以来人们信息交流的速度加快（伴随数字化进程）以及地球村概念下地域旅行的便捷、个体位移的频繁情况，当代正不断涌现着响应了世界文学预言的文学作品。在世界旅行过程中，凯泽林将自己的所见所闻、所思所悟记录下来，并在一战后以《一个哲学家的旅行日记》（*Das Reisetagebuch eines Philosophen*）为名出版。该书甫一出版便引发热议，后相继被译成英语、法语、西班牙语等多国语言而广泛传播。

凯泽林也可算作是"移民作家"，移民作家正是开创世界文学新时代的主力军。原初文化记忆和民族身份等特征与移民地的文化传统、社会结

---

① Gahlings，Ute. *Hermann Graf Keyserling*，*Ein Lebensbild*. Darmstadt：Justus von Liebig Verlag，1996，S. 18.

② ［德］艾克曼辑录：《歌德谈话录》，朱光潜译，北京：人民文学出版社，1978年，第 113 页。

构在移民个体的旅行、定居过程中完成碰撞与融合，衍生出新的思想，迸发出别样的灵感，造就了魅力非凡的移民作家和色彩斑斓的世界文学。凯泽林这一文本中的移民体验和文化记忆很突出地显现了这一论断。他的这本"游记"不同于纯粹描写异国风情的旅行指南，没有离奇情节的虚构小说，而是充斥着大量生僻的哲学名词和抽象的主观思辨。这本书究竟有何神奇之处，使之得以吸引大众的眼球、引发学界兴趣？从内容来看，书中以自己的旅行线路为基本线索，上卷包括了从地中海、苏伊士运河、红海、印度洋到斯里兰卡、印度的热带和亚热带区域；下卷从中国开始，取道日本和夏威夷，横渡太平洋地区，抵达美国，结束了这次旅行。作为古老东方文明的传承者之一的中国对具有异质文化背景的凯泽林来说具有极强吸引力。从凯泽林在旅行中选择的落脚点和考察重点来看，他对于异质文化的触角是很敏锐的。他在中国逗留了半年左右，占全部旅行时间的一半，中国旅行的感悟和记录也占据了本书的大部篇幅，中国旅行在他心中的地位和意义的重要是不言而喻的。从书写叙事的角度和手法来看，凯泽林在第四部"远东"的"中国篇"部分，主要叙述了他对中国人、中国哲学、中国文化的认识，并追忆了他在中国旅行中所结识的文人。"中国篇"共分为十章，章名依次按照旅行所至城市名字或地区命名（香港、广州、澳门、青岛、穿过山东、济南府、北京、汉口、长江之旅、上海），每章再以页眉标注的形式对内容重点加以提示和补充。"中国篇"里，他对城市印象和景观的描写远不如上卷，但是对中西文化差异的探讨和思考却比全书任何地方都多。因此，十个地点串联起的既是凯泽林的旅行路线，同时也揭示出凯泽林对中国认识的深化发展过程，尤其能够展现凯泽林作为一名德国贵族兼哲学家，其对东方文化的评价和态度的转变历程。

凯泽林这一文本立足地理大发现以来的世界版图，时间也处于世界发生大变革的二十世纪初。不论是时间立足点还是空间立足点，都意义深刻。而地理的中心一方面以凯泽林所在位置向外发散，这种联系当然也是以旅行、传教、战争、求学等地理位置移动性的变化为基础产生的。而文本的结构和内在逻辑是建立在不同时间、不同空间维度内的不同个体的交往和单独个体的发展成长之上的。这一特征，在旅行文学中体现得尤为明显。而凯泽林自身又是一个双重移民，这是指他原生的文化背景从斯拉夫移向日耳曼，再从日耳曼移向东方的过程。正是在这两次侨易过程中，他摸索着构建了自己的思想结构。虽然地理位移方向截然不同，但是心理活动和思想变化过程十分类似：都是从熟悉的位置向外"断生""分蘖"，在旅行路线的延伸中获得了必要的资源（文化、思想、人脉）。他融入了异文化，也参与了异文化的改变。他的使命也来源于旅行，生命个体在陌生化的地理空间内的心灵感悟与精神成长过程大抵如此。在身体随着时空不断迁移错位的同时，心灵也经受着重重考验，不论是出于自主精神的选择还是被动地裹挟在时空乱流中，这种考验都是未曾减轻，终生铭刻在生命中的。

正是基于这种复杂的地理位移和思想变化带来的冲击，移民个体不得不面对在文化冲突、交错融合中愈发尖锐的生存意识、个体意识以及思想变化的独特性带来的孤独感。这一点，通过作品本身的"去国离乡"之主题，语言风格之哀婉沉静，作者叙事之变换等都可体会一二。归根结底，这种敏锐的他者眼光和个体意识在创作中的引申必然追溯到移民生活本身。《一个哲学家的旅行日记》成稿于1912年，因一战爆发延迟至1919年首次出版，书中对欧洲以外的东方文明包括印度、中国、日本以及新兴的美国文化的关注和评论独树一帜，出版后迅速引发热议。凯泽林对西方文明的反思和忧虑与斯宾格勒（Spengler，Oswald，1880—1936）在《西方的没落》（*Der Untergang des Abendlandes*）中所呈现的相似，他也因此被认为是一战后西方文明危机中与斯宾格勒比肩的预言家和智者。有学者这样概括凯泽林这本书的时代意义："当前，西方文化正经受着一场危机，这场危机在世界大战之后尤其表现出来。斯宾格勒谈论西方的没落绝不是偶然的，西方的没落已是当代的普遍感觉。就在我们产生西方走向没落的感觉时，东方却放射出越来越夺目的光芒。拯救的新思想从四面八方涌向我们：泰戈尔从印度来，作为带来福音的人受到热烈欢迎；人们也对中国有很多期待，特别是老子哲学影响巨大，与这一哲学相关的不满者和追随者越来越多；我们也阅读了漫游哲学家的旅行日记。人们开始倾听东方的思想。"[1] 通过这次世界旅行，凯泽林对印度和中国的文化产生了浓厚兴趣；在此后的近二十年中，他继续将中国传统文化资源应用到自己的哲学思考和文化改革里，成为二十世纪上半叶化用中国文化最为知名的德国哲学家和作家。这本书作为他的成名之作，既是他作为哲学家的早期哲学思辨的体现，也是他一生之中多次将旅行和哲思结合起来的首次尝试。

聚焦于文化领域，凯泽林纵贯社会阶层的哲学思想，他创立的智慧学校（die Schule der Weisheit）和自由哲学协会（Gesellschaft für Freie Philosophie）在普罗大众间获得了极大的知名度和广泛支持。他的感性哲学观点为一战后的西方文明危机提供了一个可能的解决办法，他在欧洲内部进行的巡回演讲引起了贵族阶层和众多知识精英的关注和研究。智慧学校是魏玛时期德国最重要的文化交流中心之一，围绕凯泽林所形成的人际网络基本覆盖了二十世纪上半叶德国乃至欧洲的哲学、文学、神学、心理学等各个社会科学领域的精英。因此可以说，凯泽林的公共交往是折射德国二十世纪上半叶文化、历史情景的一面多棱镜，其全球性的知识旅行和文化活动又牵扯出多个具备思想史研究价值的个体人物。因此以凯泽林为中心的人物研究意义是毋庸置疑的。此外，智慧学校所代表的知识生产模式也是文化以及其他思想资源社会化的一个方面，沿着凯泽林与智慧学校的脉络，可以从历史角度对德国乃至欧洲的知识社会化发展历程，以及从世界地理的角度对波罗的海地区的多帕特大学、托尔斯泰的知识农场、泰戈

---

① ［德］卫礼贤：《东方思想对西方复兴的意义》，载卫礼贤：《中国人的生活智慧》，蒋锐译，济南：山东大学出版社，2010年，第215页。

尔的印度圣地尼克坦国际大学等知识精英个体创立知识社会化的机构进行全面的考量，揭示知识社会化的不同面相以及知识作为一种"主观"的思想资源和扩张诉求的社会化过程及其所需因素。

聚焦于德国和欧洲文化体，自启蒙运动和宗教改革之后，理性思辨哲学成为凯泽林之前时代的主流德国哲学，形而上学的哲学理论发展到了极致。而凯泽林正处在工业革命之后的时代，自然科学的大发展背景逐渐使"科学与伦理""人与机器的矛盾"等现实问题取代抽象思辨哲学成为知识界思考的重点。同时，随着殖民主义扩张和民族主义思想崛起，领土争端、政治矛盾、经济危机和日益凸显并激化的现实社会问题得到了哲学家的首要关注：凯泽林意识到并引领了这股浪潮，延续了十九世纪后期生命哲学的脉络，发展出了更加具备社会人文关怀的感性哲学观，并创造性地将古典哲学以来略显高深的学问下延到普罗大众中，为处于社会转型和文化危机中的普通市民提供了解决现实问题和消除精神迷茫的途径。因此，凯泽林的感性哲学观是传统哲学史上的一种路径创新。另外，智慧学校的哲学实践也让哲学同心理学、医学等实践学科的联系更加紧密，在他之后，带有哲学性质的精神疗养场所开始流行。但作为欧洲重要文化体之一的德国文化，其主体性和排他性也体现在凯泽林一案中：他对哲学的认识、将理性思辨转为感性冥想的尝试、对知识教育模式的探索都与德国及其内部的知识、教育传统不一致，他的哲学思路没有获得高校认可，也就失去了"学院式"的知识社会化路径的可能。而作为知识社会化流程中"上游"精英代表的作家群体，也与凯泽林保持了若即若离的态度，这恐怕也说明了知识生产各环节中的"社会关系化"和"关系社会化"倾向，因此凯泽林对于"文化研究"的重要性还体现在他不仅联通了德国内外的知识资源，还联通了（知识生产）上下游环节的社会资源。因此对于文化体在不同层次如何吸收和排斥知识资源并达成了"群体选择"后的最终的知识社会化表象这一问题，本文也尝试予以解答，即文化场域的作用和影响可能超过国界、种族、职业的界限，并对文化的实质表象有所影响，比如体现为互文层面的文化符号延续（中国文化的符号的传递，以及对西方文化传统符号的改变）。

而聚焦前文的跨空间旅行假设，凯泽林与其契合程度很高：在十九世纪末，欧洲的科学观念已经较为成熟，成为日常的认知——对于地球的球体认识、对于世界地图的熟悉、世界旅行的周期早已成为知识空间的一部分；启蒙运动以来的德国哲学传统和文学经典也奠定了最基本的思维模式和材料取用规范；特殊的历史事件（一战）成为催化剂。中国成为最恰当的跨空间旅行之地，帝制的余温、王公贵族的形象、神秘的东方共同搭建起凯泽林谋求空间扩展的潜在客体，因其本人所臆想的理想社会就是由精英阶层所搭建的智慧之城。此外，如果考虑到十九世纪哲学、文化学者和历史学者在跨空间的学科研究中取用了多少文学资源的话①，凯泽林也不遑多让，他的两位精神导师——哲学之康德、文学之歌德——相得益彰。而将两位巨擘分别放回到各自学科史中时，就会发现康德是此前哲学思路的汇聚点，歌德则是发扬世界文学的起点。凯泽林由哲学转入文化的路径可见一斑，这一路径也是这一时代的知识空间被统领的学科选取的路径：抽象的形而上哲思被更加实际的生活哲学思考、政经批判等以问题为主导的思想所取代。

从文学角度来说，凯泽林所作的《一个哲学家的旅行日记》正介于科学游记与旅行小说之间，其反映了一种"旅行＋书写"的转折，也同样标示了真实与虚幻的灰色空间，这也为研究提供了更广阔的辩证空间，即处于"实证和主观体验"②之间，这也让对凯泽林的作品研究和思想研究处

---

① 比如汤因比、斯宾格勒等都对歌德的作品非常熟稔且多加引用，《浮士德》自然是不可被绕过的经典，参见［美］帕特里克·曼宁：《世界史导航：全球视角的构建》，田婧、毛佳鹏译，北京：商务印书馆，2016 年，第 52 页。

② 范劲：《文学史中的符号流向和"易"的框架——一种解决历史书写悖论的尝试》，《文艺研究》，2009 年第 3 期，第 17 页。

于同一个空间内。凯泽林所目睹的中国以及其他文化为一种"截断式的采样"（类似于现下的"截图"或"图像捕捉"，即 capture，可称之为"断片"）①，而中国文化却是非停滞的一种"过程"，至于不同时代下的"断片"采撷给西方一种"停滞"②的感受，则又与中国的文化传承和道统存续一致性相关，也与文本所呈现的"断片"的二维性相关。这也是为何对凯泽林及其作品的文化分析既要注重文本，也要注重历史语境，同时采取文学的方法、历史的方法乃至文化的方法加以研究的原因所在，毕竟，我们的研究目的不是加强这种二维的 capture，或者经由这种二维平面形成的"镜面"来分割或反射某种对象和主体，而是类似"全息体验"的复刻，为人提供某种经历历史之真实的可能。

同时，德国文学、政治、历史一直是国内公认的外国类研究显学，因中德两国是东西方文明中杰出的代表，两国政治、文化、历史之紧密关系是不可回避的事实，也应成为相关学科的学人努力掌握的基本通识和研究开展的背景。中国与德国之间的文化联系千丝万缕，每逢中国至关重要的时代转折，这种联系就会在个体活动、制度变革乃至家国命运等层面更加凸显出来。而丰富的历史语境也不断赋予中德跨文化研究越来越多的现实意义，凯泽林曾在二十世纪初旅访中国并同不少中国学人发生了实质的公

---

① 比如黑塞在《东方之旅》中说：凯泽林的旅行日记与东方之旅无关，"在这里不妨提一下，自从凯泽林伯爵的旅行日记问世以后，又出现了几本书，而那些作者，一半是不知不觉地，但一半也是有意地，造成一种印象，使人觉得他们是盟会的弟兄，而且参加过东方之旅。附带提一下，连奥森道斯基的冒险旅行的记述，都可正正当当地加以同样的怀疑。但是他们都跟盟会和我们的'东方之旅'毫无关系。……纵使凯泽林伯爵确实优哉游哉地环游过世界，纵使奥森道斯基确实走过他所描写的国土，他们的旅程也不值得注意，而且也没有发现过新的领域……"。见［德］赫尔曼·黑塞：《东方之旅》，蔡进松译，上海：上海三联书店，2013 年，第 56 页。

② 如黑格尔、赫尔德关于中国历史的评价。参见张西平：《19 世纪中西关系逆转与黑格尔的中国观研究》，《学术研究》，2015 年第 12 期，第 1－9、159 页；陈也奔：《德国古典主义的历史哲学——从赫尔德到黑格尔》，《学习与探索》，2009 年第 6 期，第 229－233 页。

共交往和思想上的碰撞，在他的感性哲学观建构和智慧学校哲学实践过程中，东方思想资源特别是中国传统文化思想同样源源不断为他提供给养，并始终扮演了十分重要的角色。

从更广义的层面上讲，凯泽林的知识旅行和公共交往在德国、欧洲乃至世界范围内产生的文化、社会、政治影响同样能够引发我们思考中国文化在二十世纪上半叶德国社会中的接受问题，考虑到十八世纪欧洲的中国热、凯泽林时代的欧洲知识精英对中国思想资源的重视、当前中国的文化自信建设话题，凯泽林研究的意义也是不容忽视的。当然，即便回到凯泽林研究本身，探寻他在公共交往和知识旅行中如何同社会中个体，包括其他知识精英发生互动并产生影响，对传统的知识生产模式的震动，以及对新的知识社会建构的尝试产生的时代性影响的余波在多大程度上对此后文化交往的趋势有所触动，也是文化研究的题中之义。最后，不论是从生平了解、文献译介，还是从思想研究、文化意义等方面来看，凯泽林都还没有引起国内学界足够重视①，本书意在承接笔者的前期基础，充实研究内容，拓展研究空间，挖掘研究深度，填补研究空白，同时从整体上推进中德文化层面下的凯泽林研究。

第四节　本书的研究思路

首先，随着全球化的发展和信息化社会的到来，比较文学学科的研究方法、研究内容、边界和问题视角发生了很大变化，特别是国内的比较文学研究方法由传统的影响研究、平行研究等具有时代特征的研究方法转变为更加多样包容的新时代研究方法。在此大背景下，研究方法层面的学科跨界和知识结构的转型成为一种趋势和潮流，就广义的社会科学学科来

① 目前主要成果集中在来华德人的游记研究及此中中国形象研究，即比较文学和形象学研究，从思想史和文化研究切入的还比较少。

讲，学科间界限日益模糊，跨学科的研究方法及理论日益发展并有着多样化的趋势。同时，在文学研究中融入其他学科的研究方法乃至从历史学、社会学角度着手进行学科边缘探索也成为当前文学研究特别是跨文化研究领域进行创新的一种共识。因此，以文史哲等相互关联较为紧密的学科为基础，选取一个能在文学、哲学、历史等方向都有延伸和深入的个案，对于跨学科研究方法的创新和实践是可能的，而不同文化或跨文化背景下知识精英个体的思想史研究成果也可以在研究方法的创新基础上得以丰富。

本书的最初研究思路是一方面按照凯泽林本人的地理侨易路线，另一方面按照时序性结合凯泽林的不同阶段主要经历和事件进行梳理和研究，但是随着对侨易学理论的不断学习和思考，以上的思路可以说是一种"捷径"，而并未经过严密的思考、排列和优化。以凯泽林的世界旅行线路为例，如果仅从《一个哲学家的旅行日记》本身的线路和落脚点出发，很容易以文本分量去对标每个城市以及每种文化在凯泽林心中的地位，而忽视了旅行记录的片面性、偶然性和滞后性，而以凯泽林传记为主要依据的时序性的文献排列，又极易将思想发展顺序等同于历史事件的发展顺序，而忽视了本书研究对象——思想主体和知识客体的发展的各个阶段隐含的外部线索。所以原思路被排除。

本书最终选择以侨易学所引发的思考（如核心概念的延伸和阐释）为主线索，以凯泽林作为一种视角，去解决该章节涉及的侨易学相关问题以及根本的以中德文化空间为背景的知识社会建构问题（见表1-2）。

本书共分九章，第一章为导论，主要从研究需要的视角、理论入手，介绍了凯泽林生活空间与凯泽林研究空间所牵涉的关键词：旅行、文学、空间和侨易。旅行是凯泽林人生和思想的基本脉络；文学既是凯泽林作品的表象，也是研究凯泽林所用的方法（文本阅读、文学批评乃至比较文学理论）；空间是一种基本的研究视角，也涉及一些空间理论作为成熟范式，更是我沿用侨易学的其中一个思考方向。"侨易"则首先是叶隽先生所创的理论"侨易学"，其次是一种思考范式：在侨易学的理论框架下，我使用了侨易现象、侨易十六义、侨易路线和侨易线路、侨易节点、知识侨易、侨易空间、侨易景观、侨易类型等概念作为阐释凯泽林思想和机构建立过程的关键词；在思考范式的层面，我主要将"侨易"作为理解跨文化现象以及思想创生过程的基本方法，在"侨"和"易"的本义之外增加了一些自己的阐述，用来辅助研究过程中出现的"术语"短缺。

第二章至第八章为主干。

表1-2　各章节使用的侨易学方法与凯泽林案例的对照

章节顺序	侨易学所引发的思考	对应的凯泽林研究视角
第二至五章	第二章："高易"和"交域"	凯泽林的家族背景和俄德交界的家乡文化
	第三章：侨易路线和侨易线路	凯泽林青年时期的欧陆旅行与哲学学业的转向
	第四章：侨易景观和侨易空间	凯泽林的世界旅行
	第五章："交易"与侨易二元模式	凯泽林的人际网络
第六至八章	第六章：知识生产模式的变化	智慧学校的活动形式
	第七章：跨文化域的知识侨易	感性哲学观的核心概念
	第八章：知识侨易路径的延续	感性哲学观的思想史位置
第九章	第九章：结论——文化侨易空间与世界学者的概念	凯泽林的制度构建与思想成就

其中，第二、三、四、五章分别在研究方法（侨易学的点线面框架展开）和研究内容（凯泽林的时间线进展）上形成了"一对一"的关系；第二章和第五章形成了"高易""交易"概念上的呼应，即对侨易十六义的运用、思考以及补充。第二章内容是较为宏观的文化体、文化域，尤其是凸显作为文化交域的波罗的海地区的作用和意义。第五章内容为相对细致的个人交往，将凯泽林与社会各界知识精英个体的交往按照与智慧学校之

关联进行基本分类，采取的分类标准为"侨易二元模式"。第三章和第四章在内容上均以凯泽林的旅行为线索，第三章为欧陆旅行，第四章为世界旅行（主要是中国），使用了侨易路线、侨易景观和侨易空间等重要概念。

第六、七、八三章围绕"知识侨易"这一关键词展开，以问题意识重探相关文献和材料。第六章是从知识的"制度建设"来体现第五章中凯泽林"交际网络"的影响和功能，这也是凯泽林开启其感性哲学观的"制度"基础：把凯泽林的制度化构念和机构成果——智慧学校——放在德国教育场域的时代背景下考量，即知识生产模式从传统的贵族资助转向新时代的出版商主导背景下，凯泽林如何从机构组织的内部制度设置到活动开展、宣传扩大的外部制度的实施建设了智慧学校。第七章在内容上以凯泽林感性哲学观的核心概念"Sinn"的"跨文化侨易"为主，对处于中观位置的知识侨易的一种路径进行了阐释。第八章把凯泽林的哲学思想——感性哲学观——放在全球史和知识史、哲学史、中西思想交流背景下，观察凯泽林如何吸收外部资源，如何继承内部资源，并在文化空间、哲学空间和教育空间三个维度内实现了感性哲学观的外化（智慧学校），在思想层面回应了第六章制度层面的"智慧学校"，也回应了第七章关于知识侨易路径的延续问题。第七、八章共同构成了对知识侨易路径（择、译、释）的阐释，择、译阶段在第七章，释的阶段在第八章。

第九章为结论，以空间研究方法、侨易现象的空间阐释作为线索，梳理知识侨易过程中的知识社会生产过程，将文化侨易空间的构建和凯泽林"世界学者共和国"构念作为基本推论，最终落脚于知识生产所需要的"流力"动因以及学者共和国的意义所在，并对本书研究过程中对侨易学运用所产生的思考加以总结。

第二章

文化交域的"高易"现象：波罗的海德国人的迁移

第一节　文化交域的概念及特征

"文化交域"这一概念是叶隽先生在《侨像、冲突与二元三维——〈南方与北方〉所反映的资本语境与文化交域》一文中借英国工业资本主义经济形式发展过程中出现的"城乡"阶级问题和此间形成的"差序格局"提出的："'文化交域'的形成其实至关重要，这里不仅涉及英国内部的南北文化体的交融问题，而且也还有更复杂的人类群体间的交互功能，譬如上面提及的阶级相交。而米尔顿作为工业化时代的象征符号，它从一般城市变成工业中心，其实还另外承担了文化交流的功能。这就是侨易空间中的'中心点'的确立，或许我们可以称之为'交域之城'，在这里不仅南方与北方相遭遇，而且也是各种错综复杂的势力或个体、群体相交相聚之点，它形成了一种立体空间的复杂侨易过程。……男女之情、阶级矛盾、文化冲突，这是一层层包含在小说中的内涵深层的因素，也是米尔顿作为'交域之城'的价值所在。"① "交"是这一概念的核心特征，"域"是其性质所在。如叶隽先生在同篇文中对"文化交域"的特点梳理充分体现出"交"的特征："其一是异质性的内部相交，即在一个文化体内部也是有不同的子文化在自行运作的，而一旦两者得以有'金风玉露一相逢'的空间，就有可能产生文化交易的功用，这是促使文明体本身发生质变的基本动因；其二是外部性的民族文化体相交背景存在……英国早期对意大利文化的资鉴，19世纪后对德国学术的学习，近代以来对东方文明的研究都可作如是看；其三是文明结构层次间性的相互侨易，譬如在文化、制度、器物（经济）之间的交互用力……"② 按照文化交域的特点来看，"交"主要是文化体内部子个体、多个文化体、文化体不同层次间的"交叉"的"静"之形态和"交融"的"动"之变化。

同时，"域"则指向了"文化域"这一更为基础的概念及其性质，文化域是地域和文化的叠加空间状态。强调客观的地理空间和文化之间的联系：不论是英国内部南方与北方、还是英国同意大利、德国的"文化交域"都必须依存于一定的地理空间。此处集中对"域"的概念及所选对应英语单词做阐释：域从土从或，即一方面为土地，一方面为国家（"或"是"国"的初文），因此其本义既和自然地理相关，也与社会地理相关，强调国家作为族群群体关系体在自然空间所占据的土地平面范畴；进一步，在覆盖范畴之外，则是域所不能达到的，即边界和限制，强调关系体（比如国家）中的法则的适用局限。以上两点揭示了"域"的两层内涵：存在一定的关系（个体或群体）、关系体遵循一定的规则（域内有效，域外无效）；对空间的分隔和覆盖是域的天然属性。这里，文化域不仅仅是

---

① 叶隽：《侨像、冲突与二元三维——〈南方与北方〉所反映的资本语境与文化交域》，李维屏主编：《英美文学研究论丛》第35辑，上海：上海外语教育出版社，2021年，第281页。

② 同上，第286页。

文化空间即 cultural space，space 强调地理空间。域则更应解释为 realm：首先其词源也可追溯到领地、王国之意，与"疆域"类似；其次，realm 强调影响力形成的抽象空间（即影响范围），同样对应了"域"的内外之差和界限。而借助类似的空间概念进行理论阐释的当然还有"场域"（champ）一词，其实，space、field、champ、realm 等不同空间研究概念一以贯之，揭示出了关系体之间的相互影响的现象的实质。

不同的空间研究概念的提出是为了观察和解释、研究在此空间内发生的现象，而非对空间进行成分分析或物理剖析。比如布迪厄（Bourdleu，Pierre，1930—2002，又译布尔迪厄）曾以 champ 揭示社会空间和物理空间的关系：

> 只要对社会空间结构和物理空间结构之间的关系进行严谨的分析，我们就可以破除虚假的外表和实体论思想中有关场域（lieux）的谬误。跟任何事物一样，作为物体（和生物学个体），人类个体必然居于某一场域（人类不具备异地存身的禀赋），占据某一位置。场域可以在绝对意义上规定为一个主体或物体所在、发生（a lieu）和生存的一个物理空间点，也就是一种定位，或者从关系方面说，一个体位，即在一个序列中的排位。位置可以规定为人或物在物理空间里占据的幅员、面积和容量，即其维度，或者用一个更好的说法即块头（正如人们有时就一部车辆或一件家具所说）。
>
> 社会主体就是这样在一个社会空间［叫"场"（champs）更好］里，通过与后者和主体所获取之物之间的关系构成的。其特点可以根据其他场域的相对位置（之上、之下、之间等等）和距离得到说明。正如物理空间通过各个部分的相对外在性得到规定，社会空间也通过构成它的位置之间的相互排斥［或区隔（distinction）］得到规定。也就是说，它是一种社会位置的并列结构。
>
> 因此，在极为多样的背景下，社会空间的结构以空间对立的形式

出现，居住空间（或被据取的空间）成为社会空间的某种天然象征。在等级化的社会里，没有任何空间无等级之分而不显示等级和社会距离，其表现形式（或多或少地）是扭曲的，尤其是被自然化效应（effet de naturalisation）所掩盖，后者则是社会现实长期在自然界留下印记所导致的：历史的逻辑造成的差异会貌似出自事物的天性（这一点只需想到"自然疆界"的说法就不难理解）。例如，性别的社会差异的所有空间投射（教堂、学校、公共场所，乃至家庭内部）就属于这种情形。①

那么，与"场域"概念所对应的社会空间类似，"文化域"概念对应的是文化空间，尤其是客观地理条件和文化体之间的关系和这种关系所触发的一系列文化现象，则借助"文化域"（cultural realm）的概念阐释加以观察；与文化域相比，"文化交域"（crossed realm of culture）概念②则进一步聚焦于关系体的文化身份问题：

首先，"交域"强调此域中关系体与彼域中关系体的身份重合可能：小范围内如学校中的师生关系可能被分解为医患关系、家庭关系，即甲、乙个体在不同关系体内的身份不同，一个个体具有多种文化身份（图 2-1）；或者在学校为师生关系，在家庭为父子关系，这样其身份就发生了重合。大范围内同理，以文化体之间关系为例（图 2-2），波罗的海地区在文化层面既受到德国影响，也受到俄罗斯影响。

---

① ［法］皮埃尔·布尔迪厄：《场域效应》，载［法］皮埃尔·布尔迪厄：《世界的苦难：布尔迪厄的社会调查（上）》，张祖建译，北京：中国人民大学出版社，2017年，第 200 页。

② "交"译为"crossed"一方面强调"交叉"的形态，同时也保留了"realm"内部存在的交通和交流的动态"交叉"趋势。

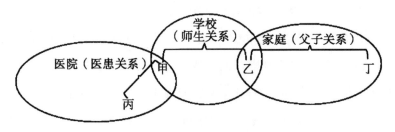

图 2-1　个体可具有的多种文化身份例图

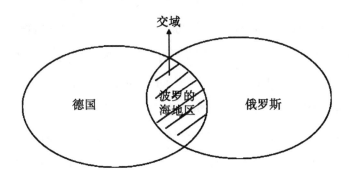

图 2-2　文化体可具有的多种文化身份例图

其次，"交域"还强调"空间重合"后，即此域和彼域中的个体，或群体之间确立规则的重合现象，以及衍生的规则多样性：在单一的文化域内，确立个体间联系、关系的规则是明确的，而不同文化域内个体间关系确立规则或有不同，在跨文化交际中出现的"文化冲击"（cultural shock）即是这种不同规则发生冲突时个体的不适应（作为结果的唐人街、洛杉矶的韩国城、美国南部的墨西哥聚集区等出现在一文化体内部的独立文化空间可以理解为小范围的交域）。而交域内，一方面有着自己的交际符号，有些甚至是违背常理的，比如黑人思想家弗里德里克·道格拉斯悲愤于种植园内对黑人奴隶的虐待无法避免，原因在于："种植园是一个独立的小王国，有自己的语言、规则、法规和风俗。国家的法律和制度显然管不了它。这里出现的问题，国家的民事权利无法解决。（种植园）监工同时是指控者、法官、陪审团、辩护人和（判决）执行者。罪犯发不了声。监工一个人就是案件（审判）各方。"① 另一方面规则的适用性是灵活调整的（既遵从外部大的文化体规则，也遵从内部"交域"的规则，存在释放新的规则的可能），但同时也是引发矛盾的因素之一。仍以小范围的个体关系为例，《女钢琴教师》中家庭空间同时承载了母女关系、雇佣关系，成为关系交域，主人公埃里卡作为女儿应对母亲是依赖的、敬服听从的，但是作为为家庭提供生活来源的"雇主"却要时刻反抗母亲的索取、压迫，这也就导致了时而温馨时而暴力的"畸形"关系。大范围的群体关系可以东亚文化圈和近代以来西学东渐潮流为例。中国无疑是东亚文化圈的中心，其文化影响波及周遭邻国；但西学东渐潮流确实由外向内。这也就导致了"中央之国"在不同历史时期的地位截然不同，而韩国、日本对待中华文化的复杂心态也可作为"东西交域"产生过程中的矛盾之表征。以波罗的海地区为例（图 2-2），上层族裔以日耳曼为主，但政治上却是俄罗斯帝国的行省，两种身份的叠加以冲突、战争为表现形式持续反映在波罗的海地区历史进程中，俄罗斯帝国一方面需要波罗的海德国人所提供的先进科学文化、军事管理才能，另一方面又担心普鲁士统一德国后逐步扩大的政权是否会影响他们的"忠诚度"，因而在波罗的海地区推行"俄罗斯化"政策，反而进一步激化了波罗的海德国人、波罗的海爱沙尼亚人以及俄罗斯族之间的矛盾。

最后，在文化交域的层面体现了地域（地理疆界、国家政治边界）和

---

① "That plantation is a little nation of its own，having its own language，it sown rules，regulations and customs. The law sand institutions of the state apparently touch it nowhere. The troubles arising here，are not settled by the civil power of the state. The overseer is generally accuser，judge，jury，advocate，and executioner. The criminal is always dumb. The overseer attends to all sides of a case." 参见 Douglass，Frederick. *My Bondage and My Freedom*，豆瓣阅读，2019，p. 82. https://read. douban. com/reader/ebook/11602616/? dcs＝ebook，查询日期：2023 年 2 月 6 日。

文化的双重因素。实在的客观地理地域与抽象精神的文化在文化交域内统一。因此，叶隽先生提出的"交域"概念主要阐释对象是地理空间因素、文化等各变量发挥作用较为集中，且对个体和群体影响力比较大，往往会形成新的关系建构规则的侨易空间。因此，文化域的概念强化了个体思想中存在的不同地域产生的联系纽带，"交域"成为新的侨易空间（含有生发新关系的可能），被交叉的原文化体则成为侨出语境，这就进一步强调了"侨出语境"的"域"叠加状态。

同时，文化域的概念是持续受到历史观影响的，个体、群体在文化域内的文化认知以及本体认识实际上都是历史，即已发生的过去的文化，而非正在发生的文化现象。或者换言之，地理范畴越大或关系越复杂的"交域"内发生侨易或"高易"现象的可能越大，因为其历史积淀可厚积薄发，复杂的个体身份间冲突和交往更多变（比如上海滩华洋杂处也为海派文化的诞生提供了条件），其根源在于历史厚度。同时，即便在同一民族国家内，内部不同的空间也体现出不同的文化面貌，这也体现了"空间依赖性"的时间因素，比如罗伯特·普特南（Putnam，Robert，1941— ）研究发现，二十世纪七八十年代意大利的民主情况就有截然不同的空间差异：北方体现为家族腐败，南方体现为民主自由。这种现象与历史因素相关，北方受罗马教廷的中央集权统治影响，南方在历史上处于政治分裂状态，而这一历史因素又是与地理因素相关的，即空间上的"中心-边缘"位差。

总的看来，文化域首先体现出对地域的覆盖和扩展，文化域以地域为基础，且不对应唯一的固定地域。比如政治文化层面的（民主、共和、民粹）观念"外溢"（Diffusion）① 现象就属于典型的"文化域"大于"地

---

① 即创新扩散理论：Diffusion of Innovation Theory，强调大众传播扮演媒介对新思想、创新思维扩散方面的作用。参见［美］E. M. 罗杰斯：《创新的扩散》（第五版），唐兴通、郑常青、张延臣译，北京：电子工业出版社，2016 年。

域"的现象；其次体现为不同文化域相互交叠产生交域；最后体现为交域内个体身份的多重性和变化可能性。尤其是主流文化体（欧洲以俄罗斯、德国为例，亚洲以中国、印度为例）之外，存在的"文化交域"现象（以波罗的海地区、东南亚地区为例）。因此，文化域的概念在文化研究中起到的作用和期待解决的问题不同于文学地理学（literary geography）——比如地理批评（Westphal，Bertrand，1962—　）倡导将一个地区或一个城市作为"地理中心"，汇集文本语料库作为阅读和分析的基础[①]（这种方法很容易让人联想到地方志的研究方法）；文化域仍然关注文化体之间，以及人作为受体、中介体的角色和作用。比如，对波罗的海地区的文化观察就集中在"边界、越界、接触区（contact zones）"[②] 等俄德交界地理空间和两大文化体交叉形成的"交域"层面。并在此基础上，对交域内部的个体、群体侨易现象进行分析。那么在分析方法上主要采用"高易"概念的原因则在于侨易现象的空间阐释与"高易"相关，四种主要"高易"类型的延伸也与空间"交""变"相关，所谓跨文化交流实际上也强调"跨""交"，即 trans、inter、crossed，亦即将文化视作可交的区域。

第二节　"高易"所体现的交域发展趋势

侨易理论主要用于文化交流现象尤其是跨文化交流中出现的个体思想质变、观念变化的阐释，跨文化交流中的群体往往先以制度层面、物质层面的变化作为侨易现象显现，比如跨文化交流中不同群体的政策和现象体现为"同化"（Assimilation）、"排斥"（Exclusion）、"容纳"（Accommodation），实际上这也与文化社会空间内的关系变化相关，大的文化体在文

---

① 转引自［美］罗伯特·塔利：《文学空间研究：起源、发展和前景》，方英译，《复旦学报（社会科学版）》，2020 年第 6 期，第 121－130 页。

② 同上。

化交流中体现出一种"高位"，即处于俯视位置，而边缘文化体处于仰视位置。这种"高低"概念凸显了不同文化体间存在的空间不平等：主要体现为权力关系和其他个体、群体间关系的主动、被动关系，布迪厄在前文说明了自然空间和社会空间的联系，而侨易路线即是将自然空间的位差与社会空间的不平等联系起来。按不同的侨易现象类型来看，侨易路线也有不同，但基本的"自然空间之变"与"社会空间之变"的重合是基本特征。两者之间的变量关系可借助地理学中对空间内的各关系进行研究的主要概念"空间异质性"（spatial heterogeneity）来说明：空间位置即地理范围内各因素（变量）所形成的关系的研究方法分为两种：一种为采取所谓全局模型（global model）对与空间位置无关的变量关系进行量化；一种为采取局部模型（local model）对与地理空间位置有关，即有典型的位置指向性特征的因素进行量化。[①] 在 1970 年，相关的地理专家还提出了"空间依赖性"（spatial dependence）[②] 概念，即越临近的地理位置，个体、相互关系的空间依赖越强。

　　借助于国家地理、城市地理、人文地理等不同的背景，空间变量被替换为更具体的客观存在和较为传统的地理范畴（如乡村-城市；内陆-沿海；

---

① "地理学第二定律"（A Candidate Second Law of Geography），参见 Goodchild M. F.. The validity and usefulness of Laws in Geographic Information Science and Geography. *Annals of the Association of American Geographers*，2004，94（2）：pp. 300-303.

② "地理学第一定律"（The First Law of Geography），参见 Tobler，W. R.. A computer movie simulating urban growth in the Detroit region. *Economic geography*，1970，46（sup1），pp. 234-240；Tobler，W.. On the first law of geography：A reply. *Annals of the Association of American Geographers*，2004，94（2），pp. 304-310.

黄河作为秦晋分界）：作为空间概念的"东-西"（东学西渐、文明的冲突①等）、"中心-边缘"（差序格局②等）成为阐释空间位置差异对个体成长、群体发展，文化变异现象的影响的理论基础。社会秩序所体现的关系以及关系差异也与自然空间相联系：往往地形不同，或被山、河隔离开的地方会出现不同的人文面貌，即空间的"高下"之分、东西之分、南北之分都会成为相关的变量因素，而距离"政治文化中心"的"地理距离"也属于重要变量，所谓"天高皇帝远"③就是将地理偏僻不受中心管束的自然地理因素为主的现象延伸为"影响范围之外不受约束"这一关系畸变现象，围绕此变化，还可进一步对政治层面的边疆治理、文化层面的边民教化现象进行研究。总而言之，空间认识为研究者提供着研究背景和立足点：将

---

① "文明的集团……包括核心国家、成员国、毗邻国家中文化上相似的少数民族人口，以及较有争议的核心国因安全考虑而希望控制的邻国中其他文化的民族。这些文明集团中的国家往往围绕着一个核心国家或几个核心国家分散在同心圆中，反映了与那种文明的认同程度以及融入那种文明集团的程度。"［美］塞缪尔·亨廷顿：《文明的冲突与世界秩序的重建》，周琪等译，北京：新华出版社，2009 年，第 135 页。

② "提到了我们的用字，这个'家'字可以说最能伸缩自如了。'家里的'可以指自己的太太一个人，'家门'可以指叔伯侄子一大批，'自家人'可以包罗任何要拉入自己的圈子，表示亲热的人物。自家人的范围是因时因地可伸缩，大到数不清，真是天下可成一家。为什么我们这个最基本的社会单位的名词会这样不清不楚呢？在我看来却表示了我们的社会结构本身和西洋的格局不相同的，我们的格局不是一捆一捆扎清楚的柴，而是好象把一块石头丢在水面上所发生的一圈圈推出去的波纹。每个人都是他社会影响所推出去的圈子的中心。被圈子的波纹所推及的就发生联系。每个人在某一时间某一地点所动用的圈子是不一定相同的。……中国传统结构中的差序格局具有这种伸缩能力。在乡下，家庭可以很小，而一到有钱的地主和官僚阶层，可以大到像个小国。中国人也特别对世态炎凉有感触，正因为这富于伸缩的社会圈子会因中心势力的变化而大小。……在差序格局中，社会关系是逐渐从一个一个人推出去的，是私人关系的增加，社会范围是一根根私人联系所构成的网络，因之，我们传统社会里所有的社会道德也只在私人联系中发生意义。"费孝通：《乡土中国》，北京：人民出版社，2008 年，第 25—34 页。

③ ［明］黄溥《闲中今古录》，转引自郭志坤、陈雪良：《成语里的中国通史（下）》，上海：上海人民出版社，2019 年，第 1036 页。

客观空间相对位置差异与具体社会关系差异相联系。因而，从文化角度来看，要拓宽本领域的研究，对"文化域"和"高易"的空间阐释进行丰富和补充显得尤为重要。

"高易"概念源自侨易十六义（见第一章表 1-1），即以"侨"字的"高"义为前提，辅以"易"字四义，形成了基本的"高易"四义。就"高"义与"侨"字其他三义比较而言，是唯一一个体现出空间差异的，"移"和"仿"均意为动作变化趋势：移动、模仿；"桥"意作为名词揭示了侨易主体的中介性质；唯有"高"字，蕴含空间上的高低之差异，以及空间位差带来的变、常、简、交等侨易现象。因此，"高易"概念的空间延伸既符合其概念内涵，也适用于交域内部的个体、群体侨易现象和案例分析。

表 2-1　"高易四义"简表①

概念	简释	概说
高变	提升自己必然发生变化	……因为提升质量而发生的变化 ……生物学中有"高变区"（hypervariable region）之说，乃是复杂多变之义
高常	提升只是表象，内在仍是恒定常道	……万变不离其宗，始终保持着其内在的既有规律性
高简	提升产生简洁原则	层次愈高，则见道愈近。思想境界能不断接近那种大道至简的层次

---

① 叶隽：《构序与取象：侨易学的方法》，杭州：浙江教育出版社，2021 年，第 54 页。

概念	简释	概说
高交	提升层次之后发生的交易过程	自己的层次提升了，所交流与交往的圈子就不一样了，这样一种发生交易的过程，当然有利于继续发展和提升

具体从高易在具体案例分析方法层面出发，"高易"四义（参见表2-1）因体现了侨的"高"的含义，而与"空间"阐释发生了更大的关联：总体体现为自然空间变化趋势与社会空间变化趋势同人的思想质变"正相关"，但"侨之提升、升高之义，本乃自我作古。不过，将'高'字一义进行阐发，仍有很广阔的阐释空间，但需要避免西方的单线进步概念，此处的高不是无限制、无穷尽地追求一种高，否则结果必然是'大鹏飞兮振八裔，中天摧兮力不济'（李白《临路歌》）。《易经》以'未济'为终卦，意涵深刻，当可为警"①。如自然空间变化趋势与社会空间变化趋势同人的精神质变"负相关"，则体现为"高变"（参见表2-1）中的"异则侨易"：譬如《儒林外史》中匡超人经历"省侨""京侨"，在社会空间的走势呈现向上，但精神空间却逐渐堕落。而"高常"所体现的则是"社会空间"内部关系的稳定性，即布迪厄所讲的"一个体位，即在一个序列中的排位"不变，比如"多年的媳妇熬成婆"② 这一俗语，就是指社会关系中媳妇的个体意义在于补足"婆媳关系"空位，其基本的"上下"位差不变，自然体现了关系的稳定性：当媳妇身份变成了婆婆身份，其行事规则、立场也

---

① 叶隽：《构序与取象：侨易学的方法》，杭州：浙江教育出版社，2021年，第56页。

② 家庭关系的模式复制还体现在稳定的代际传递中，参见费勇："父母亲只盼望着女儿嫁人，嫁了人的女儿又成为母亲的翻版，又接着造人，那些小人又会长大，又会重复他（她）的祖父母或父母亲的生活。就这样循环下去。"载张爱玲：《第一炉香》，广州：花城出版社，1997年，前言第2页。

继承了婆婆的"旧例"。"高简"则是社会空间内关系"由繁至简"的侨易，一般而言，自然空间由上至下（或由中心至边缘）与社会空间关系的简繁之变并无太大关系，有云"有人的地方就有江湖"①，实则揭示了社会空间关系的"稳定性"：在乡村或庙堂，都有类似的关系模式，因此社会空间之变并不能代表规则的"高简"之变，比如《西游记》中孙悟空脱离天宫，自封"齐天大圣"，但其在花果山的关系模式仍然无法摆脱天宫痕迹，哪怕其与猴子猴孙的"猴相"吻合要比天宫中被仙人歧视自在些，也显示出"其乐融融"表象而非天宫"等级森严"，但关系实质未变，因此"由繁至简"的关系模式的侨易现象更为稀少，即"见大道"者稀，同时乡野之处也时而暗藏"高人"，即指出了精神质变依存于社会空间，但也有一定独立性。对比"高变区"（hypervariable region），"高交"实际上明确了发生在"交域"内的侨易现象类型。"高"所指是"升质"，即"高升提质"，相关例子如"卫礼贤长期居留中国，通过与中国知识精英群体的亲密接触、对中国的田野体验、对中国经典的深度学习，完成了具有历史意义的'中国心灵'的建构过程。这就是升高，它不仅是卫礼贤在个体认知的提升，也意味着德国乃至欧洲精神界对中国文化认识高度的质性提升"②。因此"高易"概念适用于对跨文化体的侨易现象进行阐释。比如中德作为欧亚两大洲的文化代表，在自然地理角度相隔万里，但仍可通过陆路、水路周折而相连，其自然地理联系较为薄弱。但德国与俄国则不同，两国同处欧洲，在地理上更有千丝万缕的联系，不论是陆路角度的通道（如邻国发展而来的公路、铁路等），还是港口、海洋周转的联系都较为紧密。此中，充当地理媒介的波罗的海地区也成了文化上的"交域"，即与

---

① 出自电影《笑傲江湖2：东方不败》，参见王恩泽：《江湖：三教九流八大门的江湖秘史》，哈尔滨：哈尔滨出版社，2017年，第10页。

② 叶隽：《构序与取象：侨易学的方法》，杭州：浙江教育出版社，2021年，第48页。

充当联系中介的自然物（河流、峡谷）不同，波罗的海地区在文化层面也成为两大文化体的中介，"交域之民"同时享有沟通的优势，也承受了冲突带来的负面影响。所谓中介：德语中介一词"Mittel"更强调"物自体"而非"主体"的一面，而人也在个体和群体层面被赋予了这种特色，不论是凯泽林，还是其祖上几辈，在生活、政治和经济文化等活动中都要牵扯德、俄两国。而凯泽林家族所秉持的是"世界公民"理念，同时期另一种在波罗的海地区影响巨大的思潮则是在文化和生活方式上宣扬主体性，独立于俄国、德国。这两种思想实际上也是空间角度的"异化""向外隔离""向内隔离"的身份生产过程：凯泽林家族所支持的是将德俄两大文化域视角下的"外部"的游离者身份阐释为"自由的""不受地域文化制约"的世界公民。而对应的则是卡尔·席仑（Schirren，Carl，1826—1910）提出的"保卫生活方式"[①]、抵抗对波罗的海地区的俄罗斯化的号召，这在当时智识阶层获得了很大反响，其在空间角度希望向内隔离，实现当地族群在文化、社会、政治上的独立和特色，当然，这与相邻两国的空间产生矛盾和冲突。而凯泽林和席仑对于己身所属的空间"文化交域"的发展趋势所提出的计划也就是毗邻文化体与"波罗的海文化交域"的关系侨易路线：亦即构成了由个体、思潮、实际行动共同构成的"交域"生产：未来波罗的海地区的文化形态，与德国、俄国的文化关系如何，都取决于此，

---

① 席仑 1869 年发表《利沃尼亚的答案》（Livländische Antwort an Herrn Juri Samarin），反对萨玛林提出的取消波罗的海地区自治、适应俄罗斯的主张。Schirren, Carl. *Livländische Antwort an Herrn Juri Samarin*，Leipzig：Verlag von Duncker und Humblot. 1869，"Vorwort"，S. 2，S. 3，https://utlib. ut. ee/eeva/index. php? lang＝de＆do＝tekst _detail＆eid＝23790＆fit＝true＆full＝true＆lens＝true＆loupe＝130＆off＝1＆rotation＝ 0＆thumb＝false＆tid＝441＆zoom＝100，2022-09-08。另参见 Samarin, Juri, *Juri Samarins Anklage gegen die Ostseeprovinzen Russlands. Übersetzung aus dem Russischen*. Eingeleitet und kommentiert von Julius Eckardt. Leipzig：F. A. Brockhaus. 1869；Bock, Woldemar von. *Der deutsch-russische Konflikt an der Ostsee. Zukünftiges，geschaut im Bilde der Vergangenheit und der Gegenwart*. Leipzig：Verlag von Duncker und Humblot. 1869。

也扎根于此。当然，两条不同的路线所代表的不同方向实际上也是"高易"与否的标志。就十九世纪下半叶的整体历史环境而言，世界公民的想法还是比较超前的，席仑的"独立宣言"则更接地气。二者相较，至少在理念架构和立意层面，凯泽林的计划更符合"高易"（见表2-2）。

表2-2 凯泽林与席仑的文化路线比较

	落脚点	发展方向	核心理念
凯泽林	自己的公民主体身份	无文化区分，世界公民	以世界作为自己文化的"载体"
席仑	被外部文化侵占了主体身份的"中介"物	独立、民族国家：为利沃尼亚的路德教信仰、德语、自治政府和自己的管辖权辩护，因为这些权利自彼得一世以来就已保障给俄罗斯的波罗的海各省，增强本文化与俄国文化的区分	以波罗的海德国人和德国文化作为载体。席仑将波罗的海德国人的历史重要性置于俄罗斯人、爱沙尼亚人和拉脱维亚人之上

有研究称，在波罗的海教育机构的顶端，多帕特大学在亚历山大二世1/4个世纪的统治期间经历了它的"黄金时代"。1862年，皇帝任命凯泽林祖父亚历山大·凯泽林伯爵为多尔帕特教育区督学，这一职位对大学有着决定性的影响。凯泽林伯爵是一个见多识广、有教养的人，他认为，多尔帕特大学不应把视野局限于一所只关注波罗的海利益的地方大学，而应该考虑其财政支持者俄罗斯政府的感受，努力成为东西方文化之间的国际调停人。然而，由于卡尔·席仑等顽固的地方保守派反对，多帕特大学从未实现过凯泽林伯爵的梦想。尽管如此，它仍然是一所一流的学术机构，其毕业生为俄罗斯帝国做出了宝贵的贡献。[1] 这也在一定程度上显示了凯

---

① 杨玲锋：《波罗的海德意志贵族与俄国的政策（18－20世纪初）》，苏州科技大学博士论文，2019年，第48页。

泽林家族一直以来的"高易"意识。

　　而以德国和俄国为主体来思考交域问题，就不得不对两国在波罗的海地区的行动及背后动机有所观察。不论是德国还是俄国，都是地区性的、历史性的中心文化体，德国还在一定程度上充当了法国文化向俄国传播的"中介体"，但从十九世纪的时代发展来看，德国无疑已经具备了地区中心文化体的特征（不论是马丁·路德宗教改革后形成的具有德国地区特色的新教，还是哲学层面具有了与英法分庭抗礼的形而上学传统，以及文学、政治层面获得的"荣光"与"胜利"等）。俄国则对应地在欧亚大陆内部尤其是东欧地区享有宗教、文化和政治的中心地位。显而易见的是德国和俄国在文化层级上是高于波罗的海这片"交域"地区的，同时波罗的海德国人又在经济和政治上凌驾于本土爱沙尼亚族群。那么分别以上级母文化与下级子文化的身份来观察，一个文化体之间的基本行为是"下一级的子文化在寻找一个可以依托的'高级载体'，即上级母文化的包容性特征；同时，上级母文化也要寻找核心子文化作为自己建构完成的'初级载体'。……下级子文化需要上层母文化的'强势覆盖性资源'，而上级母文化也需要下级子文化的'精英展现型载体'"①。席仑所寻找的上级母文化无疑是德国文化，同时他也为波罗的海德国人寻找到了优势地位的依据，而凯泽林则祛除了文化的地区特征和民族的"主义"建构过程，希冀成为世界公民。由此，文化层次的"上-下"结构变成了个体认知的"内-外"结构，去"高"成为凯泽林案例中"高易"理念的核心，也因此，凯泽林延续其家族使命，提出以世界旅行作为发现自我的途径，这样就将"内-外"结构外延到了全球。

---

　　①　叶隽：《变创与渐常：侨易学的观念》，北京：北京大学出版社，2013 年，第184 页。

第三节　"高易"的契机与条件：民移而域交

亨廷顿在其标志性的著作中对欧洲地缘关系做出了空间上的完整判断："欧洲的北部、西部和南部的边界都被大片水域所确定，南部的边界与文化上的明显差异相一致。"① 而欧洲东部在文化上面临着差异，在地理上也与多个国家相邻，分隔欧亚的自然地理界限在文化上不完全起效，亨廷顿认为从宗教层面进行划分更为合理。

> 几个世纪以来，将西方基督教各民族同穆斯林和东正教各民族分开的这条伟大的历史界线，为这些问题提供了最有说服力的和最有普遍性的回答。这条界线可以追溯到 4 世纪罗马帝国分裂和 10 世纪神圣罗马帝国的建立，至少 500 年来它一直基本上处于它现在的这个位置。它由北开始，沿着现在芬兰与俄罗斯的边界以及波罗的海各国（爱沙尼亚、拉脱维亚、立陶宛）与俄罗斯的边界，穿过西白俄罗斯，再穿过乌克兰，把东仪天主教的西部与东正教的东部分离开来，接着穿过罗马尼亚的特兰西瓦尼亚把它的天主教匈牙利族人同该国的其他部分分离开来，再沿着把斯洛文尼亚和克罗地亚同其他共和国分离开来的边界穿过南斯拉夫。当然，在巴尔干地区，这条界线与奥匈帝国和奥斯曼帝国的历史分界线重合。这是欧洲文化的边界，在冷战后的世界中，它也是欧洲和西方政治经济的边界。②

这段论述提示了几个重要认知：欧洲文化体的宏观性质体现为与基督教历史发展一致的宗教特征，排他性鲜明，基本以基督教的影响范围（而

---

① ［美］塞缪尔·亨廷顿：《文明的冲突与世界秩序的重建》，周琪等译，北京：新华出版社，2009 年，第 138 页。

② 同上。

非国界）即为文化域范围，而且宗教的统一特征要强于民族特征，正如"单一民族与普适性宗教的关系。宗教本身就是具有超越单纯民族-国家而更多带有普适性价值的精神产品"①；欧洲东部的文化交域所对应的国家及地区（波罗的海地区、乌克兰、南斯拉夫）无一例外都受到欧洲基督教和东方宗教的拉扯，导致阶段性的或者长期的国家内部矛盾，阻碍了（基本上是十九世纪应有的）统一的民族国家的形成进程，同时，该地区作为交域的特征体现为频繁的移民、政治立场的反复、战争等。而"大规模移民为所涉及的地区的政治、社会、经济和文化转变带来了潜在可能性"②，其中，"波罗的海地区作为西欧和俄罗斯东欧之间、中欧和斯堪的纳维亚之间的中间和过渡地区，一直是不同人口影响和转变的场所，也是多民族和多语言互动的场所。"③ 因此这里除了在地理上成为沟通欧亚的中介，其"人民"也是欧亚文化上沟通（冲突）和过渡的触媒。"韦伯始终认为，小民族的生存只有在大国霸权的保护下才是可能的。和那些需要组织成大国的大民族相比，小民族在文化上更富有创造性。因此，它们在保存文化遗产方面就特别可靠。在韦伯看来，雅各布·布克哈特所说权力乃'必要的恶'这种性质，正确地反映了一种小国心态的视角，因而理应在某种限度内给予尊重。……诚然，这其中也不无谬见，但韦伯相信，在可以预见的未来，一切文化都注定了与民族原则联系在一起，而自主性的民族国家是

---

① 叶隽：《变创与渐常：侨易学的观念》，北京：北京大学出版社，2013 年，第 183 页。

② 杰里·H. 本特利：《跨文化互动与世界历史分期》，陈冠堃译，载夏继果、[美]本特利编：《全球史读本》，北京：北京大学出版社，2010 年，第 127 页。

③ Henning, Detlif, hrg.. *Menschen in Bewegung. Migration und Deportation aus dem Baltikum zwischen 1850 und 1950*. Nordost-Archiv Zeitschrift für Regionalgeschichte, Neue Folge Band XIX, Lüneburg：Nordost-Institut Lüneburg，2010. Vorwort. S. 8.

不可能废除的。"① 这一预见不但可作为"文化交域"内的小民族所具有的文化侨易性的证据，而且对大小民族、大小国家在文化域内的地位也有所揭示：对应现代的波罗的海三国，在地域和文化域上的基本情况如表 2-3。

表 2-3　波罗的海地区内部"民、文、地"比较

现代国家	地域	文化域	民族
爱沙尼亚（Estland）	巴尔德库姆（Baltikum，处于德国和俄国之间）	德国的（Deutsch）/俄罗斯的（Russisch）	日耳曼、斯拉夫、爱沙尼亚、拉脱维亚。日耳曼人占少数，但是当地实际的统治者，爱沙尼亚人和拉脱维亚人主要作为农民，被统治
拉脱维亚（Lettland）			
立陶宛（Litauen）			

可以看出，波罗的海地区与德国文化的联系十分密切，首先是因为历史上该地区接纳了来自德国的大量移民，这些移民构成了波罗的海文化的底色，德国文化与俄罗斯文化的交域也是以"从德国到波罗的海"的移民为中介的，而宗教、贸易成为主要的文化表征，德语作为承载工具，使德国文化、知识获得了在波罗的海生根的可能。"从 12 世纪末开始，德国长途跋涉的商人、僧侣和牧师、骑士团和城市公民向波罗的海国家移民，这仅仅是德国与最初的利沃尼亚（直到 1561 年）、后来的波罗的海省份库尔兰、利沃尼亚和爱沙尼亚以及最后的现代爱沙尼亚和拉脱维亚共和国（从 1918 年起）之间长达几个世纪的移民过程的开始。因此，即使在 1871 年德意志帝国成立后，'俄罗斯的波罗的海德国省份'仍然是对众多德国人有吸引力的移民国家。在第一次世界大战爆发前不久，大约有 2 万名帝国德国人生活在后来的爱沙尼亚和拉脱维亚州的领土上，这与历史上约有

① ［德］沃尔夫冈·J. 蒙森：《马克斯·韦伯与德国政治：1890－1920》，闫克文译，北京：中信出版社，2016 年，第 67－68 页。

12.5 万名祖籍德国的波罗的海人是俄罗斯帝国的公民形成了鲜明的对比。"①

而波罗的海地区能够得到德国的文化影响辐射也与政治历史有关，欧洲的文化根基和政治文明源自古希腊和罗马，而德国始终以罗马继承者自居："直至 1806 年帝国解体之前，历代皇帝始终宣称自己是古罗马的正统继承者，这样的历史背景经常成为戏剧性事件的根源，而帝国本身也支离破碎、风雨飘摇。然而，这也暗示了因为神圣罗马帝国的权力顶层由说德语的决策者把持，德意志才得以肩负更深远的历史使命，进而掌控整个欧洲——西至比利时，南至意大利，北达波罗的海东部地区的诸多领域，与生俱来都应被纳入日耳曼民族的统辖范围。"② 这也就证明了：一方面波罗的海地区确实处于德国所认定的欧洲边缘位置，但也确实属于认定的同一"领属"范围：不仅仅是宗教上，还是文化和政治上。这决定了波罗的海地区在德国视域中既被忽视又受重视的矛盾地位。波罗的海地区成为德国的"远方"，前往波罗的海地区度假是十九世纪末德国人的风尚③，黑塞（Hesse，Hermann，1877—1962）虽然没有去过波罗的海地区，但这里不但是黑塞的父亲和祖父的家乡，也是他童年的童话之地④，成年后的黑塞承认"成长也受过波罗的海思想的影响"，"脑海中存有许多北方民谣"⑤，

---

① Henning, Detlif, hrg., *Menschen in Bewegung. Migration und Deportation aus dem Baltikum zwischen 1850 und 1950*. Nordost-Archiv Zeitschriftfür Regionalgeschichte, Neue Folge Band XIX, Lüneburg：Nordost-Institut Lüneburg，2010. Vorwort. S. 8.

② ［英］西蒙·温德尔：《日耳曼尼亚：古今德意志》，吴斯雅译，上海：上海社会科学院出版社，2018 年，第 17 页。

③ ［美］段义孚：《空间与地方：经验的视角》，王志标译，北京：中国人民大学出版社，2017 年，第 2 页。

④ ［法］弗朗索瓦·马修：《黑塞传：以诗为生》，金霁雯、李琦、张苏婧译，上海：上海文艺出版社，2017 年，第 8 页。黑塞的祖父卡尔·赫尔曼·黑塞 1802 年出生于利沃尼亚（今天的爱沙尼亚塔尔图，当时叫 Dorpat）。

⑤ 同上，第 127 页。

甚至在与笔友的信中述说了自己的波罗的海家族史①，以表达其在《玛库扎》这首诗中的北方浪漫思绪：

I

夜晚，梦中见到你

金发披肩的女孩，一如往常，在你的身边嬉戏

你向我唱起一支家乡的歌谣

唱那北方晴空万里

唱那北方黑夜无边

当暴雨刮起狂乱的风

你弹起你的诗琴

一如往常，唱起歌谣

那乡愁浓烈

那北方晴空万里

使我战栗，穿过我的身体——

夜晚，梦中见到你

金发披肩的女孩，一如往常，在你的身边嬉戏——

II

这是个梦。——我的面前，永恒的

---

① "我的父亲是一位波罗的海俄国人，外祖父（疑为祖父，引者注）是俄国枢密院成员，外祖母是利沃尼亚的贵族后裔，她的家族曾与斯滕贝格家族（Sternberg）、布克斯霍夫登（Buxhöven）、安德鲁尼科夫家族（Andronikoff）都结为过盟友；和我们保持着紧密关系的还有……爱沙尼亚和利沃尼亚，其中同里加、日瓦尔以及尤尔耶夫（多帕特）尤为密切。我经常遇到北方女性……"，"我说自己是波罗的海人……完全是错的。我确实有一个拥有波罗的海血统的父亲；从童年起，我确实听过许多关于故乡和日耳曼——波罗的海土地上的故事。但我或是我的父母，都没有亲眼见过波罗的海，或是波罗的海的任何地区。"［法］弗朗索瓦·马修：《黑塞传：以诗为生》，金霁雯、李琦、张苏婧译，上海：上海文艺出版社，2017年，第127—128页。

苍茫之海一望无际。沙漠荒无人迹。

暴雨之怒喷涌而出，白日转向灰黯

浓云层叠遮蔽了大地

然后我看见了你。在高塔之巅，

你的目光仿佛投进了远方的空阔，

暴雨之下仿佛远方存在一个美丽国度，

你的栖身之所你的家乡。

你想起了我。泪如雨下

你的脸颊苍白，你打开怯生生的眼睛，

如同自清晨的金色阳光中寻找

那早已遗失在时间里的温柔图卷。

呵！风拂过你的长发，

就好像秋天它穿过结着枯萎花朵的树林，

你的头顶是乌云密布的苍穹

你的故乡就在脚下！——这是个梦。[①]

另一方面，从十二世纪开始增加的波罗的海德国移民作为历史事件还

---

① ［法］弗朗索瓦·马修：《黑塞传：以诗为生》，金霁雯、李琦、张荪婧译，上海：上海文艺出版社，2017 年，第 126—127 页。

揭示了文化交域形成的另一变量，即"民移"的动因差异：将民①分为个体、群体，移动的原因分为自发（指移动者对移动后果和未来估计有利）、被迫（指移动者对不移动的后果和未来估计不利），得出基本的四种假想"民移"类型，从历史中存在的"民移"事实来看，自发的常被称为移民，乃至殖民，被迫的有难民、流民、灾民乃至失去了"民"之身份被买卖、运输、安置的奴隶。从"民移"过程中发展而来的文化交域从动因上有因"难""灾"等偶发外部事件而形成的如二战时期流亡上海的犹太人群体文化，也有因主文化体对客文化体的侵占即"殖民"行为而形成的如克里奥尔文化，也有两文化体均势状态下形成的如波罗的海地区的文化。但总而言之，"移动"与"主动"构成了一组阐释"民"之动和"思"之变的侨易变量：移动具有与"主动"相反的"被动性"和"压迫性"，亦即段首

---

① 在这里将"民"理解为具有主体性和自我（财产、人权、空间）保护意识的人，做此解法有几个原因：第一，为梳理个体和群体在各时期移动的历史（也是文化发展、变化的历史），必须赋予移动个体和群体一个合适的概念，概念的选择也是同时对概念背后所蕴含的"文化背景""词源概念历史"的选择，有择选、阅读符号的考量，就汉语语境和学术研究领域的惯例，一般是以"民"来指称这些移动个体的；在此基础上第二个原因则是"民"字初义即与个体关系和民之主体处于下位有关：双目缺一、为奴为俘者称为民，强调了军民关系和主仆关系中的位差，虽然各个文化中均有重民平权思想，但"民移"史始终体现了主体性受损和下位关系的一面，而民移的动机又始终与上位关系体相关，如移民政策（汉武帝时期西出玉门、美国对华工需求的调整就分别体现了文化体内部和外部的上位关系，处于下位关系的"民"是没有移动的主动权的）、殖民野心（中国东北被日本作为殖民地而衍生的大量日民迁居、欧美在非洲和美洲的殖民产生的移民需求等）等等；第三，则考虑到西文语境中对于"民移"个体的称呼不用 man、person、people、civil 等主体称谓，反而以 refugee［源自法语 réfugié，réfugier（避难）的过去分词，描述早期法国新教徒在 1685 年枫丹白露敕令之后寻求避难］、migrant（迁徙之意，还包括 emigrant、immigrant 两个下位词）、displaced、citizenshipless 等具有"行为"被动特征和"空间剥夺"位差特征的词体现，则主体性和自我保护意识都被损害。另如韦伯提出 Gastvolk、Gaststamm 两概念来表示"外侨"，即 metoikos（希腊语：gastvolk，投靠在某人之下的人）、gerim（单数为 ger，希伯来语：gastvolk），也显示出空间内主客体形成的位差。参见 M. Weber. *Gesammelte Aufsätze zur Religionssoziologie*. B3, S. 32.

所欲说明的文化交域形成因素：来自主文化体的上位压迫，对应下位有可能是客文化体，也有可能是主文化体内的"民"个体或群体（如资本主义经济发展过程中出现的乡城移民过程、"羊吃人"事件）。就波罗的海地区文化域而言，十二世纪的移民潮则属于后者："从十二世纪起，在德国本土上，在帝国东部和东南部开始了持续两百多年的移民运动，这一运动从根本上改变了德国和东欧的政治、经济和社会生活。……自1210年起，继用刀剑开路的军事占领而来的是向梅克伦堡、东勃兰登堡、波美拉尼亚、西里西亚和北摩拉维亚的和平移民。其中有诸侯、骑士、主教、教士、农民和市民。但这次向东移民是由斯拉夫诸侯召去开垦沼泽地和荒地的农民为主力的。……他们没有地主勒索的重负，仅付不多的租金就得到既可继承又可以自由转让的佃地。……向东移民的过程中不仅出现了许多的村落，而且还产生了一批城市，如吕贝克、罗斯托克、但泽、托伦、马林堡和里加。"① 而随着商贸发展和海运的必要性得到重视，汉萨同盟"在十三世纪是把波罗的海沿岸的海港城市和商业城市联合在一起"②，这也促进了波罗的海地区文化与德国文化的交流，而完整的居民阶层也得以在波罗的海地区成为社会文化构成的基础，来自德国主文化体的经济力量、宗教力量"向外包囊"的冲动都成为催生交域诞生的重要因素。至此，以里加等城市为核心的波罗的海地区作为文化交域的底色已经确定了；另一方面，则是文化空间或说场域中必不可少的关系，以及关系体构成所需的至少产生沟通和对立的"主体"：对应来自德国文化体的强势经济、宗教乃至文化和语言的压力，波罗的海原斯拉夫族群背靠俄国则成为种族层面的参与主体。这也是波罗的海地区文化交域的特点，即从始至终，交域内产生竞争的文化体只有两个——德国与俄国。而作为地理层面的容器，波罗的海

---

① ［德］迪特尔·拉夫：《德意志史——从古老帝国到第二共和国》，波恩：Inter Nationes，1987年，第22页。

② 同上，第24页。

并未在文化层面产生显著"高变"［而值得一提的是，希伯来语中将移民潮称之为"上升"（Aliot，复数 Aliyah）①，这一方面与实际历史中移民的无奈和被操控相违背，但另一方面实际也体现了犹太文化中对于"迁移"行为的文化估价是非常正面的，既可以带来转机和向上发展的机遇，同时在异地也保持积极劳作，生活态度向上。这样"高变"之实与迁移之表象结合起来］，这也与时代原因有关，一方面是欧洲贸易中心从北海和波罗的海地区转向大西洋，使波罗的海地区回归了"边缘"地位（地理和经济、文化层面）："前现代的贸易额有时会非常巨大，足以推动大片地区形成经济统一体，并因而塑造跨越社会和文化领域边界的经济和社会结构。"② 相反，失去了这一重要的经贸动力，文化发展和社会结构的活力也会削弱。十八世纪以降，波罗的海的地位就回归了其地理层面的边疆位置以及族群层面的交融位置。这样，也就加剧了作为文化体边缘交域（这个层面德国以文化和宗教占优势）和政治族群（这个层面俄国以族群和政治归属占优势）冲突中心的矛盾性。而波罗的海地区在"波罗的海德国人"逃离后主要受到俄罗斯的政治影响，二战后长期从属于苏联，冷战后虽然获得政治独立，但本地族群仍无法摆脱地缘因素带来的动荡潜在危机。

另一个更重要的原因则是十九世纪末全球政治形势的剧变和以种族为中心的身份政治思潮（包括民族主义思潮等）的波及，凯泽林的祖父亚历山大·凯泽林伯爵与自己的青年好友俾斯麦③通信中也时有提及自己的矛

---

① ［英］布雷格曼：《以色列史》，杨军译，上海：东方出版中心，2009 年，第 8 页。

② ［美］杰里·H. 本特利：《跨文化互动与世界历史分期》，陈冠堃译，载夏继果、［美］本特利编：《全球史读本》，北京：北京大学出版社，2010 年，第 128 页。

③ Eggers, Alexander, Hrsg.. *Baltische Briefe aus zwei Jahrhunderten*，Berlin：Deutsche Bibliothek，1917，S. 142.

盾身份。① 时至 1881 年，沙皇亚历山大二世被革命者刺杀，屠杀犹太人，进而移民西欧和美国的狂潮席卷而来②，凯泽林出生在 1880 年。而他也许想象不到，自己也会在另一批革命者的斗争中，流亡西欧，开启贵族的非主流人生。但他确实处在一个移民的时代，尤其是家乡民众外流的时代，"在 1897 年沙皇时代的人口普查中，今天的拉脱维亚领土上有 120 191 名德国人，但在 1920 年拉脱维亚独立国家组织的第一次人口普查中，只有 58 113 名德国人"。"其中，45 888 人是拉脱维亚公民。因此，1897 年至 1920 年期间，德国人的数量减少了 62 078 人，即超过了一半。……大约 2 万名德国人在第一次世界大战结束后才离开拉脱维亚。在德国，他们被归类为来自波罗的海国家的难民。……1920 年从拉脱维亚移民到德国的德国人数量高达约 25 000 人。"③

第四节　文化交域的分类及凯泽林的"高易"可能

十九世纪是一个移民的时代，多数人为生存所迫，因向往"自由"和"富足"而踏上旅途：欧洲到美洲的农业开发移民，赴美华工以及犹太人移民长达几个世纪的迁徙都在十九世纪带来了全球人口迁移的高峰。进入二十世纪，移动之民更加成为一种文化交流必不可少的中介，而每次移民潮（也包括上述所讲不同动因形成的难民潮等）都会带来文化副产品，或

---

① Alexander Graf Keyserling. "An Otto von Bismarck（1855）". Alexander Eggers Hrsg.. *Baltische Briefe aus zwei Jahrhunderten*，Berlin：Deutsche Bibliothek，1917，S. 142-144.

② ［英］布雷格曼：《以色列史》，杨军译，上海：东方出版中心，2009 年，第 8 页。

③ Henning，Detlif，hrg.. *Menschen in Bewegung. Migration und Deportation aus dem Baltikum zwischen 1850 und 1950*. Nordost-Archiv Zeitschrift für Regionalgeschichte，Neue Folge Band XIX，Lüneburg：Nordost-Institut Lüneburg，2010. S. 43.

者精神上的转变①。从波罗的海到德国的移民方向正体现出了中心文化域的引力，"波罗的海德国人的第二次移民潮是由 1905 年的革命引发的。虽然这只涉及大约 100 个家庭，但在全德国的圈子里，人们都在考虑将波罗的海的德国人重新安置在德国，1906 年，一位德国-波罗的海的记者在一本匿名的小册子中提出了"留下还是离开"的问题，并给出了答案："我们必须留下，直到有更高的权力或德国人民将我们从这种文化地位中召回。因为正如 700 年前德国人民有能力把它的骑士和学者、商人和工匠送到这个海岸一样，今天它也同样有能力把它的所有儿子再次带回家，不管他们的政治国籍如何。"② 与自定义为"无法同化"③ 而决心复国的犹太人群体不同，切肤之痛和引颈之危仍然没有催生波罗的海德国人的主动性，他们仍受到德国文化引力的影响，这种引力不仅仅是因为俄国的排斥所导致，更与德国长期作为基督教新教的中心、罗马文化传统的延续者，甚至与普鲁士作为连接日耳曼和斯拉夫族群与地理的中介社会文化地位相关。"最后，涉及数万人的第三次大规模逃往德意志帝国的运动，发生在1917—1919 年第一次世界大战即将结束时波罗的海国家的革命和内战动荡期间，也是 1919/1920 年波罗的海土地改革的结果。到 1920 年，德国人的数量减少了大约一半。仅在 1918/1919 年，就有超过 4 万名德国人从波罗

---

① 如犹太人在复国过程中的文化精神变化。［英］布雷格曼：《以色列史》，杨军译，上海：东方出版中心，2009 年，第 13 页。

② Henning, Detlif, hrg.. *Menschen in Bewegung. Migration und Deportation aus dem Baltikum zwischen 1850 und 1950*. Nordost-ArchivZeitschrift für Regionalgeschichte, Neue Folge Band XIX, Lüneburg: Nordost-Institut Lüneburg, 2010. Vorwort. S. 9.

③ "他分析了反犹主义产生的心理与社会根源，将犹太问题的核心定义为一个事实，亦即，在各个国家中，犹太人构成了'无法同化'的一个群体。"列奥·平斯克(1821—1891)：《自我解放：一个俄国犹太人对同胞的警告》(*Auto-emancipation: a Warning of a Russian Jew to his Brethren*)，1882 年。转引自：［英］布雷格曼：《以色列史》，杨军译，上海：东方出版中心，2009 年，第 3 页。

的海逃离布尔什维克革命和红军，来到德国。1920 年后，返回新成立的波罗的海国家的人不超过 10 000 人。那些留下来的人，在爱沙尼亚约有 16 000 人，在拉脱维亚约有 65 000 人，只是缓慢地融入。"① "1905 年革命之后还有 15000 人左右的德国农民从巴尔特地区离开。"②

十九世纪下半叶到二十世纪初，移民的流向体现出了明显的"中心化"趋势（而非航海时代以来体现的以探险、开发、殖民为主要形式的"辐射型"移动），至少与当时欧洲的一体化预想（也包括到一战后美国逐渐作为新的文化中心崛起时伴随的移民潮）相符合。在文化、政治和社会生活等方面都体现出了"中心"向的吸引力，而文化体边缘以及地理边疆位置的文化则受到了各种威胁，因其处于文化体夹缝而受到政治权力和文化空间的挤压，以及民众外流对本土文化传承的损害。

承上，总体而言，"移"之民的群体流动在二元之间的层面可基本分为几个类别：从强势文化体流向弱势文化体，如殖民者的占领；从弱势文化体流向强势文化体，如黑奴被贩卖至欧洲、美洲。这一分类当然没有将个体的自由意志和决断作为划分标准。而加入了交域视角后，移民主体价值、所能附带的文化体价值（如经济、军事、文化等层面的强势地位）以及必要的地理空间都将作为影响交域的三个主要因素（表 2-4）。

---

① Henning, Detlif, hrg.. *Menschen in Bewegung. Migration und Deportation aus dem Baltikum zwischen 1850 und 1950*. Nordost-Archiv Zeitschrift für Regionalge-schichte, Neue Folge Band XIX, Lüneburg: Nordost-Institut Lüneburg, 2010. Vor-wort. S. 9-10.

② Schlau, Wilfried. "Eine Einführung in die Wanderungsgeschichte der baltischen Deutschen". *Sozialgeschichte der baltischen Deutschen*, hrsg. V. dems. Köln, 1997, S. 11-30, hier S. 20.

表 2-4　民、文、地影响下的交域类型

概况	解释	举例
以"殖民"为代表的文化侵入，民与文一体在异地形成的强势交域。	民指殖民者的主体性；文指殖民者所属的文化体在经济、军事、社会制度等方面体现出的"先进"性；强势交域如克里奥尔。	以 14—16 世纪的拉美墨西哥地区的印第安人阿兹特克文化为例，16 世纪后被西班牙殖民者毁灭，文明遗迹仅存于文学作品、历史研究和通俗文化演义中，甚至仍然处于强势文化体话语的摆布之下。洪堡在拉美地区的"科学考察"即是在西班牙国王批准之下成行的，也包括了挖掘原住民坟墓、将遗骸带回德国等"残酷"的掠夺。如拉美原住民的代表波多黎各的泰诺人（Taíno）被西班牙殖民者侵略毁灭的历史就被取材用于科幻短片《吉巴罗》（Jíbaro）中。
以黑奴、华工贸易为代表的劳动力转移，民与文分离，在异地形成弱势交域。	民指黑奴或者华工仅作为劳动力存在的、被剥夺了完整主体性的"体力"含义，体力属性只能被动地归属、流动、被剥削以及消亡，萌生新思的难度很大；文指黑奴和华工在迁移中并没有携带本文化体的"文明"性和先进性成果，因此更难以与强势文化体平等交流。	以 12—19 世纪的非洲利比里亚为代表，19 世纪后又出现了美国主导的黑人回迁，依然没有脱离强势文化主导下的黑人被动迁徙和美国文化印记，利比里亚被称为"非洲小美国"。

概况	解释	举例
以边疆、自由贸易区为代表的民、文、地的平衡交域。	平衡交域中的移民个体文教水平以及社会结构比较完整，比如有骑士阶层、商人、传教士等；或者如自由贸易区内移民等受到大的制度保障，形成平衡，容易刺激新的文化类型产生。	以12—19世纪的波罗的海地区为代表，19世纪后因政治原因出现了德国移民回迁潮，打破了交域平衡。

除此之外，对于前殖民地（空间）的后殖民时代（时间）的文化表现，有论者一针见血地指出了这种"民、文、地"之间的对抗性矛盾结构以及这种结构在殖民文化体和被殖民文化体之间引起的"交域"的跨时空冲突："可能被殖民的知识分子由于不能爱上他们被压迫人民的现在经历，不能赞叹他们现今的野蛮史，他们无意识地走得更远了，更往下走下坡路，而且他们毫不怀疑，特别兴高采烈地发现过去毫不羞愧，而是自尊的、光荣和庄严的。追还过去的民族文化不仅仅是使未来的民族文化重获尊重，使它合法。在心理情感方面，这种追还引起被殖民者的根本的重大转变。人们可能没有充分指出殖民主义并不满足于把它的法律强加于被统治国家的现在和将来。殖民主义不满足于把人民紧裹在网中，清除被殖民者脑中的一切形式和内容。殖民主义者通过一种逻辑的倒错，趋向被压迫人民的过去，歪曲它、毁坏它、消灭它。"①

"当两个世界之间不缔结任何一个条约时，当通过话语进行考虑的一切空间再关闭上大门时，当较强的世界自称是另一世界场所的拥有者时，

---

① 阿利斯·谢基：《2002年序言》，载［法］弗朗兹·法农：《全世界受苦的人》，万冰译，南京：译林出版社，2005年，第142页。

不管这个场所是领土、文化或心理的，那么什么东西发挥作用呢?"① 仍以波罗的海这一"平衡交域"为例，或许"波罗的海德国人"（Deutsch-Balten）这一概念就隐含着答案。在历经数个世纪的移民生活之后，他们仍然以德国人自居，移民个体的"民、文、地"三因素平衡（其中"种属"或许是最根深蒂固的身份特征）在交域中成为影响"高易"的最重要因素。以一段中德文化交流史的记载为例，光绪四年（1878年，笔者注）十一月初七，李凤苞记载自己对柏林城市的认识："柏林都城，在士普里溪上，通爱尔珀河，以达波罗的海。⋯⋯德为文学荟萃之区，格致词章，自古著名。其各书院教习，多老师宿儒，是以各国访道之士，咸来印证。其游观之地，则有博古院、博物院、油画院、冶金院、营造学艺工院、拳勇学、水族院。其太学中有生物院、矿学院、矿质院、肢体院、大医学院，又有植物院，亦属太学，而不在柏林。"② 一方面提到了柏林与波罗的海之间的交通往来的自然地理特征，但对德国和波罗的海之间的文化联系显然不足以认知;另一方面对于柏林区域性的重要知识文化中心有所意识。这两点说明，"高易"内涵包含了"交域"的潜在意义，即"高变区"覆盖了交域，而不得覆盖的地区如中国，则很难初涉德国文化便生出膺服之心，中德文化交域的形成也缺乏必要基础，而波罗的海地区的知识精英无疑属于"各国访道之士"，其都以在德国各专业圈子内扬名为荣，显现了经历近七个世纪积淀形成的交域景象。此时正是十九世纪下半叶，而进入二十世纪，波罗的海地区的地位也由原本的平衡式交域因移民流失而下降为地理边疆："由第一次世界大战结束时的事件和拉脱维亚国的建立所引发的德国人的转变一直持续到二十世纪二十年代中期⋯⋯总的来说，第二次人口

---

① ［法］弗朗兹·法农:《全世界受苦的人》，万冰译，南京:译林出版社，2005年，第9页。

② 李凤苞:《李凤苞使德日记》，穆易校点，载钟叔河等编:《走向世界丛书:欧游随笔 使德日记》，长沙:岳麓书社，2016年，第181—183页。

普查显示，拉脱维亚的人口下降幅度是第一次世界大战开始以来最大的。"[1] 虽然一战结束后部分德国难民的回迁提高了该地区德国人数量（从1920年到1925年增加了12 851人），但总体而言，二十世纪上半叶的波罗的海地区，德国人的数量是在减少的。尤其是大地产者和精英教育智识阶层，1920年德国有1500名波罗的海德国人属于这一群体。[2] 这即表明了具有较高文教水平的波罗的海德国人流失之后，波罗的海地区也失去了"高易"可能："1945年后几乎没有德国人生活在巴尔特地区。主要是爱沙尼亚人和拉脱维亚人的前领导阶层，在逃离苏联军队后，现在定居在西欧，后来在北美，在西方形成了具有组织和文化多样性的波罗的海流亡。"[3] 时至今日，波罗的海德国人则仍以颇具文化成果的知识精英个体为符号留下了历史痕迹，如凯泽林家族在哲学、教育、文学等领域的贡献和影响，但作为一种"高易"的文化交域，则是消散近百年了。

诚然，以殖民、难民、流民等类型为主的移民史所描述的是种族为单位的人类迁移，移民史往往是政治史、民族史，但却不必然是文化史，即凸显了民移、域交背后的强弱文化体之争、文化交域之争乃至具体的知识场域之争。"每一次人类活动的展开，无论是出于精神的推动还是自然的冲动，周围环境都会发出全力抵抗的宣告。房屋短缺和交通管控在彻底消

① Henning, Detlif, hrg.. *Menschen in Bewegung. Migration und Deportation aus dem Baltikum zwischen 1850 und 1950*. Nordost-Archiv Zeitschrift für Regionalgeschichte, Neue Folge Band XIX, Lüneburg: Nordost-Institut Lüneburg, 2010. S. 44.

② Simkuva, Helena. "Deutschbaltische Emigration aus der Republik Lettland während der Zwischenkriegszeit（1918-1939）". Henning, Detlif, hrg.. *Menschen in Bewegung. Migration und Deportation aus dem Baltikum zwischen 1850 und 1950*. Nordost-Archiv Zeitschrift für Regionalgeschichte, Neue Folge Band XIX, Lüneburg: Nordost-Institut Lüneburg, 2010. S. 46.

③ Henning, Detlif, hrg.. *Menschen in Bewegung. Migration und Deportation aus dem Baltikum zwischen 1850 und 1950*. Nordost-Archiv Zeitschrift für Regionalgeschichte, Neue Folge Band XIX, Lüneburg: Nordost-Institut Lüneburg, 2010. Vorwort. S. 10.

灭欧洲自由的基本象征——迁徙自由。其至在中世纪，这种自由就以某些形式存在。如果说在那时，人是不得已被束缚在自然的纽带之中，那么在今天，人就是被拴到了非自然的共同利益链条之上。没有什么比扼杀迁徙自由更能增强蔓延开来的迁徙冲动所具有的毁灭性力量了；在迁徙自由和丰富多样的交通方式之间，也从未产生过如此畸形的失衡关系。"① 民所立足的近处土地的束缚与远处土地的吸引力共同组成了诱引迁移的动机，民移带来了域交的可能。但更多时候，民移意味着对土地的征服和对原土地住民的摧毁。

尽管如此，"移"民个体面临的身份主体和"交域"的冲突挑战更大，如保罗·吉尔罗伊所讲："一个人要同时是欧洲人和黑人必须得有某些特殊的双重意识。我这么说不是在暗示接受这两种未完成身份中的一种或全部必然会耗尽个体的主体资源。但是，在种族主义、民族主义或族群绝对主义的话语引导政治关系，使得这两种身份似乎相互排斥的地方，占据这两种身份之间的空间或试图展现它们的延续性被视为是一种挑衅性甚至对抗性的政治不服从行为。"② 文化交域的形成正是建立在移民个体面临这种身份主体冲突时迸发的创造力以及对抗过程中萌生的新观念之上的，因此，具有波罗的海德国人这一兼具了种族和地域特征身份的凯泽林作为勾连德国、俄国文化体交流，波罗的海文化交域代表以及德国哲学知识场域"抵抗者"，其迁移和侨易现象仍然具有特殊性，他本有可能只是一个政治事件的注脚和背景音，但是却没有泯然于"难民""流民"，而是在不断迁移、游历和避难中保持了"高易"可能，这才是其迁移继而侨易的重要性和研究价值所在。

---

① ［德］瓦尔特·本雅明：《单行道》，姜雪译，北京：北京师范大学出版社，2019 年，第 33—34 页。

② ［英］保罗·吉尔罗伊：《黑色大西洋：现代性与双重意识》，沈若然译，上海：上海书店出版社，2022 年，第 3 页。

第三章

侨易路线：凯泽林的欧陆旅行与哲学转向

第一节　侨易路线的概念与内涵

　　凯泽林之所以成为二十世纪上半叶德国最知名的哲学家之一，与他对西方文明的反思和感性哲学①主张得到一战后发生信仰困扰的普罗大众以

---

　　①　这里的"感性哲学"概念由德语的 Philosophie des Sinnes 译出，这里的 Philosophie des Sinnes 与费尔巴哈（Feuerbach, Ludwig Andreas, 1804—1872）的感性哲学（Sinnliche Philosophie）有区别。据《东西方哲学大辞典》上对"感性哲学"的解释：Sinnliche Philosophie 是 19 世纪德国唯物主义哲学家费尔巴哈对自己的哲学的称谓。他认为，他在批判宗教和思辨哲学中建立的新哲学是人本学。人本学的任务是要否定宗教和思辨哲学对自然和人的本质的非感性化或精神化、理性化。作为人本学的对象的人，乃是有意识的感性实体；当作人的基础的自然，"它的基本特征就是感性"。这是从本体论上讲，自然本身具有可被感知的性质；在认识论上，感性即感觉、直观，乃是认识的起点、基础和真理标准。因此宣称，他的新哲学与思辨哲学相反，是自觉地承认感性的真理性的，是"光明正大的感性哲学"。参见"人本学唯物主义"条。载蒋永福：《东西方哲学大辞典》，南昌：江西人民出版社，2000 年。另可见马小彦主编：《欧洲哲学史辞典》，开封：河南大学出版社，1986 年，第 459—460 页，"感性哲学"的解释。感性哲学（Sinnliche Philosophie）和感性哲学观（Philosophie des Sinnes）两者产生的背景是不同的，且感性哲学是费尔巴哈自称的，而感性哲学观是本研究对凯泽林哲学思想的总结，重在强调其哲学思想的感性思脉。虽然在内容上有相近甚至相承之处，但两者终是不同的概念。

及迫切寻求解决战后文化危机方法的知识精英的肯定密不可分，他出身于俄国波罗的海自治行省的贵族家庭，而思想则受到俄罗斯（斯拉夫）、德国（日耳曼）、法国（罗曼）乃至中国文化的极大影响，这得益于凯泽林青年时代遍布欧洲几大国的旅行和他对异质文化敏锐的观察和思考。他的哲学志向的确立以及感性哲学观的初建等思想变化过程与他在欧洲的文化漫游的旅行路线契合度很高。本章以叶隽先生的侨易学理论为工具对凯泽林的成长背景、教育经历以及欧洲旅行路线做出梳理，从而对青年凯泽林的思想变化过程形成完整的链条认识；在此基础上提出"侨易路线"的概念，来解释侨易主体的侨易过程的连续性，延伸了"侨易现象"的内涵；并进一步补充以"侨易线路"的子概念，针对侨易主体的理论化做出阐释。"侨易路线""侨易线路""观念侨易"则是从侨易主体的相异性角度提出了解读多重侨易过程的一种方法。

叶隽先生的侨易学理论中对侨易现象做了这样的定义："侨易现象是物质现象与精神现象的结合。"[①] 比如发生了思想质变的留学侨易、移民侨易、游历侨易等就属于不同的侨易现象。同时侨易现象又包括单独的侨易事件和复杂的侨易个案，前者注重具体的事件发生过程，后者注重个体形成的过程。在侨易过程中对侨易主体产生较为实质性影响的事件即为侨易事件[②]，侨易现象的一个重要研究对象就是侨易事件。侨易事件因其独特性和研究价值从历史环境以及个体形成过程中凸显出来，同时也表现出固化和静态的一方面，在以个体形成过程为对象的侨易个案研究中，关注点多集中在单独侨易事件上面，对侨易过程的研究是围绕某一单独侨易事件做的框架性定位，而不是链条性定位，即"一个完整的侨易过程，应该包

---

① 叶隽：《变创与渐常：侨易学的观念》，北京：北京大学出版社，2013 年，第89 页。

② 同上，第 117 页。

括侨易前的准备工作，侨易进行中的完整居留，侨易结束后的影响总结"①。这一视角下的侨易过程是一幅静态的历史风景画，而不是动态的、连贯的影像。"侨易现象无论是变与不变，它都有其动态性的必然"②，那么，如何凸显侨易事件或者侨易现象的动态性呢？叶隽先生在《"理论旅行"抑或"观念侨易"——以萨义德与卢卡奇为中心的讨论》一文中将思想观念作为侨易主体，追踪观念经过历史、地域、思想家等重重因素的改造发生变化的轨迹，提出了"断链点续"的概念来解释观念侨易（理论旅行）中的思想轨迹链条，"理论旅行的要义，仍在于必须有一个旅行主体，有一个旅行过程，即至少主要经停的站点，甚至还需要安排一个终点"③。因为理论的生命力比作为一般侨易主体的人更强，所以观念侨易的时间更久、地理轨迹更长，必须设置一个理论旅行路线，才能清楚地看出观念侨易的线路。那么，人作为侨易主体是否也有其侨易路线或者线路呢？答案是肯定的。第一，侨易现象发生的基础是地理位置的迁移，侨易路线有其物质层面的合理性；第二，个体侨易和观念侨易之间本来就存在千丝万缕的联系，两者形成了一种"多重立体侨易过程"④。因此引入侨易路线的概念⑤。何为路线呢？路线，是从一地到另一地所经过的道路⑥。这里限定侨易路线的行动主体为人。

侨易路线是对侨易现象的延伸，侨易事件是侨易主体在固定的时间段或者时间点发生的侨易现象，体现了侨易现象的静止的一方面；侨易路线

①　叶隽：《变创与渐常：侨易学的观念》，北京：北京大学出版社，2013年，第117页。

②　同上，第95页。

③　叶隽：《"理论旅行"抑或"观念侨易"——以萨义德与卢卡奇为中心的讨论》，载叶隽主编：《侨易》第一辑，北京：社会科学文献出版社，2014年，第264页。

④　同上，第268页。

⑤　"侨易路线"的概念提出和解释得益于叶隽先生的指导和启发，在此致谢！

⑥　辞海编辑委员会编：《辞海》（缩印本），上海：上海辞书出版社，1980年，第1968页。

把发生在侨易主体身上的多个侨易事件串联起来，意图体现侨易现象的动态性和侨易主体的运动轨迹（前提是侨易主体发生了连环侨易，具备多个侨易事件）。这样能够更加完整地体现侨易个案。侨易路线侧重对发生在侨易主体身上的侨易事件做链条式的梳理和总结；对于侧重思想、理念、观点变化的侨易事件的链条，需要选取另一个词语做较为精确的描述。这里选择了"线路"一词，线路是电流、运动物体等所经过的路线（line、route)[①]。"线路"和"路线"两个词的意义相似又有所不同，线路强调了无意识的东西或者介质按照某种规律运动的轨迹，这和思想、观念侨易有相应和之处，而路线则多强调了人作为主体对于运动轨迹的主观选择。侨易现象注重物质现象与精神现象的结合，用侨易路线和侨易线路可以从不同侧重点着手解释侨易个案，侨易路线侧重人，侨易线路侧重思想，理论旅行则彻底消解了人的主体性，凸显了理论的主体性。引入侨易路线和侨易线路，有可能解决"多重侨易过程是如何发生交互作用"的这一问题：在观念侨易中"不仅有观念作为意象因子的侨易过程，也必然涉及作为观念载体的具体人的个体的侨易过程，以及这些双重或者多重侨易过程是如何发生密集的交互作用的"[②]。下面就凯泽林青年时代的异文化漫游的轨迹和哲学志向的确立过程展开追寻，在此过程中将利用到侨易路线和侨易线路等侨易学相关的理论和阐释方法。

第二节　侨出语境：历史、制度与天性

赫尔曼·凯泽林以其感性哲学观和世界旅行对异文化的展示闻名二十

---

① 汉语词典在线查询，http://xh.5156edu.com/html5/83515.html，检索日期：2016年1月18日。

② 叶隽：《"理论旅行"抑或"观念侨易"——以萨义德与卢卡奇为中心的讨论》，载叶隽主编：《侨易》第一辑，北京：社会科学文献出版社，2014年，第272页。

世纪上半叶，他出身于波罗的海东岸的俄国贵族家庭，凯泽林的家族属于"波罗的海德国人"，这一族群的起源是十三世纪作为十字军东征一支的德国骑士，他们在波罗的海东岸（利沃尼亚地区）定居①。在政治上先后从属东普鲁士、瑞典王国、俄罗斯帝国，十八世纪晚期叶卡捷琳娜二世取消了波罗的海地区贵族的特权，波罗的海德国人对俄罗斯的政治影响逐渐减退了，而他们与日耳曼文化的天然亲近感加强，这就导致了一个类似今天"异国的唐人街"②的现象：这批波罗的海德国人的国别归属是俄罗斯，但是从思想文化到日常生活却处处是日耳曼文化的痕迹。

丹纳在《艺术哲学》中认为，物质文明和精神文明的性质面貌都取决于种族、环境、时代三大因素。③这个理论用来分析个体的侨出语境当然也是合理的，凯泽林的家乡在地理上是俄罗斯与德国之间的通道，在文化上既深受俄国东正教的神秘敏感气质浸润，又受到日耳曼文化的秩序、理性的感染，凯泽林的性格和思想也是如此，后来的研究者总结凯泽林"汇聚了德国精神和俄国血脉"，并"融合了斯拉夫民族的思维"④，凯泽林在十月革命之后远离故土、移居德国，他精神中的"斯拉夫民族"特征必然是幼年家庭教育的产物，凯泽林接受的是传统俄国贵族家庭的标准家教课程，其中也包括了波罗的海德国人自发形成的家庭、小圈子的教育传统：拉丁语和希腊语，俄语、法语和德语，以及数学、历史、宗教、音乐和物

---

① 凯泽林家族居住在莱科庄园（Raylüll，现在属于爱沙尼亚），占地 224 平方公里，十九世纪以降一直是凯泽林家族的产业，直到十月革命之后爱沙尼亚掀起了土地改革，该庄园被没收了。

② 波罗的海地区的文化杂糅现象与唐人街现象形成的原因并不完全相同，后者代表了海外移民对固有文化身份的坚持和融入异国文化环境过程中的妥协，而前者是历史上不同国家政权对波罗的海地区统治更迭造成的。

③ ［法］丹纳：《艺术哲学》，傅雷译，桂林：广西师范大学出版社，2000 年，第 30 页。

④ Gahlings, Ute. *Hermann Graf Keyserling Ein Lebensbild*, Darmstadt: Justus von Liebig Verlag, 1996. S. 18.

理。其中他最喜欢的是地质学和动物学，这一点和他祖父是地质学家有关，凯泽林从小就决定要延续祖父的志业，他的大学专业也选择了地质学、动物学和化学，不出意外的话，他将会成为一名在俄国从事自然科学研究的科学家。他遗传了祖父直爽、强硬和果断的性格，神思敏锐，但是脾气急躁。这些从他大学时代参加兄弟会、酗酒斗殴，后来甚至因为母亲再婚问题同家庭疏远几年之久可以看出。个人的天性会对人生选择、事业建设产生不可小觑的影响。

历史环境、民族性、制度和个人天性会对侨易主体形成全方位的影响，就青年凯泽林来说，制度影响主要体现在大学教育制度上，凯泽林的大学学业是在日内瓦大学和多帕特大学（旧称 Dorpat，今称 Tartu，译作"塔尔图"，位于波罗的海地区，是欧洲最古老的大学之一，建校超过三百年，不但课程语言是德语，而且超过一半的教师来自德国）完成的。在1897 年高中毕业之后他就前往德国游历了莱比锡、耶拿和魏玛等地。这些城市都以德国现代大学而闻名，在十九世纪七十年代之后，普鲁士已经直接或者间接控制了超过一半的德国大学的政策[1]，使其符合十九世纪初洪堡对大学制度改革的要求和德国工业化发展的需要。德国现代大学改革以来，大学对知识阶层的规训作用愈加明显，"譬如马克思曾在伯恩、柏林两地就读，最后在耶拿大学获得博士学位；俾斯麦则曾在哥廷根、柏林大学就读"[2]。到凯泽林游历德国的时候，德国现代大学的风采和惯例都展现在他面前，虽然由于他母亲的要求，他先后在日内瓦大学和多帕特大学就读[3]，但是毕业之前他还是选择到德国游学。这当然有旅行时德国现代大

---

① Mcclelland，Charles E.．*State*，*Society*，*and University in Germany 1700-1914*．London：Cambridge University Press，1998．p. 235.

② 叶隽：《变创与渐常：侨易学的观念》，北京：北京大学出版社，2013 年，第35 页。

③ 凯泽林在日内瓦大学度过了 1897 年至 1898 年两个学期，1898 年至 1900 年在多帕特大学待了两年左右。

学给凯泽林留下了深刻印象的原因，而更重要的原因还是凯泽林和母亲的矛盾，使他迫切想离开家庭。远走德国看起来两全其美，那里既有可以完成学业的优质大学，又远离母亲的束缚以及她与一名家庭教师再婚带来的社会压力。可以说，此时的凯泽林已经做好了进入侨易语境的准备：不管是先天的民族文化铺垫，还是时代背景提供的现代大学就读机会，乃至贵族家庭出身自带的社交财富，等等。可以说，凯泽林的侨易路线早在海德堡之前就出现了痕迹。海德堡是其侨易路线上第一个站点。在这里发生了影响凯泽林思想的第一个侨易事件。

第三节　侨易线路：海德堡、维也纳、巴黎、柏林

首先需要说明的一点是：侨易路线是以侨易事件为线索形成的链条，而不一定是地理旅行的线路。在凯泽林身上的侨易事件，与其地理位置的迁移高度吻合，与凯泽林产生交互作用的重要人物、社会事件也都是以地域划分的，因此在一定程度上侨易路线的形成需要考虑地理区位因素，在某些案例中，则要将城市的文化区位因素纳入考量，比如十九世纪的巴黎就以其非凡的文化向心力吸引了越来越多的知识精英。这一点在凯泽林经历的侨易事件中体现得尤其明显。凯泽林在海德堡期间结识了出身爱沙尼亚的生物学家雅各布（Uexküll，Jakob Johann von，1864—1944）、对俄外交家雨果（Lerchenfeld，Hugo Graf，1871—1944）以及瓦格纳的家人，并接触到了风行一时的张伯伦的作品《十九世纪的根基》（*Die Grundlagen des neunzehnten Jahrhunderts*）。张伯伦（Chamberlain，HoustonStewart，1855—1927）是瓦格纳的女婿，他对日耳曼民族的推崇和对德国文化的信奉应和了当时德国统一之后逐渐上升的民族主义思潮，这一观点也成为当时文化讨论热点，凯泽林对此很感兴趣。凯泽林的父辈好友，文化学者施罗德（Schröder，Leopoldvon，1851—1920）将凯泽林介绍给了当时

在维也纳的张伯伦，张伯伦年长凯泽林二十五岁，博学广识，性格刚硬，与张伯伦相识对于幼年丧父的凯泽林而言不仅仅意味着一份友谊，张伯伦在青年凯泽林身边扮演了亦师亦父的角色。他对凯泽林的影响不仅体现在思想交流上，也体现在人生抉择和社交好恶上。凯泽林在1901年初离开海德堡到奥地利维也纳大学注册入学，值得注意的是，他所入科系并非地质学，而是哲学。这个决定关系着凯泽林的未来职业，也标志着凯泽林就此将哲学作为新的研究志向。张伯伦帮助凯泽林构建了进入哲学研究的基础，他定期与凯泽林讨论哲学著作，并将自己收藏的康德作品赠予凯泽林。张伯伦作为凯泽林早期的精神导师的身份得到了凯泽林以及他身边朋友的佐证，凯泽林自己说，"同张伯伦的友情指引了我内心的独立"①，同乡哈纳克（Harnack，Adolf von，1851—1930）说，张伯伦是凯泽林新生思想的助产师。

到了1902年博士毕业时，他已经尝试写出了"半哲学半美学"（halb philosophischen u. halb ästhetischen Inhalts）的《世界的构造》（*Das Gefüge der Welt*）书稿。凯泽林第一本哲学书稿《世界的构造》"建立了凯泽林哲学之路第一阶段的理论基础，带有强烈的康德认识论和批判哲学印记"②，虽然书名体现了凯泽林的宏伟构思，但内容还是对现象世界的浅尝辄止的归类以及借助康德批判思想的梳理，尚属于生涩的"戏仿"而非触及心灵的创作。尽管如此，凯泽林仍借助此书接触到了日后他感性哲学观的一个核心：生命的真实是什么？在凯泽林的感性哲学观里，他一直有意识地背离曾经的自然科学逻辑思维，而贴近神秘主义的感性思脉，这一点在他初期的思想和作品中尤其明显，诸如"纯粹""生命""感性""本

---

① Keyserling, Hermann Graf. *Das Gefüge der Welt*. http://schul-edesrades.org/palme/schule/gefuege/.

② Gahlings, Ute. *Hermann Graf Keyserling Ein Lebensbild*, Darmstadt: JustusvonLiebigVerlag, 1996. S. 42.

质""神造的""精神"① 等词汇反复出现，显然在终止自然科学研究旅途的同时，凯泽林也完全扔下了论证、演绎的包袱，将神秘主义、生命力作为自己哲学研究的导向，并竭力在表达自己的想法时带上"哲学味儿"。在完成这一书稿的过程中，凯泽林一直和卡斯纳（Kassner，Rudolf，1873—1959）来往频繁。除了张伯伦以外，另一位对凯泽林影响重大的人就是卡斯纳，作为一个游历交友十分广泛的文化名人，卡斯纳和里尔克、霍夫曼斯塔尔等浪漫派作家关系密切，对僵硬的哲学思维和理性主义都持反对态度，这对凯泽林产生了潜移默化的影响。

凯泽林与卡斯纳的相识相交很大程度上要感谢玛丽侯爵夫人（Thurn und Taxis，Marie von，1855—1934）的沙龙，贵族是引领近代欧洲社会文化的主要力量，十八世纪德国的"中国热"就是从德国贵族对中国瓷器的收藏开始的②，即便"到 20 世纪初，当英、法等国早已建立起资产阶级的统治时，德国仍然处于传统贵族的控制之下"③，在维也纳也同样如此，在热衷文化事业的贵族们举办的沙龙里，卡斯纳与凯泽林几乎每天都会见面，正是卡斯纳丰富多彩的阅历和充满活力的生活态度使凯泽林对生命的思考愈发贴近感性思路。张伯伦和卡斯纳的渊博知识以及长袖善舞的社交能力深刻地影响了凯泽林的思想和气质，"在两位良师益友的影响下凯泽林进一步开发了文化史和文化哲学的丰富矿藏"④，张伯伦触发了他的哲学思维，卡斯纳指明了他的思考方向，凯泽林完成了汲取康德的哲学思想和歌德的美学思想的第一本哲学著作《世界的构造》，这本书验证了凯泽林

① Vondran，Hugo. *Kritik der Philosophie des Grafen Hermann Keyserling*，Erlangen，1927. S. 14.

② 陈从阳：《视线所窥永是东方：德意志帝国晚期和魏玛共和国时期的中国文化热》，《西华师范大学学报（哲学社会科学版）》，2011 年第 6 期，第 55—60 页。

③ 邢来顺：《德国贵族文化史》，北京：人民文化出版社，2006 年，第 1 页。

④ Stephenson，Gunther. Das Lebenswerk Graf Keyserlings aus heutiger Sicht，*Zeitschrift für Religions-und Geistesgeschichte*，Jan 1，1981，33.

的哲学志向，也给了他莫大的信心，他有能力"开启进阶到形而上学的、哲学层面的真实的大门"[①]。当凯泽林拿到博士学位后，不顾雅各布、雨果等友人的劝阻，前往巴黎开始了自由写作和游历生涯。

在此之前，凯泽林的地理位移轨迹除了个性和主观意志的因素外，主要是大学教育制度框架下的"规定动作"，他的学习进展和思想变化都与学业的落脚点息息相关。这当然体现了现代大学制度对知识阶层的规训[②]。大学毕业之后在巴黎、柏林（1903 年至 1906 年主要在巴黎，1906 年至 1908 年主要在柏林）乃至米兰、威尼斯的侨易路线则真正发乎于凯泽林的内心追寻和兴趣使然。他说："实现自我认知的捷径，在前往世界的路上。"（Der kürzeste Weg zu sich selbst führt um die Welt herum.）"'侨易学'的基本理念就是因'侨'而致'易'"[③]，凯泽林所言与侨易学的理念不谋而合，游历世界是物质位移，而自我的认识是精神的质变，"物质位移导致精神质变"[④]，这一点在凯泽林身上体现得尤为明显，他的每一次思想质变几乎都是在旅行中完成的。

凯泽林的思想变化以及其感性哲学观的形成、完善过程一直和凯泽林的个体旅行线路联系密切，特别是在巴黎的三年，凯泽林一人租住在旅馆里，日常活动就是参加文化沙龙、写书稿或者外出一起游览，极为逍遥自在。他当时主要是得到了著名的文艺沙龙倡导者施勒尼茨伯爵夫人（Schleinitz，Marie von，1842—1912）的关照和祖父的故交好友、意大利画家沃尔科夫（Wolkow-Mouromtzow，Alexander，1844—1928）的启

---

① Gahlings, Ute. *Hermann Graf Keyserling Ein Lebensbild*，Darmstadt：Justus von Liebig Verlag，1996. S. 67."die den Zugang zur metaphysischen Wirklichkeit eröffnet."

② 参见张雪：《19 世纪德国现代大学及其与社会、国家关系研究》，华中师范大学博士论文，2012 年。

③ 叶隽：《变创与渐常：侨易学的观念》，北京：北京大学出版社，2013 年，第19 页。

④ 同上，第 21 页。

发。施勒尼茨伯爵夫人是十九世纪后半叶柏林最知名的沙龙组织者，其沙龙带有强烈的法国文化色彩，身为瓦格纳的最大资助者，她对当时的上流文化风尚有着重要影响，甚至被称作普鲁士大公夫人（Grande Dame Preußens）。她在巴黎期间（1903年即和第二任丈夫迁回柏林）对凯泽林的哲学写作试业（彼时凯泽林刚刚开始尝试专业哲学写作）一直颇感兴趣，凯泽林和他的表兄陶博是施勒尼茨伯爵夫人的沙龙常客。沙龙的座上宾还包括了威廉一世、威廉二世、俾斯麦等政治圈人物（因为施勒尼茨夫人的两任丈夫都是高官），李斯特家族、瓦格纳家族等。借助施勒尼茨夫人的社交网络，凯泽林继而结识了若干法国文化和学术界的名士，其中就包括著名法国作家、诺贝尔文学奖得主纪德（André，Gide，1869—1951），对二十世纪意识流小说产生重要影响的法国象征主义后期作家杜雅尔丹（Dujardin，Édouard，1861—1949），爱尔兰作家莫尔（Moore，George Augustus，1851—1933），法国象征主义画家格鲁（Groux，Henri de，1867—1930），同样和张伯伦分享友情的瑞士建筑师、舞台布景师和戏剧理论家阿皮亚（Appia，Adolphe，1862—1928）。凯泽林在巴黎居留的这段时间并没有完成什么哲学大作，而更多的是在体验法国文化，如建筑、文学、音乐、绘画等，凯泽林在德法文化交流中的作用是有目共睹的①。凯泽林极有可能是在此时意识到了文化游历对于知识结构乃至思想塑造的重要作用，并在1911年决定通过世界范围的文化游历充实自己的精神世界。这一认识也体现了凯泽林的"侨易直觉"，如果没有这么多的旅行经验，很难想象凯泽林从何处得到如此丰富的思想资源。

1908年回到柏林之后，他才逐渐回归了学术场域，一方面和生命哲学家西美尔、柏格森来往，一方面专心于汉堡自由大学的讲座和书稿整理。这段时间地理上的位移不那么明显，而精神却在潜移默化中质变，两本书

---

① Dyserinck，Hugo. *Graf Hermann Keyserling und Frankreich. Ein Kapital deutsch-französischer Geistesbeziehungen im 20. Jahrhundert*，Bonn：Bouvier，1970.

稿《永生》和《自然哲学导论》都是这一时期的作品，凯泽林不但在哲学创作上找到了自己的方向，而且也得到了学术圈的认同。在柏林是凯泽林"厚积薄发"的三年。凯泽林是由张伯伦引上哲学之路的，他的哲学从业志向也是在张伯伦的极力劝诱下形成的，然而当凯泽林想以张伯伦赞不绝口的《世界的构造》一书谋求哲学教职时，"哲学为业"的理想却遭到了挫败。尽管有狄尔泰（Dilthey, Wilhelm, 1833—1911）、奥伊肯（Eucken, Rudolf Christoph, 1846—1926）两位生命哲学的代表人物支持并认可他的才华，凯泽林还是没有得到执教资格。这次经历使凯泽林一方面远离了学院权威，另一方面开始反思自己从前的哲学学习和思考方式，并逐渐形成了《永生》（*Unsterblichkeit—eine Kritik der Beziehungen zwischen Naturgeschehen und menschlicher Vorstellungswelt*）一稿。凯泽林重新捡起了他少年时思索过的问题：死亡是什么，死亡之后的彼岸在哪里，永生是否可能。凯泽林"将'信仰'作为批判永生信念的前提"①，提出了"向死而生"的看法，认为死亡也是人的生命经历的一部分。整本书的修辞和心理倾向被张伯伦批评为"乔装的诡辩"，两人的哲学观点日益产生分歧，并在三年后分道扬镳。张伯伦和凯泽林的性格都是火爆独断的，凯泽林年轻时还视张伯伦的意见为金玉良言，此时再听张伯伦的批评却倍觉逆耳和束缚。而张伯伦一直视凯泽林为后辈，对他渐渐贴近其他哲学流派的趋势难以容忍。在学术场域中这种现象并不少见，"理论家又必须维护自己的地位"②，两人分道殊途也是必然。而凯泽林经此和舍勒的老师——生命哲学家西美尔（Simmel, Georg, 1858—1918，又译齐美尔）交好，逐渐走近生命哲学，并和柏格森（Bergson, Henri, 1859—1941）开始通信

---

① Gahlings, Ute. *Hermann Graf Keyserling Ein Lebensbild*, Darmstadt: Justus von Liebig Verlag, 1996. S. 49.

② 叶隽：《"理论旅行"抑或"观念侨易"——以萨义德与卢卡奇为中心的讨论》，载叶隽主编：《侨易》第一辑，北京：社会科学文献出版社，2014年，第263页。

（1907 年开始，直至 1911 年的国际哲学大会上两人相识）。《永生》一书既得到了诸多生命哲学家的认可，也开启了凯泽林作为哲学家的事业：1907 年秋季和 1911 年 2 月他两度在汉堡自由大学（Freie Universität Hamburg）做系列讲座。讲座的内容是凯泽林早期哲学思想的代表作《自然哲学导论》（*Prolegomena zur Naturphilosophie*），此书本就是根据这一系列讲座内容整理，在 1910 年出版后得到了热烈反响，凯泽林作为哲学家的身份得到了认可：他获邀参加博洛尼亚国际哲学大会（Internationale Philosophenkongress in Bologna）并发言，在首次作为哲学家的正式亮相中，他不负众望，既展现了出众的演说才能，也收获了意外惊喜，一位法国编辑希望翻译他的讲稿，在法国出版。凯泽林经由博洛尼亚大会终于名声在外。而会后不久，凯泽林即开始了世界之旅[①]。凯泽林的青年时代侨易线路到博洛尼亚国际哲学大会为止，以欧洲文化漫游为主线，完成了感性哲学观的初建；成年凯泽林的侨易线路以世界之旅开始，以中国传统文化精髓为主的异质文化因素对他后期感性哲学观的完善有着重要作用[②]，凯泽林的中国观反映了感性哲学观的核心内容之一，也是后期侨易路线的重要组成。

第四节　侨易线路：文化和哲学视阈中变化的感性哲学观

从海德堡出发，经维也纳、巴黎，回转到柏林，凯泽林青年时代的异文化漫游路线涵盖了欧洲内部的两大文化，即罗曼文化和日耳曼文化，也由此确立了哲学志向，并初步形成了自己的感性哲学观。其感性哲学观的形成过程与异文化资源的浸润密不可分，凯泽林的"精神三变"有其自身

---

① Gahlings, Ute. *Hermann Graf Keyserling Ein Lebensbild*, Darmstadt：Justus von Liebig Verlag, 1996. S. 64-67.

② 参见凯泽林：《另眼看共和：一个德国哲学家的中国日志》，刘姝、秦俊峰译，福州：福建教育出版社，2015 年。

独特的侨出语境即两种不同文化体对他的杂糅影响，尤其其感性哲学观的前期形成主要是出于对斯拉夫文化和日耳曼文化乃至罗曼文化几种文化体的亲身经历和思考，凯泽林在俄德法三国地理位移中的思想收获是客观文化背景和主观文化选择的共同结果。其著作中也经常体现各个民族鲜明的文化特色和历史印记，斯拉夫民族"其总体气质是欧洲全民族中最丰富的"①，也就是独特的神秘、感性，既柔和又强硬，既细腻又粗犷的民族气质。凯泽林反思斯拉夫民族的感性气质的过量（ein Übermaß einseitiger Gefühlsbegabung），而日耳曼民族在凯泽林眼里却饱受理性泛滥（Hypertrophie des Intellekts）的干扰。日耳曼文化崇尚秩序，自认为担负了历史使命，具有民族优越感，而斯拉夫民族的感性气质主要体现在宗教优越感上②，认为自己肩负了"弥赛亚"的使命。别尔嘉耶夫说："日耳曼精神……存在于路德新教之中，以强大的力量显示和落实在伟大的日耳曼唯心主义中，在康德与费希特那里，也存在于黑格尔与哈特曼那里。"③ 俄罗斯的精神生活总是受到了西欧时兴的哲学思维的影响和控制④，所谓西欧时兴的哲学思维指的是十八世纪以来康德为代表的理性哲学。而十七、十八世纪的法国是欧洲思想和心灵的中心，巴黎更是欧洲的文化明珠，思想在这里碰撞，社会在这里发展，文明从这里传播向四方。从法国到德国，再从德国到俄罗斯的文化影响路径是很清楚的了，"巴黎是活生生的存在，这一存在要比现代资产阶级的法国人更高尚和更出色。它的灵魂的面貌具

---

① Keyserling，Hermann Graf. *Was uns not tut-was ich will*，Darmstadt：Otto Reichl Verlag，1919. 转引自 Vierkandt，Alfred，Keyserling，Graf Hermann. *Was uns not tut-was ich will*（Book Review）Kant-Studien. vol. 28，Berlin：W. de Gruyter，etc. 1923. p. 154.

② 参见梁秋：《别尔嘉耶夫宗教哲学的现代性批判维度》，黑龙江大学博士论文，2012 年。

③ 别尔嘉耶夫：《俄罗斯的命运》，汪剑钊译，北京：北京联合出版公司，2014 年，第 143 页。

④ 同上，第 15 页。

有'不寻常'的体现，不是大多数欧洲城市所具有的那种面貌。这是唯一的现代的、新的城市，其中有着新的和现代的因素的美和魅力"①。歌德对巴黎的憧憬也更加证明了巴黎对有素养的知识阶层的文化吸引力："试想一想巴黎那样一个城市。一个大国的优秀人物都聚会在那里，每天互相来往，互相斗争，互相竞赛，互相学习和促进。那里全世界各国最好的作品，无论是关于自然还是关于艺术的，每天都摆出来供人阅览；还试想一想在这样一个世界首都里，每走过一座桥或一个广场，就令人回想起过去的伟大事件，甚至每一条街的拐角都与某一历史事件有联系。"②而凯泽林从俄国到德国再旅居巴黎的侨易线路也符合文化向心力的规律，一步步接近文化中心，感受到了欧洲颇具代表性的几种不同的文化气质。正是丰富的文化经历给予了凯泽林开放的眼光和包容的心态，经过几种不同文化体的比较，凯泽林认为：更完善的人类应该具备感性和理性的平衡，这是凯泽林感性哲学观所强调的核心之一。

以历史眼光梳理二十世纪哲学历史时，凯泽林的思想被概括为感性哲学观，仿佛其思想主要是作为一个固定理论范畴而存在的；而运用侨易学的方法，引入侨易线路的概念，能够发现感性哲学观流变发展的特点，并由此对影响其发展变化的因素做出梳理。这一点，凯泽林自己也数次强调过，他认为自己的哲学思想特殊之处在于流变，卓越之处也在于流变，固定的体系只能涵盖一个阶段或者一个范畴，因此对于其他学院哲学家批评感性哲学缺乏完整逻辑论述的声音，他不以为意。感性哲学观的理论流变特点是和凯泽林的个体侨易经验密切相关的，他在侨易中学习哲学、思考哲学、著述哲学、修缮观点。然后再次重复这一步骤，形成一个循环，最

---

① 别尔嘉耶夫：《俄罗斯的命运》，汪剑钊译，北京：北京联合出版公司，2014年，第132页。

② 艾克曼辑录：《歌德谈话录：1823-1832》，朱光潜译，北京：人民文学出版社，1978年，第140页。

初的感性哲学观立足于康德的纯粹理性批判，比如《世界的构造》。继而引入了对意志哲学的关注，如《歪曲者叔本华》（*Schopenhauer als Verbilder*）。在世界之旅中更是将印度哲学、中国儒学和易学引入了自己的哲学世界，他在《一个哲学家的旅行日记》中栩栩如生地描绘了异文化世界的景象。在达姆施塔特建立智慧学校的过程中，他接触到了众多生命哲学的代表，并逐渐将目光转向欧洲的文化危机和文化改革，如《吾执汝需》（*Was uns not Tut，was Ich will*）中将理性批判同根除文化危机结合起来，提出"知性"（Intellekt）是人的生命力所在。凯泽林暮年时节，由于对纳粹统治的不满和反对，他屡被警告和禁言。在1933年之后直至1946年去世的十多年里，他开始整理自己的哲学思想，并留下了《人的批判》（*Kritik des Menschen*）手稿，作为自己的思想遗产。凯泽林在盛年阶段一直强调思想的流变，这一方面是由于自身侨易经历，同时也是由于理论本身迎合了时代需求，具备了旺盛的生命力。虽然他在暮年阶段对理论的体系化总结并不成功，但是凯泽林的感性哲学是德国哲学乃至欧洲哲学发展链条上不可或缺的一环。凯泽林是半生旅居、终身侨易[①]的哲学家，"个体的物质位移和观念侨易是相互作用的，个体观念的形成与元观念之间是有剪不断理还乱的密切关系的"[②]。"一个多重立体侨易的过程，即一方面是相对线性的平面场景，在纵向的时间顺序中进行着无间断的断链点续，在横向的同时性上发生着场域博弈；另一方面在更为宏观的时空二元立体结构（甚至可以说是时空法的二元三维结构）中，发生着交叉系统里的万象

---

① 叶隽先生在《变创与渐常：侨易学的观念》一书中对侨易现象进行了以活动类型为标准的分类，如留学、传教、驻外、移民、游历等，见该书第111—116页。而此处则强调凯泽林侨易事件多、侨易时间长、一生的思想几经质变，因此拟"终身侨易"一词，着重于凯泽林其人其理论的侨易内涵。

② 叶隽：《"理论旅行"抑或"观念侨易"——以萨义德与卢卡奇为中心的讨论》，载叶隽主编：《侨易》第一辑，北京：社会科学文献出版社，2014年，第269页。

迁变。"① 感性哲学观的理论侨易线路自凯泽林这一个体确立起哲学志向开始就不断演变，不但能反映感性哲学观的理论建设、完善、变化，也能反映十九世纪末、二十世纪上半叶交融着斯拉夫精神和日耳曼精神的"波罗的海地区文化"、以法国为代表的罗曼文化、以德国为代表的日耳曼文化间以凯泽林为载体发生的勾连。人、时、地构成了更加宏观的"时空二元立体结构"，侨易线路的内涵超出了感性哲学观这一理论本身。

从侨易学的角度分析，凯泽林在短短几年内，就经历了若干重要的侨易事件，他的精神思想几经蜕变，逐渐成熟发展。借助侨易学中物质位移导致精神质变的基本原则，引入"侨易路线""侨易线路"等概念对凯泽林这一侨易个案的分析和解读更加清晰。作为理论术语的"侨易线路"涵盖了在案例中使用的"侨易路线"和"侨易线路"，在叙述中需注意。这里所谓的侨易线路，是将侨易主体的重要侨易事件串联起来，用十字线性的眼光梳理节点之间的联系，既突出主体思想质变的时刻，也重视思想质变的前因后果，以旅行空间线路的视角纵向观察凯泽林周围的、不同时段的人和物。"身份认同与根源（roots）、植根性（rootedness）的关系"② 以及"身份认同与通过路径（routes）来考察的变化和反思的过程"③ 同等重要，亦即侨易节点与侨易路线在案例中同等重要。具体而言，侨易线路的分析要注意几点：第一，侨易线路是连接侨易事件的线路，既重视侨易事件，也重视这些重要的事件之间的过程和线索，也就是说，在影响研究对象的重大侨易事件之间，并不是空无一物的，社交契机、家庭变故，乃至战争等大大小小的事件都是侨易线路需要捕捉的点，线是由无数的点集成

---

① 叶隽：《"理论旅行"抑或"观念侨易"——以萨义德与卢卡奇为中心的讨论》，载叶隽主编：《侨易》第一辑，北京：社会科学文献出版社，2014年，第268页。

② ［英］保罗·吉尔罗伊：《黑色大西洋：现代性与双重意识》，沈若然译，上海：上海书店出版社，2022年，第29页。

③ 同上。

的，点动成线，才能比较完整地考察侨易线路的内容；第二，侨易线路具备时间性和空间性，也就是十字线性，每一个重要的侨易事件都不是在一瞬间发生的，因此不能在单一的时间维度分析该侨易事件，在这个时间段要有空间维度的发散，将能够影响侨易事件发生的因素都纳入进来，围绕侨易事件这个"点"形成一个立体的空间，这个空间就是侨易事件发生的"场"（Champ），研究对象的天性、所处的制度限制等场域因素与研究对象之间的联系平衡了这个"场"，并导致了侨易事件的发生；第三，侨易现象和侨易线路相结合，对侨易现象的研究既不能单纯满足于验证历史事实，还原历史语境，也不能脱离研究对象，只谈文本精神。"侨易现象乃是在物质现象基础之上的精神现象，是兼容物器、文化层面的一种交域现象，是一种兼有两者的综合性现象"①，因此不但要兼通物器的研究和文化的研究，体察对象的心理，关注其思想观念的"断链点续"过程，抓住其思想的核心变化，还要以"侨易线路"串联，对影响侨易主体的重大"侨易现象"予以线性梳理，补齐点到点之间的空白，形成逻辑链条和空间观念。虽然在凯泽林的这一个案中结合侨易学理论应用并发展了"侨易线路"的概念，但这一概念的内涵和适用性还需通过更加深入的案例研究来验证。

---

① 叶隽：《变创与渐常：侨易学的观念》，北京：北京大学出版社，2013年，第120页。

第四章

侨易景观：凯泽林与中国城市

第一节　侨易景观：侨易现象发生的空间

在分析侨易现象以及相关的案例研究中，我们往往关注的是侨易主体的侨易路线、思想变化及侨易类型等主观层面动因的挖掘，如《侨易路线：青年凯泽林的异文化漫游与哲学志向的形成》[①]《匡超人的"精神三变"——一个文学意象的侨易学阐释》[②]，当然对于作为活动背景和语境空间的客观层面并非不关注：如《德国文学里的侨易现象及侨易空间的形成》[③]，但宏观的历史背景和微观的社交背景往往是主要的关注点，并且这种关注是作为"侨入语境"，即为侨易主体发生变化提供的预备条件。

但"侨入语境"的范畴不只是宏观层面的，如文化体、跨文化角度；

---

① 董琳璐：《侨易路线：青年凯泽林的异文化漫游与哲学志向的形成》，《江苏师范大学学报（哲学社会科学版）》，2016 年第 4 期，第 71—77、124 页。

② 叶隽：《匡超人的"精神三变"——一个文学意象的侨易学阐释》，《中国文化研究》，2020 年第 2 期，第 40—48 页。

③ 叶隽：《德国文学里的侨易现象及侨易空间的形成》，《同济大学学报（社会科学版）》，2016 年第 2 期，第 2—9 页。

也不只是个体交谊等主观层面的，如师徒、同侪、同行等的互动、竞争和博弈。侨入语境所包含或者暗示的范畴还有"境"，即器物层面构成的生活场景和器物景观（从器物侨易的角度也有相关研究，但器物侨易是观察器物本身的侨易过程，研究侧重不同，如《从〈妇女乐园〉看资本语境下百货商店的产生》①），尤其是以人为侨易主体、以地理迁变或者空间转移为前提的侨易现象中，第一重变化或者影响的施加者都是场景的迁移和景观的差异，受此影响的也并非直接的头脑观念，而是目视、耳闻、鼻嗅、体触等感官体验。正如人工智能发展的一大瓶颈是如何让机器人判断自己所处环境（如房间内、广场上、野外等），这里还仅仅是对空间的感受力。而从器物层面来看，生活场景的构成往往更为复杂，首先依存一定的空间基础有了"物品的置放""位置的选择""材料的铺陈"；进而是功能性的分布、非功能性的装饰物、审美风格和休闲的体现和暗示、时代流行的植入；最后可能还有个人品位、兴趣爱好甚至纯粹行为习惯的展示——这样一个生活场景中富含的信息（往往是符号性质的）可以形成一个更加具体的侨入语境，对侨易主体的感官形成体量大、密度大的刺激，这也是侨易现象萌生的先决条件之一。"场景"的整体性也是其影响侨易现象的一个条件。而更加细致、有针对性的影响力则体现在"器物景观"中，这里对器物的定义首先是一种实存功能性的景观空间。2022 年初在上海市的苏州河畔完工的大型景观"天安千树"虽然一时跃为地标，也融合了购物休闲和艺术陈列等功能，但主导功能仍在于观赏，即其符号化的建筑明确指向了非实用价值，因而不算是"器物"。围绕实际功能而形成的景观空间则在讨论范围内，农业社会的祠堂、祭祖场所，工业社会的商场、博览会，乃至疗养院、医院以及研究所、大学、办公室、股票交易所、监狱（比如众所熟知的中央透视监狱）等实用功能至上的空间。这些空间给人带来的

---

① 王涛：《从〈妇女乐园〉看资本语境下百货商店的产生》，《江苏师范大学学报（哲学社会科学版）》，2014 年第 5 期，第 12—19 页。

影响是毋庸置疑的，排除各种空间的实际功能［如监禁（也包括保护性的拘禁）、劳动（也包括强制劳动）、治疗（也包括行为矫正、成瘾戒断等）〕外，伴随种种行为所产生的对个体的精神影响同样不可小觑，进一步甚至可以说，现代社会的秩序和结构化都严重依赖于以上空间的独立（即从大社会中割裂出来）。因而，以器物景观观察侨易现象是可行且必要的，一方面这是对"侨入语境"的细化和阐释，另一方面是对"侨入语境"研究进行的补充。换言之，为侨易现象提供实在空间依存条件的为侨易景观。而研究景观或者器物的变迁、侨易过程则是"景观侨易"，非"侨易景观"。这里首先要对两个概念——"侨易空间"和"侨易景观"进行初步的阐释：两者联系在于"空间"，如 vision、visual、vista、view 等"景观"词群均和词根"vi"相关，该词根表示"道路、途径"，即景观潜在具有道路的空间含义；另一方面"图景"（vision）同时也有"理论"（theory）的意思[①]，"理论"的希腊语意有 θέα（théa）即"观察"（view）的含义，且强调"视图、视线"等主观视角，即景观本身就是一种理论，只不过其是通过展示各主体和各要素的空间相关性来便于主体去"描述"（envision）一种现象或者规律，而侨易空间就是要对侨易景观中的这种联系和相关性予以揭示。而希腊语 θέα（théa）的名词形式 θέατρο（théatro）恰好就是剧院、戏院之意，剧院本身形成了一个人造空间，这个空间的核心是"σκηνή（skēné）（舞台），强调其"场景"（scene）的含义：舞台既是背景，是事件发生的地方，又是一系列场景转变组合成整幕戏剧的每一"幕"（scene）。因此侨易空间和侨易景观两者区别首先在于侨易景观的核心是侨易事件，侨易空间的核心却是事件的主体或者强调外部对这一空间的观察，即前者偏重于具体案例的方法，后者偏重整体理论的分析。其次在于侨易景观一般为人造景观（designed landscape），属于客观实在，或

---

① Biao Xiang. "Theory as vision". *Anthropological Theory*，2016，16（2-3）. pp. 213-220.

者必然是人为干预和参与的自然景观（natural landscape）；侨易空间既不强调实在物，也不强调人造物，而主要是一种抽象的"主体-客体"二元关系层面中的视图、[地形（geography）]空间（scape）含义，比如，与景观（landscape）类似，德语词"景观"（die Landschaft）中的"-schaft"后缀即表示"抽象的集合性术语"，因此风景、景观（Landschaft）强调其形成一个"区域"（Region）或者一种行为单元、活动范围的含义，更加强调"空间"作为一种维度。因此侨易景观（Qiao-Yi-scape）应该是一个"侨易事件发生的场所"，一处"侨易主体活动的人造或自然区域"，一种"必备的、可变的侨易因素"。

侨易景观是一种对实在物的定义，侨易空间更强调理论研究的切入视角。侨易景观的必要性在于增强侨易空间的"实感"和案例"参与感"，因此在纯文本批评以外，文学批评均需要历史空间的参与，对历史空间的恢复程度，决定了文学批评尤其是文学史书写的真实程度，作者心绪的真实反映。批评者不能仅仅依靠文本分析。

那么观察和分析侨易空间的对象有哪些呢？一般而言，从侨易主体入手是最为普遍的做法，即从历史人物入手，牵连侨易事件，挖掘相关档案，进而对实物类别的侨易景观进行复位，重返历史现场，构建侨易空间。这里着重要阐明的是侨易景观的意义。尤其是有一些侨易景观，可以指明特定的侨易现象。比如岛屿作为一个兼具封闭-开放、定居-漂泊等矛盾特性的空间，往往生发独特的侨易现象，因而可以作为一种侨易景观。侨易景观的功能还在于，为侨易批评增添角度，为侨易空间加强真实感，为侨易路线提供重要节点。

第二节　侨易景观的作用机制

文化人类学向来推崇研究社会的变动现象，这和侨易理论的研究目的不谋而合。人类生物性和文化性的定义与研究对应了侨易学对跨文化现象和人类（大部分情况下关注的是人类个体）的文化、习俗变化。而文化人类学对人类历时性的发展（文化、语言、风俗等）的关注是在一个大环境的前提下的，这个环境有可能是独立于社会的自然环境，也可能是受文化影响而生成的人造环境，但环境背景的研究往往未能比肩于对文化差异以及变化本身的研究（婚姻家庭、宗教巫术、原始艺术等）。考虑到文化人类学缘起的历史背景，即以技术和工业为主要社会特征的西方文明对原始的、野蛮的非主流文化（社会）的观察，其与侨易学研究之间的共性则更多：一方面证明了宏观文化史和大文明叙事的缺憾，另一方面破除了时空同步的人类社会变化的统一性。这一裂隙正是侨易学试图填补的。比如，马林诺夫斯基（Malinowski，1884—1942）认为南太平洋上的原始岛屿社会中存在稳定的社会秩序，还存在隐性的社会变异①。传统土著社会的这种潜在的变化体现了侨易在更广大的社会空间中的实践。以传统社会的"景"去观察普遍社会发展中的"异"，使其得以具象化。那么传统文化人类学的"景"又是什么呢？这种景可以在社会生活中的观察中获得其内涵。岛屿之间的精神物质交换——库拉圈（kula ring）②就是传统社会中的景，这种景通过不同岛屿社会之间的交换，弥补、缩短了岛屿之间的地理距离，拉近了一种社会地理距离。这种变动深刻地再现了"易"的动态（多个侨易景观之间），而每一个库拉物品都极大地浓缩了社交活动、历史和礼仪传统。"库拉是一种特别重大而复杂的风俗，这在地理范围和内容追求的多样性上都是这样。它把为数众多的部族结合在了一起，并且包括了大量复杂的活动，将这些部族关联交织在一起，这样就使之形成一个有

---

① ［美］布罗尼斯拉夫·马林诺夫斯基：《西太平洋上的航海者》，张云江译，北京：中国社会科学出版社，2009 年。

② 同上，第 45 页。

机的整体。"① 这种风俗是基于物品产生并运作的。而在现代城市生活中，侨易景观更是一种符号的集合（不仅仅是单一的某个器物），以一种当下流行的娱乐方式"密室逃脱"为例，一个房间内所有物品均有意义：无论是摆放位置——有可能暗示了出口或者密码排列顺序；还是物品本身——暗示了房间主人的命运、故事细节，种种物品和空间位置形成了一整套的符号体系，而游客的任务就是"解码"，将物品抽象为符号，将符号具象为一个完整的因果逻辑链条，进而获得"出口"。这里的出口不但是密室和外界的沟通，也是通过符号达成的成功的沟通：密室设计者和游客由此达成了不同时在场的默契和共识。如《玫瑰的名字》② 中以"建筑＋语言＋宗教＋历史"为基础构建的符号系统，以教堂图书馆这个景观为表征成为推理的唯一基础，当然首先是权力的传承——只有掌握了这套符号的人才能继承图书馆馆长的职务，进而掌握知识和权力。

如此，则在侨易景观内部，人-主体、器物媒介、关系-制度受到空间影响各自变化、并共同对侨易主体继续发挥"功能"作用，比如布迪厄对一系列收容场所以及监狱所对应的惩罚机制的揭示③。也因此，侨易作为一种现象是不可分割的一体两面。一方面，如布迪厄社会理论中的一个核心概念"生存心态"（Habitus④）："某人之为某人，某物之为某物，某一

---

① ［美］布罗尼斯拉夫·马林诺夫斯基：《西太平洋上的航海者》，张云江译，北京：中国社会科学出版社，2009 年，第 46 页。

② ［意］翁贝托·埃科：《玫瑰的名字》，沈萼梅、刘锡荣、王东亮译，上海：上海译文出版社，2020 年。

③ ［法］米歇尔·福柯：《规训与惩罚：监狱的诞生》，刘北成、杨远婴译，北京：生活·读书·新知三联书店，2007 年，第 26 页。

④ 概念翻译参见高宣扬：《布迪厄的社会理论》，上海：同济大学出版社，2004 年，作者自序第 2 页。"关于 Habitus，尤其令我思路豁然开朗。很多人只是从这个词的表面意义去理解，很容易同原拉丁文 habitus 以及同其他学者，例如埃利亚斯所用过的同一个 habitus 概念的意涵相混淆，以致将它误译成'习惯''惯习''习气'等等。我将它译成'生存心态'，主要就是要全面表达其意义，并凸显布迪厄的创意性。"

状态之为某一状态，都由其当时当地所表现的基本样态所决定。"① 因此，可以说侨易现象中蕴含了个人"生存心态"的一个转变，或者至少是习惯的转变——所受的影响与侨易景观（环境的基本样态）相关，与生存心态类似，侨易景观也是有"历史经验""历史前结构""在不同的行动场合下不断实时创新""具有前后一贯的稳定性和持续性""渗透着他所属的社会群体的阶层性质"的，"是一种同时具'建构的结构'和'结构的建构'双重性质和功能的'持续的和可转换的秉性系统'"，是"随时随地伴随着人的生活和行动的生存心态和生活风格"②。实际上，生存心态一词所揭示的人的个体特质实则是受侨易景观影响所产生的外部存在，而侨易景观影响则体现了对生存心态产生影响的内部动因，这还是仅从积极角度而言的，如果考虑到一部分旨在唤起消极负面情绪和恐惧联想的主观动机指引下所构建的景观（如审讯室单向镜、光线的引导、禁闭室，以及狭窄、低矮的走廊……），其功能则更加包罗万象。另一方面，景观之侨易和人的侨易在侨易景观中得到了闭环式的统一：侨易景观是对社会存在实在性（这是对应现代社会"网络化不可视"的提法）的证明，是观察社会关系，人际关系，个体行为、心理和情感的空间和窗口，是"场域"③ 的可视化场景。除了展示性的功能外，个体在其中的适应性变化、主动地对景观的改造也不断成为追溯社会变化发展的一个重要痕迹，从而赋予侨易景观更多的参与"建构"关系和制度的功能，不只是作为静物的旁观者，而是言

---

① 高宣扬：《布迪厄的社会理论》，上海：同济大学出版社，2004 年，作者自序第 3 页。

② 同上。

③ 这里依然强调场域对人作为社会动力的依赖以及抽象性："社会宇宙的活灵活现的结构化动态性质，以共时理解的概念形式表达出来。"高宣扬：《布迪厄的社会理论》，上海：同济大学出版社，2004 年，第 136 页。"以各种概念形式表达的场域，只是现实存在和运作的实际社会空间的象征存在形式。"高宣扬：《布迪厄的社会理论》，上海：同济大学出版社，2004 年，第 144 页。

说（历史）观点的证人。正如布迪厄对政治制度的另类称呼"政治肉体"（body politics[①]）一样，景观是一种"制度肉体"，甚至可以说，景观作为一种制度肉体的生命力和影响力更大：比如刑柱本身就具有威吓性质，而不单单是在行刑的时刻。这也就是为何历史总是借助生活空间保持长青，如法国巴黎的花神咖啡馆（Café de Flore）本身作为咖啡进入市民生活的一个重要标志不仅仅是器物史的研究对象，其也成为承载哲学讨论的公共空间和文学创作的空间，进一步，则成为知识精英们迭代交流的"虫洞"。一旦进入咖啡馆，就同时进入了前代知识个体的思域和前时代的知识场，又不可避免地成为从器物交易消费到文化再生产再到历史研究的主角，历史研究的"空间"主角还有茶馆（这自然是与咖啡馆相对应的东方社交空间）[②]等。比如，"政治场域是靠在特定的社会空间中所表现出来的人与人之间的权力关系网络来维持的。经济场域是靠在某一个特定社会空间中的人与人之间的经济利益关系，靠他们之间的金钱、货币和各种商品往来关系来维持的"[③]。但一切社会空间都依存于实在的侨易景观——至少在迈入互联网时代之前，这种实在性还没有完全消亡，诸如酒吧、咖啡馆等成为市民政治乃至革命的温巢，而当铺、市场又是典型的容留经济关系的场所。作为现代社会主要标志的城市，其内部空间的细分也为侨易景观的多样性和研究提供了主要例证。换言之，侨易景观是比场域、城市空间等概念更加深入了城市（即现代社会的肌理）的研究视角。侨易景观同样是对所谓社会发展动力学研究思路的进一步追溯：作为"社会场域"中的动力，"行动者个人和群体之间的权力关系"是在侨易景观内展现出来的，侨易景观是这种抽象关系的容器，也是放大这种权力关系影响力的"震动

---

① ［法］米歇尔·福柯：《规训与惩罚：监狱的诞生》，刘北成、杨远婴译，北京：生活·读书·新知三联书店，2007年，第30页。

② 王笛：《茶馆：成都的公共生活和微观世界》，北京：社会科学文献出版社，2010年。

③ 高宣扬：《布迪厄的社会理论》，上海：同济大学出版社，2004年，第139页。

放大器”，是以一种静态状态参加到动态的社会关系中去的，即侨易景观的梳理和揭示是研究器物侨易的一个基础。

这一联系主要目的是维系认知外界时的维度差异，即多维空间总是被降维理解、传递，比如我们所处的地球，其地理地貌的三维景观被还原为经纬线网格、疏密不一的等高线，而“地球的一切写照都是走样的，要么距离不对，要么角度不对，要么面积比例不对”①，而这一降维转化实际上暗含了绘图者对地球的符号化塑造：“二维的世界地图……让地图绘制成为一种艺术，这种艺术介于不合理的简单化抽象和出于审美目的挪用面积这两者之间。”② 无疑，掌握了绘图技术（从三维到二维）的人也就掌握了解释地球的权力，而很多时候一份亲手绘制的详细地图则成为兵家必争之宝（甚至于殖民地的扩展、航海大发现以及一切与社会权力相关的地理行为）。也因此，掌握了读图能力的人也就掌握了阐释地图（从二维到三维扩充信息）的能力，地图册又被称为 theatrum orbis terrarum（世界剧场），也就暗含了薄薄的二维世界（平面纸张）实际上是立体世界的三维图景的切片合集。这也追溯到了前文希腊语 θέατρο（théatro）剧院、戏院的含义之中：舞台道具的布置就如同侨易景观中的器物一样，每一种道具都通过位置的选定和呈现获得了新的意义内涵，实现了从三维物品到多维符号的转变，这种符号的影响力是统领整个“剧场”的，亦即影响整个侨易景观。由此器物侨易和侨易景观之间的关系得以明确。

第三节　中国城市作为凯泽林世界之旅的重要节点

旅行文本作为塑造侨易空间的重要载体，尤其是特殊时代、特殊地理

---

① ［德］朱迪丝·莎兰斯基：《岛屿书》，晏文玲译，长沙：湖南文艺出版社，2013 年，前言第 3 页。

② 同上。

路径、特殊城市风貌的旅行往往成为代表性的旅行文本和侨易空间的必要条件。凯泽林《一个哲学家的旅行日记》即是这样一个文本。借助侨易学相关概念可以对传统的旅行文本批评进行扩充；凯泽林的文本中对中国城市的观察、刻画、升华也进一步刺激自身思想发生侨易；若干中国城市形成了重要的节点，并相互勾连，超越了地理纬度，为思想的侨易空间形成奠定了基础，这也是凯泽林后期感性哲学观得以构建的基本条件。

因为行程和现实原因（比如该城市是否有相熟之人导引旅行），凯泽林旅行所逗留的地点均是大城市。今天的大城市总带着一种全球化导致的千篇一律和个体性的迷失。全球化的要义，主要是全球日益在交通、沟通方面成为一体，费孝通认为，"全球化即全球各地人们的密切关联"①。这种朴素的说法直观明了，而全球化带来的后果和影响之一，是成就了旅行文学。全球化时代发展的关键性要素，就是文化的联通、交融和再造。而文化交互过程中的关键点识别，对于理解全球化、理解旅行文学的发展和繁荣，是最核心的要素。有学者对全球化现象的理论建构做了七个方面的概括："（1）作为一种经济一体化的运作方式；（2）作为一个已有数百年历史演变的过程；（3）作为一种全球市场化进程和政治民主化进程；（4）作为一种批评的概念；（5）作为一种叙述范畴；（6）作为一种文化建构；（7）作为一种理论论争的话语。"②

而凯泽林的世界旅行也可理解为全球化时代发展的一种文化体现，即在交通工具等技术层面的发展为全球旅行创造了条件，经贸和政治的全球交往为异域文化的吸引力增加了铺垫，尤其是休闲旅行以及相关的文学创作作为一种专门的类别，使得个人的精神成长和思想变化获得了另一种途

① 费孝通：《中国城乡发展的道路》，上海：上海人民出版社，2016 年，第 244 页。
② 王宁：《马克思主义与全球化理论的建构》，《马克思主义与现实》，2003 年第 1 期，第 85—91 页。

径，这一途径只有在全球化时代才是可能的。而作为来自波罗的海的德国人和俄罗斯贵族，中国文化在他旅行过程中呈现出与乡土情怀截然不同的面貌，异域生活在自我修炼中成为创作灵感之源。这种"互为他者"的比较与对照，贯穿了凯泽林的"中国篇"。比如公共生活方面："我在中国的最初一段时间，不单单是时间上的不合适，空间上亦是如此：在广州，生活的表象给人以巨大的压力，以至于心理上似乎根本无法再透过表象而看清本质。如今，公众的生活对我而言已全无吸引力，因为它的形式无法表达出与其朝夕相处的灵魂所在，而仅能够体现相处的客观必然性或可能性。……中国和欧洲的社会制度并无显著差异；即使前者在事实上可能真的是独树一帜，但就内在意义而言，前者与后者的差别微乎其微。在如此一座因其独特的魅力而闻名于世的商业大都市里，我几乎从未有过身处异地的感受。……或许很难感受到此地与彼处在精神上的差异。……即我们欧洲人与中国人在本性上是一样的，只不过在文化层次上要低其一等。"①凯泽林在广州，这座最为知名的商业都市里感受到的，是和欧洲都市截然不同的公众生活和公共空间，这里没有文化沙龙或者舞会，而只有"不知疲倦的老黄牛总是劳碌并快乐着"②，"只会像勤劳的蚂蚁一般不知疲倦地忙碌着"③ 的中国人。正如他观察到的那样，为生计奔波的中国人是无暇顾及丰富而深刻的公共生活的，即便有，也是为了某些"客观必然性"而存在，并非为了生活本身这一纯粹目的。从这一点来看，广州和欧洲的任何一个商业都市，在本性上是一致的，这也是为何凯泽林逐渐改变之前旅

① Keyserling, Hermann Graf. *Das Reisetagebuch eines Philosophen*，Bd. 2. Darmstadt：Otto Reichl Verlag，1923，S. 433. 本书已有中文节译本，[德] 赫尔曼·凯泽林：《另眼看共和：一个德国哲学家的中国日志》，刘姝、秦俊峰译，福州：福建教育出版社，2015 年，第 8—9 页。以下不另外注出详细书目信息。

② Die Menschen schaffen hier im tiefsten Sinne zweck- und ziellos；ihnen fehlt das vollkommen，was die Idealität des Geschäftsmanns ausmacht. [德] 赫尔曼·凯泽林：《另眼看共和：一个德国哲学家的中国日志》，第 9 页。

③ 同上，第 12 页。

行中的观察思路，将关注从中国人劳动群体转向中国文人个体。而这一转变的契机就是凯泽林通过卫礼贤的介绍得以和辛亥革命之后避居青岛的清朝官员和皇室成员见面："一个数量众多、身份显赫的中国人群体，其中包括多位前总督和副国王，为了逃避西方人而聚集于小小的青岛。卫礼贤为我们双方作了引荐，于是我得以认识中国最高等级的精英。"[①] 凯泽林常和卫礼贤、辜鸿铭等人谈天说地，这种小范围内的"公共生活"成为凯泽林了解中国文化的重要途径。乡土情怀和异域灵感成为支撑凯泽林这一类型移民作家思想框架的两条臂膀，臂膀中怀抱的，是凯泽林与中国城市群形成的空间共鸣以及无限的思想可能。

"城市是个（至少相对而言）密集的'聚落'，而不仅仅是个一些分散的住居的集合体。……它是一个大聚落。"[②] 在这个大聚落中，一方面，有着不同的政治团体，比如地中海文化圈、汉莎同盟等就排除了君主权力而自发形成了商业行会或其他组织作为政治管理的基础。另一方面，因为"过于巨大，以致缺乏在城市以外的邻人团体里居民皆相互认识的特色"。换言之，则是一种单方面的"认识"取代了"相互"认识的关系，进一步，则熟人社会被"名人"社会所取代。一个小范围内人人相熟、消息传递主要靠个体间聊天的圈层被更大范围内一对多的关系模式取代。具体而言，则是商业大亨、文化巨擘、政治强人等个体成为关系体的核心；由商场、工厂、学校和各色机构等人造空间容纳的制度体、器物体也成为制度关系和器物关系的中心。大众作为一种既涵盖作为整体的个体，同时又排除了核心和中心的词汇被赋予了更加现代的意义，尤其在城市生活和活动中，大众是作为既现身又无明确所指个体的对象而成为诸多关系模式的一

---

① 〔德〕赫尔曼·凯泽林： 《另眼看共和：一个德国哲学家的中国日志》，第 44 页。

② 〔德〕马克斯·韦伯：《非正当性的支配——城市的类型学》，康乐、简惠美译，桂林：广西师范大学出版社，2005 年，第 1 页。

极，作为被不同关系模式中的核心和中心所辐射的抽象对象，存在于"城市场"中，而市场又可以进一步解读为商业市场之外的一切资源自由交换的"场"，因此"市场"是城市空间最大的特色，"并非每个市场都会将其所在地转化为一个'城市'……城市永远是个'市场聚落'"①，如人才市场、二手市场……一切物品乃至人都可以在"城市"的"场"内实现交换。

在青岛这个重要的节点之后，上海是凯泽林中国之行的最后一站，他在此结识了他在旅途中一直听闻的沈曾植（1850－1922，清末著名学者），并感慨"一个比他承载了更加丰富的天性和更加完美文化的人，我在中国是再也无法遇见了"②。凯泽林"借助于从沈曾植身上得到的新鲜印象"③，对"中国性"（Chinesentum）做了详细总结，并做了题为《东西方以及两者对共同真理的探索》的演说。凯泽林的上海经历不止是中国之行的终点，更为他总结东方思想提供了绝好契机，他进行演讲的地方是当时上海最为知名的社会活动公共空间之一：尚贤堂。尚贤堂的创立者美国传教士李佳白（Reid, Gilbert, 1857—1927）与卫礼贤类似，最初也是一位前往山东传教的传教士，后在传教过程中逐渐意识到士绅阶层的影响力，逐渐转变了传教策略，结交华人，宣扬儒家思想，提倡将基督教和儒学相结合。在宣教过程中，他的活动重心和立场也在逐渐变化。他热心中国的政治改革、社会民生，也是较早将西方政体作为中国改革目标和参照物的西方人士：他向翁同龢进书陈述改革政策，也曾书写中、德、美三国的政体比较④。对中西文化的熟悉和丰富的人脉使他成为承办清末民初西方人士在华文化活动的主要掮客，他创办于北京，在 1903 年迁至上海的尚贤堂也

---

① ［德］赫尔曼·凯泽林：《另眼看共和：一个德国哲学家的中国日志》，第 4 页。
② 同上，第 162 页。
③ 同上，第 163 页。
④ 参见张朋园：《中国民主政治的困境》，桃园：联经出版事业公司，2007 年，第 25—26 页。

就成为当时参与者众多、影响广泛的文化交流场所。正如李佳白本人已经不是单纯的传教士，尚贤堂也并非单纯传教场所。西方创办者得到了主场优势，使中西人士借此进行思想交流和社交活动，而尚贤堂从北京搬到上海之后也迎来了其活动和影响力的高潮。它一方面是"在野朝臣时常逗留之处"①，另一方面也成为当时上海西方侨民各种社团的集合地；最重要的是，尚贤堂得到了上海上层各界政商名流以及美国使领馆的青睐和参与，从而成为与张园②比肩的重要公共空间。

凯泽林做演说的背景大致如此，而他的演说题目也正符合了此时李佳白的活动策略，即最广义的"各教联合"③思想。因此，在尚贤堂的预告和宣传下，凯泽林的这场演讲得到了各界代表上百人的参加，其中不但包括来自《大陆报》《申报》《共和日报》等新闻媒体的记者，也包括俄国驻上海领事等社会名流。凯泽林对上海之行十分激动，他对这座城市"怀有莫大的憧憬和期待"④。这种期待既是基于城市本身，更是因为上海吸引了无数学者名人：能有机会同这些上海的知识精英结识交流，怎能不让人激动呢？凯泽林在同代表了"中国人"整体的中国人个体——沈曾植打交道之后总结出"中国性"，并在演讲中着重强调了他所了解到的中国哲学的特点、可供西方哲学借鉴的地方以及未来中西应互相学习借鉴共同发展的观点。当时的上海报刊业发展十分兴旺，不仅有着大量中文报刊，而且有不少知名英文报刊，如《字林西报》（*North China Daily News*）和《大陆报》（*The China Press*），甚至还有销量不小的德文报纸《德华新报》

---

① 林志宏：《民国乃敌国也：政治文化转型下的清遗民》，桃园：联经出版事业公司，2009年，第55页。

② 参见张伟、严洁琼：《张园——清末民初上海的社会沙龙》，上海：同济大学出版社，2013年。

③ 参见胡素萍：《李佳白与尚贤堂——清末民初在华传教士活动个案研究》，《史学月刊》2005年第9期，第60页。

④ ［德］赫尔曼·凯泽林：《另眼看共和：一个德国哲学家的中国日志》，第160页。

（*Der Ostasiatische Lloyd*）。《德华新报》还独辟板块，增设了"上海消息"（Shanghaier Nachrichten）一栏。不论是报业的昌荣还是语种的多元，种种情况均能说明当时上海城市文化的繁荣和市民对文化修养的追求；凯泽林的演讲能在多家报纸上全文刊登，也侧面反映了社会热点的趋势和大众的品位不俗。

上海是东西方文化的交融之地，自向西方通商、建租界以来就成为近代中国文化与西方舶来文化不断碰撞、排斥、接纳包容的试验场。作为近代最重要的中国城市，上海的外在是国际化的，内在仍不脱于中国。"新学、实业、医院、教会、金融、近代交通等功能要素在城内不断涌现"①，这种复杂性和融贯性使凯泽林一方面不至于在纯粹的异域中丧失哲学家的理性审视，沦为新鲜景色的录影机，另一方面也不至于彻底脱离对东方的感性认识。这也是凯泽林以上海为重点，总结自己旅行思考的缘由。而其作品中鲜见对上海都市容貌描写的原因在于，"东方"的上海不会令他惊讶，"西方"的上海不会排斥他，怡然自得的气氛和情绪主导了他的头脑和笔端，流淌出沉静的思辨，而不是饱胀激烈的异域印象。

青岛和上海是凯泽林中国之行的两个重要节点。前者将他从景观感受和视觉表象引向了同中国文人个体的深入交流；后者为他提供了升华感受、理性总结的契机。特别是他所做的演说，成为他日后发展感性哲学观的重要资源，这也是凯泽林的旅行日记区别于同时代其他游记文学或异域探险笔记之处；同时，这也正是中国近代城市带给凯泽林的最大收获，即作为哲学思考、生产的资源。而知识生产的过程实际上类似符号的生产："生产只不过是一个符码，这个符码强加着这种解码方式，这种解码既没有终极目的、密码，也没有价值。以理性的方式，这一巨大的第二层描述使人们产生了世界客观转变的命定论幻觉（或者使人们产生了一切都是为

---

① 韩威：《青岛城市空间的形成及其初期嬗变》，中国海洋大学博士论文，2010年。

了人自身而"生产"的幻觉……)……"①

　　而中国的城市群——以凯泽林经游的城市为例，实际上反映了二十世纪初中国经济文化和社会的一种全面状态，尤其是上海"华洋杂处"、东西交汇，作为远东第一大都市更可作为文化域交集碰撞的空间，城市与城市之间所形成的"点线"关系又成为构成更大的文化空间的基础，以城市为中心辐射的城市圈又囊括了周遭的土地、人员、资源，从文化角度说则是一种"向心力"和"辐射力"的并存。当然，文化之外的经济影响也需考量，以此时的中国而言，军事因素也不能忽视，尤其是清末太平军、小刀会等农民起义与清军、洋人雇佣军、万国商团等形成的复杂军事因素也沉淀为影响城市群的隐性原因。"城市作为一个人口聚集性生存的空间存在，其空间本身不再被看成是死亡的、固定的、非辩证的、静止的容器，而是成为一种支配性的、建构性的力量，影响着社会关系、利益结构以及人们日常生活的变化。它在扩张、更新、重组，以前所未有的方式加速流动和剧烈变化；它背后有国家/政府的主导、市场的作用、社会力量的参与，各种利益主体围绕空间资源在互相博弈。空间反映着国家与城市中不同社会主体间的权力关系，同时，空间的边界规定着城市与国家的关系；空间是实现城市发展和国家治理的一种有效方式。"②

第四节　侨易路线的交叉点：大城市对知识侨易的作用

　　以凯泽林所在的时代而言，其符号生产的色彩更重，因为彼时对地球世界、宇宙世界的地理发现已经基本成型，而下一个工业革命的突破还未

---

　　① ［法］鲍德里亚：《生产之镜》，仰海峰译，北京：中央编译出版社，2005 年，序言第 3 页。

　　② 王海荣：《空间理论视阈下当代中国城市治理研究》，吉林大学博士论文，2019 年，第 2、64、149、189 页。

到来，也因此，异域城市就成为当时知识精英攫取新的知识生产资源的首要选择（同歌德在东方作品中漫游一样，凯泽林等为代表的旅行作家选择了世界范围内的漫游）。而知识生产的时代性议题主要是围绕精神危机（主观感受和个体感悟）的解决办法展开。而除了自然科学以外的学科，人文科学中的哲学，更宽泛的社会科学则包括心理学，成为当时独领风骚的代表，进行社会现象的阐释和解惑。这也就是为何诸多哲学流派能在一战后形成百花齐放之态的原因之一。因此凯泽林的时代主要争夺的是知识的阐释权，亦即符号生产的权力，所谓场域之争，争的是对知识的阐释权力以及更重要的传播权力（范围）。从教会/神学到人学/文学（戏剧），从戏剧到小说（如黑塞在《玻璃球游戏》中对知识生产和诠释权力的暗示），均体现了在场域（知识场域、权力场域）斗争中知识面本身的扩大以及权柄争夺过程中体现的知识进步（多个层面的进步：知识生产的质、量；知识体系的改善和变化；从平面到立体维度等）。

因此每个时代都有一个主导的知识阐释方法和学科。每个时代的侨易空间的大小和知识储存量的密度取决于侨易关系、侨易节点的密度以及结构组织方式是否牢固。每个时代不同，因此在知识传承路径（也可称为道统）中有（因战争、社会等变迁影响而）断裂的侨易路线、也有（在宏观历史视角下）接续的侨易节点。而符号生产是这其中最为关键的过程，一个恰当的符号和符号体系能够使知识的生产传播更为顺利，影响力更大。因此，任何一个学科范围都是作为一种维度，或者二维存在的，而空间是多个维度的叠加。侨易空间则是多个空间的立体交叉，交叉点为节点，也是新的侨易主体萌生之处，这也是为何侨易视域的载像①总是以精英个体为代表显现的原因。因此与其说是对空间本身进行抽象生发，实际上是空

---

① 叶隽：《侨易视域里的精英个体及其文明体"载像"——以卡内蒂与卡夫卡所表现的"犹太之奥"与"犹太之华"为例》，《国际比较文学（中英文）》2020年3月第1期，第31—51页。

间内部关系即景观（比如城市景观）的增长，导致了空间的变化，因此侨易空间针对的是侨易节点为中心的侨易关系，而侨易路线的交叉点往往是一个文化体的核心城市，以感性哲学观的创生历程来看，不脱于一串欧亚重要城市节点（从斯拉夫到日耳曼、从日耳曼到中国），而异域城市的直观感受以及亲身经历则为凯泽林等人的哲学知识生产增添了说服力、巩固了论据。"政府要控制城市空间生产的秩序，这是政治的合法性；市场中通过生产性和消费性空间实现资本的增值；大众则与日常生活空间的使用价值发生交叉。"[①] 而进一步看，正是东方城市群形成的侨易空间为凯泽林持续提供了"东方支持"－"东方资源"。米切尔（Mitchell，W. J. T.，1942－ ）在《风景与权力》（*Landscape and Power*）中谈到："无论风景具有什么样的权力，无论它向空间和地方展现了什么样的权力，它无疑是我们生活、活动、实现自身之存在的媒介，使我们最终注定返回的媒介。"[②] 这也尤为强调了实在空间在相对抽象的权力关系和知识生产、社会化过程中的作用，即具体的侨易景观对于抽象的侨易空间的影响。以凯泽林在上海讲演的实际组织者李佳白为例，他在传教过程中方法的改变也具体表现为机构的成立、更名和具体文化活动的举办。[③] "针对上层社会传教士李佳白创办'上等阶层传道会'（The Mission Among the Higher Classes）的初衷，但是，他逐渐意识到单纯的传教活动并不能有效地影响中国的上层社会。甲午战败后，救亡图存、维新改良成为中国社会的主流，他认为中国要'臻于强盛'必须实行改革。于是，他决定将'上层阶层传道会'改称'尚贤堂'，英文名为'中外友谊会'（The International Institute

① 王海荣：《空间理论视阈下当代中国城市治理研究》），吉林大学博士论文，2019 年，第 2、64、149、189 页。

② ［美］W. J. T. 米切尔编：《风景与权力》，杨丽、万信琼译，南京：译林出版社，2014 年，再版序言第 7 页。

③ 胡素萍：《李佳白与清末民初的中国社会》，广州：中山大学出版社，2009 年，第 89－90 页。

of China，又译为'中国国际学会'）。"① 而李佳白对于该机构的使命立意也通过更名、译名和英文名凸显出来，从以真实的传教作为直接目的，再到将这一机构作为中国与国际进行沟通对话的媒介，其中文名"尚贤堂"不但体现出李佳白对"上等阶层"认识的转变（由士绅阶层到知识和政治精英阶层），也体现了从具体的传教任务向"空间本体"转变的意义：更强调精英等"贤者"在新的关系空间中对知识宣传和中西文化交流的功能。这样一种思路无疑也使凯泽林印象深刻，通过开设文化机构、组织文化活动来推广自己的文化改革思路，不失为一种温和的知识社会化途径，而具体的文化机构则充当了关系空间的核心和人员往来互动的媒介。

第五节　侨易景观作为关系空间的核心

侨易景观决定了侨易空间的类型，为个体间、群体间关系的形成提供了场所。侨易空间的类型因此一类是固定与侨易景观绑定的，一类是与人之间关系绑定的。侨易景观和"主体关系"之间也存在博弈对抗、服从、合作等不同种类，如种族、民族、家族等强烈的血缘、基因和亲缘关系就能完全忽视具体侨易景观的作用，其个体间联系或不同群体间的对抗基本与场所无关，是纯粹的权力空间，即关系体的侨易空间。因此如下表（表4-1）所示，按照个体、群体类别为纵列，以侨易景观和"主体关系"为横行，呈现出不同的侨易空间。

---

① 胡素萍：《李佳白与清末民初的中国社会》，广州：中山大学出版社，2009年，第89—90页。

表 4-1　侨易空间的分类（按照关系体类别）

	固定侨易景观影响关系	移动侨易景观影响关系	关系中无侨易景观 或不以侨易景观为转移
个体与个体	如咖啡厅中主顾关系、医院中医患关系、商场中的商品买卖关系（开放公共空间中的个体关系）。 侨易景观创造新的关系（暂时的），如咖啡厅中顾客之间暂时的联系、疫情期间受困机场的旅客间的暂时的关系等（合作）。	如火车、游轮、飞机中的游客、乘客之间的关系（封闭空间内的个体关系）；也存在对新的"和型二元"关系的催生，如旅客情缘。	以亲缘或社会关系为基础的个体关系，如家人间关系（谚语说"有家人的地方就是家"，表明家并不与房屋处所等景观相绑定）；师生关系，并不因学校课堂的形式和场所变化发生解体（如网课期间师生关系仍不变，而维系师生关系的是知识传递的这一社会行为）；如雇佣关系、生产关系、同事关系（基础是资本逻辑，不在于是否处于同一景观空间，如疫情期间居家办公，同事关系和合同雇佣关系不受影响）。
个体与群体	如寺院中住持与众僧、咖啡厅中演讲者与听众的关系。《水浒传》中宋江与其他英雄以"聚义厅"到"忠义堂"的关系模式转变。	如导游与游客、空乘与乘客等（如空乘危机）的关系。	《西游记》师徒四人关系与场所无关，基础是天庭安排的"命运"，体现了更高的权力决策，所以有人将其作为管理学案例，让学员代入"唐僧"角色，为自己选择下属。大公司与打工人群体（大厂的压迫）的

	固定侨易景观影响关系	移动侨易景观影响关系	关系中无侨易景观 或不以侨易景观为转移
			关系只能通过劳动仲裁这一外部权力来解决。南宋皇帝与岳家军的关系，通过"将在外，君命有所不受"或者"黄袍加身"造反来实现关系暂时平衡，而历史上岳飞被冤谋反也是因为秦桧套用了宋代开朝之例。
群体与群体	地缘或边境的族群冲突、水源处的不同乡村争斗；《水浒传》中征方腊、与朝廷关系。	头等舱和商务舱、硬座与卧铺间的空间划分，强调资本外力对顾客群体的割裂和对"服务"关系的断绝。	网友对"粽子甜咸"等等议题的热衷，隔空发生冲突。说明不固定于某一景观，而是固定于某一观念。种族歧视、家族之间倾轧、政党之间竞争等。

以知识生产为例，其所处的侨易空间可分为：固定侨易景观内个体、群体相互间关系（三种）；移动侨易景观内个体、群体相互间关系（三种）；不定侨易景观内个体、群体相互间关系（三种）。

以凯泽林为例，他最初进入哲学领域的引路人是张伯伦，与之形成了固定侨易景观内的个体间师生、友人的联系；在重要的世界旅行过程中，他与卫礼贤、辜鸿铭等形成了暂时的个体间知识交流和讨论的关系。在达姆施塔特智慧学校期间，则形成了凯泽林与学校成员的个体-群体关系（联系通过在学校内部的定期讲座以及发往各成员的会刊来完成）；凯泽林个体与讲座嘉宾之间暂时的邀请关系（如与泰戈尔、卫礼贤）；凯泽林个体与学校雇佣的教师的关系（如与鲁雅文）。群体关系主要体现在对凯泽林持有支持态度的成员以及贵族群体同其他反对或敬而远之的文学、哲学精英群体。

而不同阶段的关系所发生的变化、关系体的扩展，都属于侨易空间所观察的对象。让·鲍德里亚（Baudrillard，Jean，1929—2007）说过："消费是一种（建立）关系的主动模式〔而且这不只是（人）和物品间的关系，也是（人）和集体及世界的关系〕，它是一种系统性活动的模式，也是一种全面性的回应，在它之上，建立了我们文化体系的整体。"① 即消费将人联系起来，而物充当了消费关系的媒介。即便鲍德里亚将消费品当做一种符号，其本身的功能仍是我们在此背景中（凯泽林所处的前"消费世纪"，已经是西方十九世纪末以来大商场时代②的开端）需要考虑的，只不过人所擅长的正是在新造物和人之间建立联系——不仅仅是消费联系。人也善于通过空间来加强人在关系中的主导地位，比如监狱③等典型的威权管理空间，或者会议室、饭桌上的主次位置等。而人、物、人形成的关系网络成为侨易空间的雏形，反作用于新的关系和新的侨易景观。以知识生产为例，生产者位于关系链的发出方，消费者位于关系链的接受方。

就凯泽林而言，他最初所处的知识生产的侨易空间中的位置是接受方；在智慧学校时期则是知识生产的发出方。当然同时伴随着知识生产的侨易空间的关系变化：如凯泽林同时接收和输出知识，成为关系网中的重要节点，而以智慧学校为中心的新关系空间也在形成。

---

① ［法］让·鲍德里亚：《物体系》，林志明译，上海：上海人民出版社，2018年，第212页。

② 比如作为百货商场内外交界的"橱窗"，即是"引诱行人到商店内部去进行真正的经济交换。……玻璃橱窗建立起来的这种交流并不止局限于个体与物品之间的交流，还有所有个体相互之间的普遍交流，这种普遍交流并非通过对同样一些物品的凝视而是通过对同样一些物品中相同符号系统及相同价值等级编码的解读和了解而建立的"。同上，第164—165页。

③ ［法］米歇尔·福柯：《规训与惩罚：监狱的诞生》，刘北成、杨远婴译，北京：生活·读书·新知三联书店，2003年。

第五章

世界知识精英的交际网络：
以凯泽林为中心的侨易二元模式

第一节　"交"："易"字第四义与个体交际模式

侨易二元是侨易学的重要概念基础和案例阐述的依据，作为侨易学理论资源之一的元典《易经》，对"易"字的释意通常有三，即变、不变、简洁。叶隽先生对"易"字第四义的补充为"交易"，具体分为几个层次，首先是"交易（触变）"① 作为基础概念的层次。其次是对"易元四义"的概念阐释：认为"交"为交易的简称，"加交易之义……当然事务相接触，并不一定发生交易的过程……即便交易，也有多种可能性，未必就一定朝良性方向发展"②。然后是例证层次："两者相交，能促使事物发生质性的变化。……就人与人之间的关系来说，也是如此。如果两者有较为相近的关系与交流，就能彼此启发和生发创造……"③ 显然，侨易学补充的

---

① 叶隽：《构序与取象：侨易学的方法》，杭州：浙江教育出版社，2021 年，第44 页。

② 同上，第 46 页。

③ 同上，第 46 页。

第四义"交"涉及两个主体的"交"象，自然是展现了双主体关系的外在表象。这也是侨易学对《易经》传统之"易"义的重要补充和创新："交"体现了双主体的二元关系，即前三义——变、常、简都强调一元个体的时间向度的特征，如变化、不变、简变，当然首义"变"包括了第二义"常"和第三义"简"，即宏观的"变"中自然包括了"不变"和"简变"。第四义则扩大了阐释范围，对单一主体之外的多主体关系进行了分析方法的补充。比如在侨易十六义简表中的"易"第四义（交）所对应的"移交""仿交""高交""桥交"四个概念均以异质文化体之间的二元乃至多元关系为例加以阐释：移交强调移动发生异质文化相交，实际上是对个体在异文化交流中的载体功能进行概述。

但在具体的概念延伸层面，显然"交易"一义并不足以在"交换"的本义层面覆盖所有"移交、仿交、高交、桥交"的案例阐释。即"交"字多义已经先于概念阐释在实际案例中有所体现，如叶隽先生对"交域"概念的揭示①。

具体来看，"交"的字形与《易经》中的"爻"很接近，且"爻"字所指代的即为两条线的不同形象：相连即为阳，不相连即为阴。而相交的情况则可通过"爻"字的字形来体现。那么，交的外在形式表现为交叉形状的"爻"，交的内涵结果体现为"通"，或者"流"（即二者关系的建立）。

那么，在此基础上，"交"字可有几种解释呢？（见表5-1）

---

① 叶隽：《侨像、冲突与二元三维——〈南方与北方〉所反映的资本语境与文化交域》，载李维屏主编：《英美文学研究论丛》第 35 辑，上海：上海外语教育出版社，2021 年，第 269—288 页。此外，"交域"在电信技术领域还表示"交汇区域"，是一种基于三维空间的二维投影将计算步骤简化以确定未知节点定位坐标的算法。实际上也对应了"立体文化历史空间"与"时间线性二维书写"之间的联系。参见夏心江、胡钢、王烨华：《基于锚球交域重心的 WSN 三维定位算法研究》，《计算机工程与应用》2013 年第 10 期，第 76—79 页。

表 5-1 "交"字多义示例

图示	说明	解释	举例	对应的简易概念	简化图像为字形
内外相交	左圈代表人；右圈代表世界。以"圆圈"来代表发生"交"的最小个体单位，类似生物学角度的细胞或者物理学角度的中子、质子，在更散观的角度则"不见圈"，即"交"线，"只见交"。	通过两个接触点形成不同方向的信息流：经由人的眼睛形成世界向人的信息流；经由人的行为形成人向世界的信息流。	天人交感；视觉高贵论，目视权力等，日常所讲"看不透""看不惯"也体现了建立在观察基础上的交流同题，再如"想不通"就涉及了由外向内的交流同题等。植物学上讲自交不亲，是一种术语，指内部相交带来的消极后果①。交而对应的，则是外交（尤其是在国际政治中，"外交"这一词覆盖了几乎所有的具体事务）。	移交，可基本对应。	为"交"，其后两中交的形状体现为"义"，是因为任个体间沟通、对立等"交"形缺无全息意识、意识不到自己的"圈形"和对方的"圈形"，而只能形成"圈形""线性"这两种接近"义"。换言之，如果全息意识得以确立，那么日常交往中就更容易达成"二元三维"或"和型二元"。事实上，线性思维任任在对地控制着我们的行为模式和处事逻辑。

① 栗艳龄、梁建萍、马跃龙、罗凤霞：《东方百合"紫蝶"自交不亲合性的研究》，《山西农业大学学报（自然科学版）》，2011 年第 6 期，第 506—511 页。

图示	说明	解释	举例	对应的侨易概念	简化图像为字形
纵向平行相交 ○○	 左圈为个体1；右圈为个体2。	人与人，或者文化体与文化体之间是处于纵向互不接触的状态，一旦一方开始接近，交往，就发生了"侵入"。	殖民；精神控制等。仍然以眼睛为媒介，以"看"为先导，形成了图像输入，资源攫取，看代表了侵入和优势，相对应，不看或者被看则代表被侵入，劣势，这样就失去了交往的主动权。另如"交聘"，南北朝时期文人作为出使节同时兼具商贸身份。另如"交替"一词，说明了在交往的过程中，主体或对象的转换（优势地位的轮转、取替）。	仿交，包含在此内。	"义"；在此基础上可充分反映相交过程中的必要程序，即言语交叉，尤其是信息传输。

图示	说明	解释	举例	对应的俗易概念	简化图像为字形
横向平行相交 〇〇	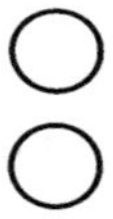 上圈为个体1；下圈为个体2。	人与人，或者文化体与文化体之间是处于空间的上下之位，有权力角度的优势之分，优势个体、优势群体、优势阶层或优势文化本身处于俯视位置，有着向下相交的主动权。	不同层次间的相交，如寒门学子的阶层流动；行业底层人员的升迁；文化区位的变动等。	如高交。	"义"；同为"义"形状，横向平行相交与纵向平行相交的区别在于横向平行相交之间的交叉属于不同阶层之间的交叉，如命令下达就是沿着同一部门的不同阶层不断交叉。反之亦然。

图示	说明	解释	举例	对应的侨易概念	简化图像为字形
横纵相交 ②①③ ②③①	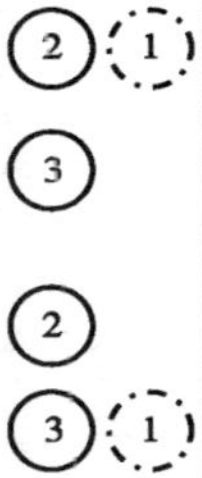 （虚线）圈1为个体1;（实线）圈2为个体2;（实线）圈3为个体3。	虚线表示圈1既有可能处于上层,也有可能处于下层:圈1位于上层时,圈1既与圈2形成纵向平行,又与圈3形成横向平行。圈1位于下层时,与圈2横向平行,与圈3纵向平行。	典型的例子为行政体制中的中层,同时兼具丁横向平行和纵向平行的模式。	桥交①既具有此类型的空间上下位置区分,也兼有上一类的纵向平行相交,可用三圈表达。	三者相互联系,可形成"△"结构。
交为动词 ○—○	 线段不仅是中介,也是主体。	说明及举例见表5-2。			

① 叶隽:《构序与取象——侨易学的方法》,杭州:浙江教育出版社,2021年,第57页。关于桥交的举例:"吴宓……吴宓和吴文藻都借助了中介桥梁达成了向上交往。"吴文藻的举例:"吴宓……葛兰言……莫斯引荐……吴宓……陈寅恪……伯希和、马伯乐……"

首先，是内外相交：人体与外部世界作为两个主体，可实现相交，古人讲天人交感，即为一种交，这种交的结果则是很直接的思想萌生，形成感应。

其次，则是纵向平行相交：人与人、世界与世界等具有相似结构的主体的相交，这里强调交往打破了原本纵向的平行态势（即封闭）的状态，而主动交往一方往往对被动交往一方形成了侵入的表象，理想的相交状态是平等的，而非一方占据绝对优势。

再次，是横向平行相交：揭示了不同层次间的交往，如社会不同阶层、政治不同阶层的上下交往，这里又与侨易十六易中的高易四义形成了呼应，尤其是"高交"，体现了交的空间特性和主体间的空间关系。

如此，三种相交一方面有共同点，即都呈现出"交叉"的态势，两字均为表形，可进一步扩展为交汇、交界、交织、交往、交集等同为表示"表象"的交义。因此，斗胆可将"易"的第四义"交易"更换为"交义"，从图像角度直观反映第四义更丰富的内涵，当然，这样的不足之处在于替换掉了因交而易的含义，因交而易又成为"交"义的下属概念阐释……

那么，因交而产生的不同结果则作为另一方面三种相交的下属概念，以交为前导，加一字作为实质影响，可进一步扩展为交谊、交际、交涉、交换、交战、交手、交合、交友、交游、交替、交情、交战、交好、交恶、交错、交心，等同为表示交之结果的交义。

此外，交义还包括以交为核心的空间特质发生变化的动词，如上交、交出、交代、交纳等，体现了物质（或语言、思想）以交为媒介，在不同个体间转移的现象。这一层含义，在叶隽先生的解释中或可得解："……之所以凸显桥，是为了彰显中介功用的重要性。桥与交也有呼应对称之义，即不但在任何两个事物之间可能存在交易关系，而且有可能建立彼此之间互联的桥梁。对于已有前三义的侨易二元来说，第四义更重通融，即它无论是在侨元系统、易元系统，抑或侨易二元系统中，都扮演着动力义的角色，可以使自身四义联通，也可使侨易二元开辟出充满活力的第三维空间。"[1]

首先，这段阐释中涉及的"交易"对应的是易元四义中的"交"，故而不能简单理解为交换的交易之义，但侨元四义中的"桥"的核心是强调中介的个体的具体变化、中介的规律、中介的媒介意义，因而还是聚焦到了与"桥"向对应的交易之义，即通融、动力，核心仍然是桥交，而非桥变、桥常、桥简。

其次，桥交中出现的中介同样是具有主体性的一元，即侨易二元之外的第三维。这与交字多义中的"交为核心的空间特质发生变化的动词"含义相联系：交既是一种可观察到的表象，又是一种行为模式。上交，体现出由下而上的权力关系影响下的物质流动模式，不论是上交钱财、税收，还是上交违禁品；交出，体现了由内而外的物质、思想流动方向以及背后的话语权转移、资本的让渡，不论是受到胁迫交出钱财，还是在个体交往中交出真心，在考察中交出答卷。那么，被上交、被交出的中介客体自然也具有了空间移动特质和影响双方个体的能量，也就是"流力"。而充当中介的主体则不言自明拥有更多的"流力"，如"桥变"和"桥交"[2] 中例举的维尔迪兰夫人和陈寅恪等，中介人在牵引"交"现象的同时，自身也获得了新的"流力"。在中国文化中不乏中人、掮客、牙人等专门从事各类中介事务的个体，还有南北朝时的"交聘"人员（行人和行李）、古董商人、茶马古道或丝绸之路上的行商、保镖［在现代社会货物输送的主要渠道更强调物流的交通工具便利性，而司机等主体性的意义并不凸显，甚至司机的薪酬经常被收货方压低，议价权属于货主；这种排除了主体参与

---

① 叶隽：《构序与取象：侨易学的方法》，杭州：浙江教育出版社，2021年，第58页。

② 同上，第56—57页。

的物主体流通实际上并不利于文化交流，而仅能作为外贸成果体现为量化的数值，传统的贸易行为中所含的"文化副产品"消失了，而伴随"中国制造"（made in China）标签走向世界的多是商品本身的使用价值，其作为文化中介价值的地位也消失了]。从事中介事务的机构则更多了，典型的如当铺（物质买卖的中介空间）、茶馆（特指用于谈判和调和的关系空间），外国有如沙龙（作为高端社交、婚介，也涉及女性被以婚姻的名义被买卖的交易空间，辩论和交际的文化交流空间）等，广义上的文化中介场所还应该包括书店（上溯至明朝书坊以及福建建阳的书籍刻印销售集散地①）、出版社、编译局、学校、剧院、博物馆（虽然在中国更多是作为文化制度的参与者以及体制观念向下输导的场所）等。中介事务越多，这一空间或个体获得的流力越强，越形成更有吸引力的中介主体（或空间），文化的繁盛态势也可做此解：法国的花神咖啡馆、沙龙文化，本国如上海的民国报业空间（包括报社和记者两个层面的中介，记者是群众和事件与报社的中介，知名的刊物如《小说月报》则是记者作为作者和读者的中介）、商务印书馆在上世纪初的上海形成了昌盛的印刷文化发展态势（因此在 1932 年一·二八事变次日，日军轰炸了商务印书馆后，张元济痛心疾首的原因可以想见②）。因此侨易景观以及侨易空间的存续前提和意义很显然与"交"密切相关：其内部必须要存在交的个体，最好也存在中介的个

---

① 王笛：《碌碌有为：微观历史视野下的中国社会与民众（下卷）》，北京：中信出版社，2022 年，第 749 页。

② 参见张学继：《嗜书、藏书、出书的一生：张元济传》，北京：团结出版社，2018 年，第 354—356 页。时任中央研究院院长的蔡元培也清楚文教事业、民族振兴与出版印刷行业的重要关联，并撰电文"日本军方在当前侵略中国的作战中，以大规模毁中国文化交域设施为目的，对上海滥施轰炸。迄今为止，文化教育机构，如商务印书馆（过去二十年来，全中国教科书的百分之七十五由该馆提供）连同它那无法以价值估算的东方图书馆，著名的国立暨南大学、同济大学、持志大学和中央大学医学院等已被夷为平地。凡日本军国主义武装力量所到之处，中国的文化教育机构在其狂轰滥炸下全被摧毁"。载高平叔、王世儒编注：《蔡元培书信集（下册）》，杭州：浙江教育出版社，2000 年，第 1350—1351 页。

体；而文化交域则是将中介主体外延不断扩大，将一处文化体（有人员群体、有地理处所、有文化表征、有社会结构）作为中介，既是中介主体，也是中介空间，既为外部主体的侨易提供空间和中介，也为本域的个体提供侨易可能，还能为本文化体的"高变"提供便利①。总之，体现为以"交的行为"为基础的沟通实质，当然，中介（器物和空间）未必仅是文化之交的孔径，也有可能是单向的"侵入"之交的代理（人、器物和空间），如作为君权自上而下进行统治的表征；时间也必须通过"授时"程序和"钟鼓楼"下放给大众，因此钟鼓楼这一建筑空间绝非仅仅是时间的有形化身和计时工具的历史延续，更是古代社会为了维持加固"君-民"自上而下的交往结构所制造的"中介"物，这一类中介物的主体性很弱，仍然应归于"二元"中的一端。

最后，第三维的意义还体现在二元三型和二元三维中，叶隽先生将"作为宇宙论原则的二元三维"② 具体落实为三种基本类型，即基于中国传统的阴阳认知逻辑的竞型二元、附型二元和战型二元，其中，竞型二元作为另外两种二元关系的"第三维"，这一"类型学"角度的侨易类型与"交义"的"形态"可做对应理解：表5-2注明了对应情况和具体说明。同时，"二元"的所指内涵也在变化，即"二元"为和型二元的参与者，"三维"是充当中介的第三维，即"在阴阳二元之间，有一部分是相互接触的，同时也是作为相互生成力的流力区域，它不仅是二元之间的一个接触区，同时也是属于阴阳本身的母体区；也就是说，在接触、互动、交融的过程中，同时它也在反馈于母体本身"③，这一层的释义可对应"交"作为动词的一列（表5-2）。

---

① 详见本书第二章部分论述。

② 叶隽：《构序与取象：侨易学的方法》，杭州：浙江教育出版社，2021年，第72页。

③ 同上，第99页。

表 5-2 "交"的动词含义及其对应的侨易类型

图示	对应的侨易类型	说明
内外相交 ⊙⊙	部分附型二元 [人类学观察的对象反而完全依赖于外界的观察存活，并调整了自己的行为模式。社会发展和文化方向，如克里奥尔国家(creole states)①以及太平洋地区②……]	左圈是人，右圈是世界，社会或其他群体。体现为个体与环境，或者有些情况为个体与个体群的关系(即典型的如西方的人类学家观察欠发达地区的社会的行为，欠发达地区的人不论个体或者群体都是作为被人的对象，不掌握"交"的主动权，不掌握"交"方向比较凸显)。(主体的从内向外的"交"方向比较凸显)。

① "不论我们想到的是巴西、美利坚合众国或者西班牙的前殖民地，语言并不是将它们与其个别的母国分割开来的因素。包括美国在内，它们全都是欧裔海外移民的国家(creole states)；组成这些国家的人民与其领导者和他们所反抗的对象使用相同的语言、拥有相同的血统。""克里奥尔人(creole)，或克里奥罗人(criollo)：(至少在理论上)具有纯粹欧洲血统，但却生在美洲(以及，根据后来的扩充解释，任何欧洲以外之处)的人。"[美]本尼迪克特·安德森(Benedict Anderson)：《想象的共同体：民族主义的起源与散布》，吴叡人译，上海：上海人民出版社，2016年，第48、62页。

② 比如运用人类学田野工作的方法对特罗布里恩群岛的土著族群进行的观察和研究，参见[英]布罗尼斯拉夫·马林诺夫斯基《西太平洋上的航海者》，张云江译，北京：中国社会科学出版社，2009年。

图示	对应的侨易类型	说明
纵向平行相交 〇〇	 竞型二元、战型二元	左圈为个体 1 或群体 1；右圈为个体 2 或群体 2。体现为个体对个体、群体对群体，即两元性质相似，两个主体均有有向外的"交"的方向和冲动。叶隽先生对"竞型二元"的定义是："根据二元三维的基本结构模式，开辟一个第三维来，这第三维是什么？或许可以有一个所谓的竞型二元，就是指阴阳二元关系表现出的介于附型二元、战型二元之间的一种类型。"这种二元关系又始终是处于一种平行场域中的。[③]即对应第二种纵向平行相交。

③ 叶隽：《构序与取象：侨易学的方法》，杭州：浙江教育出版社，2021 年，第 92 页。

图示	对应的侨易类型	说明
○○ 横向平行相交	绝大部分的附型二元	上圈为个体 1；下圈为个体 2。 体为个体与个体（群体），或者群体与个体（个体）之间。 "附型二元就是一种依附型的二元关系，它使得两者之间是一种彼此支配、情感乃至人身依附的特殊关系。……附型二元横向是一种……附型二元中横向平行相交符合。①附型二元中体现的权力地位的空间高下之分给与第三种横向平行相交符合。①附型二元中体现的权力地位就是一种不战而主的方式。……主导和服从原则是这一二元关系的实质。不论是上层屈居下层，还是下层仰慕服务上层，这种"勾通"和"交流"实际也属于附型二元，两元性质相似或不同，"交"的方向既可以是自上而下，也可以由下而上。 黑格尔在《精神现象学》中所揭示的"自我意识"之"主奴"②关系也属于一种二元关系，尤其是"主人-奴隶-物"形成了三层关系。 和型二元作为一种"零和状态"，我认为可以作为三种交的发展理想相结果，或者将和型二元作为三种交的不同阶段的发展总和。叶隽先生论述认为："在权力场中并不存在真正的和型二元关系，有的必然只是彼此间利益的相对稳定性调和而已。"③那么，三种交的形式的隐定存在也可视为和型二元的阶段性体现。

① 叶隽：《构序与取象：侨易学的方法》，杭州：浙江教育出版社，2021 年，第 88 页。
② ［德］黑格尔：《黑格尔著作集 3：精神现象学》，先刚译，北京：人民出版社，2013 年，第 122—123 页。
③ 叶隽：《构序与取象：侨易学的方法》，杭州：浙江教育出版社，2021 年，第 74 页。

	图示	对应的侨易类型	说明
交为动词	⚪—⚪	流力区的形成: ⚭	线段不仅是中介，也是主体，进一步形成第三空间，"交"的方向是更加多元的，至少可以同时朝向中介的两个端点。"和能生三，二元关系最重要的一环是能否开辟第三维，能否产生新的种子……"[①]

---

① 叶隽：《构序与取象：侨易学的方法》，杭州：浙江教育出版社，2021年，第94页。

总体看来，三种相交都能呈现出至少两个甚至多个主体之间的"大小""上下"等社会空间内的比较关系。而上表对侨易类型的对应梳理，侨易学个案中的不少案例也可进一步佐证"交"字多义的合理性。因此，可以认为"交"字在交易之外的多义也属于侨易学概念范畴的一部分，这也是基于"交"在汉语词汇中的使用、在文化各个层面中的实际地位。

那么，"交"字是否可以成为一种观察文化的逻辑出发点，并进一步总结出观察文化的规律方法呢？至少在凯泽林的个案中，从交游、交集的侨易线路到交际、交友、交好的人际网络、世界交往的侨易空间，实际上体现了个体关系转向群体关系，甚至从精英个体到"学者共和国"的发展过程。在广义的"学者共和国"范畴内，也存在三种相交态势，进而体现出一个成熟的侨易空间的特质，以及刺激侨易现象发生的可能。在凯泽林所主导的这一空间内，也存在各种"交"的行为，其体现的是沟通的实质，也正是因为有知识的沟通、人员的沟通、物质的沟通和书籍器物的沟通，智慧学校才能名噪一时。而其在二十世纪三十年代的不断衰落，也与纳粹政权的打击下引起的出版商的绝交、媒体的拒绝等中介空间的断绝密不可分，这其中，更能体现出多个侨易类型的可能性。

第二节　从交际模式到侨易类型

从历经了文艺复兴、宗教改革和启蒙运动的西方社会来讲，在文化方面越来越由现代大学教育体制下的知识精英来承担教化、研究的责任。凯泽林和他的智慧学校的成就，代表了贵族知识分子推动文化事业和思想研究的最终努力和最高成果。凯泽林自身作为贵族和知识分子精英的两种身份的融合碰撞，也具备观察社会转型和人物身份转变的典型意义，即传统的贵族文化圈子和现代西方社会的大学知识精英圈子的互动。法国大革命之后，君主专制和贵族社会被废除了，但是"贵族社会的结束并不意味着贵族影响力的终结"①。这种情况即便在十月革命之后、在魏玛共和国时期，也是如此，贵族的影响力在德国依然是十分巨大的。凯泽林身上的"俄国贵族"标签随着他流亡德国而变得更加深刻："在1917年的十月革命之后，情况发生了巨大的变化。历史上第一次有如此之多的俄罗斯人离开俄罗斯。早在1919年1至3月，随着德国人离开乌克兰、法国人离开奥德萨，大规模的难民潮就开始从俄罗斯涌向欧洲，难民潮在1920年达到高峰……1917年之后，共有二百万人流亡国外。"② 这批人中，值得铭记的当然不止文学家和哲学家，还有贵族、被红军打败驱逐的保守派军队即俗称的"白军"，以及政见不合生活困窘的普通人。虽然凯泽林并非是从俄罗斯国内被驱逐，但是他流亡德国的最根本原因同这些俄国侨民是别无二致的：爱沙尼亚的革命浪潮并不比俄国弱。而如果分析这一批流亡者的身份，会发现在知识分子之外，还有"贵族"这个标签。俄罗斯侨民在欧洲乃至亚洲、美洲范围内形成了多种文化潮流，他们创建了报刊、出版社、作家协会、哲学社团甚至大学等机构，如在巴黎就"创办了七家俄罗斯高等学府"③，"早在1922年，以别尔嘉耶夫为首的一批流亡国外的俄罗斯宗教哲学家，就在柏林创办了自由宗教和哲学学院"④。虽然凯泽林创办的智慧学校是在1920年，但是其自然也属于这种文化浪潮中的一分子。比如，目前

---

① ［英］霍布斯鲍姆著：《革命的年代：1789—1848》，王章辉译，北京：中信出版社，2014年，第208页。

② ［俄］弗阿格诺索夫著：《俄罗斯侨民文学史》，刘文飞、陈方译，北京：人民文学出版社，2004年，第2页。

③ 同上，第24页。

④ 同上，第3页。

在德国现存的波罗的海德国人社团，以及其他活跃在美国的移民后裔社团等①。这种复杂的侨民文化潮流也为凯泽林带来了宽松的文化氛围以及发展自己小天地的灵感。民移而域交，在文化域的跨越和冲突过程中，很显然凯泽林面临的不仅仅是经济支持，还有文化层面的竞争（涉及知识生产权力、阐释权的争夺，以及知识生产流程中的环节主导地位争夺如出版合同的签订、与出版商的利益博弈等）和思想的交锋。不言而喻的是，在我们阅读凯泽林的生命史（Lebensgeschichte）时，肯定会注意到一长串在文化史、思想史、政治史等分门别类的历史长河中颇有名望的人士。而另一点值得一问的是，为什么凯泽林交往的这些人物直到现在都如此知名，而凯泽林本人却在半个多世纪以后鲜为人知？名声衰落的背后是否有权力空间的刻意打压，还是凯泽林思想的时代价值的客观贬损？

那么进一步值得追问的还有：凯泽林与诸多名人的交往在当时是"追星"式的吗？凯泽林在当时的名声是否也能够吸引到"粉丝"呢？他们的交际和交往是一面之缘，还是应酬应付？或许也有对知识的真诚渴求？

这些问题本身也许算不得是研究，但确是可以进一步启发研究的引子。即在凯泽林与众多的世界性的知识精英个体的来往中，是否存在着一种模式，这种模式不但主导了凯泽林这一个体进行社交的动机和行为，而

①　如"德国波罗的海协会"（Die Deutsch-Baltische Gesellschaft e. V.），其也坐落于达姆施塔特，还有相关的八个地区或专门的历史研究档案或者行业协会（die Carl-Schirren-Gesellschaft，der Deutsch-Baltische Kirchliche Dienst，die Deutschbaltische Studienstiftung，der Deutschbaltische Jugend-und Studentenring，Domus Rigensis，der Verein Baltischer Baudenkmäler，die Deutsch-Baltische Genealogische Gesellschaft und die Stiftung St. Petri-Kirche Riga），其中，卡尔·席仑协会是以知名的波罗的海德国人和历史学家卡尔·席仑（Schirren，Carl Christian，1826—1910）命名的历史档案材料收集和研究组织，席仑其人与凯泽林的祖父曾在多帕特大学共事，并因差异化的民族主义政见被驱逐，流亡欧洲。参见 https://www. db-kulturwerk. de/carl-schirren-ge-sellschaft-e-v，查询日期：2023 年 1 月 18 日；https://de-academic. com/dic. nsf/dewi-ki/235815，查询日期：2023 年 1 月 18 日。

且进一步影响了智慧学校以及凯泽林思想的发展？进一步来看，这种个人交际的模式是否与文化阶层、社会地位、所处行业形成了某种依赖关系？如此看来，凯泽林的交际网络是否也可以作为某种"知识生产"流程和个体思想侨易模式的雏形？

这一假设是建立在前文对智慧学校的组织结构、人员组成的揭示，以及对凯泽林最重要的中国之旅中涉及的人际交往的研究基础上的。具体来看：从 1920 年到 1921 年为止，短短一年，凯泽林的智慧学校已经拥有了近六百位成员①。其中成员包括了哲学家贝克（Baeck，Leo，1873—1956），舍勒（Scheler，Max，1874—1928），心理学家荣格（Jung，Carl-Gustav，1875—1961），历史学家特洛池（Troeltsch，Ernst，1865—1923）等各学科的当代名流专家。他的支持者中除了这一批接受过现代完整高等教育的知识精英外，还有很多在现代社会转型之前承担了文化传播责任和艺术沙龙资助使命的贵族、王公。

从成员的身份来看，已然体现出新旧时代交替之下的知识生产和话语权力的转折：从政治贵族到文化精英，新时代的知识的生产网络一方面在逐渐排斥非专业化的学科人才，另一方面，也在继承旧有时代遗留的经济遗产和人力。在智慧学校的人员组织上主要有三种资本的支持：商人（出版商）的金钱-书籍器物资本，知识精英的知识思想资本和贵族所具有的政治影响力资本。从凯泽林自身的身份来讲，他在年幼时接受的是贵族式的家庭教育，在青年时参与的是法国贵族文化沙龙，在事业开展时受到的是王公的资助，追随者中不乏血统和身份都高贵的成员。同时，凯泽林又接受了欧洲大陆博兴的大学教育，对于大学这种新的教育机构的运作非常

---

① 智慧学校会员名册，参见 Keyserling Nachlass，Darmstadt.

熟悉，他的祖父还是当地多帕特大学的学监①。

从基底来看，凯泽林在从青年时代到成年时代的交际模式中体现了不同的面向。青年时，他主要遵从了原生家庭的社交网络，尤其是祖父一辈在德国留下的交情，比如与瓦格纳家族的联系也与瓦格纳（Wagner，Wilhelm Richard，1813—1883）曾经在里加担任过乐队指挥（1837—1839）的经历相关，里加作为波罗的海地区文化中心也有广泛影响②。这一时期体现为点状的个人交际，即凯泽林-A，A-B，进而凯泽林-B，或者A-C，进而凯泽林-C，其交际网络的扩大主要依赖于线状的旅行和一对一的"经人介绍"的个人关系，凯泽林作为一个较大的交际网络中的一个末端点，受到其他中介个体的影响。如表5-3。中国旅行之后，则体现为凯泽林直接对他人的放射状交际网络，即一对多的个人关系。

表5-3 凯泽林和交际模式及"侨交"类型

交际模式	图示	对应"侨交"类别
第一种交际模式：交际链；凯泽林作为链条末端点	第1阶段 凯泽林-A-B 第2阶段 凯泽林-A-B-C 第3阶段 凯泽林-A-B-C-D	移交、仿交（如凯泽林和A人物交流比较密切，在交际中有模仿趋势，并借此再扩展交际链条）。

① Schwidtal，Michael/Undusk，Jaan（Hrsg.）. *Baltisches Welterlebnis. Die kulturgeschichtliche Bedeutung von Alexander，Eduard und Hermann Graf Keyserling*. Beiträge eines internationalen Symposions in Tartu/Dorpat（Estland）vom 19. bis 21. September 2003. Heidelberg 2007.

② 也正是在里加的城市剧院（后更名为瓦格纳剧院）诞生了定期举行瓦格纳歌剧演出的传统，这产生了强大的文化效应，瓦格纳的《里恩兹》（*Rienzi*，又译黎恩济）第一幕就是他在里加期间创作的。有研究者认为里加时期对瓦格纳的才能发展，他的观点形成和创作追求都很重要。参见 https://vagneriga.lv/en/wagner-in-riga/，查询日期：2023年1月18日。

交际模式	图示	对应"侨交"类别
第二种交际模式：交际网；凯泽林作为交际网的核心出发点	第 1 阶段　凯泽林-A 第 2 阶段　凯泽林-B-C 第 3 阶段　凯泽林-C 成型　A-凯泽林-B 　　　凯泽林-C 　　　A-C	高交和桥交，前一种交际模式可以以《一个哲学家的旅行日记》流行作为终点，开启第二种交际模式和高交类型；继而在高交基础上，凯泽林和智慧学校充当了桥交的中介体。

凯泽林在这两种关系模式的实践中体会也不一样：青年时，他说，发现自己的路在远方，而成年后，虽然也热爱旅行，外出讲演，但却说，个人身份与他所处何地密切相关。这也揭示出凯泽林从线状的交际模式转为固定的放射式片状模式。这种转化的原因很多，但最根本的，恐怕还是欧洲的旅行传统（背景），以及政治原因的流亡需求（客观原因）。从上一节的论述出发，凯泽林与侨易学关联之处还在于凯泽林的交际网络和交际模式与侨易学概念的互相阐释的可能。即具体从"侨交"四义，即"移交、仿交、高交、桥交"来看凯泽林的交际模式，则更能凸显某种质性因素并推出不同的侨易类型。"移交"是指"移动发生异质文化相交"[①]，"仿交"是指"模仿，像变之后发生交易"[②]，"高交"是指"提升层次之后发生的交易过程"[③]，"桥交"是指"在中介之外再发生交易过程，是理想的相交过程"[④]。此处先略举几例。如凯泽林青年时线状的欧旅学习、成年时的世界旅行以及壮年的重访南美，都属于移交的大范畴，即凯泽林的第一种交际模式所对应的移交基本类型。"仿交"发生在青年和成年时，即学生时

---

① 叶隽：《构序与取象：侨易学的方法》，杭州：浙江教育出版社，2021 年，第 51 页。
② 同上，第 53 页。
③ 同上，第 56 页。
④ 同上，第 57 页。

代在欧洲与张伯伦的交往即是一种具体的仿交，成年时前往印度见泰戈尔体验印度文化、前往中国体验中国文化，将异域文化资源当做是自己哲学思辨的范本，也是广义的仿交。"高交"则是基于其世界旅行所撰写的《一个哲学家的旅行日记》出版后，其交往层次由末代贵族提升至欧洲作家圈、心理学家、哲学家等知识精英的思想圈层（当然也并非所有人都认同凯泽林的观点）。前三种"交"易基本都属于凯泽林的第一种交际模式，也属于凯泽林"三十而立"之前的阶段。而十月革命之后流亡德国，凯泽林得以在前黑森大公的资助和庇护下开展哲学研究、建立世俗知识的推广学校，这对他的交际模式也是一种全新的磨练和提升，同时达姆施塔特这座城市作为当时欧陆较为知名的文艺空间也吸纳了不少艺术家和文化人物，这也切实影响着凯泽林的"办学方式"。桥交不仅指凯泽林作为中介，也指其智慧学校作为中介空间，更指凯泽林所组建的"自由哲学协会"成为知识生产流程中的重要中介环节：对于组织出版图书、推荐读者阅读等重要的知识生产环节非常重要。他在"桥交"阶段一方面以智慧学校为基础空间传播自己的生活哲学理念和文化改革目标，另一方面也充当了欧洲知识精英交流的中介，当然还包括世界范围内的知识精英的访欧、去美环节中凯泽林的中介作用。其实，凯泽林的意义也更体现为桥交本身，以及桥交对于他的思想的提升的影响范式。尤其是在桥交过程中，凯泽林的身份发生了变化，"阿帕杜莱提出了种族面貌：具体指人的面貌，它反映了我们生活的这个世界动荡和转折的特征；游客、移民、难民、流亡者、外籍工人以及其他人和团体等都在迁移"①。而凯泽林身上的种族面貌最初是以民族属性和阶级（贵族）属性为主的，到智慧学校比较壮大时，其面貌逐渐被迁移后的新特征所取代。凯泽林的前期旅行和后期公共交往勾勒出来的是这种迁移对主体的交际选择的影响以及凯泽林在构建自己思想和身

---

① ［德］乌尔里希·贝克著：《什么是全球化》，吴志成、常和芳译，上海：华东师范大学出版社，2008年，第57页。

份过程中的侨易现象。

　　有评论认为，凯泽林的学生团体是受其著作吸引而来，很多曾听过凯泽林讲座的人则更坚定地相信凯泽林关于创造切实的美好生活幸福感的构想①。智慧学校的理论和思想基础是以凯泽林对东方文化的汲取为中心的，从这个意义上说，它突破了西方文明以希腊为根基的优越性，即人文主义的根基。这不仅仅是与人文主义的断裂，也是与所有西方的资产阶级知识分子完全不同的一种思路，即凯泽林所说的，一方面"超越了民族的欧洲"，另一方面"超越了种族的新人类"②。智慧学校的受众是文化市民阶层（Bildungsbürgertum），而凯泽林自身主观意愿中的贵族阶层应该是承担了教化民众和促进文化进步的使命的，类似于中国的士大夫阶层，均承担了联通社会不同阶层的纽带功能，也是维持社会运转的最中坚力量。而正如现代中国转型中的传统士大夫知识分子在逐渐转型、寻求出路一样，凯泽林自青年时代开始欧洲范围内的知识漫游之后，就走上了发现自我身份的路，其贵族血统和现代知识精英的身份如何融合并使他成为独一无二的"知识贵族"，可从他在这段公共交往中所扮演的不同角色以及"侨易类型"中得到答案。

　　社会心理学中对于个体在不同社会关系中的角色和相应的心理变化有这样的解释："社会化的内容包括人的观念、态度、行为规范等，而且涉及道德、政治、法律等多领域。社会化的内容并非零散存在，会与社会角色相对应且被系统化。人在不同的人生阶段社会化的任务不同，所担负的社会角色也不断发生变化。舞台小天地，天地大舞台。每个人在社会生活中都有自己的社会角色群，社会角色和人们如影随形。社会角色是人们实

---

①　Schabbel，Otto，"Die Schule der Weisheit"，*Hamburger Nachrichten*，1920，12，01.

②　Keyserling，Hermann Graf，*Das Spektrum Europas*，Heidelberg：Celle，1928. S. 1.

现社会化的重要途径。……角色是地位的动力，是个体在社会中占有与他人地位相联系的一定地位，当个体根据他在社会中所处的地位而实现自己的权利和义务的时候，他就扮演着相应的角色。……社会角色包含了角色扮演者、社会关系、社会地位、社会期望和行为模式五种要素，他们将社会角色定义为个人在社会关系体系中处于特定社会地位并符合社会要素的一套个人行为模式。"① 在这里，以个体为中心的论述可以对其在社会中承担的多个社会角色、所处的不同关系、拥有的不同人际资源以及这些资源的选择和使用过程进行观察，具体的个体和外界社会发生的互动过程，以及这种互动关系则成为公共空间的研究，乃至历史研究的方法依据。而就侨易学方法和"交易"之义的阐发来看，还应更多考虑"消解主体"以及关系模式的不断变化的意义，即凯泽林在理想角色、领悟角色和实践角色三个层次②是不断变化的，而多种关系模式背后的交际模式中，处于社交主动位置的主体在不断变化，甚至"此消彼长"，不但凯泽林在不同时期交际模式中的角色与角色间有着极大的差距，在同一阶段，凯泽林的交际功能和主体特质也是多样的。"人们常从四个维度来分析社会角色对发展的影响：个人扮演角色的数量，角色卷入的强度或个人对角色的认同程度，角色需要的时间量，以及角色期望的结构化程度、灵活程度和开放程度。"③ 这也是对凯泽林公共交往案例中隐藏的客观模式和交际结构的一种解释，具体而言，对应了以侨易二元为基础、以生性等侨易因素为支撑的几种不同模式：竞型二元、附型二元和战型二元。本章主要举出对于智慧学校发展以及对凯泽林的思想构成影响较大的几位，青年凯泽林时期的交

---

① 刘萃侠主编：《社会心理学》，北京：中国政法大学出版社，2016 年，第 31—32 页。

② 社会角色的分类，参见刘萃侠主编：《社会心理学》，北京：中国政法大学出版社，2016 年，第 32 页。

③ ［美］纽曼：《发展心理学·上册》（第八版），白学军译，西安：陕西师范大学出版社，2005 年，第 89 页。

谊参考本书第二章。

第三节　附型二元模式：心理学家的老师和病人

作为分析心理学的创始人及心理学专家的荣格，他的心理学理论中一直不缺少同东方文化的关联，其中最为人津津乐道的就是荣格和卫礼贤通过传统道教典籍《太乙金华宗旨》而合作编写的《金花的秘密》①，而这样一宗学术合作传奇的起点，正是凯泽林的智慧学校大会。卫礼贤早在智慧学校成立之前就同凯泽林保持着书信往来，而荣格和凯泽林的相识则要到智慧学校声名鹊起之后，荣格的一个患者在参加智慧学校的活动之后赞不绝口，推荐荣格一定要去见识一番。"凯泽林的一个朋友参加了荣格的一个研讨班，并建议荣格应该在智慧学校中讲演。荣格照此做了，并成为智慧学校的知名人物。凯泽林的智慧学校成为知识分子争论异见（特别是同主流学术意见）的一个集会地。荣格跨出他自己的专长领域并进入了文化和哲学思想的领域，他对神话学的投入形成了新转折，他在达姆施塔特结识的卫礼贤成为了他的好友。汉学家卫礼贤在智慧学校讲授《易经》和中国哲学。荣格，当时正在从事预言的工作，他为卫礼贤的洞见所折服。1923 年卫礼贤在荣格的心理学俱乐部讲授《易经》；荣格称卫礼贤依据《易经》做出的两年内的预告都'分毫不差地实现了'。荣格利用《易经》也取得了一些治疗病人的成果。"② 在智慧学校的教学和日常的学术活动中，凯泽林一直尝试系统的教育改革，包括哲学化的研讨课以及扩大上课受众的范围。不独是凯泽林，在一战之后，文化怀疑论者以及新教的改革

---

① 参见［德］卫礼贤、［瑞士］荣格著：《金花的秘密：中国生命之书》，邓小松译，合肥：黄山书社，2011 年。

② Lachman, Gary. *Jung the Mystic：The Esoteric Dimensions of Carl Jung's Life and Teaching*，Penguin Publishing Group，2012. pp. 15-17.

派，或者鲁道夫·斯坦纳（Steiner，Rudolf，1861—1925）所领导的见神论学派（Anthroposophical School）都有类似的想法。而凯泽林一经同荣格结识，两人在思想互动、学术交流方面都展现了极大的热情和参与度。在智慧学校的日常活动特别是同学员的互动中，精神冥想和瑜伽等方法均和荣格对东方印度和中国思想的兴趣以及荣格尝试的精神治疗方法有着千丝万缕的联系，因此，两人的交往在凯泽林社交圈内占有重要位置。

二十世纪二十年代至三十年代初期，荣格写了三篇书评，大加颂扬凯泽林所著的三本形而上的社会批评著作，说"凯泽林代表了思想界的时代精神，他集中了整个时代中模糊、松散、碎片的思想"①。在两人的通信中，不但有关于心理分析、社会文化批评的学术交流探讨，还有凯泽林请求荣格为其"解梦"的信件（从1931年初持续到当年8月份，往来数封围绕解梦事件的书信），此处的解梦是从心理学角度对梦中事件进行分析，而不是传统中国文化中的"周公解梦"方法。但是实际上，荣格在这个请求案例中使用的方法也是暗示对应，比如"洗澡"对应着"变化""重生""更新"，而海洋则象征着整体的无意识②。不论是解梦，还是心理分析治疗，凯泽林都能展开心扉向荣格求教，说明在此时期两人的交往（与智慧学校的兴起时期重合）是比较密切的。荣格为凯泽林所写书评的三本著作分别是：（1）《欧洲频谱》——"凯泽林伯爵的新书《欧洲频谱》，特别强调地回顾了对瑞士的评价。这本书的基本价值似乎是同纯粹理性的视角进行抗争。凯泽林提倡重新用心理学视角观察世界，把国家看作一个伟大的个体（如人体展现各种功能）。这种人性的宇宙观被判断为基本上是理想主义的，而不是形而上学的，其中凯泽林对地球的遥远立场就是无可争辩

---

① Noll，Richard. *The Jung Cult：The Origins of a Charismatic Movement*，Simon and Schuster，1997. p. 95.

② Jung，C.G.. *Letters of C.G. Jung：Volume I，1906-1950*，Routledge，2015. p. 85.

的证据。凯泽林评价瑞士为全欧洲国家中最落后、保守、顽固、自恃清高、自命不凡及小气的。这被承认是基本正确的，但是尽管如此，它仍是欧洲的心理和地理中心。考虑到瑞士过去的历史和中立地位等情况，瑞士被称为欧洲最重要的中心。凯泽林将国家转换为（分类）功能个体的做法摧毁了他们编造出来的内容，并安置他们于功能性体系的语境中，这里需要考虑的是欧洲整体的需求。不论国民来自何地，都被规劝不要试图改变他们各自国家的特征，而是超越这一限度。"① （2）《新世界的诞生》——"凯泽林伯爵的新书被认为是关怀欧洲如同关怀美国一样。凯泽林在观察美国时是带着欧洲人的偏见的，因此他的观察和结论的客观精确性都被质疑。虽然如此，这些也可作为欧洲人的感性知觉的重要反映被看待。书名是'新世界的崛起'（《新世界的诞生》是英文译本书名），这部书所涉及的，被认为不仅仅是美国，而包括了全体西方世界。凯泽林被认为是集结起来的精神思想的发声器；他关于一种新的意识崛起的预言，一种新世界观，被接受为对现代人无意识之间就深刻发生的变化的一种具体的，然而并非有意策划的评价。许多本书的引文都被当做判断凯泽林的观察口味和眼界的依据。特别要注意的是在凯泽林观点中，美国还没有拥有灵魂；美国是一个被过高估计的孩童国家；高标准的生活水平是其讲道德的主要动力。这本书建议对待两性关系、家庭和男性的女性化以及女性的男性化的评论应该对欧洲人关于此的评价有所贡献才行。凯泽林被认为能理解这个世界正在步入新时代，这个新时代中理解要高于信仰和经验，也高于教义。而他曾经对美国的两性关系做出的评价被认为是尤其有趣的。"② （3）《世界革命》——"凯泽林伯爵的新书，虽然是用法语所写，但却在精神上是德国

---

① Rothgeb，Carrie L.．*Abstracts of the collected Works of C. G. Jung*，Karnac Books，1994．p. 68．

② Rothgeb，Carrie L.．*Abstracts of the collected Works of C. G. Jung*，Karnac Books，1994．pp. 68-69．

人。中国字带有无限性的模糊和暗示的能力，这也被凯泽林视作表达他典型的闪现直觉知识的最好媒介。这本书算是凯泽林对时代大事的反馈的记录。精神和地球在这本书中是对应的，现代人在"被他们自身的逆转所影响的世界变化"中求生。凯泽林建议人应该通过复兴文化层面的修道来节省其精神遗传中能做到的部分。这种说法被批评为假设所有事物最终都是可以理解的（可知论）。而这种思想也许已经通过在地球重生而得胜，但是理解凯泽林要从象征的、文学的角度出发，只有这样才能意识到凯泽林是作为思想者的时代精神发言人存在的。"① 荣格对凯泽林书籍的了解程度并非单单限于书评。有学者认为，凯泽林对荣格的影响特别体现在东方宗教和哲学知识上，"凯泽林、卫礼贤、海因里希·季默（Zimmer，Heinrich，1890—1943，德国印度学家）、雅各布·威尔海姆·豪尔（Hauer，Jacob Wilhelm，1881—1962，德国印度学家和宗教学家）等人是荣格成年时期关于东方宗教和哲学知识的主要来源。在三十年代初期至中期，荣格依靠印度学家豪尔来理解《薄伽梵歌》（*Bhagavad Gita*）以及印度教的昆达里尼（Kundalini，一种有形的生命力，是性力的来源）瑜伽体系。……荣格在对东方哲学和宗教的深入兴趣上有三个向导和伙伴。第一个是托尼·伍尔夫（Wolff，Toni，1888—1953），她父亲是汉学家，她从父亲那儿继承了对东方的兴趣和知识，并做荣格的科研助手和"图书馆"直至她自己成为学者。在荣格和弗洛伊德决裂之后的艰苦时期，伍尔夫对东方哲学的熟悉程度在一定程度上帮助荣格找到了他自己的研究核心。荣格描述了从发现他自己意向的混乱并尝试通过描述及积极想象（东方哲学的一些宗教意象和冥想技巧）来掌控他们之后的认识。荣格的书《心理类型》（*Psychological Types*）中揭示了大量关于印度教和道教的知识和文本，并融合了对它们的相互影响的理解。第二个影响来源是荣格的朋友凯泽

---

① Rothgeb，Carrie L.．*Abstracts of the collected Works of C.G. Jung*，Karnac-Books，1994．p. 69.

林，他在达姆施塔特建立了智慧学校，荣格曾在此演讲。从那时起直到凯泽林 1946 年去世，两个人都一直保持着活跃的、时而争论不休的往来，不论信件或者见面都谈论宗教和东方。凯泽林的主要关注点在于如何在东方思想和西方思想的支持者之间展开对话，以及通过分析两个系统而实现思想创新。第三个影响来源是荣格同卫礼贤的友谊及对话。"①

"有学者争论荣格是否在《思维与土壤》（*Mind and Earth*）中受到与德国哲学家凯泽林的长期通信的影响，凯泽林相信'先天的土壤条件论'。有人认为凯泽林属于保守的先锋派。在荣格的《思维与土壤》中凯泽林的意见体现出来，即地域环境是如何塑造人的灵魂的。而荣格在这篇论文中正是使用了先天的土壤条件论（Bodenbeschaffenheit）。"② 荣格并不是唯一一个收到邀请并参与智慧学校演讲的心理医生，但却是其中最知名的一个，也是心理学学说与凯泽林所追求的感性哲学最为契合的一位。尤其是荣格的个性化的学说，与凯泽林强调对个体精神的完善有类似之处。另外，哲学、心理学成为联系生命个体，甚至成为解决个体心理问题的方法，是现代性的一大后果。用哲学来解释世界构成的任务被科学取代，而改变世界的任务由机械化的工具乃至物化的劳动力来完成。这就带来两个问题，第一个是哲学的位置无法安置，第二个是个体生命的存在感如何解释。哲学走下神坛，成为解读生命个体的手段，这从古典哲学以后就伴随着几次工业革命成为必然。而个体的存在问题也经由物质文明的发展上升到精神层面，社会性和个体身份的对立，人作为社会参与者在被物化、标签化的趋势下个体生命的挣扎和危机感催生了精神疗养、心理治疗等消极对抗方式。将哲学同个体精神的崩溃问题联系起来，这成为以凯泽林为

---

① Young-Eisendrath，Polly，Terence Dawson. *The Cambridge Companion to Jung*，Cambridge University Press，2008. pp. 30-33.

② Lewin，Nicholas Adam. *Jung on War*，*politics*，*and Nazi Germany*：*Exploring the Theory of Archetypes*，Karnac Books，2009. p. 124.

首、鲁雅文为主导的智慧学校课程的隐藏线索，而其内质，就是凯泽林的感性哲学（作为凯泽林的个体思考成果）在大众中的实践。这种实践借助了瑜伽、冥想等手段。而这些手段，也来源于古老的东方文明中一直以来的哲学思考（如《易经》等）。荣格的分析心理学基础，也是个体精神的康复方法，即东方哲学与西方宗教的共同性（对集体无意识的推崇）。西方心理治疗的历史并不长，因有着基督教传统的西方社会对于肉体的看法是肉体与灵魂是分离的，而肉体的病痛或者不适并不能牵连到精神层面，或者说并非由精神的疾病所引发。因此所谓的精神疾病也多从生理和身体角度被医治。而东方传统的灵肉一体、修炼身体而后精神得道的观点里，肉体和精神的联系是十分密切的，且能相互作用。这样的视角为荣格的心理学以及凯泽林解决学员们的精神危机提供了新的思路，即通过瑜伽等其他东方方式的由外及内方法、从身体到心灵来治愈寻求帮助的人们。所以荣格的分析心理学——精神治疗，与凯泽林借助东方哲学——瑜伽训练和精神冥想，在智慧学校开展实践的各个方面都是有交叉点和共通之处的。荣格与凯泽林的交往模式兼具了"内外相交"和"纵向平行相交"两种，亦即对应了附型二元和竞型二元两种类型。荣格从凯泽林的智慧学校中汲取了进一步发展心理学理论的资源[①]；凯泽林从荣格等心理学家这里汲取了阐释自己哲学思想的方法。在这一阶段，双方都将对方视为"外部世界"，"交往"的目的是为了不断"内化"资源，而这种依赖关系也体现为附型二元。在第二阶段，荣格的分析心理学与凯泽林的精神冥想课程作为精神的理论和精神的实践两个主体形成了竞型二元模式，两人也不断地就

---

① 第一次世界大战后，荣格被奥斯卡·施密茨（Oscar A. H. Schmitz）资助，施密茨把他介绍给赫尔曼·凯瑟林伯爵和卡尔·安东·洛汗王子。荣格积极参加洛汗的文化联盟，并经常在他的《欧洲杂志》上发表文章，该杂志被认为是当时领先的新保守主义杂志之一。参见 Sherry, Jay：*Carl Gustav Jung*, *Avant-garde Conservative*, unv. Diss., Freie Universität Berlin, 2008.

可能的合作和进一步实验进行讨论①。凯泽林晚年还与意大利心理医生阿桑吉欧（Assagioli，Roberto，1888—1974）保持通信，阿桑吉欧在发展自己的心理诊疗方法时借鉴了很多凯泽林的思考方式。

第四节　竞型二元：与辜鸿铭及鲁雅文

中国资源是凯泽林非常重视的一部分资源，青岛是凯泽林中国之旅重要的一站，他结识了卫礼贤，辜鸿铭。青岛是德国的殖民地，而且汉学家卫礼贤（Wilhelm，Richard，1873—1930）正在青岛，青岛可谓是凯泽林此次中国之行中情感归属最强的城市；而恰逢清亡之初，大量前清遗老孤臣集聚在青岛，青岛成为轰轰烈烈共和革命的大地上一小块属于传统文化的"桃花源"，此时到达青岛，为凯泽林了解中国传统文化的最佳时机。青岛一行确实深孚其望②，在卫礼贤的引荐下，凯泽林得以"同寓居青岛、北京和上海的一批遗老有过密切的交往，特别是同辜鸿铭来往甚密"③，辜鸿铭（1857—1928）在清亡之后拒绝为袁世凯效力，"以遗老自居，留辫抗世"，在 1912 年，也就是凯泽林来到青岛的同一年，他也往返于青岛北京之间，与诸遗老交游论学。④ 辜鸿铭是这个圈子里的核心人物，与卫礼贤联系很多，"卫礼贤是最早将辜鸿铭的著作、思想介绍到德国的人，也是不少德

---

① 如荣格在 1928 年 5 月 12 日写给凯泽林的信，参见《荣格通信集·第一卷（1906—1950）》，https://carljungdepthpsychologysite. blog/2020/05/04/carl-jung-one-doesnt-leave-what-one-loves-so-you-probably-have-little-love-for-earth-and-man/♯. Y8fKi3ZBzIU，查询日期：2023 年 1 月 18 日。

② 参见［德］赫尔曼·凯泽林：《另眼看共和：一个德国哲学家的中国日志》，刘姝、秦俊峰译，福州：福建教育出版社，2015 年，第 44 页。

③ 黄兴涛：《文化怪杰辜鸿铭》，北京：中华书局，1995 年，第 253 页。

④ 见"辜鸿铭生平及著作年表"，载洪治纲主编：《辜鸿铭经典文存》，上海：上海大学出版社，2008 年，第 307 页。

国名流（特别是来华者）了解、结交辜鸿铭的中介人”①。正是由于这层关系，凯泽林得以与辜鸿铭进行交流和对话并领略到了中国人"充满活力"的一面。卫礼贤在其著作《中国心灵》中对二人的一次会面作了简短的描述：

> 伯爵（指凯泽林）说话时，辜鸿铭总是迫不及待，等不到轮到自己。他把中文、英文、法文和德文都混到一起，又说又写。这位东方哲人的心灵和头脑中充满了各种各样的思想和感觉，包括整个世界的历史和神圣的创造计划，以及远东的精神和西方的野蛮掠夺。他把所有的一切都倾泻给伯爵。宴饮终于结束了，曙光透过窗棂照射进来。地上撒落着没踩的碎纸，上面写满了欧洲和中国的格言、各种建议、妙言警句和引语。辜鸿铭起身去睡觉，吉色林伯爵承认自己确实面对着一个充满活力的中国人。②

当然，凯泽林在辜鸿铭这里不止领略到了一个中国人与任何欧洲人相比都不差的"活力和刚健的耐久力"，他承认自己的思想受到辜鸿铭的启发很大，"人们不可以将此种儒教与新教之间的平行关系无限制地推广，或许我自己已然走得太远。这些日子以来，我与辜鸿铭多次在一起。……或许我是受了他的影响"③。除他公开承认的以外，他在《一个哲学家的旅行日记》一书中很多有关"儒家""道德"的想法观点，也与辜鸿铭的看法类似，辜鸿铭有着深厚的西学底蕴，具备精湛的西方文化修养，他的观点与典型的闭目塞听的中国文人不同，他有着"返璞归真"的捍卫者形象，他捍卫传统文化的角度和方法更贴近西方，罗家伦曾评价他"善于运用中国的观点来批评西洋的社会和文化，能够搔着人家的痒处"④，这也是

---

① 黄兴涛：《文化怪杰辜鸿铭》，北京：中华书局，1995年，第265页。
② 卫礼贤：《中国心灵》，北京：国际文化出版公司，1998年，第145页。
③ ［德］赫尔曼·凯泽林：《另眼看共和：一个德国哲学家的中国日志》，刘姝、秦俊峰译，福州：福建教育出版社，2015年，第100页。
④ 罗家伦：《回忆辜鸿铭先生》，载黄兴涛编：《矿石怪杰——名人笔下的辜鸿铭 辜鸿铭笔下的名人》，上海：东方出版中心，1998年，第35页。

他在情感角度具有强大说服力的原因。比如辜鸿铭将儒家学说看做同基督教、佛教一样的宗教类别，并指出儒教胜于欧洲宗教的地方在于教导人们做"良民"，而不仅仅是做"好人"，这里强调的是人的道德以及对于社会和国家的价值；而凯泽林在书中写道："辜鸿铭曾经作过这样的比喻：中国人在西方人面前，就好比家畜遇到了食肉动物，这便是二者的差别。在他们看来，我们西方人是典型的毫无爱心、粗暴残酷。"① 凯泽林的观点体现的也是辜鸿铭作为中国文人的一种自我认知和自我表达。

凯泽林和辜鸿铭之间的交流和共鸣无疑体现了他们的某些共同特质，吴宓在纪念辜鸿铭的文章中就曾提到"中国印度之有此二人（指辜鸿铭和泰戈尔），正如德国今日之有凯萨林（Count Hermann Keyserling）伯爵（著有《哲学家之旅途日记》及《婚姻全书》等。其为人及学说应具另篇详述）"②。这种比较的基础与两人对中西文化看法的相近是分不开的。辜鸿铭在《中国的牛津运动的故事》一书中宣称的"对付现代欧洲的物质主义文明的毁灭力量，反对和消除这种力量给世界带来的社会弊端或政治弊端"与凯泽林批判反思西方文明的动机不谋而合，这一点从凯泽林日后对于德国的"民族社会主义"的态度可略窥一二，他曾这样评价到："民族社会主义（党）不应成为执政党。"③ 他称其是非理性主义，并预测其未来是灾难性的。凯泽林一直对二十世纪以来西方文明的走向趋势忧心忡忡，工业文明兴起、资本排除道德成为新的话语主导者、新的价值标准，对现代文明的忧虑、反思和批判变得更加迫切；同时一部分学者投身于民族国

---

① ［德］赫尔曼·凯泽林：《另眼看共和：一个德国哲学家的中国日志》，刘姝、秦俊峰译，福州：福建教育出版社，2015年，第107页。

② 吴宓：《悼辜鸿铭先生》，载黄兴涛编：《矿石怪杰——名人笔下的辜鸿铭 辜鸿铭笔下的名人》，上海：东方出版中心，1998年，第6页。

③ "der Nationalsozialismus […] darf […] als Partei niemals zur Führung gelangen". Deutsche Allgemeine Zeitung vom 20. Oktober 1931，Kölnische Zeitung vom 12. November 1931，zitiert nach Gahlings，Ute，*Hermann Graf Keyserling Ein Lebensbild*，Darmstadt：Justus von Liebig Verlag，1996，S. 236.

家、民族精神的建设和宣扬，甚至催生了种族主义、扩张主义、沙文主义等极端思想，这种思想在欧洲萌生和泛滥所昭示的西方文明危机促使凯泽林将目光投向东方异质文明。在青岛同辜鸿铭的交流更引发了凯泽林对于中国传统文化的持续思考以及在欧洲文化语境中化用儒家文化的可能性的考察。凯泽林说："我每天都花许多时辰同辜鸿铭和他的朋友及支持者在一起。他是那样的智慧过人和那样的脾气火爆，有时使我不由得想起拉丁人来。"这一比方不由让人联想起十九世纪德国的浪漫主义者们追随过的"中世纪的道德秩序"，而中世纪欧洲尊崇古希腊罗马文化所达成的兴旺景象应该是凯泽林将辜鸿铭比作拉丁人的源意识，那么凯泽林是否在辜鸿铭这里寄托了解决西方文明危机的希望呢？至少在辜鸿铭这里，凯泽林就像先哲们将眼光投向古典希腊罗马一样将眼光投向了传统中国文化。在离开中国之前，他说："我不是为了向大家说教，而是为了向你们学习才来到东方的。"① 不过，他始终是将中国传统文化特别是儒家思想作为解决西方文明现世问题的一个参考，他一方面称道儒家文化作育出的人是"现实中的人"，具有相当道德水准；但另一方面，对比新教文化，他也指出："儒家永远只企望可能的东西。"正是通过在中国的见闻他才形成了对中国传统文化真切的感知，才对西方文明有了"对照式"的重新认识。世界旅行的动机在于与不同文化的精神交流与生命体验，以实现与完善自我，凯泽林的格言是"实现自我认知的捷径在前往世界的路上"，他随后的旅行所得证实了这一点，世界旅行所代表的地域变动与他知识体系的更新、思想的迁变之间形成的关系隐然是侨易学的精彩个案。

在归国之后，他在对中国传统文化思考的基础上，进一步发展了自己的哲学主张，通过智慧学校他继续尝试将他吸收到的中国传统文化精髓与

① 1912年凯泽林在上海的"中国国际研究所"所做题为《东西方以及两者对共同真理的探索》演讲。转引自黄兴涛：《文化怪杰辜鸿铭》，北京，中华书局，1995年，第253页。

西方文明融合，并努力给西方文明带来新生命力，在"德国精神转了一个大弯：工业技术的势力，一天天的膨胀，世界也失掉了它的神秘，合理主义，帝国主义，资本主义，成了绝对的伟大"① 的境况下，凯泽林确实有先见之明，"他们许多先觉之士，着实怀抱无限忧危，总觉得他们那些物质文明，是制造社会险象的种子，倒不如这世外桃源的中国，还有办法。这就是欧洲多数人心理的一斑了"②。所谓"精神质变"，除了凯泽林个人的精神思想在经历中国之旅后发生了变化，中国传统精神文化经历了凯泽林的记录传播直至在智慧学校中也焕发别样生机，鲁雅文则是此时在智慧学校与凯泽林合作两年的重要人物。

1921 年至 1923 年鲁雅文（Rousselle，Erwin，1890—1949）③ 在达姆施塔特生活，他在 1921 年成为智慧学校的首位老师。他对学术通讯和文章系列《圆满之路》（*Der Weg zur Vollendung*）的编辑均有贡献。鲁雅文在 1923 年作为凯泽林的同事出版了《漫游的神秘主义》，同年开始在达姆施塔特工大任教。1924 年到 1929 年，他到北京做德国哲学教授，且是清华大学比较语言学的客座教授并领导燕京大学的中印研究所。从中国归德之后，鲁雅文在达姆施塔特和法兰克福任教。卫礼贤去世之后他成为继任者管理中国研究所，并接管了中国研究所所刊 *Sinica* 的编辑、领导工作，且亲自撰写文章。在纳粹统治期间，1942 年其被迫放弃了中国研究所的领导职位，1943 年受言论出版禁令影响而无法写作，1949 年去世。如果说凯泽林是智慧学校的思想领袖，那鲁雅文就是智慧学校的教学领袖和实际的教学活动管理者。虽然作为一个与大学、教堂不同的思想传播机构，智慧学校不必也不想按照通常认识中的方式开展教学活动，但是为了让感兴

---

① 陈铨：《中国纯文学对于德国文学的影响（续）》，《国立武汉大学文哲季刊》，1935 年第 4 期。

② 梁启超：《欧游心影录》，北京：商务印书馆，2014 年，第 22 页。

③ http://www.schmitt-rousselle.de/maison/erwinRousselle.html，查 询 日 期：2017 年 1 月 10 日。

趣的学员获得凯泽林所宣称的"精神上的自我圆满",不能靠凯泽林一个人的不定期讲座或者阅读他的书目来完成。

鲁雅文对道教研究很深,擅长教学以及教学设计。他为智慧学校设计的几种不同的与学员的互动方式深刻地影响了智慧学校,而且固定了行之有效的课程模式,为智慧学校在欧洲的影响力奠定了基础,吸引了数量众多的拥趸。他同智慧学校的常客荣格以及嘉宾泰戈尔[1]等的跨界合作也很有创新。可以说,凯泽林主外(善交际、有名气),而鲁雅文主内。鲁雅文因何离开达姆施塔特前往北京,其中凯泽林起了何种作用尚不清楚,但是凯泽林对佛教、道教以及中国文化的兴趣和研究驱动是肯定的。

除了凯泽林和鲁雅文、卫礼贤在智慧学校框架下的合作外,必须指出的是,鲁雅文和卫礼贤两人后续在汉学领域仍有着很深的渊源,甚至有同袍之谊[2]。不过不可否认的是,在智慧学校框架下,凯泽林处于绝对的主导地位,黑森大公爵是唯一一位在各方面都能和凯泽林进行平等交流甚至拥有

---

① http://www.schmitt-rousselle.de/philosophia/tagore.html,查询日期:2017年1月10日。

② 参见 Gebhardt, Lisette. "Akademische Arbeit und Asienkult: Wilhelm und Rousselle als Vermittler asiatischer Religion", Wippermann, Dorothea und Georg Ebertshäuser (Hrsg.). *Wege und Kreuzungen der China-Kunde an der J. W. Goethe-Universität*. Frankfurt am Main: IKO Verlag, S. 159-183. 汉学家作为中德跨文化交流中独具特色的群体,不但在德国语境中发挥学术推动作用,在中国也对德语研究有所影响,"德国汉学家在中国大学德文系任教的当然还可以举出一批人,譬如洪涛生(Hundhausen, Vincenz, 1878—1955)、鲁雅文(Rousselle, Er-win, 1890—1949)、卫德明(Wil-helm, Helmut, 1905—1990)等,他们都曾有过长期的留华经验,对于中国文化更是情有所钟,终生事之,习而不倦。如果将辅仁大学这类学校纳入则更多了,如谢礼士(Schier-litz, Ernst, 1902—1940)、鲍润生(Biallas, Franz Xaver, 1878—1936)等都是。"参见叶隽:《作为中国现代大学德文系师资的汉学家——以卫礼贤、艾锷风、傅吾康等为中心(下)》,《中华读书报》,2016年1月20日,第19版。

Ebertshäuser, Georg. "Daoismus und Widerstand im 3. Reich. Überlegungen zur Suspendierung Erwin Rousselles vom Lehrstuhl für Sinologie", Wippermann, Dorothea und Georg Ebertshäuser (Hrsg.). *Wege und Kreuzungen der China-Kunde an der J. W. Goethe-Universität*. Frankfurt am Main: IKO Verlag, S. 185-204.

主导权的人，但是他并不干涉具体的运作和领导，因此并不存在真正的"合作"关系。在与凯泽林共事过的人中，鲁雅文的位置确实是非常重要的，在鲁雅文之后，智慧学校愈发变成凯泽林的个人秀场。而卫礼贤与凯泽林的交往类型并非在"智慧学校"框架下，两人具体交谊参见本书后面的章节。

第五节　和型二元的努力：同作家西默农、泰戈尔与奥坎波的交往

一、法德互通：西默农与凯泽林

西默农（Simenon，Georges，1903—1989）[①]，是出生在比利时列日地区的法语作家。他所创作的梅格雷探长是西方悬疑类小说中的经典形象，凯泽林在二十世纪三十年代后期接触到西默农作品后对西默农十分钦慕。之后便频繁和西默农通信，但是因凯泽林的字迹太难辨认，连西默农本人都不大阅读[②]，不过凯泽林的友善态度以及对他的兴趣让两人的沟通非常顺利。西默农很荣幸能得到凯泽林的关注，并寄给凯泽林自己多卷作品，且受凯泽林邀请至少曾到过达姆施塔特一次。西默农在和凯泽林见面之前曾担心凯泽林对他的兴趣是猎奇的，甚至是把他当做标本研究的。不过两人都乐饮善谈，凯泽林认为西默农的写作风格是一种崭新的带有自我意识的新类型。不少西默农的学者书迷们都认为西默农当时的读者受众是错的，凯泽林也认为其作品有着多数书迷无法意识到的深度。凯泽林认为西默农擅长速写式的写作而不是仔细构划长篇，并认为西默农创造了一种新

---

① https://webcache.googleusercontent.com/search?q = cache：KNySagz9FiwJ：https://de.wikipedia.org/wiki/Georges_Simenon+&cd=2&hl=zh-CN&ct=clnk&gl=de，查询日期：2016 年 12 月 5 日。

② MERCIER，Paul. "La correspondance entre le comte de Keyserling et Georges Simenon 1936-1939", *Traces：Simenon et la biographie：actes du 3ème colloque international qui s'est tenuà Liège les 22，23 et 24 octobre 1992*，5，1993. p. 89-105.

的风格。他在1936年智慧学校的杂志《圆满之路》中对西默农的小说大加赞誉①，凯泽林写的书评中经常提到西默农②。不得不说的是，虽然西默农的创作起点是在报刊上发表笑话和短篇小说（他从1927年开始，以多达18个笔名发表了大量低级趣味的冒险、犯罪、浪漫、性、幽默主题的小说），且后期创作的文学作品均属速成（据西默农自述，曾经在咖啡馆站着半小时完成了一部中篇小说）而不经细细雕琢的侦探作品，但是西默农和法国作家纪德等相识且得到弗朗索瓦·莫利亚克（Mauriac，François，1885—1970，法国作家，1952年诺奖得主）、让·雷诺阿（Renoir，Jean，1894—1979，知名电影导演）、让·谷克多（Cocteau，Jean，1889—1963，法国诗人，小说家，导演）、亨利·米勒（Miller，Henry，1891—1980，美国作家，1930年迁居法国）、桑顿·怀尔德（Wilder，Thornton，1897—1975，美国小说家，剧作家，双普利策奖得主）等文化界名人的推崇。西默农在严肃文学世界是很得到认可的，因为他使人注意到了商业文学和严肃艺术之间的联系。而凯泽林所做的工作也是在大众文化推广和哲学思辨之间建立联系，同时，凯泽林在德法文化交流中一直拥有一席之地，这除了得益于他积极的政治态度之外，与知识精英圈子的相互支持和背书也密不可分。凯泽林多次前往法国进行游历、演说和拜访。他在一战之后对于德法关系的立场也赢得了许多公众的肯定。西默农和凯泽林的交往特征，首先在于，西默农和凯泽林在身份上都属于异文化场域下能融多文化影响于一身、且对于事业和人生有着自己独特想法的知识精英。他们

---

① http://schuledesrades.org/palme/schule/erbe/? Q = 4/7/38/188&QI = 5978，查询日期：2016年12月5日。

② http://www.spiegel.de/spiegel/print/d-45763673.html，查询日期：2016年12月5日；http://schuledesrades.org/palme/schule/erbe/? Q = 4/7/38/188&QI = 7390，查询日期：2016年12月5日；https://www.theparisreview.org/interviews/5020/georges-simenon-the-art-of-fiction-no-9-georges-simenon，查询日期：2016年12月5日。

不属于职业哲学家，但是对于文化建设、大众思维的引导能别出心裁，独树一帜，在各自的领域独领风骚，乃至成为跨界名人。① 这不能不说是最后一个通识学人时代中颇具代表性的两位人物。他们出身于不同的阶级，但是他们的性格却十分类似，都乐于游历，对生活充满热情和探索精神。阶级属性对凯泽林的束缚明显更大，而西默农则更多地享受到了年轻人最为放荡不羁的青春岁月。其次，就两人成年之后的作品、行为来说，他们的思想立场分别代表了欧洲文化的两个文化体——德国和法国。两人的交往和应对无疑可以当做二十世纪上半叶德法知识精英公共交往的典型。甚至可以涵盖彼时的政治、文化、社会大潮流。两个人的地理位移轨迹也多有重合。甚至在差不多的年纪都到过同样的地方。这说明了他们的心理成熟度、见识范围，甚至社交圈子的同步和类似。再次，两人分属文学、哲学领域，对于济世之道、自己的思想和主义如何实施形成了两条表面上分属不同方向但实际上交叉很多的尝试道路。国内对于西默农的研究和评价远远低估他了，而且具有相当明显的时代性（专门的学术研究仅在二十世纪八十年代初期略为展开），其侦探小说作品中只有一小部分在二十世纪八十年代后期被有意识地译介到中国②。而之后则不为大众所知③。原因有可能是西默农并非一位"本分"的作家，他声色犬马、挥金如土，与中国人心目中的作家形象相去甚远。无论作品数量、质量，他都不逊色于阿加莎，而这位在西方文化、文学中处于领航灯位置的西默农，却被局限在不入流的侦探小说家的位置，长时间未得到国内的认可。借助英国广播公司（BBC）在 2016 年和 2017 年翻拍的三部"梅格雷"电影，西默农的作品重新得到了整理翻译，被中国读者所知晓，"整个世界的文化越来越体现出

① http://www.simenon gesellschaft.de/，查询日期：2016 年 12 月 5 日。
② 个人简介：http://www.haodoo.net/? M＝book&P＝14L7，作品中译列表：http://haodoo.net/? M＝hd&P＝mystery，查询日期：2016 年 12 月 5 日。
③ 赵松：《西默农，神一样的存在》，《深圳晚报》，2016 年 7 月 3 日，第 A11 版。

商业化的倾向，阅读，尤其是文学阅读，越来越让位于视听媒体的传播"①，而由文学作品改编的广播电视电影作品，则兼顾两个不同群体的取向。借助视听媒介来传播文学文本，也不能不说是一种曲线策略。可以说，对于西默农的地位认识是从自证、旁证、佐证等不同角度，并随着挖掘材料的深入和时间推移而逐渐全面起来的。而以凯泽林为中心的学术研究视角虽然在一定程度上形成了以凯泽林为主体，其他人不得不成为旁人的定向视角，但是由此揭示的文化圈交谊史实，乃至对与凯泽林同时代的其他人物的认知深度都得到了增强，这是我意料之外的。学术研究的视角，可能限制一个人，也可能赋予一个人新的维度。比如说，我对西默农的认识就是从侦探小说开始的，然后发现他作为侦探小说家得到的好评来源于纪德、凯泽林等纯文学、纯学术领域，这就说明他不仅仅是通俗意义上的一个小说家，而且是具有思想深度的文字创作者，随着对二手文献的查找，进而会发现西默农在西方文化上的地位颇高，甚至远远超过了他所创作的侦探小说的文学意义本身。而凯泽林对他的认可和赞誉，也是在他的巅峰时代引起的追捧热潮中的自然反应。这更加说明，二十世纪上半叶的欧洲知识精英公共交往圈子，既是相互交错的，也是泾渭分明的。

二、哲学和文学的交错：凯泽林与泰戈尔

凯泽林与泰戈尔的相识起源于世界旅行时凯泽林到印度加尔各答拜访泰戈尔，当时是 1912 年，两人年龄相差 19 岁，名声及思想深度同样不可同日而语。按照凯泽林在印度和中国的旅行所得，印度大众无高教育素质，而中国无杰出个体（辜鸿铭是其中例外）。他在印度对与泰戈尔的交流印象深刻，而在中国，则对普通农民的生活状态感到惊异。凯泽林和泰戈尔面对面的交流一共有三次，1912 年在加尔各答泰戈尔家乡，1913 年在伦敦，1921 年在达姆施塔特，两人一直保持着信件往来。1913 年泰戈

① 余中先：《世界文学五十年》，《世界文学》，2003 年第 4 期，第 1 页。

尔获得诺贝尔奖之后，名声远远超过了凯泽林，但两个人对自己的身份定位和使命认识是类似的，如泰戈尔也在家乡建立了印度圣地尼克坦国际大学（Santiniketan University，今称维斯瓦·巴拉蒂大学，即中央大学，Visva-Bharati University），该大学的创立初衷也和泰戈尔本人的教育构想相关，特别是对现实的英国殖民教育的反思。两人出身也类似，泰戈尔家族是婆罗门种姓贵族，同时也是地方的印度教宗教领袖。两人都曾多次旅行，能接触到其他文化并了解到不同文化之间的区别。两人都试图借助自己的名声、身份、能力来影响社会、政治乃至文化，使命感很强。同时，他们都通过自己的讲学、演讲收入来反哺教育机构的运转。两人也都受到阿根廷的女作家奥坎波（Ocampo，Victoria，1890—1979）的大都会文化赞助体系的触动，不但都到访阿根廷和奥坎波有交往，而且也都曾作为荣誉嘉宾深度参与互动。不同点在于：泰戈尔对印度的种姓制度是持批判态度，也不以自己的贵族身份为傲，但是凯泽林认为贵族在大众文化的重塑和社会进步中仍然处于领导地位；两人的性格也南辕北辙。也有人说，泰戈尔是名为文学家的哲学家，而凯泽林是自认为哲学家的社会外交家。从教育改革和实践方面来看，两人都受到俄罗斯文豪列夫·托尔斯泰（Tolstoy，Lev Nikolayevich，1828—1910）所建立的知识农场的影响。受到泰戈尔的影响，凯泽林也视自己为沟通东西方的桥梁，并试图通过汲取两种差异化较大的文明的优点，创造更加具备优势的欧洲文化，在不完全推翻旧有贵族的情况下进行改革。尽管他和同时期的精英教育改革尝试有一定的相似之处，但是凯泽林的智慧学校是以东方智慧为主导、以冥想瑜伽为辅助方法的，这就和同时期其他机构的新古典主义背景区分开了。

泰戈尔1921年访欧主要以巡回讲座为目的。泰戈尔经过斯德哥尔摩、英格兰、柏林，在柏林大学做了题为《森林的消息和印度的灵魂》的讲座，然后受黑森州大公爵路德维希和凯泽林邀请在达姆施塔特待了两周，参加智慧学校的"泰戈尔主题周"活动。凯泽林在泰戈尔到达姆施塔特之前发表了《泰戈尔和德国》一文，且在泰戈尔到访的这两周内承担了翻译职能，在泰戈尔和大批慕名而来的德国观众之间起了良好的沟通作用。1921年6月泰戈尔访德非常轰动，一时成为文化现象并引起热议，其著作销量也猛增，智慧学校正是其访德的重要一站。然而，凯泽林在这次文化盛事中扮演的积极角色让泰戈尔有了些许疑虑，凯泽林一心想让泰戈尔和智慧学校的关系更紧密些，渴望同泰戈尔建立更加密切的学术往来，并对泰戈尔到访达姆施塔特充满信心，他认为可以让泰戈尔在达姆施塔特常驻，而各地的学者都会慕名而来。这种请求有着借泰戈尔名声做智慧学校文章的嫌疑。其实，观察凯泽林同其他学者和作家的交往方式和通信，会发现这与凯泽林直截了当的性格十分相关，而并非出于功利因素。不过泰戈尔没有全盘接受凯泽林的热心，在泰戈尔抵达德国访问达姆施塔特之前，当年的5月份，他回信给凯泽林：

我已经读了您写给博曼继先生和我儿子的信了。我非常感激您的好意——使我不必经受车马劳顿和面见陌生人的考验。但这是我的任务，无法回避。要我节约精力，只在小范围内限制我的这次行程，那我将永远无法原谅我自己。我已经到访过欧洲其他国家，在那些地方我被慷慨地接待，我也积极地配合他们。我从不高估自己的价值，而对于我的同胞们，我唯一能做出声明的，就是我对他们的爱。创造一个特殊的平台让我接受人们的尊敬或者让我在对我有感情的人们面前扮演教师的角色，我的心好像被攥紧了；我恳请您不要（在我到访期间）营造违背我的天性的场合。不过作为一个陌生的访客，我对您和智慧学校的从属们十分钦佩，我理解您的心情，我在德国仅停留小段时间，因此希望每一个我能到达的城市都感受到我一视同仁的态度。我认为小范围限定性挑选地点，挑选聚会或者朋友是不对的，而且即便这样，也需要日久经年的熟识才行。……我不希望（您发的通知）让我羞愧或者有貌似我到德国只到您的机构而忽略了其他地方的内容。我相信您能理解我的顾忌，在我首次来德的情况下搭建和德国民众交往的桥梁而不至于违损我的天性。①

为了自己的真实意愿得到贯彻，他直接草拟了一份通知供凯泽林使用，这份通知确实没有任何夸赞炫耀的成分，谦卑的态度一览无余："智慧学校的泰戈尔活动周将在五号至二十号开展，如您喜爱他的作品，对他的工作感兴趣，即可见到印度诗人泰戈尔，并有机会和他交流。"②

从举办这次文化活动的立意和方法来看，两人是截然不同的，这其中固然有性情差异、领域分属不同、人际传统不同的原因，但更重要的，应该是一个全身心投入国民教育事业的浪漫诗人，和一个力图构建自己的权威和学术小天地的贵族哲学家之间的整体差异。而就泰戈尔的达姆施塔特之行而言，凯泽林自己的记述和印象不可避免带有他的乐观和热情，而泰戈尔的德文著作出版人沃尔夫（Wolff，Kurt，1887—1963）笔下所记录的，则反映了完全不同的场景："泰戈尔和凯泽林之间的个性差异简直不能更大了。泰戈尔的形象构建在他对人的教导和自身身份的统一以及他和谐纯粹的个性的基础上。凯泽林的重要性则以他的聪慧为基础凸显出来，他的（思维）速度太快而无法吸收他人的意见或将（泰戈尔的）话语解释给别人，他的翻译比原说话人更加清晰精确容易理解。泰戈尔，尽管不被称为哲学家，却通过他的态度展示了我们所认为的一个哲学家该有的形象。凯泽林，自诩为哲学家，却在了解他、熟悉他的情绪化和酗酒状况的人面前展示出完全与哲学家相反的印象。和泰戈尔接触过的人应该对他持续的安静和倾听态度印象深刻，而和凯泽林对话则是不太可能的；他压制着他的同伴，不间断的一串串话语让人插不上一句话。因此对于我，以及其他许多在场的人来说，这两位的相见是东西方差异所带来的痛苦磨合的

---

① Tagore, Rabindranath, *Selected Letters of Rabindranath Tagore*（泰戈尔通信选集），Cambridge University Press，1997. pp. 270-271.

② 同上。

例证，让目击者也十分难受。"① 如果沉浸到这份颇带感情色彩的记录中，我们也许永远都无法揭示凯泽林真实的内心世界。他性格上的优点和缺点同样显著，而在学术交往中他的缺点被放大了，而他的贵族身份又让自己忽视了这些缺点。在他逐渐走出欧洲，鲜衣怒马的时候，这个问题也埋下了隐患，这也是凯泽林作为贵族在融入现代知识精英交往圈子时所产生的碰撞。一位泰戈尔研究专家曾撰文对两人的交往做出评价："泰戈尔和凯泽林三度见面，通讯历史保持了二十余年，两人同样有着文化哲学的研究兴趣，对社会环境非常关心，并都开办了学校。他们一方面有着精神高度的交流，另一方面却因不同的背景、性格和沟通方式而产生摩擦。"② 泰戈尔认为凯泽林的性格太武断，最终疏远了他。坎普琴总结说，泰戈尔是印度的精神喉舌，而凯泽林自以为是西方的精神喉舌，但泰戈尔获得的是严肃文学界的认可，一个过于自信，一个总是自我怀疑。凯泽林不但自身反感学院哲学，其书籍往往是在普通民众中获得认可，他既不是诗人，也不是哲学家。两人起初交往时，都认为对方代表了自己所不熟知的文化，也都乐于取长补短。两人都热衷开宗立派，实现自己的理念。在凯泽林的智慧学校成立后不久的 1921 年底，泰戈尔的学校扩大规模，成为国际大学。1934 年凯泽林备受纳粹政权打击时，泰戈尔辗转寄来一幅他自己画的画，复信"信念就如同在暗夜中仍歌唱的鸟"鼓励凯泽林。凯泽林一直视泰戈尔为他终生遇到的唯一一个让他敬畏的人③。凯泽林对于他敬佩的人总是赞誉有加，丝毫不吝惜赞美之词，但是这种直接和热情往往不符合矜持暖

---

① Tagore, Rabindranath. *Selected Letters of Rabindranath Tagore*（泰戈尔通信选集），Cambridge University Press, 1997. p. 271.

② Kämpchen, Martin. "Rabindranath Tagore and Hermann Keyserling: A Difficult Friendship". *Asiatic*, Volume 5, Number 1, June, 2011, http://www.scots-tagore.org/keyserling.

③ Kämpchen, Martin. "Rabindranath Tagore and Hermann Keyserling: A Difficult Friendship". *Asiatic*, Volume 5, Number 1, June, 2011.

昧的学术交际传统。他的朋友没有增加，但是敌人却没有减少。在纳粹掌握政权之后，这种敌对情绪因凯泽林的政治不配合态度愈发扩大，成为打击凯泽林的最大武器。

泰戈尔和凯泽林在其生活的时代都各自面对着其所属的文化体的一些困境，这两位都在文化危机的应对和处理上走在前面，泰戈尔的出身和经历与凯泽林有很多相似之处，比如两人都出身于富裕的贵族阶层，年龄也相差不大，性格中都有双重性。泰戈尔是"一方面是光风霁月，宁静澹泊，慈祥肃穆；但是另一方面确实怒目金刚，剑拔弩张，怒发冲冠。这种情况表现在各方面：表现在文艺创作上，表现在待人接物上"①。凯泽林则是"傲慢无礼"和"内向深沉"两者并存，还有研究者称其为"极端的老练精明诡辩和从容的天真幼稚的奇怪调和物"②。泰戈尔家族有不少学者和艺术家，凯泽林家族也同样门风显赫；泰戈尔家庭既有着印度传统文化积淀，也有西方文化的影响，凯泽林年少时则同时受到俄式教育和日耳曼文化的熏陶；泰戈尔先后在东方学院、师范学院和孟加拉学院就读并前往英国留学，凯泽林也曾辗转于塔尔图大学、日内瓦大学并前往德国、奥地利游学；泰戈尔和凯泽林都曾在自家的庄园生活过一段时间，对故土有着深厚感情；泰戈尔创办了印度圣地尼克坦国际大学（维斯瓦·巴拉蒂大学），凯泽林创建了智慧学校；泰戈尔强调人是思想活动的起点以及"完整的自由"，凯泽林一直在追求"人的内心重组和精神完整性"。两人都是二十世纪上半叶各自国家的知名文化学者，如上文所述，两人有一段长达二十年的交谊。凯泽林在印度的所见所闻以及后期与泰戈尔的相识是一笔珍贵的思想财富。

---

① 季羡林：《泰戈尔与中国——纪念泰戈尔诞生一百周年》，载季羡林：《中印文化关系史论文集》，北京：生活·读书·新知三联书店，1982 年，第 148 页。

② Cooper, George Edward, JR.. *Count Hermann Keyserling and Cultural Decadence: A Response to A Myth*, *1900-1930*, The University of Michigan, Ph. D., 1978. p. 13.

三、触动创作的性灵之交：奥坎波与凯泽林

奥坎波是阿根廷女作家和知识精英代表，出生于布宜诺斯艾利斯富人家庭，博尔赫斯曾评价她是"阿根廷女人的典型"，她是传奇文学杂志《巅峰》（*Sur*）的出版人，是当时最杰出的南美女性，凯泽林在世界旅行之后应她邀请到访阿根廷地区，并和奥坎波结下了深厚友谊。奥坎波在1927年时阅读到了凯泽林的代表作《一个哲学家的旅行日记》以及《新世界的诞生》西班牙语版本。奥坎波在阅读过程中被凯泽林思路中对东方、亚洲、印度智慧的精神揭示所吸引，特别是追寻自我和内在的自由。她认为她感受到了一种"同类"的精神吸引，因此想要结识作者。1927年7月25日她写了一封信给凯泽林，希望邀请凯泽林到阿根廷进行一次讲座旅行。由于种种原因他们的第一次见面不是在阿根廷或者达姆施塔特，而是在1929年的巴黎。奥坎波在巴黎逗留了月余时间，同凯泽林每天热烈讨论《美国，新世界的升起》，奥坎波回忆起凯泽林的长相，是这样描述的："凯泽林四十多岁，身材高大、手掌宽厚、额头很高，眼睛灵活、斜斜地一直闪着警惕的光。鼻子挺拔，像鹰钩那样有弧度而美丽。嘴巴宽而粗糙，厚厚的嘴唇显示着好食欲，吃得香，喝得香。这样一张嘴时刻都要发出震耳欲聋的笑声。上唇蓄着两撇胡子，下唇留着山羊须。为这张俄罗斯-蒙古血统的脸上增添了尊严，一种东方和西方的混合感。他语速非同寻常地快。他周身有一种原始的、玄妙的、扎根世界的、灵性的氛围，他用自己的双眼寻求敏锐而通彻的世界。"[①] 凯泽林在自传性质的哲学散文《穿越时间的旅行》（*Reise Durch Zeit*）中独辟章节谈到他和奥坎波的交往："奥坎波身上有着强大的个性，这种个性中有着自然和精神的最强烈的分离，以及我能想象到的对世间精神追求的最深依恋。就像我离北极很近一样，奥坎波离南极很近，而她在1927年遇到了我的新作品。她用最直接的热情

---

① Kroll，Renate（Hg.）. *Victoria Ocampo-Mein Leben ist mein Werk*，Aufbau Verlag，2010. S. 137，138，149.

汲取着这些：囊括了所有我出版的、以她熟悉的语言出版的书籍。通过我们共同的一个西班牙朋友，她和我取得了联系，并邀请我前往阿根廷，我当时在采尔马特准备去北美的旅行，因此回信说1929年之前不能成行。奥坎波电报回复我说，她等不到1929年。随后就是一连串急切热烈的交往，从远方，未知，渴望，想象彼此，这只会在童话里发生。她最少每周会发给我一封长电报，每天都会写好几封信给我，分享她的情感，好像分享了她的一生。她在散步时常朝着轮船方向，因为可能会带来我的回信。她对一个她未见到的灵魂产生了爱，形象的可信度和西班牙画家格列柯笔下少见的狂喜修女类似。她甚至为我在布宜诺斯艾利斯翻新了她的住宅，她准备好要为这种吸引奉献一生。之后，她对这种感觉解释为偶像崇拜。对我而言，她的精神状态我是不了解的，而甚至因为文字往来，我可能误会了她。很长一段时间内，我只对自己的生活，算得上了如指掌，而不能指引两个人或者多个人的生活。当然，我不认为一个人应该为我而奋斗，把我作为人类所有组成部分的导师、灵魂和精神的连接、世界主导性的声称者。……但是面对这样一种非凡的、代表了'异域'这个词的最丰富内涵的、让人震撼的、却不影响整体形象的独特气质，我没做好接受这种美丽的准备。超越所有外在印象，她第一时间散发出的气息或者我的毛孔渗透出的气息是一种纯粹的精神，是原初的力量和物质。与我遇到的其他重要人物不同，奥坎波体现了大千世界的原始力量，是生物的最深基础，就好像创世纪的第三天。"在两人相见于巴黎之后，凯泽林到访阿根廷时，又有了新的体会，"奥坎波变得不同了，我走了之后，一旦有新的人们进入日常生活，被第一印象和感觉所抓住，咒语就被打破了。所有的狂热都是暂时的，在回忆和现实之间，是遗忘。当我到达布宜诺斯艾利斯时，一个不相识的人接待了我。我只注意到了她的热切仰慕态度，曾经我的灵魂对她意味着一切的人，不见了。她在外面依然是我的好朋友，到处介绍我，事必躬亲，亲自主持我的每一个演讲。没有外人注意到任何异常。但是她已经是主导的女王了，她的力量，她不寻常的勇气和非常规的生活，使她成为南美洲最为瞩目的女性。尽管很多人骂她或者嘲笑她，但是她的现实影响力如此之大，以至于只要给她一点暗示，她想要的一切就会发生。……对于这位女王而言，我现在只不过是众多男人中的一个，是众多仰慕者中的一个，是她曾经感兴趣的一个被赞助人。不得不说，讽刺的是，她所做的一切都在摧毁我着力书写的诗，以及南美的旅行。现在她并不想照顾我，就像照顾其他作家一样。在这个过程中她展示的智慧、机智让我无法保留自己的诗性，奥坎波喜欢偶像崇拜，和她喜欢自己作为偶像是一样的。事实上，在她所属的土地背景下，作为一个自信的统领者，她比我在法国见到时还要美丽得多。但是对我而言，她对我的诗性的破坏是灵魂的一大灾难，当时给已经 49 岁的我带来的冲击比我年轻时候能承受的还要大。其实我已经做好了由奥坎波和我在生命和艺术层次互动的准备。她称之为偶像崇拜的那段时间的交往，我已经将其作为两人交谊的自然和坚固的基础了，我明确地表示了肯定，因为我期望她达到她的巅峰。"[①] 奥坎波自己在回忆时称这段关系为柏拉图式的，凯泽林称和奥坎波的交往在灵魂层面是愉悦的。奥坎波是凯泽林前往南美并写出《南美冥想》的最初灵感和动机，从这个意义上来讲，奥坎波确实是凯泽林的一个缪斯。1929 年凯泽林到访南美，他出版的《南美冥想》一书在西班牙语文化圈引起了热烈反响，其中不可或缺的拥趸就是奥坎波这位出身高贵的文学编辑和作家，而凯泽林在阿根廷读者中也拥有不少重量级读者，如阿根廷作家、外交家艾杜阿尔杜·马耶拉（Mallea，Eduardo，1903—1982）和博尔赫斯（Borges，Jorge Luis，1899—1986）等等。

---

① Keyserling，Hermann Graf. *Reise durch Zeit*，Innsbruck，1948. II Abendteuer der Seele，IX，Victoria Ocampo-Südamerika. Digitale Bibliothek von Schule der Weisheit und Hermann Graf Keyserling.

第六节　资本和知识附型二元：与洛汗王子、黑森大公等旧贵族资助者的合作

奥地利王子洛汗（Rohan，Karl Anton，1898—1975）出身北波西米亚和下奥地利的贵族家庭，布尔什维克的崛起和哈布斯堡王朝的崩溃让他的世界观发生了转变：从一个传统贵族开始向现代知识分子转变。马克思·舍勒和卡尔·施密特（Schmitt，Carl，1888—1985）对他的新世界观有重要影响。自 1921 年开始他在赛博斯（Seipels，Ignaz，1876—1932）和莱德李希（Redlichs，Josef，1869—1936）的支持下建立欧洲精英同盟，抵抗布尔什维克和自由主义对欧洲的影响。由此他于 1922 年在维也纳建立了文化同盟（Kulturbund），尤其注重和法国的联系，1923 年他接着成立了法国委员会，1924 年底由他担任总秘书长在巴黎统筹成立了知识分子联合会（the Fédération internationale des Unions intellectuelles）。在政治态度上洛汗偏向保守主义，霍夫曼斯塔尔（Hofmannsthal，Hugovon，1874—1929）、瓦勒里（Valéry，Paul，1871—1945）、贝克曼（Beckmann，Max，1884—1950）和凯泽林等都参与其中。洛汗不但关注支持凯泽林的智慧学校，而且在文化事业中的态度也与凯泽林类似。他也认为，旧贵族必须承担起在革命冲击下如何以稳妥方式将古老价值观转变为符合时代的新传统的责任。他认为与其挣扎于阶级斗争观点，不如用"统一的欧洲"为目标来提高凝聚力①。受到凯泽林的精神鼓舞和智慧学校建立的影响，洛汗创办了文学政治期刊《欧洲评论》（Europäische Revue）以及文化联盟（Kulturbund）组织。同时，凯泽林鼓励洛汗利用自己的私人社

---

① Rohan，Europa. Streiflichter（Leipzig：Der Neue Geist Verlag，1923）. 转引自 Gusejnova，Dina. *European Elites and Ideas of Empire*，1917-1957，Cambridge University Press，2016. p. 133.

交圈子来研究贵族问题①，这也和凯泽林一直的"文化-贵族"思想一脉相承。因为洛汗王子的贵族社交圈和家族历史十分悠久，凯泽林也能利用洛汗的哈布斯堡贵族的德语社交圈推广自己的思想。凯泽林的愿望是：在这些他认为是欧洲未来领导者的贵族中间发展智慧学校的成员，当然，也包括获得一定限度的经济资助，得到这些贵族对智慧学校的馈赠也是凯泽林的目的之一。自智慧学校开办伊始，凯泽林就和洛汗保持着紧密联系。洛汗作为文化联盟的奥地利分部负责人，一直致力于通过出版业和其他文化活动推进欧洲的和平，凯泽林早期的哲学导师柏格森和张伯伦也都与此相关。

贵族阶层中对凯泽林帮助最大的是原黑森大公路德维希，不论是洛汗还是路德维希，都在资本层面给予了凯泽林极大支持。凯泽林是这样评价路德维希大公对智慧学校的作用的："路德维希大公以其生动的形象活跃了我们的会议、大会等，从而给我们带来了新的动力。……或以他特有的态度，将旺盛的接受能力和痛苦的清晰理解结合起来……他从自己的生命深处向世界发出振动，其寿命和远距离的影响是不可估量的……他比这个国家的任何人都更能理解我对传统上所珍视的一切的结束所带来的巨大悲痛和我在德国定居的困难，他总是无条件地忠诚于我们。"② 可以说，资本层面的附型二元与知识层面的附型二元同样引人注目，路德维希本人作为艺术家不但以资金、土地和生活空间来支援其他艺术家的创作③，而且本人也在音乐方面颇有成果，洛汗则主要借助凯泽林的影响力来实现自己的文化和政治主张。因此形成了资本和知识层面的两种"翻转"附型二元，

---

① 凯泽林写给洛汗王子的信，1927.07.14.，见 Keyserling Nachlass，Darmstadt.

② Keyserling，Weg zur vollendung，Heft 27，S. 14-16. Gahlings，Ute. *Hermann Graf Keyserling Ein Lebensbild*，Darmstadt：Justus von Liebig Verlag，1996，S. 260.

③ 陆大鹏：《德意志贵族：一个群体的生活、历史与命运》，上海：上海人民出版社，2022年，第481页。

凯泽林凭借其知识生产能力和思想，在知识层面获得了绝对的主动权，如郑永年对"知识就是权力"的解读，认为依附型知识分子没有权力，因为他们"要不依附权力，要不依附利益"①，因此无法与强大的政治体制、经济资本形成较为平等的"竞型二元"，更不要提居于上方的"附型二元"，而仅能处于劣势，依附其他主体，而凯泽林在一定程度上践行了"知识本来就是力量和权力"② 的有效性。

当然，这也与德国历史发展过程中形成的比较成熟的"政治＋人文"的资助传统有关，从莱辛到歌德再到席勒，不论是剧院这种实体文化空间的兴建还是戏剧这种文化传承的载体，又或者是学者本人的自由，都与实力雄厚的贵族（甚至王庭）的金援密不可分。这种资本附型和知识附型的合作，或许也可称之为另类的"和型二元"。

他依靠洛汗王子而结识的贵族们还有：洛汗王子的哥哥（Prince Alain），以及古老的波西米亚地区哈布斯堡家族的厄尔文伯爵（Nostitz，Count Erwein）、瓦尔德斯坦伯爵（Waldstein，Count Karl）、金斯利伯爵（Kinsky，Count Feri）、施瓦岑伯格伯爵夫人（Schwarzenberg，CountessIda）、谷登霍温伯爵（Coudenhove，Count）、参议员列登布尔伯爵（Ledebur，Senotor Count Eugen）。凯泽林和贵族们的亲近态度与他自身的家世出身有关，最重要的是，与他接触的贵族都是属于对文化投资感兴趣的贵族精英。凯泽林逐渐形成了比较成熟的"文化-贵族"思想，这种思想不仅把文化进步和社会改革同贵族联系起来，在三十年代，还逐渐发展成为"文化-贵族-政治"思想。凯泽林提出，虽然欧洲各国文化有所不同，政治体制也不尽一致，但是各国均迫切地需要贵族领导下的政治革新，凯泽林对于"贵族-政治"的这种执念应该来源于十月革命时期他的故国被革

---

① 郑永年：《郑永年论中国：中国的知识重建》，北京：东方出版社，2018 年，第 86 页。

② 同上，第 92 页。

命浪潮波及而导致激进的平民革命党夺走了他的庄园财产并迫使他流亡德国的经历。因此在政治改革的观点上凯泽林还是属于保守派的，他认为由新派贵族领导的政治改革能够对文化社会形成更好的保护，延续文化传统等。凯泽林领导的智慧学校在这个构想里也承担了教化旧式贵族的任务，也是新的贵族领导文化发展的构思之重要组成部分。

第七节　公共交往的企图：知识精英的大联合

凯泽林在世界范围内同知识精英以及王公贵族的公共交往不但是他发展智慧学校，扩大影响力的必要手段，也是为其哲学思想和创作提供大量素材和灵感的必要支撑。可以说，凯泽林在公共交往中始终保有"全球化的"意识，这一方面指的是地域、种族、阶层的范围，一方面又涉及各个社会权力空间内外的沟通和旅行。这种意识自然与凯泽林青年时期的欧洲游学、世界旅行相关，其对于地球的认知是"全息"的，也是跨空间的。借助于与各个文化域内的精英人士的联系，他实际上确实达到了"全球意识"和"跨族群"的世界公民意识。他们组成的知识分子群体在二十世纪的欧洲起到了非常重要的文化凝聚力作用，但不可避免的是，在政治形势骤变的时刻，这个本该承担更多责任和任务，应在社会中扮演核心角色的知识分子群体却因各自对立的政治态度和社会身份的差异而分散、流亡、销声匿迹了。尤其是在被凯泽林视作第二故乡的德国，旧贵族们在纳粹崛起的时代缺乏明确理智的行为指引，有些甚至成为纳粹上台的拥趸和残害民众的帮凶，智慧学校的冥想与对谈显然没能敌过更加具有攻击性和侵入性的民族主义。从表面上看，智慧学校失败了，但是其是否留下了值得我们注意的财富呢？从学者办学的历史上看，凯泽林所办智慧学校是面向社会大众阶层的，它不属于基础教育或者高等教育，而更像是一种个人私学：与朱熹晚年在福建建阳定居办书院讲学类似。其发展和斡旋空间往往与政治体制的强弱反相关，其影响力取决于私学在政治、资本上的受限程度，资金充足而又不受政治管辖，则几乎可以泛游于世界，正如凯泽林在魏玛时期至纳粹之前一样。因而，对凯泽林的智慧学校的观察应该是以知识生产为中心的，将知识和政治的二元对立作为中心则是舍本逐末，将智慧学校流散的原因归结于政治专权也过于偷懒，政治、资本，以及其他圈层都应成为透视智慧学校的光谱，本章的目的即是对凯泽林的交际模式变化以及形成的侨易二元类型进行梳理，凯泽林的活动轨迹绝非零散的，而是在全面的、有体系的制度组成和机构保障下进行的由链条发展到网状的交流模式。本章提到的其他领域精英不论是从行业角度、国别角度还是阶层角度，都能在世界范围形成一个本圈层的完整的交际网络，他（她）们还对应了凯泽林的创作成果（如荣格与《起源之书》、奥坎波与《南美冥想》等）和思想体系中的重要侨易节点（如泰戈尔对应了印度，西默农对应了法国），在此基础上观察到的各类型的侨易二元关系也为我们揭示了知识精英个体在制度层面所能达到的高度（并非指参与政治体制的官职或就任校长，当然如蔡元培-北大、马君武-广西大学、陈嘉庚-厦大都体现了学人-官学的良性二元，而是指在知识生产的制度层面的"结构"中度创新与实际操作层面的微观推进），由此，凯泽林及以他为中心的多种侨易二元类型成为智慧学校立足知识生产场域的"关系"保障和脉络支撑。如一篇悼文（Nachruf）写道："试图描述他的本性就像描述一团活生生的火一样困难，虽然它永远是一样的，但它的形式和颜色在不断变化，它燃烧一个，温暖另一个，照亮第三个。更加困难的是：当人们见到凯泽林伯爵时，总是不由自主地想到，自己不仅看到和听到了一个伟大的人，而且是一个属于与自己所知道的种族和民族完全不同类型的人。"[1] 同时，值得玩

---

[1] Eschmann, Ernst Wilhelm. "Wer war Keyserling?", *Graf Hermann Keyserling, ein Gedächtnisbuch*, Hrsg. Von Keyserling Archiv Innsbruck-Mühlau, Innsbruck：Margarete Friedrich Rohrer Verlag，1948，S. 66.

味的是，凯泽林身处德国，但与德国的同时代作家精英却没有渗入腠理的积极交往，反而是法国、意大利、西班牙等国家的作家和知识分子热烈欢迎凯泽林来访甚至常驻，这是否也说明这片"哲学家和诗人的土地"并没有完全接纳凯泽林呢？

第六章

知识的社会生产模式创变
——"智慧学校"的组织与活动

第一节　教育场域及知识生产的历史变迁

提及教育场域，必须要考虑教育机构在社会中扮演的角色和发挥的教育功能，大学是教育机构中最重要的一个种类，也是现代社会的知识生产最重要的一个部门和环节，不论是从学者治学、讲学的角度看，还是从学生掌握专门知识、获得教育凭证的角度看。而更广义的教育场域应该包括所有涉及知识生产的各方角色个体、机构组织乃至制度规定。当然，具体的组织形态有痕迹可追踪，制度史就要显得短很多，而学者思想传承脉络也有思想史可供追溯。那么以凯泽林和智慧学校为参照物，至少可以对照如教会、大学乃至研究所等"永久性知识结构组织形态"① 的历史发展，以及其中包含的"组织性教育"方法，如课程、学科、学位等知识生产的具体环节设置。凯泽林的智慧学校是非官方的、私人主导的社会教育机构。在十二世纪末，大学诞生之后逐渐发展，到中世纪时已经和教会这一

---

① ［美］哈斯金斯：《大学的兴起》，王建妮译，上海：上海人民出版社，2007年，第1页。

欧洲最古老的教育机构以及王室并列为三大权力机构①。这种分割体现了宗教神权、贵族政权和城市经济发展背后的未来市民权力的分立。大学同市民社会的渊源可从大学最早是由"行会制度"这种市民社会的典型制度来管理的历史看出。而早期的大学"多源于修道院和教会学校……主要功能就是讲授神学，培养神职人员。在中世纪，教育的目标只能是按照教会的宗教教义去引导青年一代"。甚至在生活方式上也要和教会一致②："如果我们注意观察中世纪的教育体系，就可看到教会里流行的追求永生和信仰超现实的宗教思想，在教育中已形成两大明显的特点。第一，有关全社会的一般道德与文化交域，其中包括青年教育在内，无不具有宗教和教会的性质；它是由教会举办的和为教会服务的，非为今世而为永生的教育。第二，只有僧侣具有享受专业教育的机会，公共的道德与文化教育机构全是专为僧侣设置的。寺院僧侣和非寺院僧侣所进行的和所接受的教育，是在教会主办的教育机构所进行的唯一的专业教育。世俗群众从来没有为自己特设的学校；直到中世纪末期，这类学校才开始设立。在此以前，一般群众只有仰赖僧侣学校的眷顾，作为僧侣学校的'客人'，去接受僧侣所规定的有关教义和教规的课程和培训。"③

　　洪堡改革之前，德国的大学始终在贵族势力和教会势力之间寻求生存可能，这一方面与封建社会的统治阶层和市民阶层的不强盛有关，另一方面与工业革命之前宗教的地位始终高于科学并在社会中占有较为首要的位

---

① 林纯洁：《德意志之鹰：纹章中的德国史》，杭州：浙江大学出版社，2016 年，第 211 页。

② ［德］弗·鲍尔生著：《德国教育史》，滕大春、滕大生译，北京：人民教育出版社，1986 年，第 1、18 页。Paulsen, Friedrich. *Geschichte des gelehrten Unterrichts auf den deutschen Schulen und Universitäten vom Ausgang des Mittelalters bis zur Gegenwart: Mit besonderer Rücksicht auf den klassischen Unterricht*. Leipzig: Veit, 1885. https://www.digitale-sammlungen.de/de/view/bsb11167875?page=8.

③ ［德］弗·鲍尔生著：《德国教育史》，滕大春、滕大生译，北京：人民教育出版社，1986 年，第 2 页。

置有关。十八世纪哥廷根大学的办学者认为"大学必须通过吸收一批显要人物和外国学生，才能给国家带来财富并支持大学的开支。……不希望削减教会的权利"①，特别是十八世纪中叶第一次大学改革运动的成功是以三所新教大学（哈勒、哥廷根、埃朗根）的兴盛为结果的，这也说明了宗教改革和世俗化过程始终与大学教育的发展相伴相生，早在十六世纪马丁·路德宗教改革时代，就已经出现了教会大学的世俗教育改革，如梅兰克顿（Melanchthon，Philippe，1497—1560）。这一阶段的大学改革，使大学从教会的控制中逐渐独立出来；而十九世纪的洪堡改革，又使大学从贵族和国家的控制中独立出来②。所以大学改革的历史，既是发展史，也是独立史。

洪堡主导的德国大学教育改革之后，欧洲同时代的大学基本上都仿照柏林大学开始改革，之后甚至对美国和中国的大学改革产生巨大影响，比如"爱因斯坦虽毕业于瑞士苏黎世大学，但这所大学却完全是按'柏林大学模式'建立起来的"③。而蔡元培主导的北大改革背后的德国因素更是众所周知的事情。在洪堡之前，德国的教育机构主要分为教会学校和各地诸侯资助的大学。十九世纪初（1810年）洪堡对大学的改革较之前的大学教育主要有两点创新："研究教学的统一和学术自由。"④

经过一个世纪的发展，这种理念已经成为成功大学的主流观念⑤。到

---

① 徐昭恒、王琪：《走进世界名校：德国》，上海：上海交通大学出版社，2014年，第17页。

② "独立于国家的政府管理系统，即独立于一切国家的组织形式。"参见徐昭恒、王琪：《走进世界名校：德国》，上海：上海交通大学出版社，2014年，第26页。

③ 李工真：《大学现代化之路》，北京：商务印书馆，2013年，第83页。

④ Vgl. H. Schnädelbach. *Philosophie in Deutschland*，*1831-1933*，Frankfurt am Main，1983，S. 36. Molendijk，Arie L.，*Aus dem Dunklen ins Helle：Wissenschaft und Theologie im Denken von Heinrich Scholz：mit unveröffentlichten Thesenreihen von Heinrich Scholz und Karl Barth*，Rodopi，1991，S. 81.

⑤ Rothblatt，Sheldon，Bjorn Wittrock. *The European and American University Since 1800*，Cambridge University Press，1993，S. 117.

二十世纪初，这种新式大学已经成为研究人才和教育家的主要输出源，这对社会科学和哲学研究领域有着深远影响：学院派哲学成为绝对的权威，仅是柏林洪堡大学中，就出现了费希特、施莱尔马赫、黑格尔、叔本华、谢林等知名思想家，而大学培养的人才也在各传统领域和新兴学科中扮演了重要的角色，这就全面奠定了大学在社会转型、社会进步中的重要角色和根本意义。因此，教会教育的关键地位和贵族的资助地位被不断削弱，使这部分从前的沙龙文化中心和曾经的主流人物被不断边缘化，这也就间接影响了地理意义上的文化中心的转移。在现代社会转型过程中这种类型的文化和教育的衰微在所难免，但这不意味着不能另辟蹊径，在接受了现代教育的传统贵族的努力下，或可以在教育路径上对学院派教育体制有所突破。因为他们意识到"德国的稳定的大学教育制度，又使哲学继续像经验哲学那样，保留其严格的教条形式，不利于哲学在学院之外的自由创造"①。而直到十六世纪之前，各类教学机构如僧侣学校、大学等的教学内容无不依据"经典"，即固定的文本（课本）如宗教文本《圣经》，文哲方面以亚里士多德文本为典范，教师的职责是朗诵和理解这些文本，无须开辟自己的理念和思想，而课本的改革在德国也是从南部各大城市开始的②，而其带给教师职责和教育目标的改变，以 1508 年起在魏丁堡大学（即维腾堡大学，University of Wittenburg）任职的马丁·路德（Luther，Martin，1483—1546）为例即可得到证明，他还写了《教义问答》，说明其以"教师"身份分享了阐释经典的权力：教师授课不再限于经典宗教文本，而得到了一定的授课自由，虽然这种自由也是受资助大学的宫廷贵族允许的，当然教育目标也与中世纪时期有所不同。接下来才出现了十六世纪三十年

---

① ［法］高宣扬：《德国哲学通史·第一卷》，上海：同济大学出版社，2007 年，第 53 页。

② ［德］弗·鲍尔生著：《德国教育史》，滕大春、滕大生译，北京：人民教育出版社，1986 年，第 35 页。

代的第一次大学改革——即宗教改革加人文主义的产物。黑森州的法兰克福的大学也在此间进行了改革。当然，除了高等教育之外，十六世纪的中等教育也出现了改革和变化（表 6-1）：

表 6-1　十六世纪新教地区的中等教育分类表①

学校类别	资助者	机构特色	教学内容和方法	代表学校
城市学校 Stadt-Schulen	市政议会（僧侣协助）	由城市建立，市政议会管理，传教士任校长	语文（拉丁语、希腊语、希伯来语等）和宗教教育（圣经《新约》、《使徒信经》、《主祷文》、《圣训》），基础的人文学科基础知识等。尤其是马丁·路德所写的《教义问答》进入课堂	
邦立学校 Staats-Schulen （地区学校 Landes-Schulen 或寺院学校 Kloster-Schulen）	地区公爵	由地区行政当局建立，地区政府负责，目标是培养服务社会的人才		萨克森公爵莫里茨（Maurice, 1521—1553）在 1543 年建立的 Pforta, Meissen, Grimma 三所学校 符腾堡 1559 年的寺院学校

总而言之，"在中世纪，一切教与学都要在教育机构中按政府批准的

---

① ［德］弗·鲍尔生著：《德国教育史》，滕大春、滕大生译，北京：人民教育出版社，1986 年，第 44—45 页。

方法进行，除此之外就再没有教与学了"①。而凯泽林所进行哲学实践的基地"智慧学校"，虽然是在公爵的资助下开辟的，但是却并不是教育史上的倒退或者对学术自由及自主科学研究的逆施，而是在主流教育界逐渐画地为牢的情况下对教育权力固定框架的突破：一方面在框架上试图挑战权威教育机构的组织和教学思想，另一方面在内容上摒弃"经典"，不传授"知识"，而是传授"理解"的能力，催生"智慧"，最后还能为凯泽林的文化构想和社会实践提供实验基地。凯泽林所仰仗的资助来自于前黑森大公路德维希，所在地为达姆施塔特，所在州为黑森州，这一地区的教育源头最早可追溯到中世纪前期（大概七世纪）由宾尼迪克特教团（Benedictines）在黑森亚（Hessia）所建的僧院②，"僧院学校本来是专为培养未来的修道士而建立的；但是后来一些不准备作修道士的儿童也被允许入校学习"③，因此在中世纪，世俗君主的教育事业完全仰仗于僧侣势力，如查理曼大帝的宫廷学校的师资主要来自于教会，教育动机和目的一方面是为了理解《圣经》，通晓神谕，另一方面则是为了提高帝国境内行政管理人员的素质④。而教育事业与帝国统治相辅相成：一方面将考试成绩与僧侣司祭职位挂钩，一方面将学习内容指定为符合帝国人才需求的能力，这样就在政治权力的引导和强制下，实现了知识内容（符合帝国利益的）的制度化传播，而知识的承继形成一定课程体系，考试形成了固定制度后，又加强了学习知识内容（符合帝国利益的）的权威性，稳定了帝国的统治。"政治"场域和"教育"场域的知识生产循环过程就这样形成了。在漫长的邦国分裂历史阶段，这样的场域融合模式不但成为保障知识传承和传播

---

① ［德］弗·鲍尔生著：《德国教育史》，滕大春、滕大生译，北京：人民教育出版社，1986年，第62页。
② 同上，第6页。
③ 同上，第6页。
④ 同上，第7—8页。

的必要因素，也成为邦国统治者维续世俗统治，培养忠诚于自己的军官、法官、文官的必要手段："所有这些规定与其说是教育行政的组成部分，不如说是国王统治教会与国家政治体制的组成部分。……同时也表示出当权者想利用它们作为约制人民的手段。"① 提倡人文教育也成为邦国扩大和自保的主要策略和思想。德国历史上文学艺术的大发展总离不开艺术家和文学家背后的资助人，同时，不论是大学的兴起还是邦国对文化艺术事业的资助都离不开人类的求知欲（不论是人文主义时期的文艺复兴还是启蒙运动，总体体现的是人的求知欲的发展，在发展过程中受到神权限制或科学低下的阻止而产生斗争），"实际上，大学的兴起完全是大量教徒和群众渴望求知所促成的"②，"当时人们强烈探索知识的欲望促使新科学诞生了"③。更为重要的是，其对知识的追求迎合了人们的求知欲，得到了独立于教会存在的社会基础，"教育机构逐渐摆脱了教会的控制……学术和学者在社会上已得到一定独立性和受到一定的重视"④。这也就增强了世俗政权争取教育机构的动机，对于那些没有形成民族国家统一政权的地区尤为如此，"特别是德意志世俗政权，通过筹建和资助大学，开始获得了文化和学术机构的一些控制权"⑤。而正是受益于科学的发展，世俗政权不但排除了神权统治的合理性，而且增强了对现世人民统治的欲望，这也促使这种对教育机构和文化先驱及精英（如哲学家、戏剧家、诗人等）的投资风尚延续下来。同时，受到三十年战争波及最严重的德国也出现了社会和教育上的变化："依附于宫廷和政府机关的贵族逐渐把他们统治下的值得掌握的军事和政治职位，通通给垄断起来，享有地方特权的大地主又把农民

---

① ［德］弗·鲍尔生著：《德国教育史》，滕大春、滕大生译，北京：人民教育出版社，1986 年，第 9 页。

② 同上，第 10 页。

③ 同上，第 13 页。

④ 同上，第 21 页。

⑤ 同上，第 22 页。

降低到农奴和都市贫民一样的完全无足轻重的地位，至少使他们在经济上和社会上处于绝对的附庸地位。从此，整个社会生活都以新府邸为重心。柏林、汉诺威、德莱斯顿（Dresden）、卡赛尔（Cassel）、达姆施塔特（Darmstadt）、卡尔史儒（Carlsruhe）、司徒伽特（Stuttgart）、慕尼黑和维也纳等地的宫廷，不仅是政治生活中心，也是文化生活中心。"① 这里所讲的"新府邸"即各公国的宫廷所在地，由此，贵族引领的文化资助习惯成为德国文化发展的惯例阶段。凯泽林所停留的达姆施塔特也是其中一座重要的文化城市，尤其在二十世纪成为地区性的文化中心之一，而且这一时代的求知欲与之前不同，普通大众追求的不再是对未知世界自然层面的探险考察和剖析，而是转向内心，希望能究极表里，探索认识理解事物的方法，解决面对世界发生的精神层面的困惑和不安。与此相关的对教育的影响则体现在教育理想的更新和改变，即以"现代知识为目标的现代宫廷教育理想"②，重视现世主义和自由思想。

因此，基本可以将凯泽林所实践的知识传播和思想实践视为欧洲每隔百年左右就出现的知识生产和传播范式之变中的重要一环，不论是从个人和机构之间的场域互动，还是从个人在知识空间内的交往来看，凯泽林及其智慧学校都是极为重要的时代指征，是思想史在制度和文化现象层面的重要表征。

从 1870 年到第一次世界大战期间，德国的教育制度发生了很大转变，尤其体现在世俗国家机器取代了教会成为教育机构的最主要提供者，而由于德国各地突出的地方特色，在教育系统内也没有一个统一的规定。但基本上十九世纪以后的学校教育都会将"民族身份""国家认同"作为一种基本的价值背景输出。而凯泽林自身所处的"文化交域"背景与德国不

---

① 此处部分地名译法遵原译文，未按现通行叫法。［德］弗·鲍尔生著：《德国教育史》，滕大春、滕大生译，北京：人民教育出版社，1986 年，第 67 页。

② 同上，第 69 页。

同，其资助者路德维希大公爵的"英国血缘"和"俄国亲缘"关系匪浅，也并不限制智慧学校作为"德国"知识分子群体的特征。因此，其知识生产的模式和路径是比较自由的，目的并不在于增强国家的巩固和对社会的控制，相反，因为不受到党派政治和权力冲突的影响，可以在组织活动时更好地激发公民的政治参与、文化融合以及对国家事务的评判和反思。这也是与教会教育时期最大的不同点。接受教育传递知识的客体的主体性增强，对于政治、经济等价值观问题有主观的诉求，尤其体现在强制性的初级教育（儿童教育）之外，即高等学校、大学以及中产和高层阶级的教育自主性。而基础教育制度当中的学校分类也尤其体现出社会阶层结构在教育系统和知识领域的影响：实科高中（Realschule）的毕业生主要在私营部门、行政部门和军队工作；文理中学作为一个精英教育机构，培养的是受过教育的资产阶级，他们还在政治和商业领域占据了领导地位。这里的教育系统和社会结构之间形成了紧密的联系，而凯泽林及其智慧学校所面对的是学校教育之外的上层知识精英，这一方面回避了这种社会不平等，另一方面开放的会员制度也希望打破阶级结构，实现知识的跨阶层生产。而随着魏玛共和国后期经济危机的加重、纳粹党的崛起，阶层的分化、贫富差距以及社会矛盾逐渐凸显，智慧学校的生存空间不断被挤压。

随着印刷术的成熟发展和书业行会的发展，出版业日益参与到了文化知识的生产上游和知识传播链条当中，事实上，魏玛时期的出版业发展与文化事业的蓬勃形成了良性互动。黑塞曾经做过书店学徒的经历对其出版作品多有助益[1]。凯泽林在达姆施塔特的事业也有赖于莱西尔出版社的支持。而在凯泽林抵达达姆施塔特之前一年，路德维希大公爵就邀请到了莱西尔将他的出版社搬到达姆施塔特，这也体现了出版业之于文化传播发展的基础性推动作用。从1920年到1930年，智慧学校的建立和兴旺发展过

---

① 参见［法］弗朗索瓦·马修：《黑塞传：以诗为生》，金霁雯、李琦、张苏婧译，上海：上海文艺出版社，2017年。

程恰与历史上的魏玛文化时代重合，这与此时的知识生产大环境中上游出版业的扩大以及下游民众的求知热情是分不开的，而民众对成名作者或好作品的追逐又推动出版商与作者深度合作。

实际上，魏玛时代的出版商似乎对于投资未成名的作者有一种共识，比如提前支付稿费预约作品，或者干脆提供一笔资金，供作者自由使用，只为其一朝成名不忘香火情分，仍与出版商维持合作；投资能否得到回报就极大地取决于出版商的艺术品位、文学鉴赏力和投资眼光了。比如出版商库特·沃尔夫（Wolff，Kurt，1887—1963）和卡夫卡之间的资助模式：出版商沃尔夫资助不止一个作家[①]，卡夫卡当时也只是其中之一，其作品从销量上看非常不乐观：价格为 2.50 马克的《沉思》（Betrachtung）一书，从 1917 年 7 月 1 日至 1918 年 6 月 30 日正好卖出了 69 本。尽管如此，沃尔夫还是给卡夫卡写了一封鼓励信，并继续资助他，即便卡夫卡在四年里仍无畅销书，沃尔夫坚持认为德国的读者群最终会发现卡夫卡的文学价值。[②]

而进入二十世纪二十年代，通货膨胀影响下的作者、艺术家或者所有知识工作者（geistiger Arbeiter）的处境都不乐观："纸张的价格已经上涨到如此巨大的程度，以至于图书出版商不再有经济能力进行试验，最重要的是，无法支付慷慨的费用。杂志和报纸也被迫大幅降低收费。许多作者

---

① 还有卡夫卡的友人 Max Brod 和 Felix Weltsch，以及 Lou Andreas-Salomé，Boris Pasternak，Günter Grass，Robert Musil，Paul Valéry，Julian Green，Lampedusa，Anne Morrow Lindbergh 等。沃尔夫鼎盛时期执掌七家出版社，1941 年因犹太血统移民美国，次年即创立著名的万神书局（Pantheon Books）。参见 Kurt Wolff. *A Portrait in Essays and Letters*，trans. Deborah Lucas Schneider，University Of Chicago Press，1991，https://www.immigrantentrepreneurship.org/entries/kurt-and-helen-wolff/，https://lithub.com/how-kurt-wolff-transformed-pantheon-into-a-20th-century-publishing-powerhouse/，查询日期：2023 年 1 月 18 日。

② Daweke，Klaus. *Die Mission des Mäzens：Zur öffentlichen und privaten Förderung der Künste*. Opladen：Leske und Budrich，1986，S. 143-144.

因此失去了一个重要的收入来源。"① 因此，获得更稳定的资助和庇护就显得非常重要了，尤其对于"外来户"凯泽林而言，这时凯泽林的人脉就发挥了巨大作用。

第二节　智慧学校的主旨使命和制度构念

从 Weisheit Schule（或 Die Schule der Weisheit）这个名称中，颇可见识凯泽林的雄心壮志，这座学校是由智者开办并致力于传播智慧与知识的。Weiser② 和 Wissen③ 以及 weise 和 wissen 等词汇的多义性赋予这个机构的名称以深厚的内涵（Weisheit④）。虽然名称为"学校"，但在智慧学校的简介中是这样呈现其定位的："一个精神的中心、思想的燃烧点，不是教学机构。"⑤ 而至于一个更加专门化的"智慧分享组织"自由哲学协会，其德语词汇为 Gesellschaft für Freie Philosophie。凯泽林以往以及之后在主流哲学界始终蒙受忽视和轻慢，因为凯泽林始终距离学院派的哲学规训和教导方法很远，而自由哲学则是凯泽林发明的对哲学思想进行新统筹的一个概念。他不把哲学视作延续着哲学史路径发展的思辨脉络，而是将哲学视为一种普遍智慧，换句话说，他认为凡是智慧、知识，都在哲学的范

---

① Daweke，Klaus. Die Mission des Mäzens：*Zur öffentlichen und privaten Förderung der Künste*. Opladen：Leske und Budrich，1986，S. 95.

② Mensch mit hoher（sozialer）Kompetenz oder großem Sachverstand.

③ Kenntnis und Verständnis von Fakten，Wahrheiten und Informationen.

④ Auf Erfahrungen und umfassendem Wissen beruhende tiefe Einsicht in Lebenszusammenhänge. https://de. wiktionary. org/wiki/Weishei，查询日期：2016 年 12 月 1 日。

⑤ "智慧学校是一个精神中心和精神焦点。它不是一个教学机构。它没有固定的方案。它也不是一个专属社区的家园。它的符号不是封闭的圆，而是开放的角。它的意义、风格和特殊节奏是由它的创始人和董事赫尔曼·凯泽林伯爵的个性所赋予的。""Die Schule der Weisheit" Keyserling Nachlass，Darmstadt.

畴之内，也就是所谓的自由哲学。这里的思想交锋不对应哲学派别的划分和指摘，这里的思想财富统统作为智慧的一部分被记录和传播。凯泽林最初将按照自己的意愿并借助达姆施塔特这个地理靠山成立的自由哲学协会称之为"哲学家聚居地"。这不禁让人想到美国——这个在凯泽林笔下被当做欧洲文化的新起点和新希望的地方——最开始也是殖民地，也许凯泽林也是抱着一样的憧憬。所以按照凯泽林的设想，自由哲学协会将成为所有不容于主流哲学界的哲学家的托身之所，也是那些并非将自己定义为哲学家、但是却有着值得分享的智慧的人的思想出口。西方哲学史以及生命哲学中很少有凯泽林的一席之地，虽然生命哲学流派中的柏格森和狄尔泰等人与凯泽林有过联系，或者也将凯泽林的思想算为生命哲学的一个较远分支。但如此归类略显牵强。实际上，凯泽林所代表的这样一条曾经产生广泛的世界影响的自由哲学路径或许有机会继续，并成为现代社会的一种文化倾向。如他对智慧学校的基本信念（die Grundüberzeugungen）的阐述："第一，在这个世界的转折点，救赎不会通过新的信仰来实现，而是来自更深的知识。这与人类心理结构的改变有关。第二，所需的是理解，而不是知识。一个人可以知道一切，但可能什么都不理解。当然，知识是必需的；……智慧学校旨在将单纯的认识者转变为理解者。第三，相对于教育而言，智慧学校是一个灵感的中心。第四，活生生的个体总是更重要。从启蒙运动到最近盛行的思想时期的最大错误是，它将'抽象的人'的构建置于活生生的个体之人之上。第五，在深化和更新中，一切都取决于态度（见解）。精神内容意味着什么，完全取决于如何理解它，以及以何种关系来体验它。第六，智慧学派所倡导的在多大程度上是智慧的？每一个活生生的精神都会给它所使用的词语赋予新的意义。与抽象的知识相比，（智慧学校）所理解的智慧是整个活生生的人的正确态度，而不是别的什么。"①

从凯泽林的论述中可以看出，智慧学校的使命是增进个人对外部世界的认知和理解，而且在对个体的沟通上并不制定过于死板的条框，即一对多的授课很少，而一对一的谈话较多，他甚至不希望以自己的理解成果作为认知标准传递给成员——而这恰恰是启蒙时代以来的学院派的哲学训练所崇尚的。所以，从学人办学的角度和哲人办学的角度来比较凯泽林和历史上其他的老师（Lehrer），比如十八世纪中叶启蒙运动时期跟随沃尔夫的学生（被称为 Wolffianer）几乎占据了德国大学的所有哲学教席，还有创立了德国美学的马丁·克努岑（Knutzen，Martin，1713—1751），他也是亚历山大·戈特利布·鲍姆加登（Baumgarten，Alexander Gottlieb，1714—1762）和伊曼纽尔·康德（Kant，Immanuel，1724—1804）的老师。这展示了德国思想史乃至哲学知识生产过程中的清晰链条。② 在分析一种思想产生的原因时，不论采取哪一种文化理论，总要考虑本体的自我意识与他者之间的互动，进而互为主体性。尤其是学人代际关系的延展，而同时代学人的相互交往也可成为新思想"创化"的园地，或可称为知识的"侨易"。凯泽林的理想活动模式就是要"创化智慧"，智慧学校的这种主旨构想也直接影响了相关活动的种类和模式。

第三节　智慧学校的资本来源

虽然凯泽林和他的资助者、出版社支持者并非籍籍无名之辈，但在传统的宏观史学书写中，他们或者被哲学史忽略了，或者被资产阶级的革命

---

① "Die Schule der Weisheit". Keyserling Nachlass，Darmstadt.

② 在哲学史和当代资料中，沃尔夫主义是对启蒙运动期间面向基督教沃尔夫的一个类似学校的哲学潮流的称呼。这种理性主义潮流的代表被称为沃尔夫派。Bronisch，Johannes. *Der Mäzen der Aufklärung：Ernst Christoph von Manteuffel und das Netzwerk des Wolffianismus*，Göttingen：Hubert Co.，2010.

史忽略了，尤其是各方的合作并没有得到系统梳理和研究，而是各自立传，各自成为他人传记中的"配角"。在哲学的边缘身份下和为"落后的贵族阶级"唱响挽歌的时代里，凯泽林和他的资助者或许也应属于"微观史学"①的一部分，他们不属于"人民——历史的创造者"，但却在地域性的文化发展中呈现出独有的魅力。因此，对其属于德国传统的知识生产模式的路径即"艺术＋政治"在"二十世纪二十年代＋前代大公＋现代出版商＋末代贵族（现代的哲学家和办学者）"这一特定语境下的延续加以梳理，进而对智慧学校作为知识传承和发展的制度结构位置加以把握，才能更好地揭示出凯泽林作为知识生产网络核心以及支持者个体和人际网络的文化意义。当然，作为一所颇具规模的学校，智慧学校所需资金不菲，广义的"资金"支持分为：金钱资本和场地资本以及人脉资本。

首先需要明确的一点是，智慧学校的德语为"Die Schule der Weisheit"，"die Schule-n"这个德语词本身就存在一般意义的普通使用范围下的"学校"以及学术领域的"学派"的差别：就教育机构的含义而言，强调"Schule"的教学职责和教育使命，即是教师向学生传授知识和技能的机构，同时也在教育和培训过程中传授价值观，使受教者承担对社会的责任；就学术领域的科学学派含义而言，强调科学家或学者们共同遵循了前任的某种思想的传统或者工作方式，或者有着相似目标及定位的研究者共同工作时，这种有意识的联结机构或者这样一批学者，就被称为学派。在传统的精神和社会科学领域特别是哲学和神学，学派（die Schule）的说法比较常见，比如二十世纪后半叶的法兰克福学派（die Frankfurter Schule）。因而对凯泽林所建设、经营的这所哲学机构，一般而言，翻译成"智慧学派"并无大碍，不过随着对该机构的日常职能和凯泽林赋予其的定位有了深入了解之后，会发现"智慧学派"的翻译不如"智慧学校"更

---

① 典型微观史作品如《马丁·盖尔归来》《蒙塔尤》《夜间的战斗》《屠猫记》《碌碌有为：微观历史视野下的中国社会与民众》《历史的微声》《那间街角的茶铺》。

贴合汉译情境下对凯泽林的社会教化理念的理解以及该机构内涵的真实情况。因为凯泽林在其领导的这样一所学校中从事的主要任务是让普通人拥有更健康充实的心灵，而方法也主要是一对一教学、精神训练、瑜伽等。尤其是凯泽林有其自己的"教学"（Lehre）体系，这也是反映智慧学校作为教育组织机构实质和内涵的依据。除他之外，还有一位正式的老师——鲁雅文。鲁雅文在智慧学校任职两年，也是中德文化交流史上的重要人物，作为"中国研究所"创始人卫礼贤的继任者，其身份也广为人知。

综上，自由哲学协会以及智慧学校并不能算是秉承相近研究理念或者思想的学者群体，参与者各有主业，每年以智慧学校年会为契机，由凯泽林邀请来到达姆施塔特做发言和演讲，其发言主题和内容由凯泽林事前做出严格划分和引导，这也不能算是思想的自发集聚。而且在学院派哲学以及严肃文学的学者和作家眼中，凯泽林以及他的智慧学校并不能与他们比肩，不能与康德等德国传统思辨哲学家相提并论，而只是作为一种文化现象受到大家的瞩目。比如罗曼·罗兰在日记中写，凯泽林的学校是为了教会大家用印度教的方法集中精神①，而对凯泽林在哲学思想上的努力和社会文化的推进不置一词。这里对价值判断先撇开不谈，那么至少智慧学校的定位既不是专业教育机构，也非固定的哲学学派，而是一种新型的知识生产集散地和检验知识有效性的实践场。因此，一方面确实要在组织模式和人员构成上对学校和学派进行区分，另一方面观察智慧学校和自由哲学协会从无到有的建立过程，凯泽林是如何在具体事务和组织架构中融入自己理念的就显得非常重要了，因为这是揭示"二十世纪二十年代＋前代大公＋现代出版商＋末代贵族（现代的哲学家和办学者）"这一特定时代语境下以智慧学校和自由哲学协会为制度化体现的新的知识生产模式的重要基础。下面从具体构建过程梳理和制度化文件解读两个维度加以论述。

---

① Gahlings, Ute. *Hermann Graf Keyserling*, *Ein Lebensbild*, Darmstadt, Justus von liebig Verlag, 1996. S. 155.

1920 年 10 月凯泽林最终迁居到达姆施塔特，起初凯泽林夫妇的处境很艰难，凯泽林在爱沙尼亚的财产和庄园因在俄国革命的浪潮下被革命者所占领，只好"白手起家"。他和妻儿住在曾经的宫廷传教者的宅子里。因为《一个哲学家的旅行日记》的流行，外界给他贴的很多标签也让凯泽林深感困扰，他认为那些都是别人给予的角色，而非自己的身份。而受益于路德维希大公的文化建设，达姆施塔特具有了独特宽松的文化氛围，这显然更有利于激发他的创作。在智慧学校建立的第一年，1920 年，凯泽林实实在在是为自己切身利益在奋斗，幸运的是凯泽林得到了极大的、必需的、决定哲学命运的帮助。大公爵路德维希（Ernst Ludwig Karl Albrecht Wilhelm von Hessen und bei Rhein，1868—1937）支持他，出版商莱西尔（Reichl，Otto，1877—1954）进行有针对性的宣传，许多人随之参与到自由哲学协会中，大量赞助者提供了经济支持。11 月 23 日，智慧学校成立了，前黑森大公爵是荣誉主席，实际的操办者是凯泽林。社团的所有成员都出席了开幕活动，并参与了持续三天的大会。大会每天上午都由凯泽林进行中心演讲，下午为学术研讨，晚上为不受限自由集会和一对一会面。而凯泽林的这三篇演讲也作为他最重要的哲学思考结集出版，名字是《创造性认识》，这是凯泽林阶段性、标志性的哲学思考成果，其中包括了他对东西方文化特点差异，东方文明内部的印度和中国智慧的差异，以及时空限制中过去和当代的哲人的思考。精彩的发言引起众多听众的积极共鸣。在这次揭幕大会上，凯泽林有很多朋友到场，其中，他年轻时在巴黎游历认识的玛丽侯爵夫人长途跋涉来参加这次盛事，她称赞凯泽林的演讲深入浅出、令人惊叹、说服力极强。[①] 里尔克对自己不能到场感到遗憾，他对凯泽林的《一个哲学家的旅行日记》印象深刻，这不仅仅是因为凯泽林在书中批评了里尔克，更是因为凯泽林在书中展示的旺盛生命力。而通

---

① Gahlings，Ute. *Hermann Graf Keyserling*，*Ein Lebensbild*，Darmstadt，Justus von liebig Verlag，1996. S. 161.

过这次大会上的演讲，凯泽林的说教能力让大家讶异，这已经超出了大家对一个流行作家的认识。玛丽侯爵夫人说凯泽林是"一个非常复杂的存在"①，不仅是凯泽林的性格，还有他在演说时展现的个人魅力与在台下时完全不同。而随着凯泽林其智慧学校的常规性会议的开展，他也越来越擅长于组织这类会议，往往以他的一个主题发言为基础，大家展开讨论，从不同角度的评论。他是这个哲学音乐团的指挥。凯泽林整理会议中的大家发言并以《圆满之路》发表，此后的会议论文均经过整理或在《圆满之路》上发表，或在智慧学校的年鉴上发表。透过各方来宾的褒奖和凯泽林一鼓作气的组织，可以说这是一次成功的开场秀，也为凯泽林的事业和智慧学校的发展打开了局面，而首届大会的支持主要由莱西尔和路德维希大公提供，当然在内容方面则以凯泽林的创作为主，但仅有"知识产品"也是不够的，我们可以对背后的资助宣传模式进行分析。总体而言，凯泽林的成功得益于德国传统的王庭资助模式和现代的知识生产流程中的重要一环——出版商宣传的双重支持。

一、王庭资助传统

德国早在启蒙运动时期就逐渐形成了"艺术"与"政治"的互动关系，王权资助和庇护也是欧洲传统的一种知识生产模式：知识的价值尤其依赖于赞助者的个人喜好，因此艺术家必须按照赞助者主观评估的交换价值进行知识和艺术创作，同时艺术家个人自由也包含在"被赞助"的范围内，体现为对赞助者的服从义务甚至创作权的上交。艺术的自由与政治的管束本应背道而驰，却也在这种附型二元关系中不断体现为"一体"之面貌（即艺术品），艺术家不但要依附于王权，甚至，艺术家也要依附于艺术品才具有存在价值。

总体看来，艺术家和赞助人之间的关系分为几种：一种是艺术家进入

---

① Gahlings，Ute. *Hermann Graf Keyserling*，*Ein Lebensbild*，Darmstadt，Justus von liebig Verlag，1996. S. 162.

宫廷或其赞助人的宫殿，专门为其工作，一种是赞助人委托个人创作单独的作品，可简单理解为"买断"和"计件"：最接近的关系类型是"servitù particolare"，在这种关系中，艺术家作为王室成员享有很高的声望，并获得丰厚的报酬。然而，他们往往不得不为这种安全和繁荣付出代价，因为他们的自由受到了严格的宫廷规则的限制。有些王公在与宫廷艺术家的合同中加入了一项条款，规定他们不得为宫廷以外的私人工作。然而，大多数艺术家在得到王公的许可时被允许为其他赞助人工作，例如富有的公民或其他权贵。①

而促使王公贵族对艺术家和知识生产者进行资助的动机是复杂的，个人喜好是很重要的一个因素，但是资助传统的形成和延续有赖于一定的文化土壤："一个基础广泛的识字的世俗文化，包括经济精英、贵族、官员和受过教育的精英"② 认可"纯粹知识"以及"艺术"的价值，同时至少要在对"知识产品"的价值判定上比较理智地（这当然也是"启蒙"的主旨之一）排除宗教或者政见的影响，共同为这种有效的知识生产模式提供着动力。③

---

① Haskell, Francis. *Maler und Auftraggeber. Kunst und Gesellschaft im italienischen Barock*. Köln, 1996；Kat. *Barock im Vatikan*，*1572-1676*. Bonn：DuMont，2005. S. 20；Warnke，Martin. *Hofkünstler. Zur Vorgeschichte des modernen Künstlers*. Köln：DuMont，1985，S. 185f；Warnke，Martin. *Hofkünstler. Zur Vorgeschichte des modernen Künstlers*. Köln：DuMont，1985，S. 302-321；Haskell，Francis. *Maler und Auftraggeber. Kunst und Gesellschaft im italienischen Barock*. Köln，1996；Kat. *Barock im Vatikan*，*1572-1676*. Bonn：DuMont，2005，S. 29f；Warnke，Martin. *Hofkünstler. Zur Vorgeschichte des modernen Künstlers*. Köln：DuMont，1985，S. 159-188.

② Bayer，Waltraud. *Die Moskauer Medici：Der russische Burger als Mazen*，*1850-1917*，Vienna：Bohlau Verlag，1996. pp. 235. Wirtschafter，Elise Kimerling. Book Reviews，*The Journal of Modern History*. 1998（70）. pp. 975-977.

③ Daweke，Klaus，Michael Schneider. *Die Mission des Mäzens：Zur öffentlichen und privaten Förderung der Künste*，VS Verlag für Sozialwissenschaften，1987.

二、前黑森大公对资助传统的延续

作为智慧学校的最大资助者（Mäzen）和庇护者，黑森前大公爵路德维希在其时声名远播。他是黑森王国的继承者，家族血脉广布欧洲：他的外祖母是英国女王维多利亚（1819—1901），他的姐姐伊丽莎白嫁给了俄罗斯大公谢尔盖（russischer Großfürsten Sergius），他的妹妹阿里克斯在同一年嫁给了俄罗斯沙皇尼古拉二世。他还是诗人、制图家、作曲家，以及艺术和科学的资助者，其中尤其以资助成立了达姆施塔特艺术家聚居区（der Darmstädter Künstlerkolonie）[①]（1901）、以其命名的出版社路德维希出版社（Ernst Ludwig Presse）[②]（1907—1937）和"智慧学校"（1920）闻名。有论者评价："他在那个时代（十九世纪）的大量德国联邦诸侯中脱颖而出，是因为有两个特点。一方面，他在国内的成长经历、英国亲戚的影响、广泛的海外旅行以及他自己的个人兴趣使他成为一个典型的自由宪政君主，在性格上与巴登的弗里德里希一世（Friedrich I. von Baden）相似，甚至与他的曾叔父萨克森-科堡和哥达的恩斯特二世（Ernst II von Sachsen-Coburg und Gotha）更为相似，其也是一个欧洲人。种种因素之下，路德维希对黑森的发展产生了非常有利的影响，特别是在科学和公共福利的广泛领域〔例如，在达姆施塔特建造国家博物馆，对吉森的国家大学进行重点照顾，在诺海姆翻新和新建国家温泉浴场（Staatsbade Nau-

---

[①] Franz, Eckhart G. (Hrsg.). *Erinnertes. Aufzeichnungen des letzten Großherzogs Ernst Ludwig von Hessen und bei Rhein*，Darmstadt，1983.

[②] Kleukens, Christian Heinrich. *Dreissig Jahre Ernst Ludwig-Presse*：*1907-1937*，Mainz：Druck der Ernst Ludwig-Presse，1937. 该出版社之所以以 Presse 而不是 Verlag 作为德语名，是因为当时德国出版业受到以英国"鸽子出版社"（Doves Press，也有译为"鸽子印刷坊"）为代表的私人印刷、出版浪潮影响，也出现了与德国式出版社（即 Verlag）不同的印坊（Presse）特色，更强调该词背后特有的印刷文化含义：所出版的内容、出版形式、具体的印刷字体、装帧、纸张、平面设计全环节均由一家完成。这一命名也凸显了路德维希大公的个人雄心和美学追求。本文对"Presse"的翻译仍遵循现今出版行业流程中通行的"出版社"译法。

heim，今称巴德诺海姆，仍是温泉疗养胜地），在奥本海姆建立葡萄种植学校，积极参与 P. 达马施克的战争家园计划和推广欧宝公司]，是德国少数几个伟大的赞助艺术的诸侯之一。另一方面，就个人而言，他具有很高的智力和艺术天赋：他画画、写戏剧和诗篇，并留下了自己的作品，他对所有艺术领域都有广泛的看法，对现代青年人才的愿望有深刻的理解，对艺术价值有明显的认识，再加上他的地位，使他有机会得到一定程度的鞭策和支持，这在德国非常罕见。"[1]

回顾路德维希大公的人生：他出生于 1868 年，儿时接受军事教育，后来在莱比锡、波茨坦学习法学。十岁时（1878 年），他父亲作为路易四世上台后一年，母亲和最小的妹妹玛丽因白喉去世。他在英国的祖母维多利亚随后接管了他母亲的一些教育职责，恩斯特·路德维希于 1885 年受坚信礼。[2] 随着 1871 年德意志帝国的建立，诸侯们不得不将相当多的权力交给帝国政府。路德维希也不例外，但同时他得以把注意力集中在黑森的发展上。在这一时期，达姆施塔特成为欧洲王公们的热门聚会场所。[3] 与他父亲不同，他对军事不感兴趣，而对艺术、音乐、戏剧、舞蹈感兴趣。[4] 1899 年在访问英国后，他努力在德国传播新艺术。他召集了七位年轻艺术家到达姆施塔特，与出版商亚历山大·科赫（Koch，Alexander，1860—

---

① Clemm，Ludwig： "Ernst Ludwig"，*Neue Deutsche Biographie* Bd. 4. Berlin 1959，[Online-Version]；URL：https://www. deutsche-biographie. de/pnd118530933. html＃ndbcontent，查询日期：2022 年 11 月 28 日。

② https://www. regionalgeschichte. net/bibliothek/biographien/ernst-ludwig-grossherzog-von-hessen-und-bei-rhein. html，查询日期：2022 年 11 月 28 日。

③ Clemm，Ludwig. "Ernst Ludwig"，*Neue Deutsche Biographie* Bd. 4. Berlin 1959，S. 613-614. Knodt，Manfred. *Ernst Ludwig. Grossherzog von Hessen und bei Rhein. Sein Leben und seine Zeit*. Darmstadt 1997，3. Aufl.

④ Franz，Eckhart G.. *Stadtlexikon Darmstadt*，Stuttgart 2006，S. 213 f. https://www. dhm. de/lemo/biografie/ludwig-ernst，查询日期：2022 年 11 月 28 日。

1939）一起，成立了马蒂尔登霍赫艺术家聚居区（Künstlerkolonie Mathildenhöhe）①，即达姆施塔特艺术家聚居区（die Künstlerkolonie Darmstadt）。② 1901 年，在他的指导下，在达姆施塔特举办了由马蒂尔登霍赫的艺术家们组织的纲领性艺术展，在内容上反对媚俗和虚假浪漫主义。恩斯特·路德维希希望在工业、手工业和艺术与工艺之间建立起联系。1907 年，恩斯特·路德维希出版社的成立促进了图书贸易。1918 年 11 月 9 日，黑森州宣布成为共和国，恩斯特·路德维希失去王位，他继续与家人住在他的达姆施塔特宫，还保留了他的夏季住所沃尔夫斯加滕宫。他们也仍然存在于州府的艺术和社会生活中。该家族的持续受欢迎程度至少可以从 1937 年葬礼游行的广泛参与中得到证明。③

之所以将路德维希大公对艺术、哲学、出版事业的资助视为传统的王庭资助模式从"附型二元"到"和型二元"的转变，自然与路德维希本人从资助者转向真正的创作者身份相关，尤其是在具体事务操办和知识生产的流程环节上，路德维希大公超出了一般的王公资助者仅作为消费者或艺术欣赏者、艺术品占有者的狭隘身份，真正参与到了艺术创作过程和发布环节中。正是由于熟悉艺术家创作的艰辛，他没有在宫廷中为其提供容身之所，而是独辟一处空间，让艺术自由生长。因为意识到了现代出版行业以及书籍、杂志的重要中介功能，他成立出版社，贴补亏损，资助作品出版，推动知识和艺术的传播，增强图书贸易当然也有利于当地的知识传

---

① https://www.mathildenhoehe-darmstadt.de/en/mathildenhoehe/artists-and-patrons/alexander-koch-18/show/，查询日期：2023 年 1 月 19 日。科赫还创办了两本杂志 Innendekoration（1891—1939），Deutsche Kunst und Dekoration（1897—1933），凯泽林也多次在杂志上发表自己的文章节选，体现了大众艺术欣赏性的知识如家居装饰等与文化哲学教育知识的相通。

② https://www.mathildenhoehe-darmstadt.de/mathildenhoche/personen/alexander-koch-18/show/，查询日期：2022 年 11 月 28 日。

③ Franz, Eckhart G.. Das Haus Hessen，S. 373-375. 另参见 http://alfred-flechtheim.com/en/alfred-flechtheim/，查询日期：2023 年 1 月 19 日。

播。从这个角度来看，路德维希大公与作为知识生产环节流程主体的艺术家、出版商等不但身份平等，而且功能同等重要，资本和知识得以携手构建"和型二元"。当然，路德维希不是专业的出版商人，也无法专职从事商贸工作［政、商、学（艺术）三个范畴的界限还是比较清晰的］，艺术家、商人和政治家能分别以政治权力、金钱、知识作为资本参与到知识生产中，因此，出版商的角色仍然是必需的，在这种短暂的和型二元的模式下，"商"和"学"得以在政治主体的协调下达成较好的合作（而路德维希大公去世后，智慧学校所面临的不止是经济困难，还有出版商的决裂，失去了政治场域协调人的凯泽林亦独木难支）。那么，出版商的宣传、投资和捐赠具体如何体现在智慧学校的发展中呢？

三、资本依附与合作：出版商在知识生产中的角色

出版商的大力支持和合作对于智慧学校的前期宣传和影响力扩大无疑非常重要，印刷品是承载神圣知识的俗世器物，而报社、出版社和书店则是容留知识的权威空间，出版商则手握重权，甚至决定了作家作品的"生死"，因而很多商人亦会参与出版业，政治家也对出版行业尤为重视。这一时代，很多知识精英都有相关的工作经历，或自行编辑和组织报纸、杂志的出版。杂志在这一时期也作为作家等知识精英传播思想和知识走向大众的重要媒介，如知名的犹太裔艺术品经销商、收藏家福莱西特海姆（Flechtheim，Alfred，1878—1937）资助出版的文化艺术杂志 *Der Querschnitt* 也给当时诸多陷入经济困难的作家提供了出版帮助，其中就有凯泽林[①]。当然，该杂志的主要目的还是艺术宣传推广，尤其是将法国前卫艺术作品和德国现代主义艺术家的作品交换到德法两国展出并宣传，进而扩大画廊生意。总体来说，资本投入的目的与资本增值相关。而出版社则居于中游，汇聚了作者人脉、书籍印刷发行和销售渠道、

---

① Daweke，Klaus，*Die Mission des Mäzens：Zur öffentlichen und privaten Förderung der Künste*. Opladen：Leske und Budrich，1986，S. 140-141.

通过销售数据判断着大众的品位，这一有利地位推动了资本向其他领域的扩张，也将政治资本、大宗金钱资本引入知识生产场域。书友会、出版基金等作为新兴的组织人员和资本的形式继续在制度层面巩固着出版业在知识生产网络中的中坚地位。对凯泽林而言，除了莱西尔出版社（Otto Reichl Verlag）作为出版凯泽林作品最大的出版商外，还有慕尼黑的穆勒出版社（Georg Müller Verlag），海德堡的尼尔斯·坎普曼出版社（Niels Kampmann Verlag），出版凯泽林作品英语译本的纽约哈珀兄弟出版社（Harper & Brothers），以及伦敦的出版商乔纳森·卡普（Jonathan Cape，1879—1960）①，几个出版社或出版商与智慧学校保持了长期合作。表 6-2 是智慧学校主要成员的作品出版情况。

---

① 卡普年轻时曾经是哈珀兄弟图书公司的推销员，后来与搭档乔治·沃伦·霍华德（Wren Howard）创业，于 1921 年创办乔纳森·卡普出版社，主要在英国出版知名美国作家的作品，如辛克莱·刘易斯（Sinclair Lewis）、欧内斯特·海明威（Ernest Hemingway）、尤金·奥尼尔（Eugene O'Neill）和罗伯特·弗罗斯特（Robert Frost）等。参见 https://www.britannica.com/biography/Jonathan-Cape，查询日期：2023 年 1 月 19 日。

表 6-2 智慧学校主要成员作品出版情况

作者	书名	出版社
Graf Hermann Keyserling	*Das Reisetagebuch eines Philosophen*	Otto Reichl Verlag, Darmstadt
	Schöpferische Erkenntnis	
	Wiedergeburt	
	Die Neuentstehende Welt	
	Menschen als Sinnbilder	
	Der Leuchter（bis 1929 Bd. I-VIII erschienen）	
	Der Weg zur Vollendung（bis 1929 Heft 1-16 erschienen）	
Erwin Rousselle	*Mysterium der Wandlung*	
Oscar A. H. Schmitz	*Psychoanalyse und Yoga*	Georg Müller Verlag, München
Graf Hermann Keyserling	*Das Ehe-Buch*	Niels Kampmann Verlag, Heidelberg
	Das Spektrum Europas	
	America set free（erscheint Herbst 1929）	Harper&Brothers, New York, Jonathan Cape, London

　　另外出版商或出版社以及个人也捐赠书籍支持智慧学校的发展，知名者如库特·沃尔夫、迪德里希斯出版社、德古意特出版社等，因篇幅有限不一一列出。

　　另举一例来证明出版商在推动凯泽林的哲学思想传播过程中的作用，即纳粹当权以后，以戈培尔为首的纳粹高官对凯泽林实施了一系列的禁言、禁出版、禁公开露面的措施。在这种情况下，自 1933 年以后，凯泽林新作就基本无法出版了，但 1940 年左右他完成的书稿《沉静与澄明的批判》（*Die Betrachtungen der Stille und Besinnlichkeit*）① 在出版商迪德里希斯② （Diederichs，Peter，1904—1990）的努力下于 1947 年出版了，而迪德里希斯的机智斡旋让人不禁捏了把汗：他通过当时在宣传部的私人关系——请他的老同学给书稿盖了出版"通过"的章，绕开了戈培尔。戈培尔对这一事件感到愤怒，他颁布了一项法令，命令凯泽林的每一本新书都必须由他亲自批准，因此这本书也成为纳粹统治时期凯泽林出版的唯一一本书。③

第四节　智慧学校的组织模式

智慧学校、自由哲学协会以及凯泽林基金会④共同构成了凯泽林在达姆施塔特进行知识生产和传播的制度保障，在思想和知识传播的层面，也

---

① 直译名为《沉默与沉思的反思》，因德语词"Still"强调"不动""不语"，与"静坐""沉思"的内涵相符，译为"沉静"。"Besinnlichkeit"词源为动词"besinnen"意为"通过思考想明白、想通"，即通过思考取得了"透彻"的结果，译为"澄明"。"Betrachung"强调哲学和艺术层面的美学判断，考虑到凯泽林与康德哲学的渊源，则与"Kritik"取得了意义的对照，因此这里译为"批判"。

② 彼得·迪德里希斯是著名出版商奥伊肯·迪德里希斯（Diederichs，Eugen，1867—1930）的儿子，奥伊肯 1930 年去世后，出版社的生意由儿子尼尔斯（Niels）和彼得（Peter）继承。奥伊肯曾组织出版了诸多系列经典畅销书，如"各国宗教之声"（Religiöse Stimmen der Völker）、德国传说（Deutscher Sagenschatz）、世界文学童话（Märchen der Weltliteratur）、图勒系列（die Thule-Reihe）、阿格尼丝·米格尔（Agnes Miegel）的作品、索伦·克尔凯郭尔的作品全集（die Gesamtausgabe der Werke Sören Kierkegaards）和黑塞的作品。参见 Stark，Gary D.．*Entrepreneurs of Ideology*：*Neoconservative Publishers in Germany*，*1890-1933*．Chapel Hill：The University of North Carolina Press，1981．参见 https://www.munzinger.de/search/portrait/peter＋diederichs/0/6640.html，查询日期：2023 年 1 月 19 日。

③ Gahlings，Ute．*Hermann Graf Keyserling Ein Lebensbild*，Darmstadt：Justus von Liebig Verlag，1996，S. 279．

④ "Keyserling-Stiftung für Freie Philosophie Darmstadt"，凯泽林档案，达姆施塔特大学图书馆。

称为"达姆施塔特运动"(The Darmstadt Movement①),在组织者和领导者层面,路德维希大公爵是自由哲学协会的创建者②、智慧学校的监护人(Protector),凯泽林是智慧学校的负责人和领导人,此外,莱西尔先生(Reichl,Otto,1877—1954)是智慧学校的出版商和领导团体成员,哈登贝格伯爵(Hardenberg,Kuno Graf,1871—1938)是自由哲学协会的主席,维尔布兰登博士(Dr. Wilhelm Wilbrand)是自由哲学协会的荣誉财务主管(司库)。

自由哲学协会的任务是"维持智慧学校的运转"。而二十世纪以来"协会"也成为参与知识生产的重要角力者,比如在资助学生学业、重新分配捐赠款项等业务方面就体现了资本或社会权力对知识生产的操纵和参与。比如推动将美国本土黑人移民至利比里亚的美国殖民协会(The Society for the Colonization of Free People)③。协会采取会员制度,会员资格向所有人开放,不分姓名、地位、国家、教派和意识形态,除了交纳会费,任何人都没有义务做任何事情。自由哲学协会的成员可获得以下待遇:所有会员都有权参加自由哲学学会的会议,其中主要会议应在每年 9 月中旬举行,任何中间会议需特别通知;所有 25 岁以上的成员——也只有他们,才有权在时间允许的情况下,与凯泽林伯爵及其助手进行个人讨论,办公室应根据书面要求给予通知。

所有 25 岁以上的会员,只要证明了自己的个人资格并被个人接受,就

① "The Leaders of the Darmstadt Movement",凯泽林档案,达姆施塔特大学图书馆。

② 自由哲学协会在 1920 年 11 月 23 日由恩斯特·路德维希大公爵建立。目的是在物质层面维持智慧学校。协会所有成员都可参与学校活动。目的在于帮助成员意识到其生命的全部意义。智慧学校的教学以凯泽林的《创造性认识》为主体。此外,还有一个哲学图书馆,供成员使用。协会每年 9 月在达姆施塔特举办年会。

③ 美国殖民协会甚至资助了大量本土黑人在哈佛医学院的学业,条件是毕业后要在利比里亚从业。参见[英]保罗·吉尔罗伊:《黑色大西洋:现代性与双重意识》,沈若然译,上海:上海书店出版社,2022 年,第 32 页。

有权参加智慧学校的静修会，静修会每年三次，分别在秋季、冬季和春季在达姆施塔特举行，每次为期一周。所有成员——也只有他们，有权在德国境内免费使用智慧学校的图书馆，但他们必须承诺支付往返学校的邮费，弥补任何损坏，并且不将任何书卷保留超过四个星期。这个图书馆收藏了大多数从智慧学派角度看很重要的书籍，而且由于作者、出版商和会员的慷慨，这些书在不断增加。迄今为止，捐赠作品的作家有：泰戈尔、卫礼贤、瓦尔特·拉特瑙、汉斯·德里希、汉斯·维英格、鲁道夫·奥托、马克斯·弗里谢森·科勒、托马斯·曼、凯泽林伯爵、奥斯卡·A.H. 施密茨、利奥波德·齐格勒、西格蒙德·弗洛伊德、C. G. 荣格、乔治·沃伯明、埃尔温·鲁塞尔、阿尔弗雷德·阿德勒、查尔斯·鲍杜安、利奥·贝克、赫尔曼·普拉茨和保罗·达尔克等。

所有成员都会定期收到智慧学校每年两次的通讯《圆满之路》，那些提出要求的人可以得到协会为各自捐款的年份所捐赠的《烛台》年鉴（*Leuchter des Jahres*），为期 10 年。捐款声明应在所附的卡片上寄给自由哲学学会，或存入协会在德意志银行的账户。来自国外的付款应以有关国家的纸币或以挂号信的支票寄出。所有请求必须附有回邮。

智慧学派的所有出版物，如果会员不能根据自己的贡献免费获得，可直接从达姆施塔特的莱西尔出版社获得。[1]

另外，智慧学校的影响力也可从参与讲座报告、约稿的重要学者和各领域知识精英中看出，如泰戈尔、卫礼贤、荣格、舍勒、鲁雅文、托马斯·曼等。

在友人和同侪的济济帮助、合作和资助下，自由哲学协会的会员制度也逐渐完善起来：

　　那些希望为智慧学校的工作做出贡献的人只需要成为自由哲学协

---

[1]　"die Gesellschaft für Freie Philosophie"（自由哲学协会的简介和章程），凯泽林档案，达姆施塔特大学图书馆。

会的成员。该协会的一项任务是维护智慧学校。每个人都可以加入，不分姓名、地位、国籍、教派和意识形态，除了缴纳会费外，不需要承担任何义务。

精神上有联系的会员，即一般会员的最低会费是每年 10 帝国马克。然而，考虑到仅办公室所需的费用不断增加，迫切要求支付不少于 20 马克。财政年度从 1 月 1 日至 12 月 31 日。辞职通知必须在 12 月 1 日前收到，否则应缴纳下一年度的会费。

赞助商的最低捐款额为每年 500 帝国马克。那些一次性捐赠 5000 帝国马克或更多的人将被接纳为荣誉捐赠者。

如果可能的话，那些没有经济能力的人将会得到安置。那些能够证明他们招收了两名新会员的人，有权免除当年的会员费。①

按照智慧学校的章程，会员享有以下权利。

一、参加自由哲学协会的大会（1920—1926 年每年一次）。

二、所有会员都可以与凯泽林伯爵及其同事约定私人会谈。

三、所有会员都可以参加教学大会。

四、二十五岁以上的会员可以参加智慧学校的"祈祷练习课"（Exerzitienkurs②）。

五、收到每年出版两次的智慧学校通讯杂志《圆满之路》。（如果会员

---

① "Die Mitgliedschaft der Gesellschaft für Freie Philosophie"，凯泽林档案，达姆施塔特大学图书馆。

② 关于这一课程形式，更类似于东方冥想，凯泽林在印度和日本旅行时也有相似的经历。

同时是资助者，则终生能收到《圆满之路》和《烛台》①）。

六、会员在德国和奥地利境内享有借阅学校图书馆书籍权利（邮寄费用自理，最多4周）。

综上，智慧学校的组织模式还是比较成熟完备的，以会员制度为基础，确立了有效的、不断的新人员加入机制，以凯泽林的人脉网络确保了定期大会的嘉宾及其讲演质量和吸引力，而他自身的名气和一些特邀嘉宾、出版社的力捧也保证了学校的宣传力度，更重要的是，以会员费、捐赠和出版受益为主，学校的财务状况得到了维持。

第五节　智慧学校的活动种类

智慧学校的工作模式或者说知识的传播方式是怎样的呢？在凯泽林的介绍中，智慧学校典型的传播影响的方式有六种。第一种是个人谈话：在正确的时间以正确的态度与正确的人进行私下谈话，对生活发展的影响比多年的勤奋学习还要大。第二种是闭关课程，在其中，历史悠久的自我完善技术被用于服务精神内容，并被新植入生活中。这些课程将不会进行，直到进一步通知。第三种是在达姆施塔特举行的自由哲学协会的大型会议，在一个基本主题的框架内，对参会嘉宾的思想进行协调。没有人被迫

---

① 《烛台》（*Leuchter*）的角色比较复杂：三臂烛台的标志是莱西尔出版社1914年注册的商标图案；而一战后不久，莱西尔公司总部迁至达姆施塔特。达姆施塔特"智慧学校"的讲座在1919年至1927年间被印在《烛台》年刊上。因此一方面可以推断莱西尔和凯泽林在智慧学校建立初期是有紧密合作的，另一方面智慧学校的"年鉴"并没有自己独立的出版、印刷途径，而是完全由莱西尔决定，甚至封面图也是出版社的商标，这样，智慧学校的讲座成果就极大地与莱西尔出版社的声誉绑定，可谓一荣俱荣，在凯泽林（Hermann Keyserling）伯爵的支持下，该出版社成为重要的哲学和思想史作品的出版商。因此以下仅称"《烛台》年鉴"。参见：Thomas Seng：*Weltanschauung als verlegerische Aufgabe. Der Otto Reichl Verlag 1909-1954*，St. Goar：Reichl Verlag，1994.

做不符合他个人性格的事情。就各次大会议的一般主题而言，1921 年的会议涉及永恒意义与外观变化的关系；1922 年的会议涉及西方英雄式的生活方式在未来大公主义框架内的地位；1923 年的会议以世界观和生活塑造之间的相互关系为基本主题，通过一个新教徒、一个天主教徒和一个希腊东正教俄罗斯人在更高层次上的合作，产生了基督教可能的未来图景，以及新出现的工人世界的最佳发展模式；1924 年会议使与会者意识到永恒意识的真正含义，以及在生物学、历史、精神分析的洞察力和宗教经验的对立面中争取不朽；1925 年的会议"法制与自由"将自由问题置于一个新的基础之上；1927 年的会议从宇宙的角度阐明了人在地球上的地位。智慧学校传播影响的第四种形式是 1928 年秋季推出的教学会议，属于纯粹的内部活动。一般在上午由凯泽林伯爵以课程的形式阐明他目前的工作领域，向公众即自由哲学协会的成员介绍他的最新发现；下午，自由哲学协会的其他成员在与学校负责人协商后，做与上午的讲座有关的主题发言。智慧学校的第五和第六种传播影响的方式是定期阅读其年鉴《烛台》以及其基本的半年通讯《圆满之路》，这使那些不能亲自来达姆施塔特的人也能了解会议内容。

此外，智慧学校还通过其他活动方式发生影响。其中最重要的是凯泽林伯爵在达姆施塔特外的讲座。由此把智慧学校的推动力带到了更多地区，使智慧学校影响逐年加深。

智慧学校的座右铭是：不取，只予。（Keinem etwas nehmen，Jedem etwas hinzugeben.）[①] 总体看来，在教育场域内形成了比较完备的活动模式，有上对下式的如对会员讲学、平等沟通式的如年度大会、下对上聆听式的如邀请名人来做讲座等等。

一、教学活动

智慧学校的教学活动主要分为一对一谈话和精神练习两种。从宏观的

---

① "Wie arbeitet die Schule der Weisheit"，凯泽林档案，达姆施塔特大学图书馆。

教育目标到微观的教育方法，可追溯到查理曼帝国时期的"教学法"："一般是由学生反复诵读教师口授的语句，直到牢记为止；教师要听学生背诵，还要按照自己当初学习的那样再给学生进行讲解。"① 这也和智慧学校秉承的教学原则相适："……它给被召唤的人提供了有意义的工作机会——象征性的；它启动了不同方向的思想的富有成效的两极化；它给那些对重要的东西有一丝印象的人提供了机会，使他们在自己的生活及其特殊任务的意义上得到启迪；它最终以这样一种方式设置事实问题，仅通过新的态度，他们找到了新的意义，从而找到了新的解决办法。因此，智慧的学校在其最深的本质上，可以没有计划，没有课程，没有一劳永逸的组织。在其工作中最多可以从程序上把握的是道德性质：它教导每个人最终的自决、自我负责、对信念的忠诚、高尚和优越感；它孕育了更高层次的人性，在这方面的目的是培养领导人。它的精神目标不能一劳永逸地确定，因为它想从更深的意义上恢复所有现存的和所有可能的形式，这只能是一个具体的机会问题……"②

二、年度会议

达姆施塔特自由哲学协会的会议被凯泽林视为智慧学校的核心活动之一，其中每年 9 月举行一次粗略的会议，并根据场合举行一次中间会议。③ 智慧学校的理念和组织设定是在 1921 年的常规会议上被凯泽林丰富完善的。目标有两个：第一是支持个体生命对精神灵魂的完善，第二是介绍内化和追求东西方智慧的不同路径④。因出版商莱西尔周围也不止围绕着凯泽林智慧学校的文化学者，如阿德勒（Adler，Alfred，1870—1937）、贝

---

① ［德］弗·鲍尔生著：《德国教育史》，滕大春、滕大生译，北京：人民教育出版社，1986 年，第 8 页。

② "Wie arbeitet die Schule der Weisheit"，凯泽林档案，达姆施塔特大学图书馆。

③ "Wie arbeitet die Schule der Weisheit"，凯泽林档案，达姆施塔特大学图书馆。

④ Gahlings, Ute. *Hermann Graf Keyserling*, *Ein Lebensbild*, Darmstadt, Justus von liebig Verlag, 1996. S. 164.

克、德里施（Driesch，Hans，1867—1941）、弗罗贝尼乌斯（Frobenius，Leo，1873—1938）、葛咖滕（Gogarten，Friedrich，1867—1967）、迪贝利乌斯（Dibelius，Martin，1883—1947），还有很多知名作家，如齐格勒（Ziegler，Leopold，1881—1958）、荣格、穆赫（Much，Hans，1880—1932）、鲁雅文、卫礼贤和舍勒。而凯泽林也通过莱西尔的途径和很多学者通信，并邀请他们参与到自由哲学协会的活动中。

鲁雅文是凯泽林最紧密的合作者，在1921年春季常规会议上他也同样发表了三篇演说，来应和凯泽林的设想和观点，他对东西方关于内化的研究比较深入。卫礼贤以其对中国文化的熟知以及在智慧学校内的影响力成为常客，他在这次会议上举办了两场讲座：《中国人如何适应集体生活》《中国人的精神生活观》。历史和宗教哲学家齐格勒是凯泽林通过1920年出版的《上帝的构造变化》结识的。在凯泽林的牵线搭桥之后，齐格勒成为莱西尔出版社仅次于凯泽林的作者，出版了大量作品。他在揭幕大会上发表了《东西方的阿弥陀佛》。

而智慧学校中最为知名的东方文明代表无疑是诺贝尔奖得主、诗人和教育家泰戈尔，凯泽林与泰戈尔相识于凯泽林世界旅行到加尔各答期间，他两度访问泰戈尔的家，体验了地道的印度音乐舞蹈。泰戈尔在1921年来到达姆施塔特，这是泰戈尔第一次到西方专程讲演。泰戈尔这次旅行不止到了达姆施塔特（相对巴黎、柏林作为欧陆文化中心具有的影响力，达姆施塔特作为艺术家和哲学家聚集地辐射力有所不及），他先后到了斯德哥尔摩、英格兰和柏林。在柏林，他做了《丛林的信息和印度的灵魂》的讲演。泰戈尔在达姆施塔特逗留了八天，他来此是应大公爵和凯泽林的邀请，凯泽林特意准备了智慧学校的"泰戈尔主题周"。泰戈尔早在1901年就开办了生活智慧学校（位于桑蒂尼盖登，Santiniketan），与凯泽林的智慧学校不同，泰戈尔着眼于儿童教育①。泰戈尔在达姆施塔特期间，连日举办公共演说同听众互动，凯泽林的智慧学校也获得了更大的名声。

1921年的秋季大会上举办的讲座规模是智慧学校史上第三大的。主题是"变世中的恒定：智慧"，神学家迪贝利乌斯以《在基督教中的历史的和超越历史的宗教》，鲁雅文以《佛教，西方的转变》，卫礼贤以《自然的转变》为题发表了讲话。凯泽林自己仍然就智慧学校的基础和任务展开讲演。就这个机构的成立阶段仍作为理念以及尚未实施却日益成熟的计划，凯泽林又发表了三篇演说，《我们想要什么》《这条路》《这个目标》。依据这三篇文章，智慧学校获得了看得见摸得着的真实前景，并开始了一些详细的实施。

在《我们想要什么》的演说中，凯泽林分析了人类历史上的进步现象，凯泽林认为人类的进步不是以物质和思想创新或者认识行为为基础，而是以事实的意义转变为基础，也就是对事实的新的感性理解和实现。在生命领域里，由感性来完成事实的组成。哲学的基本命题也是基于此。所以在智慧学校中人对事实和现实的判断和态度，所扮演的角色是非常本质的。凯泽林认为对智慧学校的批评言辞如"没有教授新事物"是不着边际的；他们在这里的确不学习新的内容，比如新的哲学或者宗教。其学生从生活、工作、兴趣等所有思考方向集合在一起。所有的观点、想法和理论都只是作为材料使用的，其客观价值并不让人感兴趣，只是为了显示在个案中有哪些观点。他认为"智慧学校代表的，是一种对于任何一种精神内容的新态度"，在抽象领域，相应的问题提出对应了具体生活中的态度和判断，也就是说，每一种态度都在精神领域对应一个特殊的问题，通过抽象形式有可能对判断现实有影响。就好像感知的获取与具体生活中的态度相对应。态度总是理解的外化，它同样适用于逻各斯。凯泽林追求的

①　Gahlings, Ute. *Hermann Graf Keyserling*, *Ein Lebensbild*, Darmstadt, Justus von liebig Verlag, 1996. S. 165.

是——以他最喜欢的音乐来比喻——就是多样的哲学、宗教、自然科学和社会领域的合奏曲中的"复调演奏"。

在《这条路》中，凯泽林说，智慧学校不能也不愿意指出一条确定的、给所有人相关的路线，没有人能代表一种普遍适用的学说。而每个人都是走在适合他自己的能启发智慧的路上。

智慧学校想要扩大影响，就必须服从大众意见。但是凯泽林遵照的还是原有的个体培养方式，创新总是发生在少数个体身上。虽然智慧学校一开始只能鼓励个体，其作为思想中心的影响力在 1920 年到 1933 年是非常活跃的。它吸引并鼓励了来自不同工作阶层的，以及带着不同兴趣而来的人。可以说，智慧学校在知识分子圈内已然当仁不让成为"摩登"的代名词。

第三个演说《这个目标》的内容针对智慧学校的目标，智慧学校的定位是在教堂和大学之间，成为独特的教育方式。凯泽林没有为学校设定理论目标，而是有三个实际目标。第一个目标是在所有领域如艺术、文化等生活范围以及世界观、原则、判断力上拥有精神创造力。第二个目标是根据人的创造性原则，对彻底的个体定位和实现的追求。第三个目标是为人类的意识建立认识体系。此时的"年鉴"还只是不同人在智慧学校框架下发表的文章组成，和大会没有直接联系。作家波克（Bock，Alfred，1859—1932）从 1921 年开始成为达姆施塔特活动的元老观众，他的日记里有一份活动日历，留下了关于会议的评论。

1922 年大会主题是"张力与韵律，历史作为追求张力的意志"，探讨历史在未来的发展和变化。大会还是在秋天举行（1922 年 9 月 24—30日）。鲁雅文发表《从悲剧的意义谈起》（Vom Sinn des Tragischen），保罗·菲尔德凯勒（Feldkeller，Paul，1889—1972）发表《概念世界与日耳曼精神》（Begriffswelt und germanischer Geist）。天主教神学家、哲学家、社会学家和历史学家厄斯特·特洛池也发言，他从 1915 年起成为狄尔泰在柏林的传人，同时是普鲁士政府教育和知识部门的副部长。他的演说题目是《历史真实的偶然性》。文化哲学家、诗人奥托·弗雷克（Flake，Otto，1880—1963）讲演题目是《不一致事物的一致性》（Die Vereinbarkeit des Unvereinbaren）。弗雷克在大会期间住在出版商莱西尔的宅邸里。莱西尔出版了弗雷克最重要的哲学著作，两人关系密切。从实践观点出发，陆军少校穆夫（Muff，Wolfgang，1880—1947）谈了《英雄气概和感性感知》（Heroismus und Sinneserfassung）。犹太神学家、狄尔泰的学生、1921 年成为犹太教经师的贝克以《人类和完人的张力》（Die Spannung im Menschen und der fertige Mensch），帝国部长豪默（Raumer，Hans von，1870—1965）以《政治和经济中对立的繁荣》（Die Fruchtbarkeit der Gegensätze in Politik und Wirtschaft），教育学家柏荣佳（Bojunga，Klaudius，1867—1949）以《发酵和古典》（Gärung und Klassik）为题做发言。

会议最后一天凯泽林仍旧做总结发言：《世界是一个凝聚着张力和节律的震动的整体》（Die Welt ist ein in Spannung und Rhythmus zusammenhängend schwingendes Ganzes)[1]。凯泽林在写作上也十分有产出：1922 年出版了《政治-经济-智慧》（Politik-Wirtschaft-Weisheit），以 1919 年已经出版的《德意志真正的政治使命》（Deutschlands wahre politische Mission）为主要内容，并增添了导言和详细的附录，即凯泽林所写关于德国问题的重要报纸文章。书的第二个重要组成部分是"经济与智慧"（Wirtschaft und Weisheit），开篇问题是："我，一个形而上学者，是如何谈论经济的？"（Wie komme ich，ein Metaphysiker，dazu，über Wirtschaft zureden？）凯泽林在书中对于政治和经济的哲学解读吸引了不同工作阶层的很多人，即便依照今天眼光来看，他在经济和政治领域的理解仍是有效的。

1922 年，凯泽林在此基础上完成并出版了智慧学校的奠基之作《创造

---

[1] 发言具体内容，见 Gahlings，Ute. *Hermann Graf Keyserling*，*Ein Lebensbild*，Darmstadt，Justus von liebig Verlag，1996. S. 181-182.

性认识》。这本书被看做是凯泽林的重要著作之一，包括了详尽的关于智慧学校的理念世界的导论，以及他在 1920、1921 两年大会上的讲演内容。其实凯泽林还想完成另外一个作品，内容主要是延续《自然哲学导论》，继续感性的严格方法论学说。但是这还不可能，因为要想提出方法-批评的学说总结，至少需要一个基础思想和论点。因此在《创造性认识》中凯泽林没有给出最初的概览的计划，而是继续丰富充实"导言"。到凯泽林去世时，这些文章已接近完成，并以《人的批判》为题发表。

《创造性认识》是继《一个哲学家的旅行日记》在认识道路上的又一步，是凯泽林的关于感性的学说、关于感性和表达的相互关系和生活中如何实现的内容。书中两个大标题分别是感性理解与感性实现（Von der Sinneserfassung，Von der Sinnesverwirklichung），这也是智慧学校的核心。《创造性认识》出版之后，凯泽林先锋性地冒险进入了新的领域，他的活动和东方的智慧学说，同时满足了战后对神秘（Okkult）的巨大需求。凯泽林早在幼年时期就对所谓的神秘科学感兴趣，并在世界旅行时收集了很多材料，在《一个哲学家的旅行日记》中经过了加工。他十七岁时和堂兄陶伯（Taube，Otto）通信，信中认为所谓神秘学现象很有意思，如果能和这种科学接近就好了。1923 年凯泽林出版了《神秘的》一书，此书是由他主编，并和哈登贝格伯爵以及医生哈皮克（Happich，Carl）共同构划的。书中，凯泽林解释了关于实验的报告，即"对神秘学的正确设定"。哈皮克医生以"实验和重量"为章节解释了理论的依据。

1923 年秋季大会召开之前凯泽林召开了一个间隔会议，主题是心理分析。会议由分析师和作家施密茨、凯泽林的同事和作品《心理分析与瑜伽》的编者组织发起。发言者还包括凯泽林、鲁雅文和海贝林医师（Dr. med. Haeberlin）。间隔会议上的风格不是百家争鸣的精神奏鸣曲，而是针对重点的详细发言，主题为"心理分析与瑜伽"。

1923 年年度大会于 9 月 16—22 日举行，大会主题是"基督教徒，世界观和生活构建"。会议集中了很多不同领域的思想名人。报告有精神冥想导师鲁雅文的《主教的人》（Der priesterliche Mensch），伊斯兰神学家萨鲁丁（Sadruddin，Mullah）的《伊斯兰教徒》（Der islamische Mensch），新教神学家和宗教哲学家葛咖滕的《新教徒》，教育学家和天主教徒普拉茨（Platz，Hermann，1880—1945）的《作为使命的天主教》（Katholizismus als Aufgabe），历史学家和宗教哲学家齐格勒的《德国人》（Der deutsche Mensch），俄国宗教历史学家和文化哲学家尼古拉·奥森钮（Arseniew，Nicolai，1888—1977）的《俄国人》（Der russische Mensch），作为第二阶层（即贵族绅士阶层）① 代表的勒辛菲尔德伯爵（Lerchenfeld，Graf Hugo von，1871—1944）的《贵族的世界》（Die Welt des Aristokraten），作家茨格勒（Zickler，Artur，1897—1987）的《工人的世界》（Die Welt des Arbeiters）。凯泽林组织了大会的框架性报告。精神冥想和一对一谈话在会议结束后随即举行。

波克评价说："外界对自由哲学协会和凯泽林的智慧学校有很多嗤笑。我从最开始对大会持客观评判。可以确定的是，其冠冕堂皇的外表和参与活动举办的很多人给人一种其是路德维希公爵的附属品的印象。然后就是完全的转变：哲学追随者基本完全消失，各行各业的人在这里集聚、承担责任、仔细探讨形而上学的问题。这是大会的一个巨大进步和胜利。我单从参会的五六百人的脸上就可以了解承办主体参与度的提升。"

自由哲学协会的经济危机在 1923 年暂时通过自愿捐赠得到缓解。会员费用依据货币价值的变化逐渐提高，费用用以维持学校广泛的活动。这一年凯泽林和他的出版商莱西尔产生了出版合同的分歧。作者和出版商之间最早是纯粹的信任关系，一切都依赖精诚合作。凯泽林与德国作家保护联盟有信件往来，内容是关于莱西尔欺骗他的不公平的合同条款。这最终导

---

① https://de. wikipedia. org/wiki/St%C3%A4ndeordnung，查询日期：2016 年 12 月 5 日。

致了凯泽林和莱西尔之间私人友谊的破裂。之后他们仅通过第三人联系，凯泽林把莱西尔作为候补出版社，不过莱西尔出版社因为其客观优势还是继续作为凯泽林出版智慧学校相关出版物的选择，哈登贝格伯爵承担了这个"第三人"艰难的角色，在两个利益体之间沟通。

1924 年智慧学校活动的高潮是秋季年度大会，举办于 9 月 14—20 日。主题是"变化与消逝"（werden und vergehen），从"变化和消逝"的角度讨论关于"转变"的问题，并由科学、神学、哲学等不同出发点来激发。凯泽林自己发表三个谈话：以大会主题为题目的导言、《成为悲剧的历史》（Geschichte als Tragödie），以及闭幕讲话。生物学家及哲学家德里施的报告题目是《有机的发展》（Organische Entwicklung）。作为医生和柏林一个新佛教教区的建立者达尔科（Dahlke，Paul，1865—1928）以《轮回和涅槃》（Samsara und Nirwana）为题发表演讲。已经很有名气的贝克做了《死亡与重生》（Tod und Wiedergeburt）的报告，尼古拉（Arseniew，Nicolai，1888—1977）的报告是《复活》（Auferstehung）。大会的踊跃参与者波克写道："没有人能够质疑，凯泽林现在已经成为一个非常重要的人物。他对最重要的存在问题和哲学难题的兴趣，唤起了大家的注意。"这一年举办了三次由鲁雅文主导的精神训练，分别在 1 月、5 月和 9 月。《圆满之路》系列出版物有助于学校内部的相互理解，以及通过详细的书籍介绍刺激大家对智慧的追求。自由哲学协会的成员捐赠在 1924 年降低到了 10 个金马克，正处于帝国马克①代替金马克的转折时期，协会再次陷入严重的经济困境。

1925 年秋天，9 月 13—19 日，在达姆施塔特建立了凯泽林活动中心。年度大会的口号是"法制与自由"，以此结束了大会的第一个广泛的循环讨论。大会上凯泽林三次讲演题目分别为"自由与形式""发明与形式"

———————————

① https://de. wikipedia. org/wiki/Reichsmark，发行于 1924 年。

"自由的最后意义"。早先已经参加过大会的并为人熟知的德里施发表《自由难题的逻辑与形而上学问题》（Logik und Metaphysik des Freiheitsproblems），穆夫发表《训化与权威》（Disziplin und Autorität），卫礼贤发表《滑稽的巧合》（komische Fügung）。医生和心理学家格罗代克（Groddeck，Georg，1866—1934）发表《命运与强迫》（Schicksal und Zwang），法学教授杜南（Dohna，Alexander Graf zu，1876—1944）发表《责任与法制》（Verantwortung und Recht），阿波尼（Apponyi，Albert Graf，1846—1933）发表《权力作为连接物》（Macht als Bindung）。路德维希大公爵的财政顾问，自由哲学协会的协会理事哈登贝格伯爵发表《隐匿的规律性》（Okkulte Gesetzmäßigkeit）。[1]

凯泽林在会议上以军事化的教育者自诩，并增加了一个演说《名称的更正》（Richtigstellung der Bezeichnung）。作家波克评价这次会议说："我感觉这次大会上，年轻人离演讲很远。听众的种类也变化了。越来越多的人介绍自己为诗人和艺术家。海尔女士（Heyl，Doris von）介绍我和陶伯男爵这位作家认识。博学的欧本奥尔博士（Obenauer）也出席了，他的《歌德与宗教的关系》我十分喜欢。贺许菲尔德博士（Hirschfeld，Magnus）从柏林来访。"

1925 年自由哲学协会在"法制与自由"大会之外举办了圆桌会议，由来自南希（Nancy）新学校的心理学家和医药学家鲍督丁（Baudouin，Charles，1893—1963）主持。他是卢梭研究所的教授，日内瓦大学哲学系的讲师，他在《建议与自动建议》书中介绍了建议艺术在实际中应用的可能性和方法，演讲与展示活动的主题是"内在秩序的艺术，心理学"。1924 年以后没有举办过精神训练或者相似的练习及讨论，因为其领导者鲁雅文搬到了北京。

---

① 年度大会发言情况参见 Gahlings, Ute. *Hermann Graf Keyserling Ein Lebensbild*，Darmstadt：Justus von Liebig Verlag，1996，SS. 195.

1925 年大会最终的合奏曲是当年出版的《婚姻之书》（*Das Ehe-Buch，Eine neue Sinngebung im Zusammenhlang der Stimmen führender Zeitgenossen*）。两性关系是书的主题，这在当时引起了广泛兴趣，在公众中也被大量讨论。不少生命哲学家也关注婚姻和两性主题，比如施莱格尔（Schlegel，Friedrich，1772—1829）、西美尔（Simmel，Georg，1858—1918）、莱辛（Lessing，Theodor，1872—1933，犹太裔哲学家，1933 年 8 月被纳粹派人暗杀）等，凯泽林自己也写了很多文章，并发表演讲作为哲学层面的反馈。

在《婚姻之书》中，凯泽林如同为智慧学校的大会编排主题一样：他请了二十三位文化生活中的知名人士，以他们所处的位置来探明婚姻的难题。对这样一本作品的编辑来说必不可少的信件却在后来遗失了。我们能从凯泽林的导言中得知一些情况：萧伯纳（Shaw，Bernard，1856—1950）拒绝与他一同合作，凯泽林说，没有人敢写下关于婚姻的真相，只要他的妻子还活着。除非他厌恶她，像斯特林堡（Strindberg，August，1849—1912，瑞典剧作家，画家，现代戏剧创始人）那样。而这种例子不是我需要的。[①]

该书分为三个部分。第一部分以凯泽林自己为例，写了"正确导向的婚姻难题"。第二部分的大标题"时间和空间下的婚姻"下是十二篇文章，有考古学家弗罗贝尼乌斯的《婚姻与母权》（Ehe und Mutterrecht），泰戈尔的《印度教徒的婚姻理想》（Das indische Eheideal），卫礼贤的《中国人的婚姻》（Die chinesische Ehe），胡菏（Huch，Ricarda，1864—1947，德国女作家，诗人）的《浪漫的婚姻》（Romantische Ehe），托马斯·曼的《婚姻的变型》（Die Ehe im Übergang）等。第三部分是"婚姻作为永恒的

---

① Keyserling，Hermann. *Das Ehe-Buch，Eine neue Sinngebung im Zusammen-klang der Stimmen Führender Zeitgenossen*，Berlin，Niels Kampmann Verlag，1925. S. 11.

难题"（Die Ehe als zeitloses Problem），凯泽林写了第一篇论文，《谈正确的配偶》（Von der richtigen Gattenwahl）。然后邀请十一位作者来分享自己的想法，克雷池梅尔（Kretschmer，Ernst，1888—1964）的《婚姻中身体和心灵的同响》（Die körperlich-seeliche Zusammenstimmung in der Ehe），荣格的《作为心理联结关系的婚姻》（Die Ehe als psychologische Beziehung），阿德勒《作为任务的婚姻》（Die Ehe als Aufgabe），艾利斯（Ellis，Havelock，1859—1939）的《作为艺术的爱》（Liebe als Kunst），利池诺斯基（Lichnowsky，Mechtilde，1879—1958）的《作为艺术品的婚姻》（Die Eheals Kunstwerk），达尔科（Dahlke，Paul，1865—1928）的《作为纽带的婚姻》（Die Eheals Fessel），伯恩哈特（Bernhart，Joseph，1881—1969）的《天赐婚姻》（Die Ehe als Sakrament）等。凯泽林最后写了结语。

1926 年，凯泽林出版了专著《新生的世界》，书中他分析了时代的现存危机。他认为二十世纪的人类是堕落的，但是对未来的现实还存有对创造性精神的积极的乐观态度，从智慧的哲学中可以发出新的精神推动力。

"智慧意味着创造性的能量。逻各斯是这种意义的原则。所有的生命都是持续的无意义的，或者被生活所拖累的躯体，仅能感知精神来源的二手意义。"凯泽林在这里对新世界和人类通过精神达到感性变化的一种可能性所写的内容，成为 1926 年出版的《构建感性的人》的草稿。书中四个名人作为构造者被介绍，叔本华作为歪曲者，仍生活在错误的判断和自我文化中（凯泽林在 1910 年出版的专著《歪曲者叔本华》即表达了同样的意见）。斯宾格勒作为实际的人，他只有在典型的教导判断中才是实际的人，因此对感性总结是感受不到的。康德作为感性总结者，他指出，正确的感性理解可以停留在有效的系统内，也就是人一直是超出系统存在的。最后一章，"耶稣作为魔术师"。在凯泽林的这本书中，耶稣是全部的感性总结的象征，因为他既是存在者，也是能者。他作为推动力的提供者和创造性的发明者，不是终结的或者未知的形象。凯泽林笔下的魔术师含义不是神秘意义层面的，魔术师代表了精神的创造力原则，与被接受的精神有区别。

1926 年智慧学校没有举行秋季大会，本该在 1926 年举行的大会在 1927 年复活节以"人与世界"为主题举办。凯泽林在工作之余继续在德国和欧洲内旅行讲演。还参与了法兰克福中国研究所首次大会的开幕演说，题目是《东方精神的活跃之处》。在德国之外值得一提的是马德里的旅行，因为达姆施塔特的影响圈子已经到达了西班牙。在那里凯泽林以智慧学校的风格生活，同很多教授、学生保持联系。在一个以法语举办的演讲中，女王和西班牙各界代表人物都参加了。国王建议凯泽林多谈些他作品中新生世界的理想。与凯泽林交流的人中，有西班牙生命哲学家、存在主义哲学家加塞特（Gasset，Ortegay，1883—1955）。

1927 年 4 月 24—30 日在达姆施塔特举办了最重要的大型"合奏"会议。其代表了智慧学校七年来活动的高潮，代表了学校新活动方式的开端，即教学会议和中心式的系列演讲。最知名的达姆施塔特大会"人与世界"（Menschen und Erde）为未来的哲学道路确立了前提条件，并探讨如何借助世界之力让人类之根深入本质的精神起源。会议主题"人与世界"与人的生活以及经历有关。有着不同的精神来源的座谈者被凯泽林托付了符合其职业的具体任务，并将其一一纳入大会整体之中。

演讲在达姆施塔特工业高等学校（Technische Hochschule Darmstadt）中的"奥托·贝恩特"（Otto-Berndt）大厅进行。为了更好地理解会议主题，凯泽林首先让自由哲学协会的成员们仔细探讨马克思·舍勒在"人与历史"研究中人的理念。除此之外还需要明确地讨论每一个发言者的作品，比如弗罗贝尼乌斯的《文化之灵》（Paideuma①），荣格的《力比多的变化及象征》和《无意识过程的心理分析》。

凯泽林自己在会议上发表了四个演讲。施密茨（Schmitz, Oskar A. H., 1873—1931）和他都颇费力气，鼓励医生及心理分析师荣格发言。荣格通过这次大会认识了汉学家卫礼贤。哲学家舍勒在达姆施塔特大会之际第一次做了题为《人类的特殊位置》（Die Sonderstellung des Menschen）的演讲，后来被冠以《宇宙中的人类位置》（Die Stellung des Menschen im Kosmos）的题目而广为人知。除此之外，刚刚从非洲研究考察回来的民族学家和文化哲学家弗罗贝尼乌斯，免疫学医生、汉堡免疫学研究所的所长穆赫，以及神经科医生和艺术研究学者普利茨霍恩（Prinzhorn, Hans, 1886—1933）和汉学家、中国研究所领导者卫礼贤都有发言。

1927 年大会与 1925 年的"法制与自由"大会有主题上的联系，后者尤其着手于"形式"与"自由"之间的张力。这种冲突是不能通过逻辑推演解决的；而在现实意义上以人的"自由"为前提时，这种冲突是可以避免的。前者的主题"人与世界"触动了一个争议：人类一方面是实在世界的后代，另一方面却有着形而上学的本质；这也是凯泽林在后面一本书《南美冥想》中要探讨的。所以在会议中按惯例，开幕演讲以"人与世界"为论题进行探讨。扩展探讨分下面两步：凯泽林首先就影响人类的地点和时间条件做了报告；其次就一方面受制于环境和自然、另一方面受制于历史情境的情况以《变化的星球是一个统一体》为题做了报告。穆赫的《躯体自有天定》（Der Körper als Fatum）从医学角度勾画了躯体的命运。他认为，对人体产生重要影响的内容大致分为三个要素：遗传、胚胎发育所受影响、出生后所受的外在力和内在力。荣格陈述了《心理的基础条件》

① 是他后期文化理论中创造的一个重要概念，意为"Seele einer Kultur"。http://userwikis. fu-berlin. de/display/sozkultanthro/Paideuma, http://frobenius-institut. de/publikationen/paideuma, 查询日期：2017 年 1 月 5 日。

（Die Erdbedingtheit der Psyche）。他首先描述了个体的日常及清醒意识的第一层次，第二层是个体的无意识，第三层是人的存在的深层，也就是超我的层次，这个层次不受制于空间和时间，以集体的元观念和情感方式保持意识活力并对人施加影响。弗罗贝尼乌斯题为《控制理论》（人受制于世界构造的另一层维度）的报告总结了"世界的命运和文化变种"：一个生物种类的构成失败了，文化也如此。1927年至1930年凯泽林举办了若干小型会议以及国外的年会，在西班牙影响很大。1930年在达姆施塔特举办了智慧学校成立十周年大会。

三、外出讲演

凯泽林1923年2月在旅途中前往维也纳和波西米亚举行讲演。除了口头演说之外他还有数量众多的报纸文章和论文，以此进行更加详细的问题交流。他还和心理学家以及心理分析学派的代表交流。荣格于1921年夏天发表演说《心理学类型》之后，凯泽林认识了心理分析理论的创立者弗洛伊德（Freud，Sigmund，1856—1939）、阿德勒（Adler，Alfred，1870—1937）、梅德（Mäder，Alphonse，1882—1972）、普菲斯特（Pfister，Oskar，1873—1956）、哈庭贝尔格（Hattingberg，Hans von，1879—1944）和蒙格（Meng，Heinrich，1887—1972）。

凯泽林和荣格在二十世纪二十年代初相识，并自此一直保持联系。对达姆施塔特这个圈子感兴趣的人和跟随者与荣格的圈子有很大重合。凯泽林早就对与荣格在学校年度大会的合作显示了很大的兴趣，直到1927年在施密茨的帮助下才让荣格参与进来。凯泽林和荣格常年通信、联系紧密，凯泽林在自传中（把一章献给荣格）证实："但是我们没有普通人之间的联系。"[1] 他自陈两人的交往是学术性的，是具备思想高度的。从两人的通

---

[1] Keyserling, Hermann Graf. *Reise durch Zeit*，II. Abenteuer der Seele，VII. C. G. Jung-Psychoanalyse. Digitale Bibliothek von Schule der Weisheit und Hermann Graf Keyserling.

信中可以看出，荣格非常耐心地为凯泽林解答心理学问题并回应他关于潜意识的咨询。

1923 年 11 月在柏林开展了新的一轮在智慧学校名义下的巡回演讲。凯泽林也就此开始了一直持续到 1924 年 3 月的欧洲旅行。1923 年开始的讲演活动都是在智慧学校的活动框架下举办的，凯泽林以学校建立者的身份旅行，在演讲中寻求进一步发展创造性认识。1924 年 1 月到 2 月，凯泽林巡回讲演到了瑞典。他在斯德哥尔摩接触到一种特别的心理分析治疗艺术，与德国医生及精神病学家格罗代克的理论有相似之处。格罗代克当时几乎不懂哲学，之后也没读过凯泽林的书。但是他通过曾经参加过大会的病人转述得知了达姆施塔特智慧学校的实用精神训练。他很好奇，一个人如何能有勇气用"智慧学校"这样的词来完成自己所想。他认为与凯泽林相识是命运的礼物，两人展开了广泛交流。时而哲学家给心理学家讲课，时而哲学家又成了精神病学者的病人。在与格罗代克的心理学分析谈话中凯泽林获得了对与他母亲过往经验的首次深层次省察。凯泽林还邀请格罗代克去达姆施塔特参与学校的讲演，并在《烛台》年鉴中刊登他的文章。

1924 年凯泽林在意大利北部举行讲演并出版了很多论文和小品文。一篇文章题为《第三个意大利》，表达了他的政治意见。在伦敦发表演说之后他给不同的报纸写文章，如《大政治中的新精神：伦敦演说之后所见》、《德国的牺牲品的纪念》及《文化与科技》[①]。凯泽林一直保持着与同时代交流的话题的多样性。这些文章在报纸上很受欢迎，不过凯泽林一直都保留自己的版权，以确保文章可以发表在不同的报纸上，这一点，从档案中凯泽林自己整理的报刊记录就可以发现，经常同一篇文章会在同一时期的不同报纸上发表，题目是类似的，不一定雷同。

1925 年初，凯泽林得到了很多来自美国的演讲邀请，比如哈佛大学和

---

① Gahlings, Ute. *Hermann Graf Keyserling*, *Ein Lebensbild*, Darmstadt, Justus von liebig Verlag, 1996. S. 191.

威廉镇（Williams Town）的政治研究所等机构的邀请，但是他拒绝了。这个决定的原因与他的性格以及智慧学校的影响有关，他说："我不是教授，而是一种让我承担所有重大责任的生命的冲动的代表。那些代表了它的灵魂的东西，我必须前往；而我必须放弃那些对我有其他期待的地方，所以我必须一个人单独呆着。"此时正值英文版《一个哲学家的旅行日记》在美国出版的时候，所以凯泽林还没有准备好到这个地方。"我是十分敏感的生物，因为我在每一个演讲中都付出我的全部灵魂，所以我很容易累，我必须能计算出我要去的地方不会让我枉费心力。"凯泽林此时的精力仍然放在智慧学校上，到1927年、1928年两年相交的时候，凯泽林才实现了去美国自由报告之行。智慧学校的影响力与凯泽林在欧美的讲座活动不断扩大有关。

他1925年初在德国举行一些演讲之后，3月份即在巴塞尔（Basel）和苏黎世发言，然后是罗马。在罗马他们建立了一个委员会，成员包括卢萨迪（Luzzatii, Luigi, 1841—1927, 意大利政治经济学家，社会哲学家，曾任意大利总理），克罗齐（Croce, Benedetto, 1866—1952, 意大利自由派哲学家，历史学家和政治学家），帕里斯（Pais, Ettore, 1856—1939, 意大利古代历史学家，政治家），瓦力（Valli, Luigi, 1878—1931, 文学评论家和教师），佛米奇（Formichi, Carlo, 1871—1943, 意大利东方学家和梵文学者），蒙卡特（Mokante, Pietro），阿桑吉欧（Assagioli, Roberto, 1888—1974, 意大利心理学家），斯巴莱迪（Spalletti, Rasponi, 1853—1931, 女性贵族和维权斗士），帕索里尼（Pasolini, Maria）等。在1925年3月和4月他在罗马开展了系列法语演讲。前奏在斯帕莱迪宫（Palazzo Spalletti）展开，主题是"真正的进步问题"（Le vrai probleme du progres）。另外三天，凯泽林在罗马大学以《东西方的智慧》（Sagesse d'Orient et d'Occident）、《新时代的形成》（L'ere nouvelle en formation）、《生与死》（De la vie et de la mort）为题做演讲。接着他在布达佩斯进行了为期一周的演讲，演讲活动由当时的政治家阿波尼和律师协会主席波拉克（Pollak，Hofrat Illes）精心筹划，成果非常显著。当时的报纸（*Pester Lloyd*）评价凯泽林以其出众的口才发表了自己对西方文化以及所有其他古老文化的变化历程及未来的看法。凯泽林的讲演最令人惊奇的是，"一边达到了经常让人不能集中精神的哲学题材的演讲成功，一边吸引了公众的注意"。

凯泽林接下来又在维也纳、格拉茨、杜塞尔多夫、卡尔斯鲁尔、哈勒、什切青和但泽等地演讲，并在柏林巡回演讲。虽然凯泽林开展了很多演讲旅行，但这也让他的精神十分紧张。他经常犹豫，必须拒绝很多邀请才能继续在达姆施塔特保持活跃。智慧学校在更大的圈子里变得出名，这得益于凯泽林在欧洲和美国发表了大量的报纸文章。在德国，凯泽林表现出关心政治的一面，比如，他发表了《预测即将到来的世界秩序》《人民的自我存在感和世界公民》《凯泽林评新登堡选举》[1] 等文章。

1925 年凯泽林受法国知识界联盟邀请到巴黎，以《灵魂与精神》（Ame et Esprit）为题演说。当时德法政治关系紧张，他的成功出行得益于查尔斯·杜·博斯（Charles Du Bos，1882—1939）和巴鲁兹（Baruzi，Jean，1881—1953）的支持，他们在法国营造了良好气氛，并推动了智慧学校的宣传。凯泽林在报纸上发表多篇文章谈论德法关系，他认为德法之间的紧张局势是暂时的，只要德法人民将这种局势视为暂时的，并且不回避交流的可能。正是因为凯泽林的这些努力和表态，在今天的德法关系历史中，凯泽林仍然具有一席之地。在《欧洲，统一国家》（Vereinigte Staaten von Europa）系列文章中，他勾画了一个统一欧洲的理想。这个时段他已经在草拟一部名为《欧洲频谱》的大型作品，将业已在国内外各类报纸上出版的文章在"欧洲一体化"的框架下结集出版。

---

① 报纸名称及信息见 Gahlings，Ute. *Hermann Graf Keyserling*，*Ein Lebensbild*，Darmstadt，Justus von liebig Verlag，1996. S. 195.

标题为《献给文学的彼得便士》（Der Peterspfennig①der Literatur）的一篇另类文章，不仅在 1926 年的《德国汇报》（*Deutsche Allgemeine Zeitung*）发表，而且也在德国之外多次被转载。凯泽林时常处于物质艰难的情境，但是更重视精神的圆满，他认为目前的紧急使命是每卖出一本书中都应有一便士交给作者。

凯泽林这几年的写作兴趣很大，1927 年的《重生》一书与智慧学校有直接联系，内容包括了凯泽林在学校大会上发表的演说，将其重新统一成哲学化的新章节，目的在于为地球上所有新生者指明道路。第一章是精神的重生，第二章是灵魂的重生。在凯泽林的大量旅行中，他的行为都是以智慧学校的领导者自居。1927 年初他访问了维也纳、索非亚、君士坦丁堡，并在罗马尼亚度过一周。

四、宣传印刷品

智慧学校的另一个重要知识生产和传播阵地是学校图书馆，截至 1928 年，图书馆共有 1400 余册的图书。包括凯泽林的全部作品以及德国内外知名哲学家的作品等，图书馆图书来自智慧学校的成员捐赠，其分类标准与国际通行的图书管理排序不同，共分为六大类（参见表 6-3）。

表 6-3　智慧学校的图书馆分类标准

I. Psychoanalytische Schriften	心理学分析著作
II. Religion	宗教
III. Morgenländisches	东方
IV. Geschichte，Politik，Wirtschaft	历史、政治、经济

① https://de. wikipedia. org/wiki/Peterspfennig. "彼得的便士是所有信徒参与罗马教皇为普世教会的慈善活动最有代表性的做法。这种姿态不仅实用，而且也有显著的象征意义，是与教皇同在的标志，是照顾兄弟姐妹需要的标志，因此拥有一个主要宗教价值。" Papst Benedikts XVI. bei der Audienz für den Circolo San Pietro am 25. Februar 2006.

V. Mystische Strömungen	神秘主义流派
VI. Literatur verschiedener Art	文学

分类之外最重要的书籍是智慧学校通讯刊物《圆满之路》、年鉴《烛台》，以及其他宣传印刷品。[①]

第六节 智慧学校作为知识侨易的空间

知识生产的过程实际上类似符号的生产，智慧学校作为当时知识生产空间中重要的符号生产机构，也反映了这一空间内部关系以及结构的变化，即对主体间关系，如个体与群体、个体与个体、群体与群体之间的关系及其变化进行的空间性观察。侨易现象所观察的主体思想变化即建立在主体间的关系基础上，只有与其他个体、群体发生的关系，才能构成主体思想变化的前提。侨易现象所观察的知识侨易则或者以文化体（个体之和）间关系为主，或者以思想、观念间的继承、冲突、融合、涵濡[②]等关系为主。因此，侨易空间有两层含义：第一层是强调具体实在的侨易景观的空间性质，同时强调侨易景观这一特殊空间对侨易主体间关系的影响，此种关系变化的过程发生在固定场所，亦即在侨易景观和侨易主体间形成了"人"与"物"的关系；第二层是强调人与人的关系，即不同主体作为

---

① 自 1920 年以来在达姆施塔特出版的书籍和关于达姆施塔特的书籍，已经涉及许多领域，如基督教（见 1924 年的整册《烛台》）、礼仪运动和宗教生活（见鲁雅文的《神秘学与教会》）、精神分析（见 O. A. H. Schmitz 的《瑜伽与心理分析》和凯泽林伯爵对同一问题的许多思考）、经济、政治、技术（见《圆满之路》第 9 期中凯泽林的文章《文化与技术》），这个时代的许多领军人物的创作和思想都是从达姆斯塔特得到启发的。

② "文化涵濡，是指远缘近缘的多种文化之间的深层的涵化与濡染从而导致文化精神内在隐性变异的过程。"参见胡继华：《文化涵濡与中国现代诗学创制》，《文艺争鸣》，2013 年第 7 期，第 15 页。

侨易节点，由各自的关系形成的关系网络所构成的抽象空间，视为侨易空间。智慧学校也以其各种活动模式参加到了知识生产的过程中，成为了兼具具体侨易景观和抽象关系的侨易空间，不但在图书出版的实务上有所作为，而且在联络学人、发展新的学术交流关系上体现了积极的推动作用。

以智慧学校和凯泽林为例，按照空间生产理论和知识生产理论，主要的关系仍然是围绕凯泽林为中心的"学人社交关系"和以图书出版为实务核心的书籍流通脉络：首先是人与物的关系，即"空间作为物，与人作为生产者"①的关系。其次是物与人的关系，即"知识作为生产材料，人作为生产者"的关系。但两者都对人与人的关系关注不足，即人与人的关系可视为第三层：在空间中依然存在空间生产者和在空间中受到限制的人；在知识生产中存在不同主体对知识的生产权力即阐释权争夺引发的矛盾。而使用侨易空间的概念对智慧学校所涵盖的知识生产环节进行完善阐释，则从以上三个关系层面对知识史或者依然对思想史有更为全面的把握。

物的重要性是通过功能凸显的，即便是作为审美对象存在的自然之景或者艺术品也能引发人的情绪共鸣（mononoaware，即"物哀"②）；而人造之物能提供人生活生产所需。而物的功能（不包括自然物）即工具属性则依赖于人的造物行为，这种行为过程中诞生了人对物的一种主导关系。同时，对过去之物的怀疑，以及对未来之物的好奇，共同推动了造物的行为，也使得物在人的世界中越来越重要，物对人的主导关系开始出现。而人类历史的分期，不也是按照工具之进化而划分的吗？从石器时代到工业时代，到网络时代，人造物的功能性渐渐从个体劳动效率的提高发展为聚落生产方式的转变，再到影响全人类交际的方式……工具性的人造物影响

---

① ［法］列斐伏尔：《空间：社会产物与使用价值》，载包亚明主编：《现代性与空间的生产》，上海：上海教育出版社，2002年，第48页。

② ［日］本居宣长、大西克礼：《物哀》，王向远译，南京：江苏凤凰文艺出版社，2020年。

空间越来越大，影响的关系也越来越多，自然，对侨易空间的影响也就通过工具物、景观物和沟通物的媒介体现出来。工具物指图书、印刷品、文具一类由侨易主体所使用的物品；景观物指侨易景观（移动或者固定）；沟通物指媒介特性，如电报、通信、电话、网络。有时同一物品承担了多重功能，如书信，就既可作为工具物，也可作为沟通物。即便是艺术作品也摆脱了阶段性的反映艺术家个体对外界的感性认知的特征，更带有了借艺术品为关系媒介——向众人"布道"，扩大艺术家或艺术创作（作为文化生产的产品）的影响力。而文学艺术则作为特殊的媒介物传递了抽象的精神和思想，其扩大、延展"人"-"物"的关系的功能则并不隐晦，也是显而易见的。

进一步看，侨易景观也属于物的一种，即（人造）"空间"同样属于造物行为的延伸：是人对物的影响延伸到对其他人（个体、群体）的过程，这一过程也可称为"社会化"，而这一过程中的物的功能和阐释则往往被作为"社会"的脚注，不被重点分析。知识的社会化过程则无法脱离于此，不论是知识的记录、传播、改变、继承都需要物的参与，更需要"人造空间"的参与，仅凭知识的生产者：人（指知识生产理论中的人），知识的社会化将难以实现。

知识的社会化与知识传播的不同之处也在此（虽然都依赖于中介物）：知识传播是发生在同一侨易空间或者同一关系中的知识转移；而知识的社会化包含了不同侨易空间以及不同关系体之间的不限于接受性转移，且多以排斥性对立、斗争、压制、主导等"竞型二元"[1]为前导，在社会化的过程中还包含前后以物为中心的阶段和以人为中心的阶段，两个阶段分别集中在受限于侨易空间的知识生产和以关系体为基础的知识传播（见图6-

---

[1] 叶隽：《构序与取象：侨易学的方法》，杭州：浙江教育出版社，2021年，第90页。

1）。对比"再循环"①（见图6-2）这一同样强调知识生产和知识传播关系的文化概念，我们又可进一步对凯泽林及其智慧学校在其知识社会化过程中的位置和雄心有所把握，尤其是从知识生产者的活动空间向知识消费者的空间的延伸、从知识的私人空间（或他空间）向大众文化的公共空间的扩展。

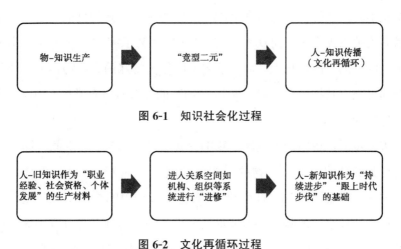

图 6-1　知识社会化过程

图 6-2　文化再循环过程

文化再循环的过程排除了知识生产者的活动空间，聚焦于知识消费者的空间，"不是一个科学积累的理性过程，而是一个非理性且孤立于其他一切过程的消费的社会过程"②。凯泽林一方面处于知识生产者的空间，参与知识生产以及精英群体空间中的个体间"竞型二元"关系，另一方面他也以创立的"组织""机构"参与到知识消费者的空间内，其目的是文化的，也是社会的，进一步，更是政治的。

知识社会化的过程是"文化再循环"的前导，知识生产者的空间流转是知识消费的前提和基础，凯泽林及其机构则是必要的空间之间的交通

---

① ［法］让·鲍德里亚：《消费社会》，南京：南京大学出版社，2000年，第100—101页。图6-2中引号内容同出自此。

② 同上，第101页。

点。就如同泰戈尔和凯泽林、智慧学校的成员们同处一个演讲堂，但他们各自分属不同的空间，功能和关系也没有同一性①。而存在同一性的，是经由生产、传播、再循环过程进入到知识消费空间中的"知识"物（观念及思想）。知识的生产和传播不可能仅仅经过一次过渡就完成，凯泽林也从属于更上游的知识消费空间；知识消费者同样在更下游的空间成为知识生产者。这样一条"知识"的循环链，不仅仅是跨历史时间的，也是跨地理空间的，暗合了侨易路线的轨迹，具有延展性。与此同理，侨易空间也拥有类似的性质。

人无法脱离实在的器物、景观生活思考，因此器物侨易和制度侨易是着手分析侨易现象的必要路径之一，在"跨文化"个体的侨易现象研究个案中，经常会对侨易主体的确定和辨明有争论，尤其是涉及文化概念的重塑、教育制度的移植、知识体系的再造……究竟侨易主体是人、抽象制度还是实在的书籍物品呢？在既有的侨易学研究中，叶隽先生引入了"知识侨易"的概念，从知识主体的角度入手，将人和物作为侨易现象发生的媒介或条件，进而分析此中人和物的作用；在此之前，人和物是分别作为侨易主体出现的，为此引入了器物侨易概念进行补充。但就实际的侨易现象而言，越是具有研究价值的个案，其侨易主体越呈现出多样性，即可被视

———————————

① 详细而言，在智慧学校的讲堂中，泰戈尔也并没有扮演知识生产者的角色，直接与知识消费者产生传播关系，而是由凯泽林作为这一空间的主导者，泰戈尔的知识被凯泽林挪用为其感性哲学传播以及面向学校成员的生产资料，泰戈尔本人则成为为其空间增添权威感和东方情调魔力的装饰和陈设，这当然也是符合空间内的"人"-"物"（包括被异化的人）的关系的，即同一空间内的权威唯一性，这种魔力当然被活生生的泰戈尔加强，远胜过一幅照片或者凯泽林自己对印度之行（与泰戈尔会面）的转述，这些内容、故事、知识共同成为填充空间的物品（称之符号也可，物品凸显个性和不可复制，符号凸显知识消费者的接受和转化），被摆放在恰当的位置，为知识的循环、再循环发挥作用。这样，即便凯泽林不在场，他的影响力也仍然存在，并由其他物品在空间中持续发挥作用。物的功能即在于延伸人的影响，将关系触角拓展到更多的个体、更远的范畴（比如沟通物、媒介物-电脑、电话等通讯设备，以及通讯软件）。

为侨易主体的并不唯一，甚至侨易现象中的人与物都在发生变化，此时仍按照器物、制度、思想三个层面对侨易主体进行划分显然会对一种整体的侨易现象形成影响，而按照另一种思路，即侨易主体、侨易空间、侨易现象的思路，在侨易空间内部显然有着众多主体参与其中的侨易现象，此时侨易空间概念重在对宏观的社会空间（包括人际关系-历史经济政治背景）进行考察，而相对中观的侨易景观恰可作为对侨易空间的一种补充，就侨易现象中的人与物的关系即相关性进行阐释。这里仍然要聚焦于时空关系，尤其是空间概念和空间内部的人与物位置的理论分析，这也是侨易学角度的空间阐释与文学批评即空间叙事的主要差别。侨易景观的概念以及相对应的阐释，实际上是作为一种解码侨易现象中人与物、与制度、与社会的关系的一种尝试存在的，这种解码将伴随日新月异的社会、世界，与复杂迁变的人性共存。

第七节　侨易空间的复制和转移

智慧学校的制度和机构主要借鉴了哪些资源呢？主要应考虑到凯泽林在世界旅行过程中见到的各种学校类型，如卫礼贤在青岛所建的书院，泰戈尔在印度创建的生活智慧学校以及印度圣地尼克坦国际大学，还不应该忽视凯泽林家族的影响，凯泽林的祖父亚历山大·凯泽林曾经是波罗的海地区重要的文教机构多帕特大学的学监，与一般意义上的教育机构不同，多帕特大学还承担了社会价值观传递和辅助国家治理的人才培养功能。在前文所讲到的萨马林与席仑的争论中，最终将席仑解职的学监就是亚历山大·凯泽林。从宏观上看，凯泽林所融合的不仅仅是几所学校的立意，也是来自中国、印度、俄国以及故乡的制度化资源。

把卫礼贤在青岛的书院与凯泽林在达姆施塔特的智慧学校进行对比，可以很清楚地看出凯泽林吸取到了以学校为外在形式的一种空间的转移技巧。

两者的差异则在于，卫礼贤所建立的学校是将自己置身于个体的知识消费端，而将群体的知识生产位置留给劳乃宣等学人；凯泽林则模仿这一空间，将关系双方倒置，将自己作为个体的知识生产端，而将德国、欧洲范围内的其他个体、阶层作为潜在的知识消费端。卫礼贤和凯泽林的个体交谊以及知识交流也同样确定了这样一种关系的连接和转化（见图6-3，呈现了一种镜像的"上下颠倒"对应关系）。因此两所学校在各个方面均可形成可比性。

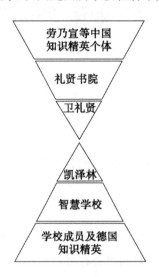

图6-3　礼贤书院与智慧学校联系图

从更广泛的意义层面来看，这种复制和转移还体现在凯泽林对其他文化域的进入、资源择取和转化上，他与各文化域的个体交往当然不仅仅是学人相亲，还有为感性哲学观继续汲取资源的需要，与中国文化的相遇、相交模式自然也得到了复制和转移，其基础则在于知识侨易的成熟路径。

第七章

中德文化空间内的知识侨易路径：
以择"道"和译"Sinn"为例

第一节　传教士译"儒"与卫礼贤择"道"

从"道"到"感性哲学"，其间关联如何？显性联系首先体现在凯泽林的感性哲学在德语中写作"Sinnphilosophie"，而卫礼贤为"道"选定的德语词也为"Sinn"。那么其间是否存在其他隐性关联呢？这也与"道"与"感性哲学"在语言符号层面、哲学文化层面的更多阐释联系相关。

"道"在中国传统文化层面上不会被人同"道路"之具象意义混淆，同一个汉字在哲学意义上具有十分抽象、但几乎人尽可解的含义，在中国哲学发展中地位重要。不过对大部分未超越同一文化体影响的个体而言，"释"道是常态，因"道"其存身之处上至思想典籍、下至百姓日用，因此采用举例、说理、论证方法去解释"道"、旁证"道"，甚至推翻"道"各有其用；在跨文化体的交流中，"译"道却不常见，或因难以被接受而显得格外艰难。另外，作为中国文化向外交流传播的这一重要母题，"道"的域外传播和接受，体现出了时代性和空间性的特征：以中国文化甚至亚洲文化为侨出语境的"道"之阐释与异文化个体的"道"之阐释各有侧重。一方面深受中华文化涵濡的亚洲文化圈内部，对"道"的理解往往是全息的、代际的、与具体之思想流派相结合，因而多以器物和制度层面的实践和延续为表征，如韩国郑梦周、赵光祖和赵宪等人的道学思想和儒学的义理之道①，日本大塚观澜《日本道学渊源录》等均反映出东亚同一文化域内部对"道"的理解和继承。另一方面，异文化主体性影响下的个体对"道"的观察、理解、阐释往往天然带有"互文性"，这种互文性不但体现在概念的替换和转译，还表现为知识生产模式的复制，如西班牙多明我会传教士闵明我（Domingo Fernández Navarrete，1610—1689）的《中华帝国纵览》（*Tratados históricos，políticos，éticos y religiosos de la monarquia de China*，1676）、葡萄牙耶稣会传教士安文思（Gabriel de Magalhães，1610—1677）的《中国新史》（*Nouvelle Relation de la Chine，contenant la description des particularitez les plus considerables de ce grand empire*，1688）、法国耶稣会士李明（Louis le Comte，1655—1728）的《中国近事报道》（*Nouveau mémoire sur l'état présent de la Chine*，1696）等不同体裁和格式的文本体现了前启蒙时代一种基本的实用性记载，如以沟通汇报为目的的书信体，以及其他具有政治实际功能的劝谏资政等。传教士来华时不但将西方百科全书编译成中文②，而且将中国的地理国情以相同的方式编译成外语，就是西方启蒙时代百科全书式的"辞书"知识生产和传播模式的延续，如法国耶稣会士杜哈德（Jean Baptiste du Halde，1674—1743）的《中华帝国全志》（*Description Géographique，Historique，Chronologique，Politique，et Physique de l'Empire de la Chine et de la Tartarie Chinoise*，1736）。从时代上来看，从地理发现时期

---

① 参见吴锡源：《韩国儒学的义理思想》，上海：复旦大学出版社，2014 年。

② "当时一些传教士已经开始将百科全书中的资料编译为中文文献，较早注意利用百科全书的有英国传教士慕威廉……"见邹振环：《近代"百科全书"译名的形成、变异与文化理解》，载叶隽主编：《侨易》第一辑，北京：社会科学文献出版社，2014年，第 7 页。

零星的中国地理、人文知识汇编和文学文本翻译，到帝国主义扩张时期的中国典籍翻译，再到近现代以来中国留学生群体的主动译介传播，"译"道之路与中国传统文化的知识传播模式相关，各时期不同的翻译主体实际上代表了三种知识传播路径：探险家、传教士和中国知识精英。在这三种身份中，探险家视文化和文学为异域财宝和丰厚赏金的副产品，中国知识精英因为救亡图存等时代话语的必要性对于引入西学更感迫切，只有传教士处于名为宗教传播，实为思想交锋、文化交流的第一线，如传教士沙勿略（Santo Fransiskus Xaverius，1506—1552）在明朝海禁政策下传教受阻，"死前曾向欧洲人发回一系列报道，他告诫人们，要想以基督福音归化日本、交趾，必须首先归化当时作为东亚文化中心的明帝国……此后，耶稣会士们开始将其'精神狩猎'的目标，转向'文明鼎盛'而又神秘莫测的中国"[1]，因此传教士既对中国传统文化有着了解认识之必要，也对宗主国扩张战略承担着使命之必然："传教会作为一种可以依靠的力量，被德帝国纳入了海外殖民的重要战略组成中，在中国的传教士们当然也不会例外。"[2] 译道，既是经过翻译使异文化体了解"道"的过程，也是选择恰当语言、词汇转化"道"进入异文化语境的过程，"道"这一概念经由卫礼贤的翻译得到了融入德国文化的契机，甚至成为英语世界了解"道"的重要基础。这一现象可引发两个大的问题：早在 1781 年塞肯多夫（Seck-endorff，Karl Siegmund von，1744—1785）所作《中国道德家》（*Der chinesische Sittenlehrer*）就已经说明道家精神进入德国文学[3]，为何迟至二十世纪初，作为道家经典文本的《道德经》以及作为儒道源流的中国古

---

① 孙尚扬：《利玛窦与徐光启》，北京：中国国际广播出版社，2009 年，第 6 页。

② 叶隽：《帝国的消解与现代的兴起——以安治泰与卫礼贤比较为中心》，《德国研究》，2008 年第 4 期，第 67 页。

③ 谭渊：《歌德的"中国之旅"与"世界文学"之创生》，载叶隽主编：《侨易》第一辑，北京：社会科学文献出版社，2014 年，第 179 页。

老典籍《易经》① 才经由"近代以来的德国第三代传教士（以郭士立等为第一代）"② 以详尽的"道"之外译得蒙宏宣？卫礼贤以传教士身份所译中国典籍所体现的中国文化资源与古典时代德国诗哲所汲取的其他传教士所译中国资源③从路径、内容和效用上有何不同？宏观上看，这与不平均的全球化发展历史以及人类思想史有关，比如利玛窦在华传教面临的主要挑战仍然是"儒学统治的中国"④ 与基督教精神的官方冲突，以及与士大夫等儒服相交的难度，因此在中国文化中主动择取的是儒家典籍，如利玛窦于 1594 年翻译拉丁语版的"四书"⑤。此后两个世纪里传教士对儒学经

---

① 传教士对《易经》的译介最早可追溯到曾德昭（Alvaro Semedo，1585—1658）的《大中国志》（*Imperio de la China，i cultura evangelica en èl，por los religios de la Compañia de Iesus，Madrid*，1642）、卫匡国（Martino Martini，1614—1661）《中国史初编》（*Sinicæ Historiæ Decas Prima*，1658），以及白晋（Joachim Bouvet，1656—1730）、刘应（C. de Visderou，1656—1730）、马若瑟（Joseph Mariade Premare，1666—1736）和雷孝思（Jean Baptiste Regis，1663/1664—1738）、傅圣泽（Jean Francoise Foucquet，1665—1741）等。"1626 年，金尼阁又将'五经'译为拉丁文，在杭州刊印，书名为《中国第一部神圣之书》。"参见武斌：《孔子西游记：中国智慧在西方》，广州：广东人民出版社，2021 年，第 41 页。

② 叶隽：《帝国的消解与现代的兴起——以安治泰与卫礼贤比较为中心》，《德国研究》，2008 年第 4 期，第 70 页。郭士立即郭实腊，见温馨：《文明碰撞与范式转变：19 世纪来华德国人与中国》，北京：社会科学文献出版社，2018 年。

③ 即传教士的知识传播路径内部差异不仅与时代相关，如明朝、清朝，而且与国别、宗教派别、文化特点有关。参见张国刚、吴莉苇：《中西文化关系史》，北京：高等教育出版社，2006 年。

④ 孙尚扬：《利玛窦与徐光启》，北京：中国国际广播出版社，2009 年，第 12 页。

⑤ "利子此时尝将中国《四书》译以西文，寄回本国，国人读而悦之，以为中邦经书能识大原不迷其主者。至今孔孟之训，远播遐方者，皆利子力也。"参见艾儒略（Gulius Aleni）：《利玛窦传记》（《大西西泰利先生行迹》），参钟鸣旦、杜鼎克主编：《耶稣会罗马档案馆明清天主教文献》第 12 册，台北：利氏学社，2002 年，第 204 页。如和利玛窦同期的传教士罗明坚翻译过"四书"中的《大学》部分内容，参见李新德：《耶稣会士对〈四书〉的翻译与阐释》，《孔子研究》，2011 年第 1 期，第 99—100 页。

典的翻译逐步完善①，而到了二十世纪初，在华传教士的"传教模式"更与"知识生产"相融合，代表人物如卫礼贤和李佳白。相较而言，"道"这一更为古老的文化核心概念并没有得到传教士更多的注意力，西方的中国形象是"欧洲化的中国"（Euro-Sinica），体现的也是欧洲各时代各阶层自身的精神面貌："当法国国王资助的传教士进入中国的时候，他们带来了符号和象征手法。就像他们的欧洲同行对埃及文化的看法一样，他们研究中国传统时，认为这是一个一神教崇拜的遗迹。这与莱布尼茨的二进制数学刚好同时，因此莱布尼茨支持耶稣会士在中国的活动。"② 而众人津津乐道的轶事是十七世纪末白晋与莱布尼茨关于《易经》和二进制的讨论③，《易经》以及《道德经》的翻译进展也远不如同时期的儒家典籍④。具体而言，则需回归到译者本身的定位和其时代的知识传播路径、模式上，即卫礼贤在具体文本中对"道"的翻译阐释以及其对自己非传教士而是中西文化交流使者的定位，实际上这也说明了传教士外在身份与内在精神追求产

---

① 柏应理（Philippe Couplet，1623—1693）《中国哲学家孔子》（*Confucius Sinarum Philosophus*，1687），比利时耶稣会士卫方济（François Noël，1651—1729）《中国六经》（*Sinensis Imperii Libri Classici Sex*，1711）。

② ［加］夏瑞春：《欧洲化中国：过去和未来》，潘琳译，《中国文化研究》，2004年秋卷，第60—61页。

③ 1701年11月4日白晋给莱布尼茨的信。8/44. Joachim Bouvet an Leibniz, Peking，4. November 1701. Widmaier，Rita hrg. *Leibniz Korrespondiert mit China. Der Briefwechsel mit den Jesuitenmissionaren*（1689-1714）. Frankfurt：Vittorio Klostermann，1990.

④ 这种侧重在19世纪下半叶也发生了变化，儒家典籍以及其他中国典籍的翻译遇冷："19世纪下半叶，曾获得辜鸿铭盛赞的汉学家花之安（Ernst Faber，1839—1899）神父开始试译出《列子》（1877）、《孟子》（1877）、《庄子》等中国经典，在德国国内却阒无反响。"参见范劲：《卫礼贤之名：一个边际文化符码的考察》，上海：华东师范大学出版社，2011年，导言第9页。

生矛盾后诞化新思想和新主张的一种可能①。

根据卫礼贤的翻译年表（见表 7-1）显示，凯泽林中国旅行期间在青岛与卫礼贤相识交往时，正是卫礼贤结束了《道德经》翻译并即将开始《易经》翻译的间隔期，但是关于《易经》、儒道文化的讨论却早在此时就展开了。

表 7-1　卫礼贤《道德经》《易经》翻译进度

时间	《易经》 （*Das Buch der Wandlungen*）	时间	《道德经》 （*Das Buch des alten vom Sinn und Leben*）
1914 年 3 月 25 日	开始翻译《周易》	1910 年初	准备
1914 年—1917 年	中断	1910 年 10 月	完成上半部分
1917 年	重启	1910 年 11 月	完成第二部分
1920 年初	初步完成	1911 年	出版
1923 年 7 月	完成修改	1916 年初	修订某些段落
1924 年	出版	1916 年	修改完成，没有出版（以中文文本为基础重译）
		1957 年	新版出版

一位曾于 1908 年在北京任职、并和卫礼贤有过交集的德国外交官木提乌斯（Mutius，Gerhart von，1872—1934）在凯泽林前往青岛之际给卫礼贤写了这样一封信："鉴于您对孔子的翻译让我深感趣味，我相信您可以给他一些有用的提示……我敢于向您推荐我的这位朋友，主要是因为我知道我带给您的是一位非常有才华而且非常幽默的人，这样的事情在青岛想

①　即传教士从实际的宗教使命指引下的功能翻译转为主观内在动机的学术翻译所产生的"传教士汉学"，参见张西平：《传教士汉学研究》，郑州：大象出版社，2005年。

必不会经常发生。"① 这里的"他"指的就是凯泽林了，经过友人的引荐，凯泽林与卫礼贤在青岛相识，之后，凯泽林对于中国文化的兴趣得益于卫礼贤的中介作用而渐渐增强，凯泽林离开青岛前往天津时，即动笔写信给卫礼贤："您有意帮我一个小忙吗？我想在木板上拓写一些中国格言，挂在我的书房里：能不能请您把这些中文以能被阅读的字体写下来，尽早寄到俄罗斯驻京使馆？这样我可以尽早着手制作……"② 接着凯泽林列举了取自《老子》（即《道德经》）、《列子》的几段德文翻译，其中三条都涉及"Sinn"的概念③，可以推断的是，凯泽林在青岛逗留时，得到了卫礼贤赠予的相关译本，而凯泽林从青岛前往天津的路上即开始阅读，并对其中若干段落情志盎然，才想把这些格言以它本源的面貌拓刻在木板上，带回自己的家乡。而卫礼贤在同年 7 月下旬的回信中解释了凯泽林对于"致中和"的部分翻译疑问，"'和'字不是名词而是动词，我在和中国朋友们讨论的时候意识到，这就是我为什么不能脱离翻译而解释词语的原因。因为'和'字必须和另外两个字联系起来，而不是围绕'和'字本身。这将给整体带来更多的灵活性"④。

1912 年，凯泽林结束世界旅行回到爱沙尼亚，卫礼贤此时事业重心还在中国，两人虽然未有机会进行面对面的探讨，但是一直保持通讯，并对

---

① 1911 年 9 月 18 日木提乌斯致卫礼贤的信。

② 1912 年 4 月 4 日凯泽林致卫礼贤的信。见《卫礼贤档案》，慕尼黑：巴伐利亚科学院（Archiv der Bayerischen Akademie der Wissenschaften, Bestand: Nachlass Richard Wilhelm, Signatur: II/258, Briefe Richard Wilhelms an Hermann Graf Keyserling 1911-1929; Signatur: II/259, Titel: Briefe von Hermann Graf Keyserling an Richard Wilhelm 1911-1929）以下不另注。

③ 1912 年 4 月 4 日凯泽林致卫礼贤的信。几句引文为"1. Der Sinn des auf sich selbst Ruhenden ist Stille; 2. Des Himmels Sinn wird festgestellt durch die Bestimmung des Menschen; 3. Des Himmels Sinn erschauen, Des Himmels Wandel ergreifen, ist das Höchste"。

④ 1912 年 7 月 23 日卫礼贤致凯泽林的信。

相互的学术工作和进展保持同步交流。从这一时期的通信来看，两人有着较为强烈的合作意向，且合作方向是东西方文化比较、中德文化交流、德作汉译或者汉作德译，因此较为依赖卫礼贤的汉学研究专长。这段时间凯泽林刚刚结束世界旅行，所作书稿尚未出版，他主动将自己的书稿交予卫礼贤过目。卫礼贤也是首先意识到这本书的时代性文化意义的人之一，他阅读完书稿之后十分激动，回复凯泽林说："您能想象我见到您的旅行日记时的激动之情。我发现书中的言辞恰如其分。我将非常愿意，如果您允许的话，在《中德年鉴》的中文版里公布它的出版消息。"① 1914 年一战爆发，同年 8 月，日军和德军在青岛开战，争夺胶州湾殖民地，严重影响了卫礼贤周围的研究环境，就此两人的通讯暂时断绝。一战结束后，凯泽林的《一个哲学家的旅行日记》在 1919 年出版，他的名声迅速传播，因这本代表作带来的巨大影响，凯泽林的智慧学校顺利赢得了更多的关注，在智慧学校的年度大会、通讯和定期讲座中，两人仍然围绕《易经》展开各类讨论②，卫礼贤的《易经》译本并非最早，却在英语世界以及非中文世界赢得了广泛、长远的影响，甚至被称为最权威的译本，原因何在？有论者认为这是响应了当时西方广泛的文化悲观主义，东方智慧的代表《易经》的出现恰逢其时："卫礼贤自己和他的朋友们，其中包括赫尔曼·黑塞、赫尔曼·凯瑟林伯爵（即凯泽林，作者注）和心理学家卡尔·古斯塔夫·荣格，都对'中国的人生智慧'有一种神秘的想象，把它当作和西方理性主义相对立的观念。"③

---

① 1913 年 5 月 13 日卫礼贤致凯泽林的信。

② 1921 年 8 月 29 日、1923 年 9 月 10 日、1924 年 1 月 1 日、1924 年 10 月 1 日、1925 年 1 月 25 日凯泽林致卫礼贤的信。

③ 罗丹美（Dr. Dagmar Lorenz）：《卫礼贤和他向往的地方——中国》（*Richard Wilhelm und sein Sehnsuchtsland China*），中文版 https://www.goethe.de/ins/cn/zh/kul/mag/20658065.html，德文版 https://www.goethe.de/ins/cn/de/kul/mag/20658065.html，查询日期：2021 年 1 月 25 日。

但是，卫礼贤《易经》版本的成功还取决于卫礼贤对中国文化的深刻理解，即他能体察到"易经"的实际文本内涵；更为重要的是，如何将这种理解转化为德语的表达，即通过关键词的替换让"译入语境"接纳《易经》的内涵："文本的翻译尽可能短而精炼，以便能够保存充盈于原文中的那种古意。因此，这样做不仅对于文本翻译，而且对中国最重要的注疏更有必要。这个摘录必须是尽可能条理清楚的，它可以使人们对于中国学者为理解这本书的内容而附加上的一些最重要的解说有所了解。我在翻译中难免将其与西方著作相比较，常常是不由自主，同时也会添加一些个人观点，我已尽可能节制，而且无一例外会在文中表明它们的性质。因此读者大可以将本经和《十翼》看作中文思想原汁原味的再现。我之所以要让读者注意这些是因为这本书呈现的很多基本道理和基督教的教义妙合无垠，以致给人留下的印象常常令人经久难忘。"① 在这里，文本（《易经》）或者词汇（"道"）实际上是充当了文化负载词，起到了下载和上传文化的功能，上传是一个浓缩的过程，而下载则是释放的过程，也就是说不但有着方向差异，还有着密度的转化差异。在这一过程中，卫礼贤得到的指点不仅仅来自劳乃宣，还有凯泽林和荣格②等德国人，即经过他们理解消化的中国文化的再次阐释对卫礼贤产生影响。符号能"使我们想到这个东西加之于感觉而产生的印象之外的某种东西"③，以"道"为例，一个符号背后蕴含了大量的文化内涵和理解，当然在翻译中可以以注释的方式对"道"进行阐释，但是这种转化还不能算是真正的符号转化，真正在符号层面转化是由"道"入"Sinn"，我们阐释"Sinn"面临的困难，正如卫礼贤在阐释"道"时面临的问题一样。在这一系列符号，或者说文化关键词

---

① 刘元成、孙家政译：《卫礼贤德译本〈易经〉序言和引言》，《国际汉学》，2016年第3期，第126—133页。

② 申荷永、高岚：《荣格与中国文化》，北京：首都师范大学出版社，2018年，第39—92页。

③ 王铭玉：《语言符号学》，北京：高等教育出版社，2004年，第79页。

的跨文化翻译转化中，还面临着误读，即符号越简化，越具有更加广泛的阐释空间，即下载和释放意义的过程中也存在意义的变化，这一过程也是卫礼贤德译《易经》所蕴含的最重要的侨易现象，在这种广泛的阐释过程中，蕴含着知识侨易的过程，即荣格和凯泽林面对"道"，他们所阐释出来的含义又进一步侨易成为各自心理学、哲学的成果。"道"的翻译实际上是一次知识侨易，其中凯泽林充当了重要的侨易节点。

第二节　卫礼贤的翻译阐释："道""Tao""Sinn"的符号转化

"道"作为中国传统文化的一个重要概念经由卫礼贤的翻译得到了融入德国文化的契机，《易经》由德国汉学家卫礼贤译成德语，其在序言中说："青岛成了众多最重要的中国旧式学者的居住地，我有幸在他们当中遇到了我十分敬仰的导师劳乃宣。"[①] 他在翻译过程中得到了中国学者的帮助，加之其本人受中国文化涵养多年，通汉语、对中国文化有比较全面的"理解"，注意，这里的理解并不一定等同于中国文化对道的理解，而是这种理解成为一个整体性的，可以在思想、社会和文化层面形成逻辑自洽的阐释体系，为卫礼贤的翻译和解读提供了足够的"说服力"，即"文本翻译是经过详细讨论的。德文译文又被回译成中文，直到德文译本已能完全表达中文原著的原意，翻译才算定型"[②]。所以卫礼贤的德译本《易经》一直被视为经典，尤其是在汉学领域颇受重视[③]，这也说明了这一译著很好地完成了其翻译功能。那么，"道"这一关键词是否作为一个符号完整地进入德国语境并被接受呢？在卫礼贤的翻译过程中呈现出来的"道"——

---

① 刘元成、张家政译：《卫礼贤德译本〈易经〉序言和引言》，《国际汉学》，2016年第 3 期，第 126 页。

② 同上。

③ 参见方维规：《两个人和两本书——荣格、卫礼贤与两部中国典籍》，《清华大学学报（哲学社会科学版）》，2015 年第 2 期，第 116—129、189—190 页。

"Tao"—"Sinn"三重符号转化为这个问题提供了线索。

面对中国文化的关键词"道"，卫礼贤对其内在意义的丰富性显然是有掌握的："在三千多年的中国文化历史中出现的所有伟大而重要的思想，几乎都与这本书有密切联系，要么是直接受到它的启发，要么是对其文本解释产生了影响。"① 而面对这样一本作为万千思想的根源的智慧之书，卫礼贤的翻译任务显然是无法局限在文字层面了，对于文本背后的文化结构、历时性的思想继承和阐释，都需要进行同步的"翻译"。也因此，作为社会实践和应用的主要体现形式——文化交流，尤其是跨文化交流的符号和结构是尤为重要的。"主流符号学强调结构和符码，但牺牲了符号体系的功能和社会应用，以及社会实践中各种符号体系之间复杂的相互关系，而这些因素，正是符号学的动力所在，正是其出发点和目标、形式和实质。"② 在一个文化体内部，符号的功能往往是实现交流的简化作用，但是在跨文化交流中，往往因为符号系统的差异而使交流无法如常进行。而翻译则承担了转化符号的任务，排除"不可译"性之外，翻译实际上实现了大部分功能。但是唯独符号转化是翻译的一大难题，因为符号本身浓缩了文化的大量信息，越是历史悠久的文化，其符号所包含的信息量越大，可阐释的空间越大。

以"道"这一概念为例，其不但涉及从中国文化到德国文化的阐释方向（空间跨度大），本身在中国历史里也涉及多种思想传统的时代变迁（时间跨度长）。因此，一个符号的"空间信息"和"时间信息"密度越高，翻译者在翻译过程中面临的困难就越大，其是一个将文化信息从符号中释放的过程。如果考虑翻译的存在意义在于使另一个文化体接受这种释

---

① 刘元成、张家政译：《卫礼贤德译本〈易经〉序言和引言》，《国际汉学》，2016年第 3 期，第 127 页。

② ［英］罗伯特·霍奇，冈瑟·克雷斯：《社会符号学》，周劲松、张碧译，成都：四川教育出版社，2012 年，第 1 页。

放过程并将这一符号纳入到本身文化体内部，那么难度就更大，原因在于各个文化的符号体系不一致，难以寻求到对应的符号，因此总是"不对等的"翻译。这也就导致了以文字语言符号作为知识的主要文化体现形式的变型，比如"道"在进入德国语境（以其德译本为考量）时发生的知识侨易：这一过程对应《易经》之"道"、卫礼贤之"道"和凯泽林之"道"的转化线路，以及①其中卫礼贤和凯泽林作为侨易主体在知识侨易过程中扮演的角色和发挥的作用。而从文本——知识内容本身而言，则是另一条路径。

从《易经》原典到《易经》德译本，再到凯泽林的感性哲学观的论述，文本层面是一步步实现互文性的过程。"广义的定义以巴尔特和克里斯蒂娃为代表，此种定义认为：互文性指任何文本与赋予该文本意义的知识、代码和表意实践之总和的关系，而这些知识、代码和表意实践形成了一个潜力无限的网络。"② "一个确定的文本与它所引用、改写、吸收、扩展、或在总体上加以改造的其它文本之间的关系，并且依据这种关系才可能理解这个文本。"③ 在卫礼贤和凯泽林的个案中，这种互文性一方面当然是以"文本"为基础体现的，另一方面，也是以"文化"和"哲学思想结构"为"文本"体现出来的，凯泽林的感性哲学是对道之哲学的吸收和改造，卫礼贤的 Sinn-Tao 转化吸收了德国文化乃至基督教文化的对应阐释："有人把无极，比太极更早的更原始开端，画成一个圆圈，太极则成了一个被分成明和暗、阴和阳两部分的圆圈，而这个符号在印度和欧洲也发挥

---

① 董琳璐：《卫礼贤的"道"与凯泽林的"感性哲学观"——中德文化关键词转化中的知识侨易》，载《汉学研究》总第三十集，北京：学苑出版社，2021 年，第 78—93 页。

② 程锡麟：《互文性理论概述》，《外国文学》，1996 年第 1 期，第 72—78 页。

③ 同上。

着作用。"① "我在翻译中难免将其与西方著作相比较……因此读者大可以将本经与《十翼》看作中文思想原汁原味的再现……这本书呈现的很多基本道理和基督教的教义妙合无垠……"② 而在这一过程中，卫礼贤对"道"的译和释成为择取"Sinn"作为对应概念的后续步骤，即翻"译"行为指向的不是知识侨易的终点，而是连接"择"和"释"的节点。

任何一种侨易现象背后都有"知识"的因素参与，这是广义的"知识侨易"；具体到"知识"作为侨易主体的狭义"知识侨易"，则需要明确"知识"的含义。在侨易现象中，作为侨易主体的对象必须是主体性比较明确的，知识往往是作为侨易现象的组成部分或者侨易主体的思想结果存在的，而研究者对于知识本身的"侨易"过程和价值认识不足。

在一般意义的"知识侨易"，或者"知识传递"过程中，知识分子的中介功能一般被认为是最重要的。而在知识侨易现象中，以人为侨易主体的侨易现象往往同步发生，知识侨易的节点往往由知识分子、翻译家等主体以及旅行、翻译、写作等行为甚至典籍等器物共同构建。这样抽象的知识侨易过程就具象为载体和主体缺一不可的侨易现象，是为知识侨易，而其与其他侨易现象的必要因素的显见差别也在于此：其侨易过程必须借助各类载体，比如书本典籍、机构学校等等，这种知识侨易的节点、中转站是尤其重要的，特别是在跨文化的知识侨易过程中，器物和制度作为思想的中介起到了符号转化的作用，这也是知识侨易路线显著不同于其他侨易现象的结构性差异。在此视角下，之前作为侨易主体的人，在知识侨易过程中起到的也是知识承载者的作用，因而被纳入到侨易因素中来，而之前作为侨易因素的典籍或者思想资源，此时则成为侨易主体，如《"典籍旅行"与"知识侨易"——〈永乐大典〉迁移史表现出的中德学者交谊及其

---

① 刘元成、张家政译：《卫礼贤德译本〈易经〉序言和引言》，载《国际汉学》，2016 年第 3 期，第 130 页。

② 同上，第 133 页。

学术兴趣》① 就将典籍作为知识侨易的符号来考察，实则（不独是学者，而是典籍）担负了东西文化交流的承载功能。

此外，知识侨易也是有别于"知识旅行"和"理论旅行"的，因旅行是以主体为中心、以主体意志为转移的行为，强调该主体跨越空间和时间发生的地理位移，主体一般是人或者理论。而知识侨易则强调抽象的知识在跨越空间和时间发生地理位移时借助不同载体的具象化过程和二次抽象化过程，载体可以是具体的典籍、字符，而人则成为节点。

在以《永乐大典》为案例的"典籍侨易"现象中，叶隽先生对知识的具象化过程进行了梳理和阐释，而对于二次抽象化过程，以下将以卫礼贤的《易经》之"道"与凯泽林的"感性哲学观"之间联系为例加以说明。

首先，卫礼贤在将道家经典德译的过程中选择以"Sinn"来翻译"道"的原因不再赘述，其本人就翻译策略和"Sinn"的含义与"道"的含义的对应性都有详细说明②。这一过程即是："道"作为关键词，中国文化从卫礼贤向德语语境传递的过程。这也是凯泽林、荣格、黑塞等一批德语语境中的知识精英有机会接触、接纳相关资源的先决条件。卫礼贤以传统中国典籍《易经》德译者的身份广为人知，他在中国逗留时间长达二十年，超过了绝大多数德国汉学家的在华时间，他在 1925 年成立的中国研究所是法兰克福大学汉学系的前身。自凯泽林到中国旅行时，两人相识，卫礼贤作

---

① 叶隽：《汉学家的中国碎影》，福州：福建教育出版社，2020 年，第 1—34 页。

② Richard Wilhelm. *Lao Tse. Tao te king. Das Buch des Alten vom Sinn und Leben*，Düsseldorf-Köln：Eugen Diedrichs Verlag，1957，S. XV-XVI. 另参见徐若楠、王建斌：《以经释经，以典释典——卫礼贤〈道德经〉翻译研究》，《西安外国语大学学报》，2016 年第 2 期，第 122—125 页。

为凯泽林的向导介绍他和辜鸿铭认识，此后两人一直保持着书信联系①，在二十年代两人都在德国有了以自己为重心的学术场域。1920 年凯泽林在黑森州达姆施塔特创办智慧学校，而 1925 年卫礼贤在距此三十五公里的法兰克福创办了中国研究所，两人的学术往来在地缘相近的情况下更加频繁：卫礼贤是凯泽林智慧学校的客座指导，并在相关通讯刊物《圆满之路》上发表过大量文章，凯泽林也撰写过很多关于卫礼贤的书评。而早在1920 年之前，两人自相识起也保持了频繁的通信，其中可以明显看出凯泽林对中国文化的兴趣，以及两人就汉学上的合作可能进行的讨论，尤其是围绕儒家、道家文化和《易经》解读的内容。这不仅是两人的社交生活密切的证据，更留下了往往最难推敲的思想史的痕迹，尤其是佐证了围绕"道"和"Sinn"这两个中德文化关键词展开的知识侨易现象。

其次，更为重要的是，在两人交往前期，卫礼贤是凯泽林接触和了解中国文化（儒家和道家文化）的桥梁，而在后期，凯泽林则成为了卫礼贤将中国资源转化为汉学成果的桥梁。这说明，在实际的侨易空间内，侨易主体并不是一成不变的，尤其是两个侨易主体互为侨易变量，为对方思想结构的形成提供支撑，形成了阶段"二元"的侨易现象。本文将借助几个核心概念（中国之道-卫礼贤翻译之道，德国之 Sinn-凯泽林之 Sinn）的接受和阐释来说明这一过程。前一过程中，知识侨易的空间主要是在中国，以中国之道的德国转化为路线，发挥作用的主体是卫礼贤，他汲取了凯泽林对"Sinn"的阐释；而后一过程中，知识侨易的空间主要是在德国，以卫礼贤释"道"向凯泽林的感性哲学观转化为路线，发挥作用的主体是凯

① 因研究重点和篇幅所限，主要节选部分信件，以凸显两人交往的时段性和特点。文献来自于：卫礼贤档案，慕尼黑，巴伐利亚科学院（Archiv der Bayerischen Akademie der Wissenschaften，Bestand：Nachlass Richard Wilhelm，Signatur：II/258，Briefe Richard Wilhelms an Hermann Graf Keyserling 1911-1929；Signatur：II/259，Titel：Briefe von Hermann Graf Keyserling an Richard Wilhelm 1911-1929）。下不另注。

泽林，他汲取了卫礼贤对"道"的理解。而这一"二元侨易"现象还体现为不同于此前以典籍为不变载体的知识侨易情况，以两个字"道"和"Sinn"为符号，分别承担了两次抽象知识具象化过程的载体，将这两个符号作为侨易主体。即第一步"道"作为关键词，经过德译"Sinn"进入德国；第二步"Sinn"作为关键词，德译"Sinn"和德国原生之"Sinn"经凯泽林获得了新的融合。也就是说，这一"知识侨易"过程是围绕文化关键词展开并完成的。卫礼贤选定"Sinn"对应"道"；而凯泽林选定"Sinn"作为哲学框架，体现了"道"的自然哲学的"生命""感性""体验"的一面，对于以理性、形而上、思辨为主的西方哲学而言是一种符合时代和社会期许的尝试。是感性的哲学、"道"的哲学，从而接续了凯泽林的中国体验。

第三节　凯泽林的哲学阐释：经《易经》"Sinn" 至感性哲学"Sinn"

从两人的交往来看，凯泽林对中国传统思想文化的兴趣是通过向卫礼贤讨教《易经》而体现的；凯泽林对中国在当时世界上的地位以及他对中国作为东方文明的代表的认识是通过他试图将代表作翻译成中文体现的；而最重要的是，凯泽林并没有在交流讨教中弱化自己的主体性，而是试图将卫礼贤背后的中国资源纳入到自己的事业和文化改革中来。而借助卫礼贤的中国知识构建了自己"感性哲学"的凯泽林，又以其对"Sinn"的阐释给予卫礼贤灵感，去阐释"道"的丰富含义。[①] 这在一定程度上正说明了在当时特殊的时代背景下，学术交往与公共交往重叠、思想交流与社会

---

① Gahlings, Ute. Keyserlings Begegnung mit China und Japan, Ute Gahlings und Klaus Jork (Hrsg.), *Hermann Graf Keyserling und Asien*, *Beiträge zur Bedeutung Asiens für Keyserling und seine Zeit*, Editon Vidya, 2000, S. 172.

往来交叉的一种情况，而凯泽林正是适时而起，同时对学术圈具备敏锐触觉的思想"掮客"。

卫礼贤在《易经》（1914①）中延续了《道德经》（1911②）中对"道"的翻译，即"Sinn"，而"道德"的翻译没有直接用狭义的"Moral"来定义，而是分为了"Sinn"和"Leben"③，实际上，就是将《道德经》分为"哲学的"和"伦理的"两层含义来解读，无论是"生命的意义"，还是"生命和意义"，都强调了这两个层次的关联，"Sinn"为法则，"Leben"为生命感性体验。《易经》则延续了这一解读方法。进一步说，儒家思想和典籍更偏向于伦理学的构建，而道家的则更偏向于哲学的构建，这也就是为何《易经》要言不烦，却占据了卫礼贤所定义的中国典籍经典系列的重要地位的原因④。

凯泽林同卫礼贤的交往近二十年，这期间两人处境各有变换，学问成就也各有侧重，但《易经》始终是两人取之不竭的文化资源和展开学术活动的重要倚仗。而两人的通信甚至后期最重要的"智慧学校"机构活动中，更时刻显现《易经》框架下的思想碰撞。

《易经》中蕴含的中国智慧在当时的德国广为人知，他们渴望的是新鲜感以及与西方哲学的反差感，但是伦理道德上的空间感和时间感，是凯泽林需要学习和借鉴的。尤其是对于秩序、规则的认识：两者差异体现在

————————————

① 按前卫礼贤翻译年表（表 7-1）所标的翻译时间，参见徐若楠：《中西经典的会通：卫礼贤翻译思想研究》，上海：上海译文出版社，2018 年。

② 同上。

③ 为何选择 Sinn 翻译最为重要的"道"，参见 Richard Wilhelm. *Lao Tse. Tao te king. Das Buch des Alten vom Sinn und Leben*，Düsseldorf-Köln：Eugen Diedrichs Verlag，1957，S. XV-XVI.

④ 《易经》也是从翻译到出版花费时间最久的著作。《诗经》（1904），《论语》（1911），《道德经》（1911），《列子的太虚真经》（1912），《南华真经》（1912），《孟子》（1914），《大学》（1920），《易经》（1924），《吕氏春秋》（1928），《太乙金华宗旨》（1929），《礼记》（1930）（注：括号内为出版时间），参见徐若楠：《中西经典的会通：卫礼贤翻译思想研究》，上海：上海译文出版社，2018 年。

西方的秩序是由外部规定的，中国的秩序是天人一体的世界观内在指引的。此外，差异还体现在，中国农民是作为这种秩序观的个体体现，但是同样的道德标准的外化体现在西方却是市民-资产阶级，资产阶级对个人自由和多样化的追求是与这种内在道德标准矛盾的，这也是凯泽林力求解决的矛盾（宏观而言是他试图解决一战之后的社会问题的一种阐释）。

《易经》实际上蕴含了儒家和道家的最初资源：儒家针对的是道德伦理，道家则是自然伦理，两部分共同构成了中国文化的特色和基础。易经在中国文化中的位置无需多言。理查德·史密斯（Smith, Richard J.）认为，《易经》是类似《圣经》或《古兰经》等其他文化中的宗教经典。①

卫礼贤翻译中的"道"（Sinn）和"德"（Leben），再到凯泽林所属的生命哲学和他所创立的"Sinn"的哲学（指感性哲学 Sinnphilosophie②），不难厘清其中知识侨易的脉络，及生命的哲学与法则的哲学融合，成为"感性哲学"，这种对生命哲学偏重生命经验与对理性和形而上思辨的线索的重视、对中国资源的"道"的框架的融合，就完全体现出来了，而这也恰恰体现了凯泽林哲学思想对于西方长久以来二元对立的逻各斯和秘索思路径③的融合，即理性和浪漫，或者说理性和反理性的一种融合。这种尝试虽非其所新创，但其完全是以"Sinn"这一关键词的文化内涵转化为基础才得以升华的。

考虑到这一时期正值凯泽林的智慧学校活动如火如荼展开之际，而卫礼贤则面临着将事业中心从中国回转德国的抉择和变动。两者在学术场域中的声望和地位均发生了重要变化，1921 年至 1925 年两人信件往来更加

---

① 参见［美］理查德·史密斯：《全球视角中的〈易经〉：几点思考》，侯一菲译，《国际汉学》，2020 年增刊，第 129—140 页。

② 翻译为感性哲学的原因主要考虑到凯泽林在早期受到生命哲学的影响，并十分注意生命直观体验对于哲学思考的启发。

③ 相关论述参见陈中梅：《论秘索思》，载陈中梅：《柏拉图诗学和艺术思想研究》，北京：商务印书馆，1999 年。

频繁，应是两人通讯史上最频繁的时段。这段时期的通信最显著的特征是凯泽林不再仅仅向卫礼贤请教中国文化，而是将卫礼贤的汉学知识作为发展智慧学校和感性哲学的重要资源，将卫礼贤纳入到了自己的事业版图中来。卫礼贤获得法兰克福大学的荣誉教席时，凯泽林表示祝贺并认为卫礼贤在法兰克福所做的工作势必会一年比一年重要。他预测这将开启一个新的时代，"这个新时代既是属于陌生人的，也是属于旅行者的。所有的新文化都是由陌生人建立的。比如罗曼·恩格（Ungern, Roman, 1886—1921）重新发现了蒙古的精神，您的生活工作则同中国的精神也是一样的关系。目前我已经变成了一名旅游演讲者……"[1]

凯泽林还曾向卫礼贤讨教，问他是如何在《易经》一书中把这种关系极尽深刻但是又非常感性地表达出来的，他猜测"您一定有足够的经验和足够的思考，所以现在能有这样的认识。与此同时，忘却了语言学、历史学、编年史和现实，独独思考其不变的本质和永恒，所以首先您不必花费大量时间，却可以完成真正有意义的内容"[2]。

卫礼贤和荣格同为智慧学校多次年度大会的嘉宾，两人之间的学术交往主要体现为荣格借助卫礼贤得到了对中国传统文化的了解，荣格经由卫礼贤翻译的《太乙金华宗旨》对中国道家思想特别是内丹学得到灵感，对集体无意识的心理现象有了突破性的研究[3]；在这一点上，凯泽林也是如此，正是借助卫礼贤的汉学资源，他才延续了世界旅行之后对中国文化的兴趣，并继续扩充了相关知识。除此以外，荣格对于中西文化的认识又同凯泽林相近："就在我们用技术上的优势把东方的物质世界搅得天翻地覆的时候，东方则用它精神上的优势把我们的精神世界投入困惑和混乱……

---

① 1924年1月1日凯泽林致卫礼贤的信。

② 1924年10月1日凯泽林致卫礼贤的信。

③ 参见方维规：《两个人和两本书——荣格、卫礼贤与两部中国典籍》，《清华大学学报（哲学社会科学版）》，2015年第2期，第116—129、189—190页。

我们最终将从那种限制其眼界的做法——这在东方已经发展为一种暧昧可疑的清静无为——中悟到点什么；也许，我们会逐渐从那种稳定的心态——这种稳定只有在精神的要求变得如社会生活一样绝对必需时才能达到——中悟到点什么。"[1] 卫礼贤同凯泽林在智慧学校时期的交往不限于书信往来和讲座报告，在1925年之后，卫礼贤还三次参加达姆施塔特智慧学校的年会，做了《个人命运和宇宙发展》《宇宙的安排》《作为中庸的人》三次报告。三篇报告映射了他的世界观，融合了他的知识体系，特别是《作为中庸的人》中提到的工业及机器文明引发的"国家、宗教和道德联系的崩溃"以及重塑人类精神（即"中庸"）等观点同儒家思想的紧密联系。这些情况更可以看出东方经验带给凯泽林的思想观念变迁和凯泽林精神的几度质变和升华。

在智慧学校的通讯刊物《圆满之路》中，凯泽林每年的评论文章中基本都会出现以卫礼贤为对象的章节，其中：1920年1篇、1921年1篇、1923年2篇、1925年2篇、1926年3篇、1929年1篇。如果没有卫礼贤的参与和支持，凯泽林的智慧学校在宣传东方文化时的说服力想必就没那么强了。卫礼贤不但是智慧学校和感性哲学的重要供养者，同样也是对西方文化更新换代起着根本作用的角色。

"所有文化的起源，都可以追溯到异域种子在本地的发芽。从各种传说中，我们被一次次告知：最原初的文明来自远方。……每次轮回，或多或少都在重复着相同的轮回。毫无例外，其中的领袖都是那些内心存在着异质的人物。也正是这样：只有这样的人才能看到新的使命，只有这样的人才能指明新的方向。因此现代欧洲是承继了罗马文化的日耳曼人建立的……如果文化衰老了，同样的事情就会再次发生；古老文化会附身到异域中，避免灭亡。这可以解释为什么最后一个完整的、真正的中国人是一个

---

① ［瑞士］荣格：《现代人的精神问题》，载冯川译：《荣格文集》，北京：改革出版社，1997年，第120—121页。

德国人了。他就是卫礼贤——法兰克福的教授，同时也是我们的同事。"①
凯泽林从卫礼贤的介绍中得到了关于"致中和"等儒家和道家思想的概念，进而归纳出"Sinn"的路径，与"Logos"相对应；从"Sinn"的概念到围绕"Sinn"建立的一系列阐释，再到"Sinnphilosophie"与"Logos"形成的一个二元世界观（哲学观），完成了进一步的知识侨易过程。

在这一个知识侨易过程中，卫礼贤和凯泽林实际上是充当了知识侨易的节点，即下载和上传过程中对抽象的符号与具体含义之间进行联系和对应的关键点（三角关系中各个点，或者说各条线之间的联系，见图 7-1）。从"道"的三角（中国文化）经历了卫礼贤和凯泽林的侨易阐释成为"Sinn"的三角（见图 7-2），这也是符号-指代对象-意指②的三角关系。

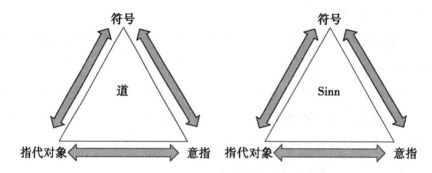

图 7-1　"道"与"Sinn"作为文化符号的指代对象及含义联系

① Keyserling, Hermann Graf. *Der Weg zur Vollendung*，Bücherschau：Richard Wilhelm，Darmstadt，1925，Heft 10.
② 吕红周：《符号·语言·人——语言符号学引论》，天津：南开大学出版社，2016 年，第 4 页。

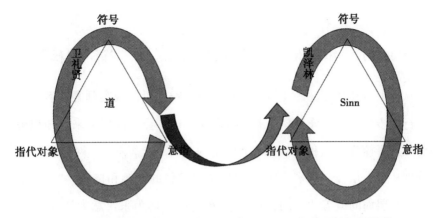

图 7-2　卫礼贤对"道"，凯泽林对"Sinn"作为文化符号的理解的联系

　　而人在知识侨易过程中的作用也在于此：从"道"到"Sinn"借鉴的不仅是符号本身，还有符号构成的方式、结构和阐释方法。由此制造新的意义（符号结构），即"meaning-making"，如果说符号学可以回答"道"的内涵，以及"Sinn"的内涵，那么从知识侨易的角度能够挖掘的是符号（道、Sinn）的变化过程，以及这一过程中的"媒介关联物（人）"、"对象关联物"和"解释关键物"，所以卫礼贤和凯泽林所充当的中介环节也是符号系统之间的"事实"媒介物。

　　同时，由"道"这一文字符号构成的一系列的"文化上传"知识侨易过程，就被完全复制过来，成为以"Sinn"为中心的"文化下载"知识侨易过程。换言之，卫礼贤完成的是中国文化"道"之意义变成语言的过程①，而凯泽林则就这一语言符号进行理解，成为"道"之语言转变为Sinn之语言并进入德国社会文化情境的过程中的中介。而感性哲学观的进一步构建过程中，知识侨易的功能就更明显。

---

　　① 方维规：《中国灵魂：一个神秘化过程》，载［德］马汉茂等主编：《德国汉学：历史、发展、人物与视角》，郑州：大象出版社，2005 年，第 74—94 页。Salome Wilhelm，Richard Wilhelm. *Der Geistige Mittler zwischen China und Europa*（卫礼贤——中国与欧洲的精神中介人），Düsseldorf-Köln：Eugen Diederichs Verlag，1956.

第四节　知识侨易路径三步骤："择""译""释"

从以上卫礼贤在德译《易经》的翻译实践中可以观察到翻译者的三个重要行为步骤：择、译、释。下面结合择、译、释的构字法来对知识侨易的路径进行梳理。三种行为的右形均是从"睪"，意为"一网打尽"①。左形分别从手、从言、从采。"择"是对初始材料的接触和选择；"译"是对语言文字层面的覆盖"一网打尽"；"释"字左形为采，意为捋取。"释"即对内容和意义层面的"散也。消也。废也。服也"②。

由此，三个关键字分别对应了选择、转换和消解三种行为，这不但与符号学中构建认识符号、解释消解符号的过程对应，也同样与知识侨易的路径有吻合之处。在知识侨易中，知识作为侨易主体往往需要一定的器物载体，文化典籍③、古董文物、典礼仪式往往都成为承载知识的符号，符号可以是物质、工具或者一定的程序、抽象关系的集合。而这类符号的跨文化转换则成为译入文化（德国）了解译出文化（中国）的关键，论及这点，材料如从传教士时代的"礼仪之争"问题，到欧洲十八世纪对中国瓷器的狂热追捧再延续到八国联军侵华"火烧圆明园"的罪行，都说明对于文化符号的转换不足（如误解、忽视、曲解）会持续引发各种无解的矛盾（或荒谬的现象）。而一次成功的符号转换则为下一阶段的"释"提供了难得机遇，比如以卫礼贤系列中国典籍译作为基础衍生出的哲学（凯泽林的

---

① 《汉典》，https://www.zdic.net/hans/％E6％8B％A9，查询时间：2022年3月25日。

② 《汉典》，https://www.zdic.net/hans/％E9％87％8A，查询时间：2022年3月25日。

③ 参见叶隽：《"典籍旅行"与"知识侨易"——〈永乐大典〉迁移史表现出的中德学者交谊及其学术兴趣》，载叶隽：《汉学家的中国碎影》，福州：福建教育出版社，2020年，第1—34页。

感性哲学观）、心理学（荣格的人格分析理论）、文学（黑塞的《玻璃球游戏》）等作品就成为译入文化的重要组成部分，前提当然是良好的"释"，即"消解、消化"。也因此，一次成功的完整的知识侨易必然是以消解于无形结束的，这也就意味着翻译者的选择和翻译只完成了知识侨易的部分工作。

翻译者——尤其是传教士时代的传教士翻译行为往往是知识侨易的重要路径，其占据了知识侨易的核心通道，无翻译不成"方圆"，即构成译入语境的新知识的规矩是由翻译来确定其边界的，这里指的还仅限于国情类知识的传递，即翻译者的身份不影响传教士身份的功能：翻译只是传教功能之外的附加行为。

而进一步，在殖民扩张时代，传教士本身的宗教功能逐渐与世俗权力及商业资本的需求发生冲突，翻译者身份的天然宗教属性让位于政治和经济等社会属性，而不同的社会需求直接决定了"择"的优先权，这一阶段的知识侨易路径往往是围绕着军事目的、倾销意图而展开的翻译活动，如检索"德语数字词典"（Digitals Wörterbuch der deutschen Sprache）会发现，十九世纪德语印刷品中出现"中国"的规律显然有迹可循（如图7-3）：

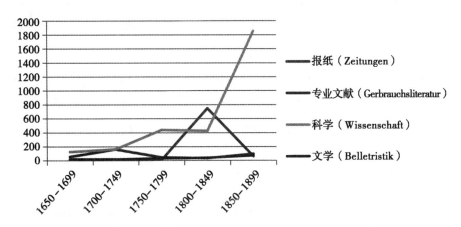

图 7-3　按年份对四类德国主要文体中出现"中国"的频次进行的统计

以报纸类别印刷品为例，"中国"一词的检索数量在十九世纪上半叶达到波峰，1800－1849 年共计 746 条，其中 1840 年 691 条，1848 年 40 条，显著高于半个世纪中其他年份。且 1840 年检索条目均来自《汇报》（*Allgemeine Zeitung*），《汇报》在当时是获取政治和经济大事件以及时事消息的一流来源，知名作家、历史学家和政治家都会给《汇报》写稿。而中国相关语句的内容相关性则明确指向鸦片战争。总体看来，其对中英商贸关系特别是鸦片贸易的发展情况和中国政府态度、传教士在其中的角色进行了连篇记录与分析①，鸦片战争的战前气氛和战争报道为主要内容。这也正说明了：后传教士时代的翻译活动更加受到"权力"驱使，追求客观知识的翻译活动已经日落西山，传教士的角色更加与鸦片贸易、战争等"形而下"需求相连，他们为军事和经济情报奔走，上帝的旨意销声匿迹，而新的以"择"为中心的知识侨易路径则初露端倪。

从具体的知识侨易路径上看，"择"在"译"前，但由于翻译者的主体功能在不同时代发挥程度不一，"择"的主体未必与"译"一致。以亚洲文化体内部的中日差异与联系为例，可以观察到明末朱舜水因抗清失败而流落日本，促进了以德川光国为首的日本藩主对中华文化的学习和模仿，以及两百年后的明治维新对西方文化尤其是德国唯心哲学的择取。其差异性主要是"择"的主体不同，尤其是工业革命以来的全球性的知识侨易，主要是以"择"为中心的，而其标准则是"资本""强权"，这也决定了为何在文化交流历史中会存在"慕强"现象，而随着重心向"择"偏转，文化价值的评定也逐渐失衡。因此，回顾完整的知识侨易路径，重新发现"译""释"的意义，对"择"进行合理定位，才能还原完整的知识

---

① DWDS：Suchwort："1840"，"Zeitung"，"Allgemeine Zeitung. Beilage zu Nr. 3. Stuttgart，3. Januar 1840."，"Vor einigen Tagen kam in Genf der Brief eines protestantischen Missionärs d. d. Canton 13 Mai，der sich über die jetzigen Angelegenheiten in"，"China"，"und deren mögliche Folgen also ausspricht.""几天前，广州 5 月 13 日新教传教士的一封信到达日内瓦，他谈到了中国目前的事务及其可能的后果。"

侨易路径。

在"释"的层面，并非缺乏关注，但多数集中在"释"为中心的译入文化研究，如比较文学形象学中对于"中国"形象的关注。在这一被切割开的第三阶段（前两个阶段为"择"和"译"）里，译出文化的载体（仍以"道"为例）在内在意义和外在符号上同时发生变化，因此更难找寻出一条清晰的完整路径，如果不能对卫礼贤择道、译道的阶段有所把握，仅对黑塞的释道进行研究，是无法解开"为何在同一时段内有如此多的知识精英关注到中国思想文化"的谜团的。

仍以《易经》的知识侨易路径为例，择的主体除卫礼贤外，还有劳乃宣等译出语境中的知识个体；翻译主体以卫礼贤为主；而阐释个体则分为两个阶段，围绕文本而言，卫礼贤在序言引言中不但给出了阅读指南，同时也有为自己的翻译、阐释行为做注解的意思。而第二个阶段，则是德译本《易经》进入译入语境后，发生的进一步阐释，这一阶段，无论是凯泽林、荣格、黑塞，都是在使用自身的知识结构对"道"进行融合和诠释，在这一过程中，不但"道"的符号进一步发生了变形，而且各知识精英个体的思想结构也在发生变化，由此，知识侨易路线和人的侨易路线得到了接续。

"译"始终是知识侨易的核心行为（无论是语言文字层面的翻译还是符号层面的转换），因其涉及时间和空间的信息收集、压缩与释放。从中西互释、以西释中和以今释古的争论和质疑①实际上是将时间和空间在知识侨易过程中的作用割裂开来。而知识发生侨易本身就是对文化和知识的时空一体性进行重新阐释，确立新的翻译规则，即所谓翻译绝不是跨文化

① Lackner, Michael. "Richard Wilhelm, a 'sinicized' German translator". Viviane Alleton and Michael Lackner（eds.）: *De l'un au multiple. La traduction du chinois dans les langues européennes*. Paris: Fondation Maison des sciences de l'homme, pp. 85-98.

（指地理空间差异、语言差异）的纯粹转换，而是在大的统一的文化空间内部的阐释符号的"择"（替代）和"译"（转换），卫礼贤在这方面的一定的成功正说明了知识侨易在更广阔空间内的可能性。

此外，卫礼贤选择翻译《易经》与《道德经》的决定呈现了知识侨易路径的某种必然规律，即两本典籍在译出文化体系中的联系，这固然是与中国资源典籍的划定有关，也足以说明两者在翻译和"符号"转化过程中的相关性，尤其是与出版社商定出版"中国宗教与哲学"系列图书①时，更可见这两部典籍在卫礼贤心中的位置，即与其说是中国文化的翻译，还不如说是对中国宗教和哲学的一种"演绎"。而先译《道德经》再译《易经》也体现了一种溯源追根的学者态度，也说明《易经》作为道家经典，甚至作为中国整体文化根基一部分的地位为卫礼贤所认知。这也是"择"的行为在"译"之前的意义。以卫礼贤德译典籍在译入文化的传播过程来看，其"释"的主体往往已经与中国文化有过交集，但卫礼贤仍提供了更为便捷的通道。

而"释"之阶段较为突出的知识侨易现象在这一个案中体现得比较完整。阐释与消解的行为主要由凯泽林为代表的德国知识精英完成。他们既是新知识的构建者，也是旧体制的受制约者。"符号活动的接受者受理解体制的制约"②，荣格和凯泽林作为德国文化传播个体，他们的误读是为了德国文化中的接受阐释，意义理解不被扭曲，因此翻译或者知识侨易有必要性；这也是所谓"知识分子"的作用即 intellectual 中的"inte"（在两个主体间的"主体间性"），而卫礼贤也在此过程中完成了自身的身份转变

---

① "中国宗教和哲学"丛书出版计划，参见徐若楠：《中西经典的会通：卫礼贤翻译思想研究》，上海：上海译文出版社，2018 年，第 76—78 页。

② 吕红周：《符号·语言·人——语言符号学引论》，天津：南开大学出版社，2016 年，第 22 页。

"传教士—外交官—讲学者"①。

1920 年凯泽林的智慧学校揭幕，凯泽林逐渐建立起自己的影响力和话语权。从 1921 年到 1925 年，这段时期两人的通信内容主要是围绕凯泽林的智慧学校活动展开，卫礼贤主要为凯泽林阐释中国文化提供材料、证据和背书，包括凯泽林邀请卫礼贤到达姆施塔特的智慧学校做讲座、向卫礼贤约稿件以发表在智慧学校的期刊上、通知卫礼贤智慧学校相关活动举办的时间等。1924 年 9 月 13 日，凯泽林在达姆施塔特写信给卫礼贤，提到由于鲁雅文离开导致智慧学校的练习课程终止。凯泽林称此时卫礼贤在法兰克福开展工作为天赐良机，并邀请他为智慧学校开设为期一年，频率为三次，每次持续一周的课程。凯泽林说："因为我相信个人的影响力（之大），所以您只需要做一些最适合您的事情，以此帮助我们这些在智慧学校的庇护下信任您的人们。就我个人而言，我觉得您的几次演讲以及对个人的个别指导，也许给了基于个体经验的个人一些普遍的冥想指示。当然如我所说，这些都只是外部因素。根据《易经》的精神，必定会出现某种特殊情况……"② 这也意味着，凯泽林的"阐释"无法脱离卫礼贤完成，卫礼贤作为"译者"不仅对于译入文化的知识精英个体的思想建构有着重要作用，对于此后阶段的"道"在译入文化内部的跨地域传播同样重要。而这一符号的传播和阐释乃至消解则是判断知识侨易是否达到目的的重要标志，而互文现象正是消解知识的一种表现。互文性③和互文关系可以分

---

① 叶隽：《身无彩凤双飞翼——卫礼贤的"中国情"与"德国心"》，《中华读书报》，2013 年 9 月 25 日，第 19 版。

② 1924 年 9 月 13 日凯泽林致卫礼贤的信。

③ 互文手法包括：典故、引用、转借、抄袭、翻译、模仿和戏仿。Kaźmierczak M．．Intertextuality as Translation Problem Explicitness，Recognisability and the Case of "Literatures of Smaller Nations"，*RUSSIAN JOURNAL OF LINGUISTICS*，Vol. 23，No. 2（2019）：TRANSLATION STUDIES TODAY AND TOMORROW，362-382.

为三种类型：强制性、可选性和偶然性。① 这些变化取决于两个关键因素：作者的意图和参考的意义。

卫礼贤的互文体现在在《易经》中以德语语境的"Sinn"来"借用""转译"到"道"的翻译中；凯泽林的互文体现在其感性哲学观的建构中将"道"的实际含义融入了"Sinn"。"互文性"的概念由茱莉亚·克莉斯蒂娃（Kristeva，Julia，1941— ）提出。这一概念最早受到巴赫金（Bachtin，Michail Michailowitsch，1895—1975）的"复调小说"理论启发，巴赫金认为："复调的本质正在于：各声部在其中始终是独立的，而且就这样结合在比单调更高序列的统一中。即使谈到个人意志，那么正是在复调里，才可能实现某些个人意志的结合，从原则上找到走出单一意志局限的出路。可以这样说：复调的艺术意志，是结合许多意志的意志，是趋向事件的意志。"② 这一论调又显然与其"时空体"理论一脉相承，对文本-文化间关系和联系进行了进一步的阐释。也因此，互文性概念与知识侨易路径之间的联系也凸显出来。"卫氏翻译中国经典的一贯策略，是构建中国经典和西方文化中重要经典的互文性。他所依据的三大互文源头，分别是德国古典哲学、基督教神学和德国古典主义文学，其代表作品分别是《实践理性批判》《圣经》和《浮士德》。卫氏力求通过构建中西经典之间的广泛互文性，在更高的层面上开启东西方文明之间的对话。"③

更重要的是，从卫礼贤到凯泽林，从"道"到"Sinn"，再到黑塞、荣格等化用过程，更体现了知识侨易路径的跨文化延伸、中西互释的一个步骤和卫礼贤及凯泽林在其中的作用。如果从学术主体性角度来看，凯泽林

① Fitzsimmons，John（2013）． "Romantic and contemporary poetry：readings"． http://moodle. cqu. edu. au． Retrieved 2018-03-15.

② ［俄］巴赫金：《陀思妥耶夫斯基诗学问题》，刘虎译，北京：中央编译出版社，2010 年，第 22—23 页。

③ 徐若楠：《中西经典的会通：卫礼贤翻译思想研究》，上海：上海译文出版社，2018 年，前言第 2 页。

同中国思想乃至印度思想之间的联系和互动并不能算作德国汉学或者德国梵学的范畴，而只能算作是中国（或印度）思想的接受史研究领域的一个代表。因为凯泽林所从事的哲学研究和实践，无论如何也和"Chinawissenschaft"（中国学），或者"Chinakunde"（中国学科/知识）挂不上钩，特别是考虑到德国的汉学系或者说整体欧洲的汉学发展是从十九世纪初才专业化起来的情况，在此之前的学者和思想家们均是在个人兴趣和本体研究前提下对中国有所认识的，而正是这部分"中国形象"，构成了中国接受史的基础。从莱布尼茨、歌德到卫礼贤，也是从早期的中国形象到传教士汉学的发展过程，其中标识了研究主体的迁变①，而不完全是时间顺序上的转变，如最早的传教士是在十四世纪初来到中国的，而莱布尼茨是在十七世纪从传教士那里获得了关于中国的知识。

凯泽林的时代，正是从传教士汉学向更加专业的以"释"为中心的汉学研究转型的时代，可以将与凯泽林有着重要合作关系的卫礼贤视为传教士汉学的终章②。也正是与凯泽林同时代的卫礼贤，创立了大学中的首个汉学研究中心——"中国研究所"，这标志着传教士汉学从知识江湖③向高校体制内汉学系的规范研究转向。从这个角度即可以梳理凯泽林是在德国对中国认识的哪一个阶段和程度上继承了德国已有的中国形象，并从那一个节点开始向前，深化自己的中国思想文化知识和推进德国的中国形象之

---

① 参见叶隽：《主体的迁变——从德国传教士到留德学人群》，上海：上海外语教育出版社，2008 年。

② 对德国汉学传统以及汉学家的分类论述，参见叶隽：《德国汉学传统的三元建构及其意义：以孔好古、福兰阁、卫礼贤等第一代学者为中心》，载叶隽：《文学·比较·侨易》，上海：复旦大学出版社，2014 年，第 174—179 页。

③ 知识江湖与学术庙堂的论述引鉴自叶隽：《中国现代学术场域之型构及其侨易格局——以 20 世纪前期的南北学术与留美学人为线索》，《清华大学学报（哲学社会科学版）》，2022 年第 2 期，第 153—165、216 页。

变化。毕竟，"在欧洲汉学的历史上，传教士们扮演了先行者的角色"①，而能在一战后接续其任务和使命的，正是像凯泽林这样占有一处相对独立的文化空间且同时又有广泛的社会影响力的人物。因而其意义更在于承担了"知识侨易"的"释"的路径。

凯泽林从卫礼贤的介绍中了解了"致中和"②等儒家和道家思想，进而归纳出"Sinn"的路径，与"Logos"（逻各斯）相对应，这启发了卫礼贤翻译"道"，同时卫礼贤的德译《易经》又进一步启发凯泽林发展出感性哲学（Sinnphilosophie）。在这里，汉语学习史、翻译史、阅读史、接受史就在符号传递和阐释的基础上成为一体。从"Sinn"的概念到围绕"Sinn"建立的一系列阐释，再到"Sinnphilosophie"与"Logos"形成的一个二元世界观（哲学观），完成了进一步的知识侨易过程。

这一知识侨易过程类似符号学中对能指和所指的二级符号系统的解释，即文化内涵是层层叠加的。卫礼贤在翻译过程中首先要进行解码，凯泽林在卫礼贤重新构建"道"的德语含义时起到了重要作用。即类似符号学中重新建立能指和所指之间的关系，进而在更高层次进行能指和所指的结构重建，第二层的重建即采取了对象文化的"情景符号结构"③。换言之，卫礼贤完成的是中国文化"道"之意义变成语言的过程④，而凯泽林则就这一语言符号进行理解，成为"道"之语言转变为"Sinn"之语言并进入德国社会文化情境的过程中的中介，他所创办的智慧学校实则是这样一个大型的符号系统，卫礼贤的中国资源成为其中的供能者。

---

① 何培忠主编：《当代国外中国学研究》，北京：商务印书馆，2006 年，第 121 页。

② 1912 年 7 月 23 日卫礼贤致凯泽林的信。

③ 韩礼德：field, tenor, mode。转引自吕红周：《符号·语言·人——语言符号学引论》，天津：南开大学出版社，2016 年，第 25 页。

④ 方维规：《中国灵魂：一个神秘化过程》，载［德］马汉茂等主编：《德国汉学：历史、发展、人物与视角》，郑州：大象出版社，2005 年，第 74—94 页。

结构主义符号学认为符号在于通过关联制造意义，只有在一个宏观的符号系统中，符号本身的意义才能得到最大化的实现（包括意义的容量也会得到扩大），在跨文化交流的思想层面更是如此，实际上，符号的跨文化接受是一种深层次的思想关联，而绝非简单的翻译和阐释，作家的文本创作、翻译者的译作阐释、接受者的再次创作成为一个宏观的符号结构的重要组成，三种文本类型共同构成了符号的互文系统，缺一不可，这一认识在东西方文化交流过程中更应得到重视，整体的东西方文化交流始终是建立在"冲突"基础上的，不论是东学西渐还是西学东渐，不论是器物层面的传播还是思想层面的学习，作为古老东方文明的代表，中国文化的主体性一直在东西方文化交往中若隐若现，挣扎存活，对话主义所秉承的平等对话、多元对话的基础正是对对象文化系统（尤其是符号系统）的了解和理解。而"知识侨易"既是这种对话过程不可回避的问题和缺陷，也是达成真正的平等对话和沟通的必要条件和过渡方法。作为传统文化符号的"道"在当前的互联网、全球化时代能够具备更为广泛传播的条件，而理清这一知识侨易过程中的重要节点和变型模式，则尤为重要。

"世间的天地万物，如同一本书和一幅画，明镜般展现在眼前。（Alain de Lille，1128—1203）"[①]"上帝借助这些符号，通过他创造的天地万物向我们昭示永恒的生命。"[②] 自传教活动兴盛以来，传教士不仅仅是"上帝的使者"，同时也是君主的智库、商人的智囊甚至军事的间谍……其身份囊括了一个文化体内部社会各阶层的不同面向和利益需求，而传教士往往面临自身是一个客观宗教知识的媒介和选择成为其他新的思想主体之间的矛盾和冲突。知识侨易往往产生于这种冲突之间，以卫礼贤为例，他担负传教使命来到中国，其原生的知识框架和思想立场都是西方的（这里是指思

---

① 转引自［意］翁贝托·埃科：《玫瑰的名字》，沈萼梅、刘锡荣、王东亮译，上海：上海译文出版社，2020年，第30页。

② 同上。

维方式、思想传承和实际的社会角色）。但是在与中国文化的接触、碰撞、沟通中他选择成为新的思想主体，并改变了职业轨迹、人生轨迹，当然，知识传播的方向（从西向东变为从东向西）和轨迹（西方宗教知识到东方思想文化）也发生了变化，这也带来了知识侨易的可能性。融"择""释"和翻译行为于一身的卫礼贤显然不是典型的传教士，而是——如有论者所言——"两个世界的媒介"[①]，他在中国、德国都成了"桥梁"，在阶层之间、个体之间、文化之间完成有效的沟通。这样的沟通在后传教士时代仍然由个体、群体如留学生等完成，全球化时代的知识侨易路径更加多元。知识侨易的路径中，将永远不能缺少这样的主体，但知识侨易的过程中，仅有这样的主体显然是不够的。另一个重要的主体即是接续"道"的德国之旅的凯泽林及其智慧学校。

第五节　知识侨易路径的重要"节点"：感性哲学观的创建

在世界旅行尤其是东方（印度、中国、日本）旅行的观察和体会之后，凯泽林更加清醒地意识到通过理性思辨无法解决世界的多样化的升华和简化问题，而世界的多样化同样是不需要通过理性进行整理和一致化处理的。再加之理性主义的畸形发展成为一战背后深层思想诱因，广大市民阶层已经厌倦了技术、科学带来的精神创伤，也因此，他将中国儒家、道家的自然伦理及道德伦理观纳入自己延续生命哲学思考得出的感性哲学体系中，渴望为普通人、大众减轻思想负担，融合日益分离的身体和灵魂。

如凯泽林一样，这一时代的思想家都在通过寻求外部资源来解决时代问题。这种外部资源有历史的，如西奥博尔德·齐格勒（Ziegler，Theo-

---

① Wilhelm, Salome. *Der geistige Mittler zwischen China und Europa*（卫美懿：《卫礼贤——中国与欧洲的精神中介人》），Düsseldorf-Köln：Eugen Diederichs Verlag，1956.

bald，1846—1918）；有回归中世纪的宗教和等级秩序的，如奥特玛·斯潘（Spann，Othmar，1878—1950）；还有特奥多·莱辛（Lessing，Theodor，1872—1933）和凯泽林等向亚洲寻求方案的。而可以想见，如果没有世界旅行、中国经历和卫礼贤的引介，凯泽林与中国资源始终是无法深入交流的。

从根本上说，中国资源给凯泽林的启发不止是形而上的哲学灵感，更重要的是，指出了一条"哲学世俗化"的可能之路，尤其是道德伦理世俗化的成功之路。道德伦理作为价值，对于塑造社会有着结构性的作用，尤其对于德国而言，其"立国"价值主要是源自民族文学，而所谓文化的危机，正是对以市民文学和民族国家认同为基础的德意志地缘的（欧洲的一部分）国家面临的时代巨变和魏玛共和国面临的政治危机的综合反映，尤其是这种文化危机中还掺杂了经济危机、政治意识形态的分离。凯泽林在一战后清楚意识到了生命哲学中的反理性成分，而反理性的生命哲学一方面得以和大众需求相呼应，但另一方面又潜藏着发动大众非理性思维的危机。而从"中国经历"出发，凯泽林认为，哲学世俗化是可能的，而且其结果是可以避开西方文明所经历的非理性陷阱的。这也是凯泽林与卫礼贤所代表的中德文化空间内知识侨易现象最为突出的一个特征和意义，也是迫使绝对主义的科学理性发展出相对主义的诱因之一。

凯泽林转向中国的动机还有以下原因：首先，德国的传统理性思辨方法在面临激烈变化的政治、经济格局时缺乏有效的证据，这就使条分缕析的启蒙理性失去了适用范围；其次，德国本土的危机以及欧洲范围内的危机都说明，本土资源不再具备提供有效出路的可能性，这就迫使一些生命哲学家、宗教哲学家转向外部资源。如上所述，中国作为可选的若干外部资源被凯泽林选中自然也不意外。

由上可知，凯泽林的感性思想路径和哲学实践思路的形成过程中始终得到了卫礼贤为媒介的中国资源的辅助，凯泽林对中国的认识是由卫礼贤进行导引的，他的世界旅行动机在于凯泽林自己意识到了异文化对思想的刺激功用，所以不能说凯泽林在同中国思想接触之前完全是无自我建构意识的。但是，在踏足中国之后，他在南中国的见识和感触明显停留于游客视角和观察者角度，而在青岛之后，再到上海等地，通过与卫礼贤以及卫礼贤介绍的辜鸿铭、张君劢等人的交往，凯泽林对中国的认识已经透过肌理，开始找寻中国内在思想文化的特征，并有意与他人的中国观拉开距离。所以，卫礼贤对于凯泽林的中国观的形成是有点化启迪之功的，没有卫礼贤，凯泽林就无法便捷地同士大夫阶层、新知识精英个体发生联系。同时，卫礼贤在凯泽林在中国的社交、思想交流中也充当了润滑剂的作用，这里既有语言的原因，也有中国人的社交规则的原因。凯泽林幸运之处在于，每一处异文化中都有一位中介人来帮助他，或者说，每一处陌生的思想领域都有一个跨界者来引领他。这种催化剂式的人物，可以说是凯泽林感性哲学构建过程中必不可少的关键。卫礼贤的中国研究所成立于1925 年的法兰克福，财政支持是由弗兰肯·希尔施多夫伯爵夫人（Francken-Sierstorpff，Bertha Gräfin von）提供的。卫礼贤在开幕仪式上说："法兰克福中国研究所是他多年前在中国就开始的工作的总结，现在终于在德国土地上得到了圆满结果。这意味着东西方之间有了精神思想的一座桥梁，这桥梁的一端是中国燕京大学的汉学研究所，另一端是德国法兰克福中国研究所。如果把中国研究所的主要任务划为探索中国文化并调节东西方的深度，在整体的历史进程中，或者艺术、文化、哲学、宗教等领域，最深层的关系是人和上帝之间的关系，也就是人和绝对的生命源泉的关系。这些真理，隐藏在古老传说以及经久发展的宗教感官中，而历史性的表现绝不是唯一的。新的思想已经通过世界大战进入我们的视野，所以必须在道德思想培养中作为其复苏的前提条件加以考虑。我们从国家社会的传统窄湾中被冲上了世界海洋，驶向新的海岸、新的生活条件，这是强制性的。几百年来领土和精神范畴相互孤立的樊篱已经倒塌。我们彼此接触，开始意识到文化和科学方面的成就知识只是每个个体的相对价值。

不独是在过去，我们欧洲人只崇拜自己的偶像，而对东亚高尚的文化、独特的人文精神有所误解。这是不能接受的。"[1] 可见，知识精英们对文化沟通桥梁的任务认识是比较一致的。卫礼贤和凯泽林一样，都通过长久经年在异国他乡的生活和实践意识到了异文化的"他者"对照功能，特别是认识到中国的思想资源对于发展本国文化的意义。

感性哲学所继承的西方哲学传统可以追溯到叔本华以来，直至柏格森、狄尔泰等现代生命哲学流派对个体生命的反思、对社会与个体之间关系（特别是矛盾的一方面）的关注。从东西方文化角度来看，感性哲学更容易在东方人生智慧的角度被人理解，即感性哲学观与东方的入世智慧更加一脉相传。东方思维重在修身，而不在改变外在，这种克己的自我精神完善方法同凯泽林的几点追求是一致的。感性哲学的诉求在于解决个体精神的不稳定和生活危机，凯泽林的诉求在于解决自己的精神世界不完整的问题。凯泽林将中国思想中对生命、贡献、个体、社会的论述作为感性哲学的资源。一方面能解释自己之思想和精神世界，另一方面，凯泽林相信自己的精神层面问题也是这个社会的问题，即构成社会之个体的普遍问题，所以才将感性哲学推向社会，以解决整个时代问题。这种启发是社会性的。在汲取了西方哲学传统和东方文化思想资源之后，凯泽林的感性哲学才能在智慧学校的机构辅助下得到更大的影响力。

换言之，汉学研究空间中的"二元"侨易如果以卫礼贤为中心，则凯泽林是促进他理解"Sinn"的一个途径，完成了"卫礼贤-凯泽林"的"二元"侨易，而卫礼贤与荣格的交往也是类似，但是没能继续在《金花的秘密》之后得到升华，卫礼贤早逝，其翻译精华和思想的转变精进得益于与哲学人的密切交流和讨论；如果以凯泽林为中心，则更可以发现卫礼贤对于他的感性哲学观（Sinnphilosophie）的创建的意义，这一个词的选定和

---

[1] Wilhelm，Richard. "Die Eröffnung des China-Instituts zu Frankfurt am Main". *Mitteilungen des China-Instituts*. 1. 1926，S. 1-13.

阐释是两人交往的一个结果，但是对于凯泽林而言更为深远，他在此基础上创办了智慧学校，并终生以此为生活哲学。知识侨易的模式也成为凯泽林日后完善其哲学思想的关键，诸如泰戈尔、荣格等人也成为多次知识侨易的关键节点。而知识侨易的重要性还不止于此，在关键词跨文化翻译和演绎的背后，实际上是两个不同的文化领域（Sphere）或者文化场域（Champ）的沟通和牵连，这也是卫礼贤德译中文典籍的更重要的功能和意义：透过具体的知识侨易现象所展示的是不同侨易空间互动的可能。

第八章

知识侨易在跨文化域中的路径延续：感性哲学观的阐释

德国知识界尤其是哲学和文学角度对"道"以及《易经》的理解和阐释也很多①，而如凯泽林这样命名为"sinn"哲学的，还是非常罕见，盖因文化主体性之下，"道"多被挪为资源使用，由"道"至"sinn"的路径也在前文有所论述，因此凯泽林的感性哲学是对中国之道的借用，这一点是确定无疑的。那么，感性哲学与中国之道的哲学联系和区别何在呢？对比凯泽林的感性哲学（sinnphilosophie）之创新与西方哲学历史上以"seinphilosophie"②为脉络的发展，可基本明确认识论层面的差异。

凯泽林的创作文本是了解其思想的重要资源，但是在何种视角下进行

---

① 参见卜松山、赵妙根：《时代精神的玩偶——对西方接受道家思想的评述》，《哲学研究》，1998 年第 7 期，第 36—46 页。Gellért Béky. "Die Welt des Tao". *Bibliographie verzeichnet die wichtigsten europäischen und amerikanischen Veröffentlichungen zum Thema*. Freiburg/München：Verlag Karl Alber，1972，S. 217-243；Jean C. Cooper. *Was ist Daoismus? Der Weg des Tao-eine Einführung in die uralte Weisheitslehre Chinas*. Übers. aus dem Engl. von Ulli Olvedi. Bern/München/Wien：Barth，1993，S. 175；Lukas Maria Weber. *Nietzsche und Dao. Der Weg von der Wahrheit zur Weisheit*. Exemplarische Reihe Litcratur und Philosophie, Bd. 33. Annweiler：Sonnenberg，2013.

② 按照范劲老师介绍，为卫礼贤对欧洲思想的概括，见 Richard Wilhelm. *Der Mensch und das Sein*，Jena：Diederichs，1931，S. 155。

解读，或者说采取哪一种方法进行文本剖析就显得至关重要了，如果因为凯泽林将自己的思想称为"感性哲学"，就从哲学史的角度、以西方哲学的流派种类乃至时代脉络来择选"感性哲学"在凯泽林创作文本中的体现，并归结为凯泽林哲学的主要特征，是欠妥的。原因主要有几点：首先，在德国哲学史中，有着比较清晰的"门派"和"继承"，任何一个哲学家的立论与反驳都与固有的哲学网络有着千丝万缕的联系。以早期对凯泽林的哲学研究成果为例①，之所以将凯泽林与生命哲学联系在一起，是因为凯泽林最初一本哲学著作得到了生命哲学流派重要代表狄尔泰的认可，凯泽林在初期也受到生命哲学的影响②，但他并未继承生命哲学的认知逻辑和批判方法，这就使得凯泽林与同时代的哲学主流拉开了距离。同时，有论者认为凯泽林在哲学上受到了康德的影响，固然，其第一本哲学著作确实援引了很多康德论述，前几本受到了康德哲学的影响③，但必须看到其作品中的另一"榜样"——歌德，这也就使凯泽林与单一排他的形而上学的哲学论述话语拉开了距离。凯泽林和哲学的主观疏离导致了我们对其客观的分析不应仅从或者首要从哲学出发。其次，虽然"哲学"的概念意为"爱智慧"，凯泽林所创办的学校目的也在于"创化智慧"，但广义的（西方）哲学研究的一个重要特征是对现实的抽象思考，即便运用到现象举例，其目的也是为了说明规律：高度凝练的、抽离现实的共性特征的规律。凯泽林在"感性哲学"这一概念下与"哲学"是背道而驰的：他的

---

① Hugo Vodran. *Kritik der Philosophie des Grafen Hermann Keyserling*. Erlangen 1927（Dissertation）.

② "Seit 1906, also während der Arbeit an seinem zweiten Werk, ist Kezserling mit Georg Simmel（1858-1918）befreundet und gerät unter den Einfluß der Lebensphilosophie." Gahlings, Ute, *Hermann Graf Keyserling Ein Lebensbild*, Darmstadt: Justus von Liebig Verlag, 1996, S. 51.

③ Keyserling, Hermann Graf. *Das Gefüge der Welt. Versuch einer kritischen Philosophie*. München: F. Bruckmann, 1906; Gahlings, Ute. *Hermann Graf Keyserling Ein Lebensbild*, Darmstadt: Justus von Liebig Verlag, 1996, S. 61.

每一本著作都是依据于世界旅行过程中与不同文化的互动，即视觉、听觉、触觉对环境的感性认知而产生的，而非完全依据"头脑风暴"、逻辑思辨在形而上的层面展开，这种创作体验也与哲学家完全不同。其三，从文体学、叙事学角度来看凯泽林的创作，一直介于旅行文学和文化评论之间。对于研究者而言，往往显得广泛有余而深度不足，这恰恰是凯泽林的文本特点，即每一个"文本单位"内部，都有着完整的一个认知线索，即从旅行者的所见所闻，再到抽离旅行眼光的文化现象之间的横向对比和评论，进而再以自己的思想为基础进行哲学阐发和"智慧"创化，最终落为日常行为之指引，留有余味。其四，作为感性哲学观的三本核心著作：《一个哲学家的旅行日记》《南美冥想》以及《起源之书》，其叙事灵感和资源都与具体旅行密切相关，如印度、中国、日本、南美以及晚年时期从德国到奥地利的"流亡"。这就使对凯泽林的哲学批评无法脱离史实，尤其是个人生命史中的侨易过程。正如凯泽林自传《穿过时间的旅行》之名揭示的那样，埃莱娜·西苏（Cixous, Hélène, 1937— ）也说："人必须跨过一段完整而漫长的时间，即穿越自我的时间，才能完成这种造就，人必须熟悉这个自己，必须深谙这个令自己焦虑不安的秘密，深谙它内在的风暴，人必须走完这段蜿蜒复杂的道路进入潜意识的栖居地，以便届时从自我挣脱，走向他人。"[①] 凯泽林视其人生为一场旅行，即每一次思考与成文，都是结合了不同的地理空间风貌的"全息"旅行体验，这也是不能仅从哲学史的批评角度解读凯泽林作品的最根本的原因。那么，如果不以哲学史作为分析凯泽林思想和作品脉络的坐标，也不用哲学语言符号去对应凯泽林作品中的思想，我们还应该用什么视角、何种工具去观察呢？尤其

---

① 朱晓映：《"门罗景观"中的后女性主义微观政治》，《文艺报》，2020 年 2 月 10 日，第 005 版。

是他被作为"生命哲学家、感性哲学家和文化哲学家"① 的定位为人熟知的情况下。

实践性是感性哲学最为重要的一个特征，不管是从凯泽林自身的社会交往来看，还是从智慧学校的目标、活动事实来看，"生命实践"永远是凯泽林放在第一位的。感性哲学的灵感，来自于凯泽林东方旅行的实践；感性哲学的发展，来自于智慧学校的日常教学和讲座；感性哲学的成熟，来自于凯泽林丰富的公共交往——个人实践、教学实践和社会实践共同组成了感性哲学的最重要内容。而对感性哲学的利用可以考虑到更多的层次，其中，以民族间和国家间的文化交流为首。

第一节　凯泽林对外部文化资源的阐释：以印度和中国为例

感性哲学究竟是什么哲学？对这个问题，或者可换一种思路，即感性哲学不是一种什么样的哲学？它不是西方逻各斯思想指导下的哲学，也不是西方哲学史上一个哲学流派，而是一种生活方法和态度，是解读日常困境、提高生活志趣的"智慧"之学。

在排除了西方的哲学传统之后，感性哲学的立足之本和资源何处寻呢？这就要追溯到凯泽林思想形成过程中一次重要的世界旅行和旅行中所获得的相关知识了。

印度和中国是凯泽林的感性哲学最为倚重的文化资源来源，而感性哲学的文化实践目标正是依据异文化资源保持西方文化的活力，而在凯泽林有生之年，这个实践目标主要体现为"扩大文化交流范围，加深文化交流程度"，其中，又以"德国和印度""德国和中国"为主要内容。"一战后

---

① "Lebens-，Sinn- und Kulturphilosoph". Gahlings，Ute. *Hermann Graf Keyserling Ein Lebensbild*，Darmstadt：Justus von Liebig Verlag，1996，S. 7.

'西方没落论'盛行于欧洲，不少学者将眼光投向中国，中国文化引起西方人的重新关注和高度重视。"① 这已经是不争的事实。而凯泽林更多的意义还在于哲学实践层面讲印度和中国文化的融合，这种融合在考虑到"梵学、汉学不断从东方学中裂变的过程"② 时，更显得凯泽林对印度文化和中国文化的实践性融合有独特意义。

印度文明是古老的东方文明，"印度基本上算是宗教国家，印度教自古至今，绵延不绝，占据绝对主导地位"③，印度的近代发展史完全和英国的殖民史重叠。"不列颠人是第一批发展程度高于印度的征服者，因此印度的文明就影响不了他们。他们破坏了本地的公社，摧毁了本地的工业，夷平了本地社会中伟大和突出的一切，从而消灭了印度的文明。"④ 马克思所言说明，印度文明的自然发展进程被西方的以军事入侵、社会殖民、经济控制为先导的强力彻底打断了，经济、政治、教育、社会、观念等方方面面都发生了巨大变化，传统的宗教社会迫于西方现代化的轰然步调开始了自身混杂着"先进与落后""宗教与科学""平等与种姓遗留"等诸多矛盾的发展之路。如果以西方经济发展模式、社会制度为发达的衡量标准，那么殖民统治确实在客观上为印度的经济发展和现代化起到了推动作用。但是印度文明的纯粹性和传承却遭受了极其消极的影响，殖民、反殖民、后殖民主题先后成为印度研究的线索，这从侧面说明了精神层面的印度文化被社会制度、经济等器物层面所左右的状况。在这种情况下，印度教作为为数不多的印度文化精髓仍然与印度社会的各个层面深度融合，宗教也

---

① 元青等：《留学生与中国文化的海外传播：以 20 世纪上半期为中心的考察》，天津：南开大学出版社，2014 年，第 134 页。

② 叶隽：《文学·比较·侨易》，上海：复旦大学出版社，2014 年，第 172 页。

③ 叶隽：《变创与渐常：侨易学的观念》，北京：北京大学出版社，2013 年，第 203 页。

④〔德〕马克思著：《不列颠在印度统治的未来结果》，载中共中央马克思列宁恩格斯斯大林著作编译局编：《马克思恩格斯选集·第二卷》，北京：人民文学出版社，1972 年，第 77 页。

就成为印度文明传统的重要特征。而吸引凯泽林前往印度旅行的，不是被英国殖民的印度，而是文化积淀深厚、宗教文明灿烂的印度。西方对印度文明的发现是继十八世纪中国热之后的又一波异文化的热潮，尤其以德国为首，赫尔德（Herder, Johann Gottfried, 1744－1803）在《人类史在哲学方面的理念》中高度评价了印度文明，认为人类的起源可以追溯到印度，有学者评价印度人"头脑形成了最初的智慧和纯朴的道德、力量和崇高，在欧洲世界里没有与之同等之物"[①]。《沙恭达罗》几乎成为后来类似《道德经》在德国一样的解读东方文化的范本，施莱格尔认为印度梵文经典的发现是"自文艺复兴时重新发现希腊古典文学宝藏以来的最重大事件"[②]。在近代西方文明发展的重要节点，总是有异质文化的触发，比如欧洲文艺复兴时的古希腊罗马戏剧和哲学，十八世纪末十九世纪初的印度梵文经典如《沙恭达罗》和《薄伽梵歌》，再到从十八世纪初到二十世纪初期现代工业文明面临衰落时的中国文化在西方引发的思考。十九世纪末至二十世纪上半叶，印度的"受教育的精英"阶层主要是受到英国在印度推广西方现代教育制度和改革影响的一代，他们一方面要维护印度文明的独特性，一方面要破除印度传统文化和社会的弊病和积习（甘地、尼赫鲁、泰戈尔、拉姆·莫汉·罗伊等都是）；而另一个共同点就是，他们都未彻底摒弃印度教的重要地位，而试图通过调和手段保持、深化印度教对印度社会的影响，"印度独立前的各类知识分子在总体上主导了历史进程，他们的思想不仅领先于社会和政治变迁，而且事实上以许多不同的方式决定

---

① 转引自［印］D. P. 辛加尔：《印度与世界文明·下卷》，庄万友等译，北京：商务印书馆，2015年，第271页。

② 转引自［印］A. L. 巴沙姆主编：《印度文化史》，闵光沛等译，北京：商务印书馆，1997年，第697页。

了它的实质"①。而印度教中所蕴藏的哲理思索是印度思想的重要组成部分，印度的宗教文化同欧洲近代以来的民族国家是完全不同的形式。

如前所述，凯泽林从印度之行中获取了关于精神冥想、瑜伽理论的知识，成为建设智慧学校的重要养分，凯泽林对印度文化和思想的重要性心知肚明："用印度思想作为衡量欧洲行为和道德的标准。"② 同时，凯泽林的感性哲学思想也和传统的印度直觉有一定的关联性，"通往智慧之路是不经过例行活动的。从开始起……直觉即超越感觉的直接感知方法优于理性论证的方法"③。季羡林先生说过："世界上所有的民族，不论大小，不论新形成的民族还是古老的民族，都各自有优点和缺点，现在世界上也没有一个民族，不管多么闭塞，多么原始，完全不受外来的影响。"④ 凯泽林在印度期间的见闻思考，同泰戈尔的往来以及归国之后对印度文化的利用、推广都成为对印度文化的感性实践。

作为对中国在德国的形象有着重要构成贡献的凯泽林，来中国时正值清朝帝制被推翻，民主革命热潮翻动华夏，中国也处于一个从传统帝国到现代民族国家过渡的阶段。传统士族和受西式教育影响的现代知识精英不仅在文化认同问题上针锋相对，对社会制度、政治、外交等对于中国命运极为迫切的问题同样存在分歧。换句话说，在当时的中国，军事、经济等器物层面饱受西方列强践踏，在政治、社会制度层面状况混沌，在思想文

---

① Khatkhate，Deena R.. "Intellectuals and the Indian Polity"，*Asian Survey*，Vol. 17，No. 3（Mar.，1977），p. 254. 转引自王立新：《殖民主义、民族主义和知识分子：印度现代化模式的历史起源》，《江西科技师范学院学报》，2010 年第 5 期，第 37 页。

② ［印］D. P. 辛加尔：《印度与世界文明·下卷》，庄万友等译，北京：商务印书馆，2015 年，第 283 页。

③ ［印］A. L. 巴沙姆主编：《印度文化史》，闵光沛等译，北京：商务印书馆，1997 年，第 93 页。

④ 季羡林：《中印文化关系史论文集》，北京：生活·读书·新知三联书店，1982 年，第 7 页。

化层面也经历着种种变革，西学和本土新思潮的勃兴不断怀疑和逼问着中国传统文化和思想的至高地位。在这样的环境下，凯泽林来中国的取经之旅就更值得关注。中国传统文化的地位岌岌可危，因不能为中国现实困境提供出路，在新青年眼中几如敝履；而在他们（凯泽林等）的眼中，儒、道思想却能在西方现代社会转型中成为解决其文化危机的一条出路。凯泽林在中国青岛和卫礼贤、辜鸿铭等人的交往记录可以证明中国传统文化、儒道思想、古籍经典对当时德国知识精英的吸引力。在凯泽林眼中，中国传统文化仍深深地蕴藏在每一个有素养的中国人身上，这一点与信奉上帝和法律的西方人不同，也和政教一体的印度不同，中国人既谦虚友善，又勤奋刻苦，凯泽林将中国人的品质归功于儒家思想的教化，而《易经》更是被凯泽林在智慧学校的教学活动中奉为教材（讲师就是卫礼贤）。凯泽林感性哲学体系的一个重要组成部分就是他在中国获取的思想财富——他在智慧学校的组建和推广过程中对儒道思想均有所化用，凯泽林的哲学著作和智慧学校中的教学活动对中国传统典籍的利用，可以说明这一点。

综合而言，近代以来，以德国为代表的西方文明以哲学作为解决问题的方法，印度则以宗教，而中国则以伦理道德。三个重要的文化体之间都有着交错复杂的关系（以中印为例，《奥义书》的"梵"和《道德经》的"道"就有类似相通之处①），就凯泽林所生活的二十世纪上半叶，泰戈尔是西方认识印度文化的一个重要代表，辜鸿铭是西方认识和了解中国文化的一个重要典型，两者都是作为西方认识东方文化的必由之路以及同东方文明的现实存在发生交流的（几乎唯一的）对象（这涉及西方文化语境的限制，东方文化通过何种方式言说，被谁言说，都关系到对话发生的可能性和顺畅度），而凯泽林同两者都有思想上的互动交流，且三者都在地理上互通有无，凯泽林的东方知识旅行打通其在印度、中国文化环境的流

---

① 参见［印］师觉月著：《印度与中国——千年文化关系》，姜景奎等译，北京：北京大学出版社，2014年，第158页。

动，而泰戈尔和辜鸿铭又和凯泽林一并构成了"三边"文化通径，使凯泽林解决文化危机和探索哲学之路的方法融合了多种文化的精髓。如通过世界旅行获得启发后的"球"观：凯泽林在很多论述中都提及了对地球（die Erde）的看法，其中以论述人与地球关系的"die Menschen und die Erde"为主要体现。凯泽林对地球的关注和定义一方面反映了其一直以来的思想视域与过往哲学家不同，他对形而上层面的关注也是扎根于人世所存续的根基——地球的，这样一种超前的全球观应该得到重视。比如，凯泽林感性哲学核心词之一的"创造性"（schöpferisch），他认为是人所应有的一种能力。而"Schöpfer"一方面强调在精神、观念领域的完成；另一方面又强调了其作为造物主与上帝比肩的地位。宗教上讲造物主"Schöpfer"是"神作为天和地的创造者"（"Gott als Erschaffer des Himmels und der Erde"），在这里，人通过"创造"能力与神、地球发生了更深层次的命运联结；而凯泽林又在此基础上通过《人与地》（die Menschen und die Erde）来加强了人与地球的关系，从而将人与神并列，强化了两组对应关系：神-天；人-地。这无疑又和中国传统文化中所秉承的"人法地，地法天，天法道，道法自然"[1] 之逻辑规则相承。此外，凯泽林借助中国传统文化经典《易经》中的"乾坤"来解释精神起源问题：乾（Kien）为"创造的"，坤（Kun）为"接受的"，这一组关系成为解释自然生命、存在和"能动"的原则。[2]

感性哲学的实践性正是通过凯泽林为代表的知识分子个体的互动、交流、学习而体现的。自十九世纪末至二十一世纪，全球化趋势不断增强，个体迁移频率和距离与凯泽林时代不可同日而语，但是感性哲学的文化实践的模式仍然有其重要价值，个体迁移同文化交流之间的关联不可否认，

---

① 《老子》第二十五章。

② Keyserling，Graf Hermann，*Das Buch vom Ursprung*，Baden-Baden：Bühler Verlag，1947.

而其中的真正内涵和逻辑通过感性哲学的实践性得到了强化和总结。

此外，对于凯泽林而言，《南美冥想》也是他后期哲学思想的重要组成部分，在感性哲学的范畴下，他引入了更多的南美文化概念用来解释欧洲文化问题①。如 Gana（欲望），Delicadeza（灵敏性），等等。

第二节　感性哲学观的贡献：哲学叙事话语的侨易

哲学的语言长久以来就是抽象的语言，不论是使用这门语言还是阅读这门语言都需要训练。而学科内的哲学定义和研究更受到哲学流派如经验的、古典的等框架限制，论哲学家则更是以康德、黑格尔为尊，在德国还要加之哲学与文学的对应关系，哲学现象和文学现象中呈现出平行发展的各种主义，而观察凯泽林，不能仅从哲学入手，也不能不从哲学入手，他在青年阶段演习康德哲学的过程中反而抛弃了哲学对文学的旁观，突破了哲学语言的抽象向度，用文学的语言去书写哲学思维。他在世界旅行的过程中再次否定了二元哲学的基本结构，重新将"哲思"的普遍意义即智慧启发，与"文"作为载体即语言文字，完整结合起来。作为对凯泽林否定二元结构的叙事的回应，我们的观察也应还其以完整性，不论是哲学空间，还是文学社会空间。

凯泽林晚年未完成的哲学合集大部头《人的批判》（*Kritik des Menschen*）分为三部：《思想力批判》（*Kritik des Denkens*）、《历史批判》

---

① 南美地区与德国的文化关联有很长的历史，尤其是二战后德国很多人逃往到阿根廷，德国移民可追溯到十九世纪上半叶。而这还要归结于亚历山大·封·洪堡（Humboldt，Alexander von）在 1799 年至 1804 年获得西班牙国王许可后前往南美的"探险旅行"。参见：Karl Ilg. *Pioniere in Argentinien，Chile，Paraguay und Venezuela. Durch Bergwelt，Urwald und Steppe erwanderte Volkskunde der deutschsprachigen Siedler*. Innsbruck：Tyrolia-Verlag，1976. Joachim Eibach. "Tasten und Testen. Alexander von Humboldt im Urwald"，*Zeitenblicke* 11，2012（1），S. 141-161.

（*Kritik der Geschichte*）和《欲望批判》（*Kritik der Sehnsucht*），可惜未来得及完成。从结构上看，不由让人联想到康德的三大批判，这至少可以看出凯泽林对于自己的哲学思考的体系化问题是有追求的。在其自传中，他也详细讲述了康德所给予他的批判哲学方面的教育。[①] 但即便如此，凯泽林对哲学的立场也是：哲学应为实际服务，而不应作为与实际经验隔绝的形而上抽象物仅供哲学家讨论。

之所以说凯泽林的哲学叙事话语发生了侨易，是因为他在立论方法上受到康德的影响，也就是"两极化原则"（das Prinzip der Polarisation）[②]，两极化是所有创造的原始现象，所以基本上使用大地力量的行动者和使用精神力量表达的艺术家是相互对应的，在个人生活中，这是一个运动和静止之间的正确关系问题，在无所作为、积极和雄辩的沉默（促进接受和内在成长）与创造性形式之间的关系。人格是个人的物质，与作为社会角色的人格相等，它是无法解释或证明的，因为它被精神所浸透。在人格中，单一性和共同性是融合的，它需要世界来实现自己，而最深层的精神自我，与人格和角色不一致，它隐居在自我和世界之外。[③] 东方之道与西方之逻各斯，东方之道的源头是由卫礼贤引来的，西方哲学的源头则要追溯到凯泽林更早的青年时代对康德哲学的引征[④]。

"许多传统的西方人文学者对除古希腊、古罗马之外的东方各民族文化知之甚少，他们看重的是'西方经典'，对同样具有重大思想价值的东方特别是中国经典却视而不见、无动于衷。根深蒂固的西方中心主义和白

---

① *Reise durch Zeit*，erste Band，Ursprünge und Entfaltungen．Keyserling Nachlass．

② Gahlings，Ute．*Hermann Graf Keyserling Ein Lebensbild*，Darmstadt：Justus von Liebig Verlag，1996，S. 254-255．

③ Gahlings，Ute．*Hermann Graf Keyserling Ein Lebensbild*，Darmstadt：Justus von Liebig Verlag，1996，S. 278 279．

④ Keyserling，Hermann Graf．*Das Gefüge der Welt．Versuch einer kritischen Philosophie*．München：F. Bruckmann，1906．

人优越感扭曲了他们睿智的头脑，遮蔽了他们聪慧的眼睛，使他们无意利用古老丰厚的东方文化资源。……萨义德在《东方主义》（另译《东方学》）中对西方普遍存在的虚假、偏激的'东方观'的剖析与批评绝非空穴来风。由此看来，传统的西方经典观是妄自尊大的、目光短浅的，至少是十分保守的。"① 凯泽林在传统的西方哲学史上的缺席以及二战以后的研究地位的衰落不能不说与此相关，而后殖民主义在非西方国家中的学术研究中始终占据一席之地。作为凯泽林推崇备至的南美洲重要地区，阿根廷的学者就将凯泽林对阿根廷的赞誉理解为西方对南美洲的一种积极态度。而我认为第一步，始终应是恢复凯泽林在西方哲学史中的地位，进而打破这种"保守"的西方经典圈子。不论是从西方哲学史、历史角度，还是从非西方的学者立场来讲，对凯泽林思想的研究以及其思想中非西方思想资源的厘清都是十分必要的。凯泽林的感性哲学观和哲学实践，代表了先验哲学到经验哲学的一次重大转折（福柯的知识考古学、德勒兹的欲望谱系学也是如此）。凯泽林所代表的经验哲学的上升，是人的生命体验之地位与西方古典哲学体系之话语的碰撞结果。二十世纪四十年代偃旗息鼓确实与特殊的政治情况有关，八十年代销声匿迹也并不说明凯泽林所代表的生命经验之错误，而是另一种生命经验的上升，这恰恰说明经验哲学取代先验哲学的趋势是必然的，而不同的经验哲学针对不同时代困境有着自己的解答，因而凯泽林的研究在目前不但有着文献学、史学、哲学意义，也同样有着现实方法论的意义可能。凯泽林不是简单的排斥先验、抓取经验，而是从精神冥想、社会文化现象等角度挖掘新的生命体验。这种趋势已经被学者认识到了："永恒哲学的时代已经一去不复返，总体性哲学也早已是明日黄花了。当今哲学已经体现在人类各种各样的具体活动之中了。肇

---

① 刘象愚：《总序（二）》，载［美］伊哈布·哈桑：《后现代转向》（*The Postmodern Turn*），刘象愚译，上海：上海人民出版社，2015年，第13页。

始于 19 世纪的哲学之非哲学化趋势在 21 世纪尤为势不可挡。"① 这种趋势实际上在凯泽林的时代就已经开始了。

"康德的三大批判和四大问题在促使西方思想无视其现代性时，不仅引导了荷尔德林和海德格尔崇尚古希腊哲学而去思考人类与存在的关系，还引导了马克思和列维斯特劳斯依据康德批判哲学而去质疑人类知识的形式和界限。肇始于尼采'怪异'思想的现代哲学仍然徘徊在这两条路径上而不得抽身。"② 凯泽林思想的哲学意义不在于传统意义上的哲学史，而在于其本身的特殊性可以突破"两条路径"的分野，寻找到第三条哲学之路。这里的"三"，并非调和的三，如东西之间调和，在理性和人本之间调和，而是特立于任何一个二元对立视角的概念的"三"。"在古典时代，以笛卡尔理性主义为代表的西方文化的大写理性的独白把癫狂压制到沉默无声的地步。作为社会底层的发掘者和辩护者，福柯非常关注癫狂曾被捕捉、被剥夺资格、被禁闭、被鄙视和诋毁的方式。福柯批判西方大写的理性，是为了改变因癫狂受抑制而造成的理性独白的局面，是为了替非理性争得应有的权利，为了恢复理性与非理性的对话。"③ 在纳粹党尚未被民众推上国会时，凯泽林对它的观察是客观细致的，其运动的无序和狂热中蕴藏的非理性与反理性在一定程度上正是启蒙时代以来德国逐渐萌发成长的浪漫精神的体现，然而纳粹的反理性暨民族主义并不等于凯泽林的非先验重经验的生命哲学，更与他秉承的超越民族的文化哲学立场相违逆。凯泽林应运而起的时代正是经受了一战失败打击、工业化发展市民生活转型不安以及经济危机动荡之后的欧洲和德国。"现实生活中的行为准则和生活意义，显然在传统中越来越难找到了……在教育普及化、社会学校化的德

---

① 莫伟民：《译者话》，载［法］米歇尔·福柯：《词与物——人文科学的考古学》，莫伟民译，上海：上海三联书店，2016 年，第 25 页。

② 同上，第 10 页。

③ 同上，第 15 页。

帝国时代里，他们能通过学校……介绍给社会各阶层。……知识界能够获得前所未有的影响和意义。"① 也就是说，这种由于社会巨变和传统变更导致的个体生活无经验可寻的情况亟须知识精英们通过思考来提供切实可行的意见、指南和解决方案。凯泽林的智慧学校正是立足于这样的文化危机和生存问题才得到大众的认可的。就哲学家的教育理念而言，无论是费希特所著《学者的使命》中明确提出的对人类发展所承担的责任，还是康德所说："人不应被作为手段，不应被看作一部机器上的齿轮。人是有自我目的的，他是自主、自律、自决、自立的，是由他自己来引导内心，是出于他自身的理智，并按自身的意义来采取行动的。而教育的实质，就在于如何使人们能去理智地引导内心，理智地采取行动。"② 再到凯泽林将自己的哲学思想作为办学理念予以实践的做法：知识界自发的一种教育传统始终是存在的，这种传统往往超越了狭隘的国家、社会功用、民族界限，而体现了思想者对人本身的关怀。

生命哲学作为引导凯泽林进入哲学写作的流派，其代表哲学家给凯泽林很多帮助和指导，如柏格森，西美尔，舍勒。

凯泽林有两句名言。第一句是："通往内心的路在世界上。"（Der kürzeste Weg zu sich selbst führt um die Welt herum.）这句话指导他迈出欧洲环游世界。第二句是："最为重要的，不仅仅是人的身份是什么，还在于人的位置在哪里。"（Es ist ungeheuer wichtig, dass man jetzt nicht nur bleibt, wer man ist, sondern auch bleibt, wo man ist.）这句话指导他回归德国，坚守理想，绝不逃亡。他强调地理位置和心灵之间的重要联系，也就是强调真实的生命体验对思想的影响。所以凯泽林不但是彻底的

---

① 李工真：《文化的流亡——纳粹时代欧洲知识难民研究》，北京：人民出版社，2010年，第14—15页。

② Nipperdey, Thomas. *Deutsche Geschichte*，1800-1866，München，C. H. Beck Verlag, 1983，S. 34. 转引自李工真：《文化的流亡——纳粹时代欧洲知识难民研究》，北京：人民出版社，2010年，第32页。

唯物主义者，也同样是存在主义者。

在魏玛时代后期以及纳粹时代，德国的哲学界始终面临着民族化和国际化的争论，而民族主义在政治、文化上的表现使我们意识到，一方面是坚持德意志精神的保守主义，一方面是世界主义的理性主义，两种倾向都在凯泽林身上有所体现。凯泽林的基本出发点虽然是探求人的生命经验，但是他和德国民族的羁绊却是明显的，同时他哲学思想中对非西方文化的执著和关注，也将他同斯宾格勒（Spengler，Oswald，1880—1936）这样的文化悲观保守主义者区分开来。凯泽林认为德国人所具有的伦理与情感是最充沛的，因而也是最矛盾的，对其关系论述道：

> 在欧洲所有民族中，德国人的"精神"最少，"悲情"最多。只有在特殊情况下，他才会像罗马人、盎格鲁-撒克逊人那样"从内部自我决定"。他通常只是间接地决定自己，从科学的正确性、社会的可取性、构建的目标、职责等方面进行预测。因此，对他来说，目标比个人更重要，他几乎不理解，如果有的话，纯粹的个人怎么会有这样的精神意义。经验——"一个无法翻译成其他语言的词"——是他生命中主观的最后实例。由于人习惯于从自己推论到他人，他以现有的经验价值的程度来衡量现有的深度——完全没有意识到，只有可能的"经验"的深度可以用这种方式来衡量，而不是做……大多数人对"体验"的认识只停留在"感觉"本身，而这通常是没有深厚背景的。在这个意义上，德国人一直是一个"主观主义者"。因此，他有着内向、感性的民族品质，充满价值的思想。因此，他对各种形式的"浪漫主义"情有独钟，他对乡村的宁静非常推崇……另一方面，对于完全有道德观念的人来说，每一个工人都比道德不足的人显得更有意义，他仍然在自己的衣橱里体验得那么深。毫无疑问，"病态的态度"也是事实，它使一个民族通往外部的伟大之路非常困难，因为他们一次又一次地被自己的"苦中作乐"绊倒。

原则上，使人成为一个人、一个人格的，不是他的悲怆，而是他的精神：在宇宙背景下可能的自我决定。而这只是出于逻各斯的成功，是所有主动性的原则。在悲怆中看到最后和最高的人，因此选择了与主体相对立的对象。①

他进一步对伦理的重要性加以论述，并升华为"认识自我内在的第二条道路"：

重要的是对人类的平均水平进行更高的教育，从而创造一个正常的更高水平的文化。没有艺术的人，在更高的意义上，根本就不是人。他只是他的原始物质，母体的混沌。与动物相比，人之所以成为人，只是因为他的精神气质。"Ethos"现在意味着动态的塑造，静态的态度……它这个词的通常道德含义是一种特殊的限定。首先必须要有形式感，只有这样才能实现专业化。现在，人的眼睛只向外看；只有在对方的镜子里，他才能认识到自己。因此，外在的形式从根本上说是通往内在的前提条件和下一个路径。情况就是这样，一个人如果鄙视外在的形式，就可以肯定他的内在出了问题。②

他在哲学研究中重视生命冲动和人本身的实践和内心世界，这与西方二十世纪哲学中的人本哲学不约而同地关注到了哲学研究方法的另一种可能，即离开了科学主义的纯粹思辨，"以认识主体为本题，认为人应该是哲学的出发点和归宿，哲学应该研究人的本质、自由、价值以及与人相关的社会问题"③。对于人的发展这个老生常谈的话题，哲学家们不止一次给出自己的设想和实现的方法，关于新人、超人、全人的说法不一而足，如尼采所说的"超人"，恩斯特·荣格尔（Jünger，Ernst，1895—1998）就

---

① Keyserling，Hermann Graf. "Vom Pathos und vom Ethos：das Sachliche und das Persönliche"，Heft 9 Innendekoration：mein Heim，mein Stolz，S. 357-357.

② Keyserling，Hermann Graf. "Vernunft-Wille-Seele"，Heft 3 Innendekoration：mein Heim，mein Stolz，S. 124-124.

③ 陈寿灿：《方法论导论》，大连：东北财经大学出版社，2007 年，第 153 页。

提出了"新人"的说法，凯泽林提出了"超人"理念。而这种持续的、对人在思想道德心灵层面的进化提出期许的哲学家们所构建的图谱，正是新时代中我们必须思索的命题之一。凯泽林的最终著述《人的批判》，其内容即是延续感性哲学观，按照人本主义的方法对人、人的生命、生活、历史经验进行了完整的哲学分析，以达到分析人周围的世界的目的①。凯泽林在汲取文化体的外在表现等感性材料以及吸收东方传统文化的精髓时，受到儒家思想和易学很大影响。儒家思想和道家思想作为东方哲学思想的代表成为凯泽林在剖析西方文化危机和哲学时的重要参照物。因此，凯泽林对东方哲学在其哲学体系中的资源和化用就成为感性哲学体系的一个重要组成部分。从他的几本代表作来看，《世界的构造》是歌德与康德思想对凯泽林的投影式感触，《一个哲学家的旅行日记》展示了一种预言式的理想，揭示非西方文明的意义，《创造性认识》表达了他对东西方文化共同融合造就新文化的未来的期许。凯泽林将他同感性世界的文化融合，在智慧学校的十余年间，这种融合体现为不同智慧的存在的融合，不同感性精神表现形式的融合。

因此，感性哲学观在西方哲学思脉②中的位置是特殊的，有着开辟"第三条路"的可能。西方哲学的思考主要可分为两条路径，简而言之就是一条注重苦思冥想，一条注重鲜活的生命体验。第一条发展成了二元对立的理性路径，重视逻辑思辨和概念、推理等；第二条发展成了人本主义的、浪漫的思脉。在书斋中的哲学思考是第一种，比如康德；在旅行中的哲学思考是第二种，比如凯泽林。其实，与其说这是哲学思考的两条路径，不如说是人类认识世界、认识生命的两种方法和趋向。凯泽林的哲学思想在形成过程中受到了生命哲学的引导，在凯泽林形成了自己的哲学风

①　陈寿灿：《方法论导论》，大连：东北财经大学出版社，2007年，第155页。
②　指"思想史脉络"，参见叶隽：《德语文学研究与现代中国》，北京：北京大学出版社，2008年。

格之后，他对哲学世界的探索主要是依托于对文化现象的观察和批评，没有体系和概念。因此在正统的西方哲学史中只能将凯泽林放到生命哲学流派范围内，而生命哲学流派本身却不一定承认。只有在广义的哲学思脉中，凯泽林才能找到他应有的合适位置。

感性哲学观与东方哲学有着显性与隐性关系：在凯泽林看来，他的感性哲学观和东方哲学（特别是儒家思想）是分别解决西方、中国面临的现实困境的一条出路。他判断只有儒家思想才能让中国重生，而只有从东方之旅中汲取到一些财富，才能回过头解决西方的文明危机。必须要明确一点，凯泽林东方旅行之前面临两个危机，一个是大环境的西方文化危机，还有一个是他自己的内部精神危机——认识自我、自我完善的瓶颈。而自我认识的完整性是首先要解决的问题，只有自己的精神内在得到了完整性，才有资格推而广之，来解决西方的文化危机。而解决精神危机的方法就是世界旅行，其中，东方旅行是重要的一个部分，不论是世界旅行的实际比重，还是思想资源上给予凯泽林的启发。"欧洲人的心灵在客观科学知识表现最佳，印度的表现在心理领域的真实化，中国的表现在观念的具体化，日本的表现在对大自然的美学的理解"[1]，凯泽林总结并吸收了不同文化体的特征和表现，博采众长，补自家之短，凯泽林的感性哲学观点在旅行中逐渐丰满全面，他的自我认识也逐渐完善，东方哲学补全了他精神的缺口。凯泽林的世界观和哲学观与东方哲学有着明显的事实联系，除此之外，从另一角度考虑，东方哲学所提供的认识世界的路径和方法与凯泽林对西方哲学主流思辨路径的叛离有着隐形之关联。德国哲学"自启蒙时代以来就是康德的注脚"[2]，而德国的大陆哲学是西方近现代哲学史上的正

---

① 范育成：《赫尔曼·凯瑟林之世界旅游体验及其文化比较》，《高雄师范大学学报》，2007年第22期，第113—131页。

② ［英］安东尼·肯尼编：《牛津西方哲学史》，韩东晖译，北京：中国人民大学出版社，2014年，第260页。

统和主流，其先验的观念、理性的批判构成了十八世纪哲学主流，而黑格尔之后的哲学开始在政治、社会中产生更突出的作用。且不论马克思的哲学对于欧洲革命和工人运动的启发，叔本华所说"我即意志，意志即物自身，个体的生存意志随着时间消亡转瞬即逝，而物自身的意志是无限而永恒的"①，他所强调的人的自我理解的重要性在尼采的思想中得到了进一步的阐述，尼采将意志比作狄奥尼索斯，将古希腊的已经成为西方文明、哲学榜样的理性平和取代为酒神的意志和生命冲动。不考虑"超人"（Übermensch）这一概念被几度篡改的意味，其本质上体现了尼采对于人完善自我，提高自我的期望。这一思脉在狄尔泰和柏格森的生命哲学之后改道为注重人、生命、时间的感性哲学，几乎彻底脱离了概念的澄清和构建以及复杂的哲学思辨体系，凯泽林就是延续着这一方向进行自己的哲学探索之路的，他的探索第一是围绕自己的精神世界的完善，第二是围绕解决西方文化危机的方法。这两个问题都是现实的、具体的，而不是抽象的、靠纯粹理性思维可以解决的。这样的处境和古老东方哲学的起源却有共通之处。这里所说的哲学是广义的认识观和方法论，而非狭义的哲学学科意义。中国人习惯从儒家思想中获取入世的智慧，从道家思想中获得烦恼的解脱，从佛教的机锋说禅中获得困境解脱的启迪。中国古代的大儒大哲的讲道方法是讲故事，具体问题具体分析，这种感性的哲学思考方法与民族性格相关，并和历史发展社会环境甚至生活方式形成一个影响循环。林语堂说，"在审视中国思想时，人们为它在风格和方法、价值观和目标方面与西方的巨大差距感到震撼。……中国哲学家的语言正是百姓的市场俚语……"② 中国的哲学思想发展是儒、释、道齐头并进，而非西方哲学

---

① ［英］安东尼·肯尼编：《牛津西方哲学史》，韩东晖译，北京：中国人民大学出版社，2014 年，第 286 页。

② 林语堂：《中国印度之智慧·下册：中国的智慧》，南京：江苏人民出版社，2014 年，第 2 页。

的此消彼长，这与东西方思维方式的根本差异有关，西方主流的二元对立非此即彼的是非思维影响着哲学思考，而其另一条隐藏的浪漫思脉"秘索思"① 则在启蒙理性的崛起之后被长久忽视，这一思路在叔本华、尼采乃至柏格森的接续下重新焕发了生机，而凯泽林在受到生命哲学启发的同时又恰恰得到了东方哲学的资源，他所承接的，不是单纯的"秘索思"，而是企图调和启蒙理性和浪漫思脉两者对立关系的中道。这与中国的阴阳二元调和理念不谋而合，至于推崇中国儒家、道家思想，并引入到自己的感性哲学观中，则是凯泽林来到中国被传统士大夫和普通民众的精神状态所感染导致的。个体的失范、机械化是西方文化危机和衰落的一个重要表征，凯泽林为了解决这一问题——也就是如何让个体生活重新鲜活有意义、让个体存在感增强，重新寻找一种生活方式和积极的心灵状态——由此转向了在儒家道家思想的指导下行为规范更加明确、社会深层秩序依然稳固、个体身份认同比较高的中国。而《一个哲学家的旅行日记》一书也是从个体观察的视角来观察文化体的表现，凯泽林追求的一直是"重新的（精神）统一"（re-integration），"自我重新定义"（self-redefinition），"完整性"（wholeness）②，凯泽林所选取的方法和欲解答的问题都带着东方哲学的一丝"禅意"和对生命的尊重，而离西方哲学的纯粹思辨越来越远。从西方文化危机的解决办法来看，除了凯泽林通过东方侨易经验寻求道德模范和社会规范之外，西方仍在思辨的哲学之路上寻找到了另一种类似的方法，就是将康德关于伦理学的理论予以发扬，以此寻求在宗教丧失了首要的道德规训功能之后社会的伦理重建之可能。这说明围绕"秘索思"和"逻各斯"两条路径的选择仍在继续着，感性哲学观是不同于纯粹理性思

① 参见陈中梅：《"投竿也未迟"——论秘索思》，《外国文学评论》，1998 年第 2期，第 5—14 页。

② Cooper，George Edward，JR. *Count Hermann Keyserling and Cultural Decadence：A Response to A Myth*，*1900-1930*，The University of Michigan，Ph. D.，1978. p. 7.

辨或者纯粹东方神秘主义的第三条哲学之路。

理论层面上看，凯泽林对于"Sinn"的哲学史含义的使用和对该词赋予新的哲学概念均属于阐释学范畴。海德格尔认为："把某某东西作为某某东西加以解释，这在本质上是通过先行具有、先行见到与先行掌握来起作用的。解释从来不是对先行给定的东西所作的无前提的把握。准确的经典注疏可以拿来当做解释的一种特殊的具体化，它固然喜欢援引'有典可稽'的东西，然而最先的'有典可稽'的东西，原不过是解释者的不言自明、无可争议的先入之见。任何解释工作之初都必然有这种先入之见，它作为随着解释就已经'设定了的'东西是先行给定了的。这就是说，是在先行具有、先行见到和先行掌握中先行给定了的。"① 即凯泽林的感性哲学观虽为自身哲学思考的结果，但其在内容上有承接，在概念上也绝非横空出世。总体看来，凯泽林对"Sinn"的概念阐释的先行基础来自文学和哲学两方面。

从社会发展和社会问题的角度看，随着生产力的发展和社会进步，身体所需之物已经越来越让位于精神所需，而现代生活中的精神劳累和危机也越发成为大众挖空心思需要解决的问题。在解决了温饱危机之后，精神危机逐渐发展成为日常生活的主题，随之而来的心理治疗和咨询也成为西方二十世纪初以来发展的新路径。不论是西方宗教中强调对身体的修行和禁欲，还是东方宗教中的身体为载体的瑜伽以及冥想，都是为了增强精神对身体的控制，换句话说，是要降低身体对精神的影响。"纪律的历史环境是，当时产生了一种支配人体的技术，其目标不是增加人体的技能，也不是强化对人体的征服，而是要建立一种关系，要通过这种机制本身来使

---

① ［德］海德格尔：《存在与时间》，陈嘉映、王庆节译，北京：生活·读书·新知三联书店，1999年，第176页。

人体在变得更有用时也变得更顺从，或者因更顺从而变得更有用。"① 所以，通过精神冥想或瑜伽等手段乃至其他方法来纾解精神问题、解决精神危机也就是通过另类的身体规训而影响精神。二战结束之后到六十年代，欧洲的学术理论例如马克思主义、弗洛伊德心理学和符号学②成为潮流和中心，这种转变仍然和哲学的转变相关，但是比凯泽林所引领的感性哲学要抽象得多。而随着美苏冷战加剧，地缘政治因素成为主导学术研究并引发反思的主要诱因，这阶段萨特的存在主义，特别是各种解放运动比如学生运动、妇女运动本身代表的思想变革以及对社会的冲击和影响成为维系哲学史之不间断脉络的主要内容。从这个角度看，凯泽林和他的感性哲学在上世纪后半叶的衰落也有其特定的时代因素："一个观点始终贯穿权力-知识的思想。如果权力是人类活动的基层，那么知识就不能与权力作对，因为知识是权力的一种属性或者结果。"③ 就现代性话语角度来看，凯泽林所代表的传统社团、贵族圈在文化中的重要性已经在现代社会发展过程中被抵消了，"在第二现代性中，社区、团体和身份的结构失去了这种本体论的元素。在政治民主化（民主国家）和社会民主化（福利国家）之后，一种文化民主化正在成为改变家庭、两性关系、爱、性和亲密关系的基础。……现代性不是一个价值衰落的时代，而是一个价值时代。在这个时代里，本体论差异的等级制度的确定性，被自由的有创造力的不确定性所取代"④。面对相似的社会转型和人文精神危机以及全球化不同阶段的挑战，二战之后的马克斯·韦伯、阿多诺（如《辩证的启示》）和一战后的

① ［法］米歇尔·福柯：《规训与惩罚》，刘北成、杨远婴译，北京：生活·读书·新知三联书店，1999 年，第 156 页。

② ［美］戴维·斯沃茨：《文化与权力》，陶东风译，上海：译文出版社，2006 年，第 23 页。

③ 同上，第 29—30 页。

④ ［德］乌尔里希·贝克：《世界风险社会》，吴英姿译，南京：南京大学出版社，2004 年，第 13 页。

凯泽林作为知识分子及哲学家代表所持有的态度确实不同。他们对现代性进行批判，但是悲观压抑的学术态度和这种悲观情绪回避了寻求积极解决办法的尝试，而不像凯泽林，保持着希望和积极态度，实践方法和手段一直频频出新、动力不断。凯泽林逝去已经六十年，距他踏足中国已经百年，新世纪我们面临的文化问题和社会困惑，仍然可以从凯泽林的思想中找到答案。

就二十世纪初的情况来看，世界各地区间的交往第一次变得密切频繁起来，这给各地区的知识分子以更宏大的视角去思辨哲学、思考人生乃至解决社会问题。这也是真正"开眼看世界"的时代，不但在中国如此，在印度如此，在欧洲这样一种趋势也更加明显：这种"前全球化"时代的知识交流和思想交汇行为在数量、范围、深度上都要远远超过之前对文化产生重大影响的历史事件（如文艺复兴、宗教改革等都是发生在同一文化圈内的传承和变革），特别是对世界范围内的地区及不同国别的文明和文化有了较为全面整体的认识，其中尤以西方本体视角下的印度和中国、中国视角下的西方和印度为代表。而且此时的知识分子，不但在知识结构上比前一代发生了变化，这种知识结构也深深影响了思考方式和实践内容。比如中国之梁漱溟、蔡元培等在比较文化研究、教育实践中的成就，基本是建立在跨文化的知识结构上的。另外一种趋势是无论在哲学思想还是知识分子的日常议题中，都从抽象哲学思辨向现实社会话题转变：这是因为工业革命的扩大和技术创新带来的生活方式改变以及地理交通增强、政治军事活动带来的社会格局变化，导致前时代的个体生活经验和传统教导思想失去了现实指导意义。

在两种趋势并行的情况下，生命哲学、感性哲学理所应当地受到了关注，凯泽林与其感性哲学观正是这样一个显要代表。必须要注意的是，进入全球化时代后，这两种趋势是以更加迅捷的速度展开的，因此在思考模式和思考成果方面，也均有借鉴意义。这种意义，不是从凯泽林的"融合了儒家道家的西方文化是高等文化"的角度提取的，也就是说，取之跨文化的公正态度，但不取其带有时代局限的异文化勾兑结果；取之在东西文化沟通中的先锋实践意义，但正视因为对东方文化研究不深入带来的实践缺憾。"没有说出东西文化所以调和之道而断定其结果为调和，是全然不对的。"① 在感性哲学的沉淀阶段，凯泽林应该意识到了文化宽容和多样化的真正内涵并不在于融合成一个超文化，而在于对现有文化的认可与调和。

同时凯泽林自身的哲学思考方式也是倾向于东方的，即所谓"玄学"，这种倾向尤其在他的作品中有所体现，即多用隐喻、比喻、类比的手法。这和中国人对于玄学的描述是很接近的："玄学总是不变更现状的看法，囫囵着看，整个着看，就拿那个东西当那个东西看；……由玄学的方法去求知识而说出来的话，与由科学的方法去求知识而说出来的话，全然不能做同等看待。科学的方法所得的是知识，玄学的方法天然的不能得到知识，顶多算他是主观的意见而已。……是'非论理的精神'太发达了。非论理的精神是玄学的精神，而论理者便是科学所有成就。……阴、阳、金、木、水、火、土都是玄学的流动抽象的表号，所以把一切别的观念也都跟着变化了。为什么玄学必要用如此的观念？因为玄学所讲的，与科学所讲的全非一事。……玄学所讲的是一而变化、变化而一的本体。……当知中国人所用的有所指而无定实的观念，是玄学的态度，西方人所用的观念要明白而确定，是科学的方法。"② 而分别在形而上学和人生实践层面的哲学思考有着大成就的中印两国文化显然比古希腊一脉的逻各斯更加符合凯泽林的思路。比如，凯泽林认为，应该把人看做是"微观宇宙"③，把认

---

① 梁漱溟：《东西文化及其哲学》，北京：商务印书馆，1999 年，第 11 页。
② 同上，第 37—38 页。
③ Gahlings，Ute. *Hermann Graf Keyserling Ein Lebensbild*，Darmstadt：Justus von Liebig Verlag，1996，S. 253.

知的基本原则分为"我"和"非我","欲望"（Gana）形成的"气场"属于"非我"，而人与人之间形成的连接关系是统一的，对于每个个体而言，这种人之间的连接性也属于"非我"。由此，"我"和"非我"之间也形成了关联。

与东方相对应的是，西方文化的演进过程中，每逢现实危机，人们就要追根溯源去历史中找药引，而到了凯泽林的时代，仅从时间上回溯是不够的，而要在地理空间层面寻找他途。从全球化角度来看，凯泽林在他所处的时代扮演着一种超越时代、种族和国家的世界性文化学者与知识先锋的角色，他在一战之前所进行的世界旅行或可成为自航海时代以来为西方开启的旅行探险的终章，同时又是开启重构或者解构西方殖民视角下对非西方特别是东方地区社会和文化的固化印象的新篇章。凯泽林借由一本世界性的游记展开他自己的知识建构和思想宏图，又在世界性的学术交流和社交往来中推进自己乃至其他人的普适文化价值。这种史实的披露和背后指因意义重大。作为时代的成功者，凯泽林复杂的社交和广泛的人际脉络对于梳理全球性的知识个体的律动轨迹和发现个体学术活动规律来说十分重要。而作为知识分子和社会中的一个个体，凯泽林在社会场域中的文化主体地位的变化也让我们有所思考。特别是以凯泽林为中心的学术场域公共交往与一般学人有着极大不同，他将感性哲学理论融于实践、融于生活、融于全身。他进行的社交活动最终成为感性哲学的一部分，这种公共交往的社会意义不仅在于其象征二十世纪上半叶从贵族社会向市民社会转型时知识分子的交往典型，同时和全球化的当代个体间公共交往有着可比性。福柯曾说："我为什么愿意写这样一部历史呢？只是因为我对过去感兴趣吗？如果这意味着从现在的角度来写一部关于过去的历史，那不是我的兴趣所在。如果这意味着写一部关于现在的历史，那才是我的兴趣所在。"[1] 而感性哲学的社会性，就是因其不仅对当时社会、同样对当下社会

---

① ［法］米歇尔·福柯：《规训与惩罚》，刘北成、杨远婴译，北京：生活·读书·新知三联书店，1999年，第33页。

有意义，才值得关注。

在德国，或者说以欧洲的基督教文化传统来看，其知识阐释权主要有历史上的转折点：从教会手中的神学阐释转向世俗权力（即修道院向大学）的哲学阐释；而凯泽林所努力的方向，正是哲学话语的进一步侨易。

第三节　感性哲学对教育空间的影响：开辟知识生产新模式的智慧学校

黑塞作为凯泽林同时代的重要的德语作家，与中国关联同样非常紧密，而其作品中出现的各文化经典符号的互文性也值得深入推敲，比如在《德米安》中，就涉及对西方基督教的宗教世界观的一种思考，虽然黑塞本人对凯泽林及智慧学校是持批评态度的，但书中有些论点也呼应了凯泽林的初衷："我们不能从理性主义角度出发，将古代的那些教派和神秘社团的观点评判为幼稚。我们所谓的科学根本无法理解这种古风。有人专门研究神秘哲学真理，已达到很精深的水平。其中也派生了一些巫道骗术，被人用来行骗害人，但巫术的起源却是高贵的，有深刻的哲思。我刚才举例的阿布拉克萨斯教义也是一样。阿布拉克萨斯这个名字取自希腊咒语，人们认为这是一个魔神的名字，就是今天一些野蛮民族依然崇拜的魔神。不过阿布拉克萨斯似乎有多重含义。我们可以理解这个名字：这种神有一种象征意义，糅合了神性和魔性。"[①]

"我们的圈子中还有其他一些人，关系或远或近，他们也是寻觅者，却截然不同。有些人走特殊的路，带着特殊的目的、特殊的观点和义务，他们中有占星学家和犹太神秘哲学家，还有一个托尔斯泰信徒，还有一些

---

① ［德］赫尔曼·黑塞：《德米安：埃米尔·辛克莱的彷徨少年时》，丁君君、谢莹莹译，上海：上海人民出版社，2008年，第100页。

敏感害羞的人、新教派的信徒、印度教坐禅的修习者、素食主义者等等。"①

"我们的圈子中也有信仰某些希望和救世说的信徒。有试图在欧洲推行佛教的佛教徒，有那位托尔斯泰信徒，以及其他一些信众。我们内部圈子的成员只是倾听，将所有这些信仰都看成隐喻。我们哲学带着印记的人并不担心未来的创造，对我们而言，每一种信仰、每种救世说都已提前死亡，失去了效力。我们仅将它们视作义务和命运：让每个人都成为完整的自己，与萌发于心中的自然之芽完全契合，接受未知的未来为我们作的任何一种安排。"②

黑塞进一步说道："我们对今天的时代和欧洲提出了批判，欧洲绞尽脑汁制造出人类史上强大的新型武器，思想上却堕入了深不见底、触目惊心的空虚。欧洲征服了整个世界，却因此丧失了灵魂。"③ "啊，今天我知道，在世上，最让人畏惧的恰恰是通向自己的道路。"④ 而同样是对欧洲的文化和思想有着忧虑的凯泽林评论欧洲彼时的人民为"机器的仆人"，"丢失了本质上的创造性精神"，"受到强制惯例的约束"，"只有在群体一致性中才能感到自由"，而重点和出路在于"承认个体意义和独特性的价值"，"保有欧洲文化独特的个人主义、个人责任和个体主动性"⑤。因此，在《智慧学校的意义和目标》（Sinn und Ziel der Schule der Weisheit）中，凯泽林对于时代症结给出了解释："智慧学校，一个外在的小学校，怎么能声称成为一个庞大的群众运动时代的救赎呢？好吧，精神本质上是不广泛

---

① ［德］赫尔曼·黑塞：《德米安：埃米尔·辛克莱的彷徨少年时》，丁君君、谢莹莹译，上海：上海人民出版社，2008 年，第 160 页。

② 同上，第 161 页。

③ 同上，第 160—161 页。

④ 同上，第 51 页。

⑤ Keyserling, Hermann Graf. "Die kommende Aufgabe: das Ziel Europas in der Entwicklung". Heft 6 Innendekoration: Mein Heim, mein Stolz, S. 242-245.

的。伟大的所有事件，从世界的创造到世界大战的决定，最终都是基于一个人或几个人的几句话，这些话作为冲动被传递。另一方面，巨大的罪恶只能从根本上治愈，这从字面上理解，意味着必须从根本上解决它们——而一切具有历史影响的根源都隐藏在个人的灵魂中。因此，整个文化世界普遍陷入的混乱，实际上不能追溯到任何一个明显的原因——这正是他们各自的补救措施如此无助的原因；到处都是一个情况，即生命的最终形式对人来说已经变得毫无意义。因为这种情况，自杀的意愿已经超越了它。"①

面对个人和时代的精神困境，感性哲学急需一个途径来对个体施加影响，尤其是对个体的生命和意义（也就是继承了卫礼贤《道德经》译本的Sinn 和 Leben 两方面）进行重新统一，即"意义和生命是一体的。在生命失去意义的地方，它同时也失去了对自身的意志。所有生命在与无生命的区别中所象征的意义的赋予，在任何地方都是由内向外，通过主体发生的，因此在人类意识的层面上，从自由创造的人开始"②；智慧学校就是在这样的立意下应运而生的，目的是"将我们今天所经历的生命形式的退化转变为一种新的建设。实现对正确意义的把握，这就是今天需要的一件事"。凯泽林认为："一个有正确见解的小圈子可能比最大的数字在历史上更有意义。在这方面，事情从根本上说与当年一样，当时，由于基督教带来的新的意义感——因为它也没有取得任何其他成就——西方文化从衰败的古代中成长起来。"他赋予智慧学校的任务在于"寻找一个新的生命意义"，它的"汇聚镜头和辐射器是达姆施塔特的智慧学校，其经济基础是自由哲学协会"。③

---

① "Sinn und Ziel der Schule der Weisheit"，凯泽林档案，达姆施塔特大学图书馆。
② 同上。
③ 同上。

生活只能从比过去历史上有效的更深的意义理解中重建；这是所有时代最重要的转折点之一，因为人类现在站在完全觉醒的门槛上，从而可能克服命运。理解是知识以外的东西，即一个创造性的过程；赋予意义是外部组织以外的东西，即对生活现实的见证。两者都只能作为严格的个人实践，就像每个人都必须亲自生活一样。由此可见，精神生活就像物质生活一样，只能在个人接触中传播。这就解释了为什么人类所有伟大的老师都是口头传授，而且只从这种不朽的冲动中发出，同样的原因，只有活生生的传统，从来没有经文这种东西，才使一个信仰得以延续。基于这些见解，在黑森大公恩斯特·路德维希的倡议下，达姆施塔特的智慧学校于1920年成立，为必要的生活冲动创造了外部传输机制。

这不是创造一个新的信仰，而是更深入地理解先前的信仰，不是给出一个具体的教导，而是达到一个超越所有确定的内在立场。由于人类的重生只能在更深地扎根于逻各斯的基础上进行，在这个意义上，根据凯瑟林伯爵的座右铭，"不从任何人身上获取任何东西，为每个人增加一些东西"，智慧学派甚至可以比任何知识的原始来源，如柏拉图式的，佛教的，更不可能是一个某种形式的结晶体。选择"智慧学校"这个名字正是为了它的矛盾性——因为它不是通常意义上的学校，也因为智慧本质上是不可教的。智慧学派的组织正是为了保持原始的、活生生的生命力，并防止这种情况在外部发生，因为客观性可能产生于唯一的基本人格。我们自己的精神和灵魂已经被客观性所迷惑，这是所有时代中最弯曲的理想。因此，智慧学校的方法只能是在适当的时候进行生活化的即兴创作。只要它所追求的不是别的，而是赋予生命必要的新意义，而"意义"一方面是不可理解的东西，只能在实现中实现，另一方面也可以以任何形式想象出来，智慧学派中发生的事情完全取决于当时存在的实现意义的可能性和当时出现的生活要求。①

因此，智慧学校的年度大会主题多样，既有形而上的哲学讨论，也有形而下的社会事务提议，在参会人员方面也充分体现了凯泽林尊重"生命独特性"的原则。

总体看来，在西方传统市民社会向现代社会转型过程中，个人天性的表达越来越在向政权、社会伦理等规训形式提出反抗，特别是秩序和社会规则本该带来个体的满足和安定，但是却使个体生命被物化，进而滋生不安和躁动。这体现了社会历史进程中"无为—规训—反规训"的一个过程。这一过程对照着"古代—近代政权—现代"的发展，而其中体现了"个人自由—整体自由—个体自由"的变化。这里的整体自由并非绝对自由，而是强调由整体规训带来的秩序感。所以不论是在心理或是社会的文化危机中，解决办法主要分为两种，一为疏，二为堵，疏就是无为，堵就是规训。

凯泽林所开办的智慧学校就是试图在整体社会都处于规训状态的框架下为实现个人的自由而努力，也就是个体的无为。就智慧学校产生的时代背景以及智慧学校所秉承的核心思想来看，在其他地区和国家也有类似的存在。如神智学协会（Theosophical Society），由海伦娜·布拉瓦茨基（Blavatsky, Helena, 1831—1891）和亨利·斯蒂尔·奥科特（Olcott, Henry Steel, 1832—1907）在 1875 年纽约成立。在一定程度上，凯泽林在哲学实践和教育改革道路上更加贴近神智学家，如安妮·贝赞特（Besant, Annie, 1847—1933），而非传统的学院派哲学家们，特别是当他尝试领导一个冥想活动，并追寻世界性的不同信仰的典型时。而以凯泽林为领导者的智慧学校冥想课程也成为一种模式——成为智慧学校的典型，也成为心理咨询的先驱并在形而上的层面对社会具有影响力。凯泽林本身对

---

① "Sinn und Ziel der Schule der Weisheit"，凯泽林档案，达姆施塔特大学图书馆。

不同国家的文化的熟悉程度使他能够用比较的观点来观察并凸显各文化的特征。

不过，因为西方文化和社会生活中个体性征凸显，凯泽林为大家提供的解决问题的办法以及训练课程大部分时候是集体性的，在事实生活中很难解决每个人的现实问题，而集中在精神领域。也导致了外界不少的批评和误解。同时智慧学校带有强烈的个人色彩，学生和观众都是靠着凯泽林的个人吸引力和鲁雅文的独特精神训练方法集聚在一起的。而始终没有一个一以贯之的、可以脱离凯泽林运转的制度和方法。鲁雅文在三年课程之后离开德国前往中国，精神训练课程就没有继续。而凯泽林本身分身乏术，也无法维持智慧学校如常运转。从智慧学校整体的特征和凯泽林所追求的文化变革来看，他已经脱离了西方文明以希腊为根底的人文主义①，而创造了一种基于多种文化思想特别是感性思维方式的哲学实践之路。凯泽林离开了家乡之后，视德国为自己的第二故乡，并尽心竭力在达姆施塔特发展自己的哲学学校，他建立了自由哲学协会，开创了智慧学校，频繁举办会议演讲，他的脚步遍及了德国各大城市，欧洲范围内也屡有他的巡回演讲。以达姆施塔特为自己的落脚点，他没有安定下来闭门造车，而是花费大量精力联系各位文化学者、哲学家和作家。即便遭受拒绝，他也不会轻言放弃。他在达姆施塔特经营的二十年里，完成了个人哲学生涯中的大部分重要代表作品，主编了智慧学校年鉴（《杰出人物：智慧学校年鉴》，1919—1931），学校通讯（《圆满之路：智慧学校的通讯》，1920—1942），和大量学者通信、开会、研讨，成果显著。而他获取思想资源的方法主要有两种：一种是与学人的大量交流，另一种仍然是自青年时代就

---

① Marchand，Suzanne. *German Orientalism and the Decline of the West*，in *Proceedings oft he American Philosophical Society*，2001，p. 145，465-473，472. 转引自 Gusejnova，Dina. *European Elites and Ideas of Empire*，*1917-1957*，Cambridge University Press，2016，p. 127.

保持的旅行习惯。凯泽林是一个"终身侨易"的人，这在达姆施塔特智慧学校时期更加得到了证明。因为一个在居无定所时期旅行的人有可能并不对旅行有着特殊情感，而一个在颇具向心力的哲学学校所在地仍然不能绑缚双脚的人却一定是热爱旅行并期待从中得到灵魂成长的人。

另外，凯泽林的文化构想和教育改革延续了生命哲学流派对育人的重视。生命哲学家本身注重实践，生命实践往往同教育事业有所关联，如狄尔泰等"对教学论问题的发展起了决定性的推动作用。在狄尔泰等人促动下，德国教学论逐渐从赫尔巴特的教学论思想转换为化育论教学论"①。接上所述——教育思想、事业和实践的发展在对社会阶层的重塑过程中也体现了社会转型的印记，从教会大学到现代大学正是宗教式微、科学日盛的表现，这种权力转移又剥夺了宗教和贵族在社会中的核心地位。可以说，逐渐变得自信和强大的人，并非启蒙运动和宗教改革中一言而蔽之的大写"人"，而是在这种权力转移中有机会获得了权力的具体人群，这一群体渐渐不再局限于宗教阶层和贵族阶层。这种变化也逐渐反映在文化问题上，即因为一战战败、经济危机而导致的文化危机乃至整个西方对其文明和社会的反思其实是和这种社会转型和构成社会主要群体的人的身份变更有着直接联系的。而任何一种形成风潮（或思潮）的知识理念都需要兼具哲学性、民族性和群众性。哲学性是指这种理念具有足够的概念与符号可供阐释，尤其是继承古希腊和罗马的文化资源、中世纪以来的德国哲学资源，这样在哲学性上可以避免陌生概念带来的额外的阐释成本；民族性是指这种理念符合欧洲文化内部的民族差异带来的接受度差异，比如以启蒙运动中英、法、德三国的差异为例，只有符合各文化体民族特征的启蒙理念才能得到传播；群众性则涉及不同阶级的文化表征特点，就德国而言，典型的阶级差异体现在贵族、市民和农民之间，而文化表征也同样具有贵族、

---

① 王飞：《跨文化视野下的教学论与课程论》，济南：山东人民出版社，2014年，第46页。

市民和农民的三种特色，越具有普适性的群众性质，其理念受欢迎程度则越高，而知识精英分子在德国则主要属于市民阶层，代表了市民阶层或者市民生活影响下的文化需求。

凯泽林的身份从贵族到现代知识分子的跨越使他对两个群体都有着自发的关怀，而他的生活经历使他真切地感受到这种变更带来的问题，因此一方面他开办智慧学校，渴望医治好普罗大众的精神危机，另一方面，他联络欧洲各个国家的贵族们，推广新的欧洲文化观念和统一的欧洲发展目标，希望恢复他们在社会文化中的核心地位和领导能力。这两方面都是教化的体现，教化的对象一边是在现代文明到来之际显得无所适从甚至惊慌失措的普通人，另一边是在社会转型过程中有着被抛弃风险的贵族。而教化与文化密切相关，"'Bildung'（教育）一词与人的内在发展之间的联系保障了其对个体发展的尊重，那么它与'Kultur'（文化）之间的联系则保障了其不会落入否定文化和社会对个体发展意义的个人中心主义中，并且将对个人的内在发展的尊重与对文化的注重相结合，保障了教育领域不会陷入过于强调内在或过于强调外在环境的非此即彼的'二元论'困境中，从而保障了教育对人的整体人格发展的重要作用，也保障了教育领域自身的独立地位"[1]。因此也就不难理解为何凯泽林用智慧学校的实践来为自己的新文化蓝图开路了。

所以，智慧学校不但是感性哲学的教学实践，也是印度和中国文化在德国社会的一次融合实践，同时更是凯泽林的最重要的文化理念的实验。换句话说，凯泽林的感性哲学和他的文化改造理念之间的关系正像席勒在《审美教育书简》中揭示的那样："感性与理性的统一，从而恢复社会的和谐"[2]，是至高无上的。凯泽林试图用感性哲学来唤醒日益沉醉在理性、抽

---

① 王飞：《跨文化视野下的教学论与课程论》，济南：山东人民出版社，2014 年，第 86—87 页。

② 朱光潜：《西方美学史·下册》，南京：江苏人民出版社，2015 年，第 398 页。

象思维中的人们，通过对感性的侧重来协调人们在社会转型阶段的精神失衡，并保证一种新的文化理念得以实施的可能性。而据凯泽林一直追求的目标看来，或许可以用黑格尔的"美是理念的感性显现"①的基本思想来解释，即感性哲学成为他的事业、生活围绕的中心，这种有意识的感性哲学实践和潜意识下的感性哲学指向成为智慧学校最富魅力的一面。

这两方面也构成了智慧学校的时代特征：凯泽林的智慧学校既是他个人意志在机缘巧合之下得以实施的结果，同时也是若干先锋学人办学事业中的一个典范和代表。尤其是在十九世纪末，现代哲学逐渐成为大学教育中重要学科②以及国家力量逐渐在大学中强化的情况下③，这种实践就更有时代性意义。

凯泽林以自己青年时代在欧洲的地理旅行和知识漫游路径为线索，逐渐开始织造一个广泛的国际社交网，这也是凯泽林在达姆施塔特建立的智慧学校大本营所赖以生存的信息线路和消息集散方法。通过这样一套基于贵族社交守则构造的现代学术交际网络在当时来讲是独一无二的，在后来人中也再没有这样融贵族底色和学者身份于一体的学术话语体系。通过不遗余力的推广和马不停蹄的国际性讲座，凯泽林在西班牙、法国和英国的上层人物的眼中成为当代知识精英的代表，而不仅仅是流亡德国的旧贵族。可以说，凯泽林魔术般的形象转化是不可思议的，这也为他的智慧学校带来了更高的人气。智慧学校最初即立足于战后文化危机和经济危机带来的个体生存不确定感和精神问题。在"身体与精神"的关系这个老命题中，按照西方宗教中的传统是让身体受罚进而干预精神，在工业革命之前的西方社会中惩罚也是以对身体摧残为主，现代社会则以"人的身体是一

---

① 朱光潜：《西方美学史·下册》，南京：江苏人民出版社，2015 年，第 397 页。

② Rüegg, Walter. *Geschichte der Universität in Europa*，Band 3，C. H. Beck，1993，S. 32.

③ 参见单中惠主编：《外国大学教育问题史》，济南：山东教育出版社，2006 年，第 329 页。

个工具或媒介"，"如果人们干预它，监禁它或强使它劳动，那是为了剥夺这个人的自由，因为这种自由被视为他的权利和财产。根据这种刑罚，人的身体是被控制在一个强制、剥夺、义务和限制的体系中"。① 这种禁锢身体的刑罚逐渐延伸扩展为现代社会的生活和工作对人的精神的规训，因此在工业革命以来的个人生活的问题和不快乐，其本质与身体的不自由无关，却是和精神思想的不自由、社会变动和政治运动的激烈让个人产生无着落的不安全感和因技术革命带来的人的生命意义在社会价值方面的消解等有关，并非禁锢但同样剥夺了人的精神自由感。而这种不自由的解决，却已无法通过继续规训身体来达到，即无法延续西方宗教中的克己和自我惩罚来解决。反而东方宗教传统中一直有冥想、瑜伽等通过放松身体来治愈精神的方法。凯泽林通过智慧学校将这一东方传统纳入西方哲学实践脉络，并发展成为颇具规模的精神治疗和修养途径。凯泽林在《一个哲学家的旅行日记》出版之后暴得大名，在此之前，他的哲学观点不被主流学院派所接纳，而通过《一个哲学家的旅行日记》，他获得了在大众间的流行，有学者称他了解并掌握了大众心理学。凯泽林的作品在同时代哲学家眼里并不能算作哲学研究著作，而是作为文学作品上架的。凯泽林的写作风格浪漫，善用修辞比拟，而在描述自己在异域的所见所闻时，又往往能见缝插针地使用高深的哲学词汇，一方面无疑让大众在阅读时享受了双重的感受，另一方面或许也使哲学这一并不流行的学科变得更加平易、被大众所接受。这样的情形使凯泽林获得了非同一般哲学家的知名度。在智慧学校成立第八年之际，凯泽林以"致会员"的一篇通告发布了他对于大众知识传播和哲学教育的新思路："随着《人作为象征》（*Menschen als Sinn-bilder*）、《重生》（*Wiedergeburt*）、《人与地球》（*Menschen und Erde*）几本书的问世，智慧学校也面临着一个新的任务：进一步发展理论并深化教

---

① ［法］米歇尔·福柯：《规训与惩罚》，刘北成、杨远婴译，北京：生活·读书·新知三联书店，1999 年，第 11 页。

学理论学说。"① 这里需要注意的一点是，这里所用的"教学理论"一词是"Lehre"，即强调感性哲学观在具体的讲授过程中所凝结的原理和规则，而非传统的形而上的哲学角度的"理论"（Theorie）。在这一思路的指引下，智慧学校拟进一步发展新的活动形式"教学大会"（die Lehrtagung，也可以解释为"理论大会"），其形式与古代的学院类似，由凯泽林、部分会员以及友情嘉宾的讲座报告（上午）和提问环节（下午）构成。此外，还增加了年度大会之前的会员提议环节，即会员可以提出他们希望深入讨论的话题以及改善理论的建议。目的是让会员参与到更有效的合作中，并与达姆施塔特为中心的智慧学校形成更紧密的精神联系。首届教学大会在 1928 年秋季举办，具体信息可见第 15 期《圆满之路》。

如果对比工业革命前后的文明印象，会发现现代的物质文明发展速度比精神文化特别是哲学研究要快得多，原因可能在于当前哲学精力都被解决现代精神问题、思考文化危机、生活困顿等切实命题分散了。作为个体的人的关注点往往在未来而非过去，而哲学的传统思辨恰恰来源于历史。彼时的智慧用来发明哲学，而现代的智慧用来发明机器，或只能发明机器。因此工业革命之前的文明蓝本是思想史，而现代则是技术史，康德之后的哲学思想在普通人脑子里是朦胧混杂的，但普通人却基本能数清历次工业革命的技术成果。我们的时间观念被技术更迭的代号所占领。打个不是很恰当的比方，现代民众对时间和年份的认知在今天，除了英国脱欧，特朗普当选美国总统这样的政治事件外，更多的恐怕还和苹果公司跨时代的人脸解锁技术以及新一代苹果手机的发布会联系起来。而智慧学校无疑担任了二十世纪上半叶的"文化符号"。

---

① "An unsere Mitglieder!"，凯泽林档案，达姆施塔特大学图书馆。

第九章

结论：中德文化侨易空间与凯泽林的知识建构

第一节　中德文化侨易空间的观察

无论是从凯泽林的侨易路线出发，还是从其所在的侨易空间，都可以从方法上归结于侨易学的空间意识，而中德文化侨易空间也可借助凯泽林一案得到证明。

在文化研究领域，空间常作为一种背景和被接受的"设定"存在，"空间和地方是生活世界的基本组成部分，因此我们对其习以为常"[1]，"文化的社会化如何把个体与群体置于一个竞争性的等级体系中，相对自主的斗争场域如何使个体与群体陷于争夺有价值的资源的斗争，这些社会斗争如何通过符号的分类得到折射，行为者如何通过各种策略获取利益，以及他们如何在这样做的时候不知不觉地再生产着社会的分层秩序"[2]。而两种

---

[1]　［美］段义孚：《空间与地方：经验的视角》，王志标译，北京：中国人民大学出版社，2017 年，第 1 页。

[2]　［美］戴维·斯沃茨：《文化与权力：布尔迪厄的社会学》，陶东风译，上海：上海译文出版社，2012 年，第 7 页。

截然不同的文化体在自然地理角度往往也有所关联，只是联系紧密与否。通俗而言，身份的单一导致关系的单一，关系的单一导致空间的单一。反言之，空间又对人的身份形成了影响。而空间的阐释意识以及使用空间阐释方法的自觉也体现在侨易学方法中，如关于"接触空间与三维呈现"①的论述："在阴阳二元之间，有一部分是相互接触的同时也是作为相互生成力的流力区域，它不仅是二元之间的一个接触区，同时也是属于阴阳本身的母体区；也就是说，在接触、互动、交融的过程中，同时它也在反馈与母体本身，是两个文化的互动区。……改革开放时期的深圳就是这样一个充满活力的流力区。"② 进一步，"最重要的还是如何开辟流力区域中的'接触空间'，进而使得第三维充满生命张力，如此二元三维的整体结构才得以成立"③。在这里，空间不但是一个确切的侨易现象发生的"场"，同时也是文化体之间所形成的抽象关系的指征。即在对"作为'侨动'背景的空间及时空结构"进行分析时，指明了侨易学对空间的认识的角度："侨动是一个先决条件，而它必须是在一定空间之中发生的，这里既有现实地理空间的含义，也包括抽象文化空间的内容，……这种文化空间具有延展性和渗透性，即它不是一种单纯的被割裂出来的物质空间的子空间，而是可能在其他空间中都存在，包括物质空间、行为空间等都是。"④ 而这里空间概念的不断延展也带来了空间本身的延展，尤其是思维层面的思考方法层面以及文化研究层面："这就要求我们在更广阔的范围内去思考问题，至少超越原有的自然空间（地理空间）、文化空间（人文空间）等层面，去思考网络空间所提供的崭新可能，反思我们至今为止的致思路径和

----

① 叶隽：《构序与取象：侨易学的方法》，杭州：浙江教育出版社，2021 年，第 66—94 页。

② 同上，第 99—100 页。

③ 同上，第 103 页。

④ 同上，第 179—180 页。

局限所在。"①

这种空间意识还体现在研究方法论的构建上，以侨易学理论所主要应用的研究范畴看，历史维度的文化现象、地理和社会层面的跨文化现象是主要研究对象。

总体而言，文化研究是对三维世界的一种二维展示，历史研究所增加的时间维度并不能对空间的三维有所补充（可以"球形个体空间"示意图为例，历史研究中的立体性体现在对个体间关系线路、关系网的二维还原）。以图像为例：静态图片、动态视频所展示的仍然是二维平面。至于缺损的三维信息，是通过人的思维补齐的。而补充的逻辑正确与否，显然有关事实和真相。对于历史的研究和文化的观察，如果所使用的方法和逻辑不同，那么其中的差别很有可能是"格尔尼卡"和"蒙娜丽莎"的迥异：技法背后实际上是画师认知世界的视角差异。跨文化研究依然不能避免这种局限：因研究方法侧重点差异而带来的对真实历史事件、文化现象的塑造的局限。要在二维层面展示三维立体的历史文化，必须以绘画技法呈现框架、底稿，通过运笔着色体现远近、大小等历史透视规则，以二维的阴影深浅来表达光线和物体的三维形状。相对全面的文化研究方法，就是对二维转三维的相关逻辑的一种补充和梳理，也是描绘真实世界和历史的画师技法：文化遗存很多时候不像历史文物那样可以为人亲眼所见、所触碰。必须通过文本挖掘、重新梳理、文本呈现。

具体而言，跨文化研究的另外一个特色是需要探究表层历史事件的参与人，以及相关历史人物的行为动机。但一方面人的意志和计划必须通过生物学的命令才能传递（如墓葬规制等有清晰的规则，后世考古只有依靠这种规矩才能确定墓主人身份、待遇等），无法做到历史人物的即时田野

① 叶隽：《构序与取象：侨易学的方法》，杭州：浙江教育出版社，2021年，第182页。

访谈是最大的局限（访谈即 interview，作为一种社会调查方法，以录音机和摄像机作为器物支撑，以记者和医生作为主要的访谈主体，曾在上世纪文化现象调查和挖掘中形成一种潮流，并深刻影响了社会科学研究方法的发展，可视性、可听性逐渐超过可读性成为研究者对文献媒介的首要要求）。而另一方面，正是因为人类行为特征隐藏在生物遗传性质中，因此历史的量化研究以及个案研究的范式意义得以成立。同样，历史事实也暗藏着具体行为人的独特逻辑，而立足于认知规律，跨文化研究者在后世对其解码才有可能。当然，所谓解码也必须依赖于"密码本"：比如最基本的趋利避害生物本能，经不同历史时期社会问题而总结出的社会定理、效应、规则，甚至更小范围内的内部规则。同时，规律生成的空间、时间范畴也成为研究者使用过程中的空间、时间局限。依据超脱时间和地域的大道则可理解历史上的大哲，囿于本世代本地域的思考模式，则永远无法接近"大道"，仅可解释片面的真相，即定性和定量结果的呈现永远受限于样本范围设定、访谈设计等研究者的主观因素，而科学性受到资本和舆论左右也为人诟病。"空间"规则恰恰是所有人都在遵循的一种"通行密码"，因此，"空间依赖性"概念可为一与侨易学的空间认识做相互阐发的重要自然地理学规则。

"空间依赖性"是为了将相互关系的影响力之强弱进行量化研究而提出的，对于人文社会科学研究者而言，这种"空间依赖性"常作为研究开始的起点和公理，也经常以其他替代性的概念重新被个性化阐释，以适应不同研究领域的个案特征。比如有学者提出"处所意识"（Topophrenia）[①]的概念，"因为独特的环境、地域、景观或其他相关的地理特征往往对文

<hr>

① Robert T. Tally Jr.. *Topophrenia：Place，Narrative，and the Spatial Imagination*，Bloomington：Indiana University Press，2019. 另参见［美］罗伯特·塔利：《文学空间研究：起源、发展和前景》，方英译，《复旦学报（社会科学版）》，2020 年第 6 期，第 121—130 页。

学作品的意义和有效性至关重要。许多文类都可以由这样的空间或地理特征来定义，如田园诗（pastoral poem）、旅行叙事（travel narrative）、乌托邦叙事或城市纪事（urban exposé）……虽然空间或地方对于背景、地域主义、某些文类等的讨论至关重要，但许多关于它们的批评方法虽然承认了这些空间特征，随后却忽略了它们，或将它们降级到被动存在的背景中。……许多阅读方法的批评焦点很快转移到其他问题上，要么是人物、道德、性、种族，要么是形式上的考虑，如视角、意识流、伏笔等"①。因此空间仍然是作为背景而非作为重要的叙事批评因素。有学者从叙事内容和批评方法角度对人和空间联系进行论述，比如有学者提出"恋地情结"（Topophilia）②，对"与人的物质环境相关的各种态度和价值观进行分类和整理"③并区分了空间（space）与地方（place）在个体认知和群体记忆中的角色差异和功能："空间是由运动的能力所决定的。运动经常指向物体和地方，或者被物体和地方所排斥。因此，人们可以把空间作为物体或地方的相对位置，作为分离或连接不同地方的广阔区域，在更抽象的意义上

---

① ［美］罗伯特·塔利：《文学空间研究：起源、发展和前景》，方英译，《复旦学报（社会科学版）》，2020 年第 6 期，第 121－130 页。

② "我想要研究的实际上是很简单的形象，那就是幸福空间的形象。在这个方向上，这些探索可以称作场所爱好（Topophilie）。我的探索目标是确定所拥有的空间的人性价值，这一空间就是地域敌对力量的空间，也是受人喜爱的空间。出于多种理由，它们成了受到赞美的空间，并由于诗意上的微妙差别而各不相同。它们不仅有实证方面的保护价值，还有与此相连的想象的价值，而后者很快就成为主导价值。被想象力所把握的空间不再是那个在测量工作和几何学思维支配下的冷漠无情的空间。它是被人所体验的空间。"参见［法］加斯东·巴什拉：《空间的诗学》，张逸婧译，上海：上海译文出版社，2013 年，第 27 页。以及段义孚在 1974 年《空间与地方：经验的视角》中论述的概念。对应"空间恐惧症"（Topophobia，迪伦·特里格提出）可以对空间与人之间的基本关系类型有所掌握。

③ ［美］段义孚：《空间与地方：经验的视角》，王志标译，北京：中国人民大学出版社，2017 年，序言第 1 页。

作为由地方网络定义的区域。"① 同时，对于空间的界定还受到其他变量的影响，最典型的是职业、性别差异的个体之间②以及文化背景、历史-时间因素积累差异的族群之间，这固然与一个时代的社会科学的空间研究转向相关，也同样有着悠久的文明史痕迹：人类对空间、对人和空间的关系的迷惑、探索早已有之，一种二维的"点对点"空间探索如桃花源等，"线状"的空间探索如迷宫早已作为一种文化符号长存于各个历史阶段，并作为传说、民俗等文学母题和资源进入诗歌、小说等其他文学体裁得到传承③。作为证据的"德法"关系史或者也可以追溯到空间问题："《日耳曼尼亚志》开头数行便明确断定日耳曼部落与拉丁化的高卢人几乎完全隔绝，这部分是由于令人畏惮的山水阻隔……当塔西佗着手描述 informem terris（无形的地貌）时，他用了一个同时包含有'无形'和'阴郁'双重意义的词。对于罗马人而言，赏心悦目的风景标志必定要经过建构，人在其中留下驯化培养的标志。而在塔西佗眼中，日耳曼人并不乐意躬耕田野，他们宁愿靠狩猎、采集以及战争胜利品来维持生计。因此，虽然很多乡村土地事实上都肥沃得足以养活许多人，但是塔西佗笔下的日耳曼尼亚风景却是晦暗和隐喻的：寒冷潮湿，'恶劣的气候'不断，'谁愿意……迁居到那景色荒凉、风光凄厉的日耳曼尼亚去呢？除非那是他的故乡。'"④
其论述和阐释足以说明多维的空间探索涉及人与空间的复杂关系：人如何塑造、改变空间或无意改变空间，（自然的或驯化建构的）空间如何（历

---

① ［美］段义孚：《空间与地方：经验的视角》，王志标译，北京：中国人民大学出版社，2017年，第9页。

② 同上。比如对于以物品交易站为主要落脚点的、负责交易产品的爱斯基摩妇女而言，其空间认知是点状排布的；对于爱斯基摩男性猎手而言，则更注重海岸线以及沿线的重要落脚点所形成的空间边界。

③ 如 Caerdioa 迷宫（labyrinth）就在希腊神秘学、威尔士民间宗教中有所体现。人和空间的关系还衍生出了交感巫术等更多非理性的主观关系。

④ ［英］西蒙·沙玛：《风景与记忆》，胡淑陈、冯樨译，南京：译林出版社，2013年，第90页。

史地、现世地）影响人（包括个体和群体）的思维方式、思考逻辑和具体的价值观。

侨易主体在旅行、漫游等地理位移中受到来自异文化的刺激，进而产生了思想质变。而研究者在文献中对个体进入异文化空间的具体过程往往聚焦于宏观层面的文化体问题和中观层面的侨易路线、侨易节点的接续问题，以及从人物群体的教育背景、侨出语境入手勾画个体所处空间以及空间之变迁，对空间主体以及侨易景观为代表的具体"域所"的理论阐发仍然较少。此外，还必须考虑研究载体的三维缺失性给研究带来的局限：主体所记录的异域景观、文化冲击和主观感受多为文字形式，在主观书写的过程中，真实的、客观的文化空间被初步梳理为思维空间内的客体之一，安置在"原材料"范畴内。同时，这一局限也倒挂地影响了文化研究尤其是跨文化研究的主要方法：在我们常见的文献研究方法中，对于所谓"一手文献"以及"二手文献"的梳理和补全实际上是"画地为牢"，而错失了抓住主体进入异域文化空间的新鲜直觉以及涵盖五感六识的全息空间感受的机会，当然，这也与研究对象、研究目的和研究深度相关。就侨易学的研究对象而言，显然不适合用那种类似学科分割的方法对侨易主体进行切分，而往往是就其整体思想的变化、观念诞发为研究对象，以究其内在的思想史脉络为研究目的；即便是以文本、概念为侨易主体的研究中，也并不严苛置于某种学科内，而广泛采用研究材料，尽量恢复历史深度。因此，在侨易学的文化研究中，其研究方法的多维空间意识（即对真实文化空间的深度恢复以及对主体进入异文化体的全息空间感受）成为其有别于其他研究理论，更具有使用灵活性和过程阐发性的原因。在这一层面，空间阐释意识尤其得以凸显："视觉经验的内容的发生具有同时性。我们看到的眼前的一切都是同时展现于此的。……它的活动无须依赖于时间的连续过程，它是在一瞬间完成的：在眼睛张开或瞥视的一瞬间，也就展现了在空间中共同存在、在深度上排列有序、在不确定的距离中连续存在的物质世界。"① 侨易学方法希望在空间阐释方法中一方面对这种侨易主体所经历的"同时性"世界进行还原，同时以空间阐释的方法将对侨易主体产生影响的因素进行分类，对"深度上有远近、距离上和关系上有亲疏"的侨易因素进行全面的梳理。而时间因素更可以在空间阐释维度得到"同一"化，比如我们对于日常与否的日期有"平日""大日子"之说，"平"指的就是无波无澜，也是空间维度的平坦，而"大"这一指称空间基本性质的形容词也具有了修饰时间性质的意味，对于侨易主体的时间维度分析也由此归入了空间阐释。

而知识作为人的"空间依赖性"最重要的证据之一（也是研究出发的依据和文献本质），知识的形变一方面呈现出侨易主体在空间中的物质位移和精神质变现象，同时也恰可说明不同空间对人、知识、观念等文化主体和文化各层面表征产生的塑造功能。围绕知识作为侨易主体而具有的空间依赖性（即与空间的联系），又可进一步对侨易现象的类别进行思考。

除了山水森林等自然地貌和沟壑形成的空间外，自然空间和人造空间形成的二元关系"空间"，以及人造空间内部的侨易景观差异也同样值得作为影响知识旅行的空间因素进行探究。这里的二元空间是指冲突性质、融合性质的"空间"间的关系：比如城乡关系中隐藏的"自然空间"和"人造空间"间关系；"当地人"和"外地人"主客体关系中隐藏的对"在地空间"的熟悉程度差异（区分出了人际关系以及人地关系的内外-亲疏空间差异，但是并不存在真实的内空间和外空间）；而在人造空间内进行"野趣"式的人造-自然景观仿拟行为既可以看作是两种空间的"融合"，也可以看作空间的"仿易"、曲解，反之，在自然空间内的个体活动总带有

---

① Hans Jonas："The Nobility of Sight"，*Philosophy and Phenomenological Research*，1954，Vol. 14，No. 4（Jun.，1954），pp. 507-519. 中文参见汉斯·乔纳斯：《高贵的视觉》，载吴琼编：《视觉文化的奇观——视觉文化总论》，北京：中国人民大学出版社，2005年，第5页。

主观刻意的"融入"动机，以及不得不与自然空间碰撞的"人造"物，留下粗劣斧凿的痕迹，这种"融合"带来的往往是别扭的不协调感（从根本上讲是建筑意识与空间资源的错位）或者个人主观体验欲望的"异化实现"。而提及个体、空间之间的知识层面的联系，则要从空间的人造性和非人造性谈起，即人在认识空间和改造空间甚至创造空间时体现的主观意识以及由此衍生的知识碎片或体系，因此自然空间也同样能作为反映人造印记或无印记的知识内容的载体，比较典型的如"封禅泰山"① 作为一种中国传统政治文化符号，以看山脉走向、地势和河流拟态为判断吉凶依据的出发点的风水学说。当然，与自然物比较，建筑物作为典型的人造空间不但反映了上述主观意识，还在空间角度承载并传承了知识。"建筑通常是根据一系列已知条件进行设想（设计）和实施（建造）的。从本质上讲，这些条件可以是纯功能性的，或者说它们也许在不同程度上反映了社会的、政治的和经济的氛围。"② 因此，从空间透视知识的存在和变化无疑是比较稳妥，但显得费力的一种研究方法，即空间研究方法应在研究目的上追本溯源，回到"知识""真相"，而非停留在梳理分析研究对象的空间特征。

然而，空间意识和阐释方法仍是研究知识侨易的重要"密码本"：一方面能够为研究者在实际工作中提供必要的研究方法依据（忽视空间阐释的后果是个案研究失真、规律研究失实），另一方面能够为"证道"增加依据，完善超越具体时间和空间范畴限制的规则。举例而言，《儒林外史》

① 如"故升封者，增高也；下禅梁父之基，广厚也；刻石纪号者，著己之功绩以自效也。天以高为尊，地以厚为德，故增泰山之高以报天，附梁父之阯以报地，明天地之所命，功成事遂，有益于天地，若高者加高，厚者加厚矣。"参见〔东汉〕班固：《白虎通·封禅篇》，载〔清〕金榮辑著；陶莉、赵鹏点校《泰山志·上》，济南：山东人民出版社，2019年，第344页。

② 程大锦：《建筑：形式、空间和秩序》（第二版），刘丛红译，天津：天津大学出版社，2005年，第9页。

中匡超人的侨易现象体现为精神层面的"异则侨易"，符合二维的城乡点状-侨易路线，但在知识侨易和空间阐释的层面则需进一步挖掘其背后的个体空间交叠、重合以及"中心"的移变：匡超人的知识中心（科举）、身份权力中心（官位）、金钱中心最后达到了完全重合，因而在表面上仍沿着侨易路线行进，但个体空间的核心已经由原来的"知识"中心被"钱本位""官本位"所替代，因而不能算作真正的高易现象；相对的，是个体空间交叠和重合过程中的中心质变，体现为知识-权力、知识-金钱等多个二元关系的形成和高变，如贵族阶级与知识精英的互动资助、知识精英介入政治权力空间的实务尝试等都属于个体空间的伦理价值核心的高变。这些也可算作广义的知识侨易现象，并可作为对知识侨易现象进行空间分析的全面方法。

第二节　知识侨易与侨易主体的阐释

从知识侨易的起因来看，内与人的认知规律相关，外与空间形态相关（田野、翻译间、学校、集会、研究所）。而从人的认知规律来看，（空间性的）由表及里、由近及远是一般性的认识过程，侨易路线也基本遵循于此，而侨易空间的大小和复杂程度也大致如此，在这背后，其实隐含了时间因素，即人总是从年幼的不成熟状态作为认识世界的自我起点，历久经年方得成熟的思想和完备的知识结构。而认知过程随时可能被中断：如侨入语境的局限、其他侨易因素的缺乏等。但是不可否认的是，不论是旅行还是阅历，感观体验带来的"世界材料"是有限的，而使用同样的有限材料构建新的思想观念和知识则有赖于头脑的无限"思考"。即通过旅行所提供的侨易背景作为思想变化的契机地位也是有其限制的，大部分人只是走马观花的游客，少部分人输出了游记和游记文学，极少部分人达成了跨文化交流的事实和思想变化，更有"无移"而"易"的康德作为思想侨易独立性的例证，"也就是说，地理侨易有时可能仅是一种触动力和机缘，精神侨易才是根本"①，这从本质上指明了侨易现象内部从"信息"到"知识"，再到"观念"所构成的三个基本的侨易主体变化阶段（表9-1）。

表9-1　侨易现象的不同阶段内侨易主体的变化

	第一阶段：信息输入	第二阶段：知识成型	第三阶段：观念输出
侨易现象的几个阶段性特点	人作为主体；思想观念的主体性依附于人，将新材料作为信息储存在头脑中，或使用媒介手段记录和整理	思维方式和认知过程中客观信息被处理成为主观知识	思想观念发生变化，人的主体性让位于观念主体性
侨易主体的几个阶段性变化	人	信息	观念
核心空间的变化	核心为个体空间，以知识空间为辅助	核心为知识空间，以个体空间为辅助	核心为关系空间，以知识空间为辅助
几个阶段内对应的空间阐释层次	以视觉为基础的阅读，在主体和被阅读的对象之间形成了一对一直接的空间联系，借用马丁·杰（Martin Jay）的"视界政体"（scopic regime）概念，可称为scopic realm，即空间的边界以视觉为限度	以知觉为基础的整理和构建，在主体与多个被思考和解构的客体间形成了一对多的碎片式的空间联系，以主体的知觉为限度	主体退居次位，让位给抽象观念，以观念为空间的核心，重新形成了一对多的辐射型空间（也同时可能显现为地理角度的中心辐射空间），以知识的影响力为限度

① 叶隽：《从"普通知识"到"高深知识"的范式转型及其制度依托——以严复、辜鸿铭、王国维、陈寅恪的侨易背景与代际评价为中心》，《中山大学学报（社会科学版）》，2022年第6期，第112页。

如莱布尼茨所讲，"一个人能用三种不同语言来表示同一概念；但他的知识却没有增加"①，那其中概念所承载的信息是一致的，但是不一致的内容即是知识——来自于主体变化、时代和空间变化等因素而导致的主观知识差异。而一种新的观念，在历史性的宏观侨易空间中，获得了更多重的主体性：以观念萌生的个体过程来看，体现了其从无到有，由信息和现象凝聚为新知识乃至新观念的侨易主体性；从线性的思想史发展脉络看，一种新观念的诞生总是离不开历史性的思想资源和材料的积淀（不论是肢解提炼还是反驳抗辩），因而体现了旧知识变体为新知识的侨易过程和主体性。因此侨易现象的分析尤其不可排除思想史的背景，拉图尔认为："我们的起点是联结本身，是通道和关系；任何从此关系中浮现出来的存在物，都不能被接受为一个起点。……我们的起点也不是作为后来者的人类，亦不是更近才产生的语言。意义的世界和存在者的世界，与转译、替代、委派、传递中的世界，是同一个世界。我们应该说，对于本质的任何其他定义都是毫无意义的，事实上，它不具备维持在场或者持续下去的手段。所有的持久性，所有的稳定性，所有的永久性，都与转义者联系在一起。"② 这也对知识建构和思想观念发展过程中的主观性和主体性有所揭示。因此，侨易现象的基本类型为"人的侨易""观念侨易"以及知识生产框架下的"理论和思想侨易"，对应侨易空间则体现为个体空间为核心、知识空间为核心、关系空间为核心的交叠、重合和高变。从根本上说，观念侨易或者理论旅行的过程是从资源到知识的新生产过程，也是不同主体空间产生新的关系的过程（或者揭示不同主体空间之间联系的过程）。

　　以一个比较典型的知识侨易现象，即凯泽林感性哲学观中的中国资源

---

　　① 转引自［德］弗·鲍尔生：《德国教育史》，滕大春、滕大生译，北京：人民教育出版社，1986 年，第 73 页。

　　② ［法］布鲁诺·拉图尔：《我们从未现代过：对称性人类学论集》，刘鹏、安涅思译，苏州：苏州大学出版社，2010 年，第 148—149 页。

体现及实践为例，在其感性哲学观的后期代表作中，有着较为清晰的、不同于西方哲学史固有脉络和时代性的思想主流的观点和体系，这集中反映了中国知识资源在凯泽林思想空间内的核心地位。其他东方文化资源的位置与功能，如印度文化和日本文化同样是凯泽林知识空间的一部分组成，但与中国文化关键词的核心地位有差异，功能也不同。同时，凯泽林使用这一资源对社会现象和问题进行批评，一方面在中国知识文化和德国社会之间建立了新的联系，一方面使用德国知识界所提供的个体参照、制度设施来完善其感性哲学观的体系，在空间维度实现了较好的互动，也为中国资源在德国的知识侨易路径提供了二十世纪的特殊范本。中国资源在德国语境长久以来固然得到了大量参照和阐释，但是其在不同时代分别作为想象（Bild）、榜样（Vorbild）、复制（Nachbildung）的对象存在着，这本身也体现了文化体之间的"空间相对位置"变化，即二元关系的不同面向。凯泽林及其感性哲学观的意义恰恰在于，赋予了中国知识一定的主体地位，从"das Bild"（图像、喻体）所代表的静态被观察的物体（当然也是二维的）变成了具有"bilden"（制作形象、增长知识等含义）动态功能的主体，在变成榜样和复制品的过程中获得了转向三维的可能。且进一步培育了中国文化进入德国文化空间的土壤。在这一过程中，凯泽林的贡献在于围绕中国文化资源建立了德国话语式的知识空间，并在时代性的德国知识场域中为不同文化体和不同角度的文化认识提供了交流对象和参照。而这一场域中的争鸣，在于为文化发展、社会发展提供新的方向，这也是其积极影响的一方面。同时，由于凯泽林自身的主观原因，其对于中国文化认识的偏差及误解是难以避免的，甚至其对中国文化关键词的转化的局限是难以突破的，这也再次证明，任何一种外来文化知识的合理性和有效性与所处社会空间相关，必须将时间和空间因素考虑进来，同时对于知识对象与其他关系主体之间的联系有所把握，才能形成比较完整的知识空间和较为全面正确的知识观。当然，这种知识观是主观的，而且是充满了传播主体对空间的权力掌控的，任何忽视其中"知识主体和权力关系"的分析都欠缺了最重要的论据。通过比较凯泽林和同时代其他知识精英对中国资源的认识、使用和成果，也会发现凯泽林的知识空间构成与作家、哲学家不同（与古典时代的德国哲学家对中国资源的使用方式也不同），这又与前文"侨易主体变化的几个不同阶段所处的核心空间"的差异有关，凯泽林的原生文化空间是一个"交域"，不论是德国文化还是俄国文化，都没能在其思想空间内居于稳定核心，这也为中国文化资源后来居上埋下了伏笔，其侨易路线受到家族交际网络的引导和限制（贵族、外交官群体是主要的中介）。其对处于医生行业、编辑出版行业、作家行业，以及教师、教士职业的知识精英个体的态度始终是"上-下"二元式的；对其他的知识资源持采撷的态度，将其排斥在思想空间的核心之外。因此在凯泽林这里，同一空间内的和跨空间的知识侨易虽然符合"知识的流通并非单向的传递，更有效的是将其想象为信息、理念的'协商'或是对话"① 这一基本判断，但实则未能在关系空间内与德国文化空间实现融合，这也导致了凯泽林在二战后避居奥地利（当然也属于以德国为中心的文化和政治空间的边缘位置）。但在中德二元结构下，凯泽林仍能代表西方学者，"一般来说，西方学者和当地学者们的相遇，往往带来文明的对话，产生'杂交'知识或'转译'知识"② 。这也是其感性哲学观的知识意义所在，即地理空间的远距离和文化知识的"反地缘"构建之间的相关性，或空间依赖性的逆运用。

因此，相较"空间依赖性"，在文化研究中空间依赖性的逆运用却体

---

① ［英］彼得·伯克：《知识社会史（下卷）：从〈百科全书〉到维基百科》，汪一帆译，杭州：浙江大学出版社，2016年，第98页。

② 同上，第227页。另第229页，"俄罗斯人海伦娜……掺杂了东方的智慧"。另第233页，"边缘和中心交汇之处，是文化相遇、文化碰撞和文化转译的中心地带，往往创造出新的知识和新的观点。当然，这些相遇、碰撞和转译不仅来自地域，也来自人的流动，来自流放者和其他移民"。

现出更为有理论价值的一面：与空间依赖性的定义相仿，空间依赖性逆运用意为越遥远的地理位置、个体、相互关系的空间依赖越弱。这种逆运用更适合解释跨文化交流中的某些"非理性"的现象，比如中国形象在欧洲历史上的变迁过程：夏瑞春总结为"Euro-Sinica"①，即欧洲化的中国。历史上，十八世纪欧洲兴起的"中国热"，即借用马克斯·韦伯的"魅化"（Zauberung）——其解释力固然对于相似的文化现象有效，但对于 19 世纪中国形象的恶化现象的解释仍不脱于反向"魅化"，即"祛魅"（Entzauberung）②——其仍侧重解释群体与事物关系——的两个概念来解释，但这种借用忽视了社会学和文化现象之间的差异③，对跨地域的文化现象的空间联系关注不足。作为此处对空间依赖性的文化阐释力的补充，海德格尔（Heidegger，Martin，1889—1976）在《存在与时间》中对于"去远"

---

① ［加］夏瑞春：《欧洲化中国：过去和未来》，潘琳译，《中国文化研究》，2004年秋卷，第 41 页。

② 直译为"Befreiung von einem Zauber，von etwas Geheimnisvollen"即"去魔力化"，https://de. wiktionary. org/wiki/Entzauberung。查询日期：2022 年 11 月 20 日。让巫师失去他的法力，源自马克斯·韦伯的"世界的去魔化"（Entzauberung der Welt，或译为世界的祛魅、除魅），参见韦伯《以学术为业：理知化的主要意义》："理知化（Intellektualisierung）与合理化（Rationalisierung）的增加，并不意味人对他的生存状况有更多一般性的了解。它只表示，我们知道或者说相信，任何时候，只要我们想了解，我们就能够了解；我们知道或者说相信，在原则上，并没有任何神秘、不可测知的力量在发挥作用；我们知道或者说相信，在原则上，通过计算，我们可以支配万物。但这一切所指惟一：世界的除魅（Entzauberung der Welt）。我们再也不必像相信有神灵存在的野人那样，以魔法（magische Mitteln）支配神灵或向神灵祈求。取而代之的，是技术性的方法（technische Mitteln）与计算。这就是理知化这回事的主要意义。……在西方文化中已持续数千年之久的除魅过程，以及以知识作为环节与动力的进步，在纯粹应用与技术层面之外，是否还带有任何其他意义？"［德］韦伯：《韦伯作品集 I：学术与政治》，钱永祥等译，桂林：广西师范大学出版社，2004 年，第 168 页。

③ 这种差异主要体现在：韦伯所使用的"除魅"意在表示理知化和合理化对人类文明和人的认知过程的影响；在跨文化交流中使用的"除魅"表达的是空间距离作为变量给"对异文化的认识"带来的影响。两者有显见的差别："Ent"作为前缀既体现了"魔力的时间层面的终结"，也说明了这种终结是空间上摆脱了一种关系带来的结果。

一词与存在的空间性关联的阐释更为融洽："在之中的空间性显示出去远（Entfernung）与定向的性质。去远是此在在世的一种存在方式。我们所领会的去远并非相去之远（相近），更非距离这一类东西。我们在一种积极的及物的含义下使用去远这个术语。它意指此在的一种存在建构。从这种建构着眼，移走某种东西以使它离开得远只是去远的一种特定的实际的样式罢了。去远说的是使相去之距消失不见，也就是说，是去某物之远而使之近。此在本质上就是有所去远的，它作为它所是的存在着让向来存在着的东西到近处来照面。去远揭示着相去之远。相去之远像距离一样是非此在式的存在者的范畴规定。去远则相反必须把握为生存论性质。唯当存在者的'相去之远'已对此在揭示出来了，才可能通达世内存在者相互之间的'其远几许'与距离。两个点正像两个一般的物一样不是相去相远的，因为这些存在者就其存在方式来说哪个都不能有所去远。它们只不过具有距离而已，而这种距离是由去远活动发现和测量的。"①

以海德格尔对"去远"一词的解构式阐释为例，文化研究中出现的"祛魅"和"魅化"现象就归结到了空间认识和阐释层面。从视觉出发，对空间和物质有了直觉的判断，直觉的判断逐渐延伸向"见远"的存在，直至"不见"的存在，剩下去除视觉的"空间直觉"和"直觉的判断"亦即对他文化的两种态度"祛魅"或"魅化"：使用空间依赖性这一简明扼要的原理可进一步揭示文化交流史上的种种"魅化"和"祛魅"现象背后的人、物、地联系，即空间内主体间关系与地理距离的关系。一般而言，地理距离越远、个体间相互关系的空间依赖越弱，对主体的不了解一方面带来陌生感，另一方面产生了"神秘"效果。西方人眼中神秘的东方：比如香格里拉、西藏等进一步成为神秘以及神秘学的地理符号，这种实际上是陌生感的神秘感进一步引发了主体的好奇心和探索的兴趣。不论是在资

---

① ［德］海德格尔：《存在与时间》（修订译本），陈嘉映、王庆节译，北京：生活·读书·新知三联书店，2014年，第122页。

本积累时代对东方财富的想象和掠夺，还是"没落时代"对东方文化的援引，都是这种空间依赖性在行动和思想上发挥的作用。即便在具体的文化以及文学理论研究领域，空间也是重要的母题。在艾伯拉姆斯的《镜与灯》中，使用"镜子"的比喻来扩展文学批评的主体，而实际上，使用镜子来扩展空间并加深人对空间的理解已经是一种传统，使用"镜像"思维来延伸主体的意识、包括在文化研究中以"他者"视角作为理论背景分析跨文化交流中出现的问题，仍在"镜像"式的空间认知范畴内。拉康（Lacan，Jacques-Marie-Émile，1901—1981）以镜像意识（conscience miroitante）来阐述意识的产生，① 尤其是视觉、镜像（the mirror stage）与精神产生的空间关联，"在有机体与其现实之间——或者，如他们所言，在内在世界与外在世界之间——建立起某种关系"② 。从个体意识到群体精神再到文化——尤其是文化间的、群体间的、个体间的关系的"空间依赖性"也依然有效。

具体到欧洲内部，空间依赖性首先体现为各文化体间的相互影响关系：比如越临近的文化体如德法之间，文化在表层如餐饮，深层如语言、科学等都有相互渗透、一方影响一方的情况。空间依赖性其次还体现在距离较远的文化体之间的一种"神秘化"效果，类似东方之于西方的神秘感：波罗的海地区也成为德国的"远方"，前往波罗的海地区度假是十九世纪末德国人的风尚③。黑塞乃至卡夫卡等作家都有"波罗的海"情结，

---

① 参见周文莲：《镜像、语言和无意识：从马克思到拉康》，北京：人民出版社，2019 年，第 145 页。

② ［法］雅克·拉康：《镜像阶段：精神分析经验中揭示的"我"的功能构型》，吴琼译，载吴琼编：《视觉文化的奇观——视觉文化总论》，北京：中国人民大学出版社，2005 年，第 4 页。

③ Prein, Philipp. *Bürgerliches Reisen im 19. Jahrhundert，Freizeit，Kommunikation und soziale Grenzen*，Austria：LIT. Diss. 2005，S. 43.

如卡夫卡在而立之年（1914 年，31 岁时）前往波罗的海地区游历①，1923年再度前往波罗的海疗养②。托马斯·曼既有诞生于吕贝克的波罗的海背景，又乐于在此度假。而回顾波罗的海在汉萨同盟历史上的重要地位，其沿岸城市群也成为一部文化史的活化石，如施特拉松德（Stralsund）至今已有近八百年历史，堪称认识德国人文地理空间和波罗的海周边风物的博物馆。这也足以说明波罗的海这片水域对德语区的文化符号及社会历史意义。③

从空间角度即以本文所论述的"空间依赖性"作为侨易学的空间阐释方法对侨易现象、侨易主体乃至深入到侨易各因素进行分析，不但拓宽了从跨文化交流现象出发扩展到文学、历史学的侨易学研究范畴，而且在研究路径上提供了"广义的"空间阐释的"具体的"切入角度，比如叶隽先生在《构序与取象：侨易学的方法》一书中阐释"侨"义时，以"侨民文学""侨寓文学"为例，认为"侨民文学更多的指向是流亡出国，逃离暴政，保持心灵自由和独立思考者的文学；那些在本国乡间的写作者大概只能被称为'心灵流亡者'。鲁迅的侨寓文学则更多地指向作品本身的文化认同，是在一个文化体内部发生子文化之间的差异关系，在塞先艾、裴文中、徐钦文诸君那里，更多的是一种'乡土文学'的变体，即以文观人，见到的是'乡愁无限'，而非'异域资源'"④。这里也显现了文学世界的空间差异或者说侨民文学背后的母文化空间的消散及与个体空间的对抗关系，以及侨寓文学背后体现的母文化空间的强势及对异文化空间的排斥

---

① ［奥］弗朗茨·卡夫卡：《饥饿艺术家》，彤雅立译，北京：北京燕山出版社，2020 年，第 131 页。

② 文聘元：《西方文学简史》，南昌：江西美术出版社，2019 年，第 158 页。

③ ［德］托尼·海利德主编：《德国》，祖国霞等译，北京：中国水利水电出版社，2000 年，第 342 页。

④ 叶隽：《构序与取象：侨易学的方法》，杭州：浙江教育出版社，2021 年，第42—43 页。

（又可回到除魅的层面），更体现了侨易主体、文化体和关系空间之间的相关性（既包括依赖性，也有广义的"反依赖性"）。

第三节　侨易空间内的知识社会建构

一、知识侨易与知识生产

从根本上看，知识侨易是知识生产的另一个面向，即异文化资源的知识生产包含了知识侨易的过程。一方面，知识侨易存在终点，如凯泽林对Sinn的阐释则成为了这一概念兼收并蓄达成的内涵；另一方面，知识侨易也没有终点，一个概念或者观念自产生时起总在不同空间内受到挤压、推动、变型、更新，在诸多个体和群体、制度和建制的流力作用下，不断循环"知识侨易"的过程，如"中国文化资源"在智慧学校完成了第一阶段的侨易，又通过智慧学校的人际网络传播出去。因此，知识的生产过程是可循环的，这种循环过程不仅仅是各阶段的延续和转化，同时也体现在人与物的联系方面，历史性的文化资源在时代性的人际网络中不断侨易，获得新生："存在着一个时间的箭矢，但是，它以一种新的方式区分了过去与将来。在过去，物与人纠缠在一起；在将来，它们将更以一种无以复加的方式纠缠在一起！"① 在这一过程中，知识的社会建构成为一种可能，而"作为译介主体的人视为文本流转过程中的关键性侨易节点，在更为开阔的知识空间中理解观念、文本、核心词、译者等的交互作用……并最终在一种完全异质的文化语境中生根发芽并获得观念转化为实践的巨大成功……"② 因此，不论是作为译介主体的卫礼贤，还是以阐释见长的凯泽林，

① ［法］布鲁诺·拉图尔：《我们从未现代过：对称性人类学论集》，刘鹏、安涅思译，苏州：苏州大学出版社，2010年，第4页。

② 叶隽：《译文质变的侨易节点与"翻译心灵"的呈现——以陈望道、成仿吾等的〈共产党宣言〉汉译为中心》，载复旦大学历史学系、中国近现代新闻出版博物馆编：《"近现代马列主义文献汉译出版"学术研讨会论文集》，2021年，第3—35页。

都遵循了知识侨易的路径要求："翻译的本质是开放，是对话，是杂交，是对中心的偏移。它是联结，否则就什么都不是。"① 卫礼贤所译中国典籍的意义，在于对若干中国文化关键词进行了德国阐释和对应，使其终于获得了进入德国语境的必要准备，同时期很多知识精英都受到"卫释"关键词的启发，在各领域不断进行知识的重构。

同时，凯泽林不断通过演讲、一对一谈话以及各种途径进行感性哲学的"教学"活动，这实际上是进阶阶段的"翻译"，即"语言不是我们套在思想上的手套。我们思考时，我们是在用符号思考，我们是在用词语思考，因此，原则上来说，一切翻译都是不可能的。人们思考，是用特定的符号思考，而这些符号深刻地作用于他们的感觉和想象。用其他语言或许能达到相似的效果，但如果你真正希望与人们交流，希望知道他们所思、所感，了解他们，那么你必须理解各种手势、各种细微的差别，你必须看着他们的眼睛，必须观察他们嘴唇的一张一翕，听他们说的话，了解他们的笔迹，你才能逐渐接触到实际的生命之源"②。凯泽林对"卫释"关键词的理解、接受和阐释（以感性哲学观为代表，是凯泽林围绕中国文化关键词进行的知识空间的创造。而"凯释"知识又在他的演讲和教学中与同时代其他个体所阐释的中国知识形成了互动、争论的空间）与卫礼贤、黑塞、荣格等多个体对中国文化关键词的阐释及此基础上的作品形成了复杂的知识空间，智慧学校把这一知识空间的交往具体呈现出来，即客观的知识与主观的知识建构（凯泽林处于知识传播到知识生产的间歇）③ 过程，

---

① ［法］安托瓦纳·贝尔曼：《异域的考验：德国浪漫主义时期的文化与翻译》，章文译，北京：生活·读书·新知三联书店，2021年，第7页。

② ［英］以赛亚·伯林：《浪漫主义的根源》，吕梁译，南京：译林出版社，2008年，第49页。

③ ［英］彼得·伯克：《知识社会史（上卷）：从古登堡到狄德罗》，陈志宏等译，浙江：浙江大学出版社，2016年，第9页。"中心已经从知识获取和知识传播转移到知识的建构、生产乃至制造。"

"一切知识都是相对的、由社会建构和决定的、随着社会情境的不同而有所不同的东西。……还进一步通过强调一切知识都是基于社会意象的信念，而且这些社会意象和信念又由于社会情境的不同而不同"①，"其认识过程和结果，都必定由于他本身的欲望、情感、意志、知识素养、社会地位、社会关系乃至他所达到的人生境界，出现这样那样的局限，因而这样的过程和结果必然具有相对性——只不过由于这些认识者所利用的立场、视角、方法的不同……"② 这也就指明了凯泽林在知识传播和知识生产中的角色。

二、社会空间内的知识生产

知识的生产尤其是社会生产需要空间，知识和空间形成了相互作用的关系，一方面，知识的形变受制于不同空间的塑造功能（尤其是田野、翻译间、学校、集会、研究所等主动择选的"生产空间"）；另一方面空间通过对社会交往的塑形进一步影响不同主体的观察视角、社会权力和知识权力的互动，进而影响知识生产过程。"社会交往过程中空间的意义体现为五种基本属性：排他性、分割性、变动性、互动的空间局部化和邻近。"③ 这体现为"被动的"生产空间，如城市，因此城市空间对于社会交往过程有着一定的塑形作用，这种塑形作用也可根据这五种属性来确认。同时城市空间对于侨易主体而言更有着连接主体与侨易语境、连接主体精神和器物层面，连接主体与主体、主体与社会制度层面的功能。这也是城市、城市群成为新的侨易空间的根本原因所在；比如，凯泽林由在世界旅行过程中各个侨易空间内的知识生产过渡为以达姆施塔特一城市为中心的

---

① ［英］大卫·布鲁尔：《知识和社会意象》，艾彦译，北京：东方出版社，2001年，第7页。

② 同上，第13页。

③ ［德］齐美尔：《空间社会学》，载林荣远编译：《社会是如何可能的：齐美尔社会学文选》，桂林：广西师范大学出版社，2002年，第290—315页。

"空间生产"（智慧学校）①，而知识生产场域之争的中心集中于资源知识、秩序和规则的差异性导致的矛盾。② 凯泽林在纳粹时期受到的禁言打击以及同时代其他生命哲学的代表人物受到纳粹分子枪杀就体现了政权作为权力体对凯泽林进行的知识塑造和生产的拒绝，尤其是凯泽林以智慧学校作为生产空间，以感性哲学观作为空间话语，对抗了民族主义和纳粹主义的极端思潮，在思想层面反思了国家权力体统治空间的"非法"和"非理性"，这极大地威胁了纳粹的统治基础。因此，纳粹政权除了禁言之外，还剥夺了凯泽林在达姆施塔特的智慧学校的校址，将学校所藏图书、档案以及凯泽林与会员往来信件搜刮一空，断绝了知识生产的再生性和赖以为系的空间。不过此前在1920年至1930年这段比较稳定的时间内，凯泽林的讲学-教学等组织方式成为了关系网络，进一步稳定了知识的生产空间，如布迪厄认为 Habitus 与 Champ 之间有着紧密联系，之间的一个桥梁即是稳定的关系网络，侨易空间与此类似，凯泽林在关系网络不断扩大的同时，将各大城市作为稳定的侨易节点确立下来，这样不同文化域的典型城市③就提供了不同特色和个性的侨易空间，尤其是异文化体中的城市就是这样一种空间的代表④。尤其对于凯泽林而言，世界旅行给他带来了充足的异文化资源，这种知识本身成为与空间互动的主体，知识生产伴随着旅行过程不断进行。除了作为智慧学校所在地的达姆施塔特这一地区性的、

---

① 如精神病院、戏剧舞台、公墓、度假村、殖民地……有论者认为在"异托邦"的概念下，如博物馆、图书馆、度假村、军营、监狱等都被人以各种仪式重新塑造或"生产"为新的空间。参见福柯：《另类空间》，王喆译，载《世界哲学》，2006年第6期，第52—57页。

② ［英］安东尼·吉登斯：《社会的构成：结构化理论大纲》，李康、李猛译，北京：生活·读书·新知三联书店，1998年，第8页。

③ Isin E. F. Cities and citizenship in a global age, *Citizenship Studies*，1993，3 (2)，pp. 165-171.

④ 参见［美］理查德·弗罗里达：《创意阶层的崛起——关于一个新阶层和城市的未来》，司徒爱勤译，北京：中信出版社，2010年，第256—264页。

欧洲的文化集散地，异国城市的作用尤其明显。在城市的空间内，人往往会通过身体去感知城市空间，吸收城市的资源。比如犹太人在上海作为流亡者，漫游在城市的底层空间内，再将这种感受输出为知识，这也是一种广义上的知识生产。"将切身的空间体验与源自自身文化语境和身份定位的文化想象相结合，在文学创作中对城市空间进行生产。"① 这就在身体和空间之间形成了文化、文学的联系，并通过知识体现出来。同时，不同个体在城市空间的知识生产带有鲜明的身份特征，即城市内部权力空间和关系网的烙印，这种知识的权力特征也非常鲜明，如流亡者身处大城市的空间内，但其书写的文本和知识的载体都属于边缘性的存在，而如凯泽林等访华旅行哲学家则可在文化沙龙性质的空间（城市的地理标志物和中西文化交汇象征——尚贤堂）内获得更多的注意力、在主流报纸上得到更大的版面。反之，沙龙宾客的爱好和报刊要人的统筹也会影响甚至决定所生产和展示的知识，因为这体现了群体的价值选择和偏好，而知识生产者本人则成为"代工者"和"代言者"。当然，凯泽林在达姆施塔特的智慧学校内也将这种模式继续复制和发扬，成为了知识资本的占有者，知识生产则由教学者鲁雅文以及其他讲座嘉宾完成（在他的要求之下做符合主题的报告）。而且城市空间与异乡来客之间的陌生化关系是双向的：如果旅行个体是权力结构的边缘方，则城市空间的陌生化对其往往形成负面的压迫，引发个体孤独和逃离的情绪；如果旅行个体是权力结构的中心方，则城市空间的陌生化往往成为个体知识生产的资源和养料。如游客在"搜刮"了城市的地标建筑景色之后满意而归，旅行者作为城市空间的中心受到欢迎、服务和优待；而流浪者或务工人员却难以得到归属感，很多城市民谣都抒发了这种情感（如《北京北京》）。但这种角色也并不局限于某一种身份，如快递骑手在北上广等大城市讨生活时，其处于边缘位置，往往不

---

① 徐冠群：《流亡者的城市漫游——上海城市空间在犹太流亡报刊中的文学再现》，上海外国语大学博士论文，2019年。

在城市空间的权力中心出现，但疫情期间快递骑手"驰援"上海时，则成为维系城市空间的主角，其情绪和感受也与之前不同。对凯泽林而言，他在欧亚城市空间内的身份也经由"流亡者"成为了"游客"，进一步，在达姆施塔特完成了从"游客"到"东道主"的转变，比如作家贝克在第一次应约参加智慧学校的年度大会时，原本也以为凯泽林就是路德维希大公的附庸，但实际上却被大会自发的生命力和以凯泽林为中心的"气场"所感染。

三、终点与流力：知识生产与社会建构的循环

如凯泽林在不断的旅行之中将各个城市作为侨易空间连接起来，形成了知识生产的不间断的流力，旅行有终点，而知识的侨易没有终点。再如他将智慧学校作为一个节点和空间，一方面接纳吸引人脉和文化资源，另一方面又放射文化影响和新的知识侨易可能。这是尤其需要关注的"动力结构"，"侨易从本质上来说是一个无间歇的过程，是能超越时空限制的周而复始过程。个体侨易固然有其线路、轨迹和总程，但消除主体之后的侨易过程则超越了个体甚至种类的局限，而具有长生性"[①]。而正是在这种流力洗刷下，才呈现出生命力旺盛的知识侨易景观，即凯泽林身在景中，也自成一景：他认为智慧学校没有固定的活动类型，更多类型的影响可能在任何时候出现。其中最重要的是在达姆施塔特城外的讲座，这些讲座越是富有成效，居住在相关地方的自由哲学协会的成员就越是为他准备好了条件。凯泽林和他的同事发布的所有东西，都是智慧学校的整个（活动）冲动的一部分。这也给其时代的许多领军人物带来了灵感。而每个会员无一例外都有机会做同样的事情。

追根溯源，流力的形成与不断增生的关系网络相关，而关系网在人与人之间、城市之间的建立又是与凯泽林的生性相关，他没有像一般学者那

---

① 叶隽：《构序与取象：侨易学的方法》，杭州：浙江教育出版社，2021年，第141页。

样入定一方，坐而论道。而是不断出击，对于认识新人、接触新领域、发现新景色始终保持着旺盛的好奇心和敏锐触觉。借用"涵濡"概念，则是一种主动涵濡，"文化涵濡，是指远缘近缘的多种文化之间深层的涵化与濡染从而导致文化精神内在隐性变异的过程"①。凯泽林的好游历、好交友无疑加快了智慧学校这个小的侨易景观内的涵濡的速度，带动了流力发挥作用：尤其是在当时的法德文化空间之间，凯泽林赢得的影响力应归结于此。"革新往往是对现成东西的翻新，是不同文化间碰撞导致的文化变形。"② 凯泽林则以己身为媒介，不断沟通欧陆各文化空间，并至少在智慧学校这一知识生产空间内，形成了成熟的知识侨易景观，凯泽林以此为第一步，从具体的知识侨易景观（智慧学校）再到知识侨易空间（如哲学圈、心理圈），是有一种可能的革新的学者联合体的，甚至有着重造"文化交域"的可能：1933 年凯泽林到访法国做系列演讲，三场演讲后，他收到了来自欧洲合作法国委员会（Comite francais de Cooperation Europ-een）③ 的邀请，在"对话欧洲未来"中代表德国发言。而该论坛聚集了当时几乎欧洲所有国家的重要人物，大家认为应以达姆施塔特的智慧学校的原则和观念为基础，形成一个新的统一联盟，这个联盟的基础方案将由凯泽林起草。这个联盟是一个独立于政治的协会，代表人员和参加者来自欧洲所有国家。目的是为了发扬欧洲文化和精神，这是一个欧洲知识精英的联盟。意大利和法国愿意提供资金支持，但是这个计划却因二战爆发而搁浅。④ 不过，我们从中可以看出知识精英为了弥合欧洲即将到来的大风暴

---

① 胡继华：《文化涵濡与中国现代诗学创制》，《文艺争鸣》，2013 年第 7 期，第 15 页。

② ［英］彼得·伯克：《知识社会史（下卷）：从〈百科全书〉到维基百科》，汪一帆译，杭州：浙江大学出版社，2016 年，第 98—99 页。

③ Gahlings, Ute. *Hermann Graf Keyserling Ein Lebensbild*, Darmstadt: Justus von Liebig Verlag, 1996, S. 241.

④ Gahlings, Ute. *Hermann Graf Keyserling Ein Lebensbild*, Darmstadt: Justus von Liebig Verlag, 1996, S. 241.

做出的最后努力，也能看出当时智慧学校在欧洲各国之间起到的文化交流作用是非常巨大的，同时最重要的是，凯泽林对于"学者共和国"有着清晰的构想，推动了欧洲知识精英之间的联合和努力，他的文化建设是以"统一的欧洲"为基础的，而在"欧盟一体化"的先行思想中，一般会提到哲学家卢梭、政治家白里安，但比较这几位知识精英的构思，会发现凯泽林的思路更偏重文化和精神，而非政治、军事层面的联合。[①] 这也是凯泽林及其智慧学校为思想界和学者的跨国界联合做出的巨大贡献。

第四节　世界学术与学者共和国

回顾凯泽林自身的思想形成过程以及感性哲学观的实践活动，不难发现他始终连接各个文化体和增进个体交往的意图，这也是符合"世界学术"和"学者共同体"两个核心概念突破空间限制的尝试：凯泽林所追求的文化价值是超出了一个国家、一个民族、一种职业的，也代表了欧洲未来应实现的目标。一方面，他将智慧学校作为一种出发点和世界范围内知识生产的空间；另一方面，他希望参与智慧学校和自由哲学协会的成员发挥自己的所长，将各行业思想精粹融汇到"智慧"大旗帜下，强调了学者突破国别和行业的主体性。

因此，从知识生产以及学术活动的空间性来看，凯泽林验证了世界学术的概念诞生的必然。理论的诞生和知识的生产不仅有着空间运动轨迹，同时也在世界范围内出现了"世界学术"和"学者共和国"，即基于共同的侨易主体（某种观念）而自发或统筹在某一组织、机构下的知识侨易路线，并由此形成了共同的学术侨易空间。德国知识精英早在18世纪就明确提出了'学者共和国'（Gelehrtenrepublik）的概念。克洛卜施托克

---

① 计秋枫：《论欧洲一体化的文化与思想渊源》，《世界历史》，1998年第1期，第21—29、128页。

(Klopstock，Friedrich Gottlieb，1724—1803）撰文《德意志学者共和国》
(Die deutsche Gelehrtenrepublik)，认为应当将作家、学者组成一个集体，
构建起自由的知识空间，既可发挥才能、做出业绩，同时也超越个人利益
而为民族利益服务。侨易学所提的"学者共和国"构念进一步在地域疆界
上超出了国族的界限，在现行的学术体系和学者赖以谋生的基本高校科研
制度和管理层面超出了现实体制。而学者的联合上可追溯到古典时代的
"世界理想"，在学术史的长河中，任意一个学域概念最终都被加以"世
界"——世界文学、世界历史、世界公民……这既是一种限定、也是一种
勉励。直至世界学术作为思想观念层次的"世界-世界观"① 和学者立场，
如对于有着世界影响力的知识精英歌德的研究，"若仅是停留在德国本身，
或是德语世界，乃至日耳曼文化区，都仍是有限的。……他不仅被视为
'民族诗人'为德意志民族代言，更作为'世界诗人'而具有全人类的文
明史意义和高度"②。这也说明了"世界＋"的概念不仅存在于研究概念范
畴，同样在个体角度、群体角度、关系角度存在合理性。保罗·吉尔罗伊
(Gilroy，Paul，1956—) 称这样一种"当代发展的根本关联性"的立场
为"全球尺度"（the planetary scale），全球尺度"显示出现代性的核心力
量不仅与欧洲的暴力扩张和剥削性的国家建构有关，而且与文化问题有关

---

① 世界的世界观分为两种类型：一种是以主体为中心，以空间为参照逐渐扩散
的关系类型；一种是以多主体的概念、图像为依据，在抽象概念层面的空间划分。世
界文学、世界历史属于后者，世界学术属于前者，凯泽林试图构念的学者共和国正是
跨越国别、学科和种族的。如国联曾经构想建立一个思想家的联合组织（Internation-
ales Institut für geistige Zusammenarbeit，成立于 1922 年，亨利·柏格森任主席），在
1928 年德国也成立了"Deutsche Kommission für geistige Zusammenarbeit"，这两个机
构最终都沦为摆设，知识精英如哲学家、作家、科学家的作用无法在这样一种制度形
式中发挥作用。参见 Corinne A. Pernet. "Twists，Turns and Dead Alleys：The League
of Nations and Intellectual Cooperation in Times of War". *Journal of Modern European
History*，Jg. 12（2004），Heft 3，S. 342-358.

② 叶隽：《"歌德再释"与"诗哲重生"——在学术史与知识史视域中重审歌
德》，《社会科学论坛》，2022 年第 6 期，第 5—13 页。

——当它以流动和远洋的形式而非固定和领土的形式呈现时，会被以不同的方式思考"①。这显然也是方法论角度的世界空间印记：从知识侨易的角度和知识范式的范围延展来看，"世界学术"的概念自有提出的必要，而某一种学术理论或者思想观念的知识侨易路径也属于世界学术范围内的承继关系，这种承继跨越了血缘、亲缘、师生业缘乃至更广泛但仍然属于个体代际联系甚至不脱于生物群体特征的学术机构传承，比如凯泽林在达姆施塔特所建"智慧学校"，基本上具备了"世界"维度的空间意识，其邀请来访座谈的学者遍布世界各地，且跨越多个领域，在发言内容上也颇具对人类文明的关切和文化长远发展的构想，但仍受到"阶级"或者个体身份的限制而认为拯救欧洲文明的责任是首要归于贵族的（这当然是一种"身份"政治），因而在实际的制度和器物层面停留在"亚文化"圈，未能引发主流文化和长久的时代性的共鸣。而回归到中国的学者、学术概念，"'独立之精神''自由之思想'已成为中国现代学术精神的最重要规训……我将其称之为中国现代学术的第一伦理原则"②，这一原则初看似与"学术圈"等强调个体圈层关系的群体空间相违背，实则不然。一方面，独立与寂寞相辅相成，学者以客观知识为主体使命，在理性的精神层面最大程度弱化了对外在空间的依赖性，自身价值的判定在最大程度上独立于物质和其他个体的影响，这种"知识主体"与"客观知识"一对一的关系反映在个体空间层面则是情感的寂寞和感性的孤独；另一方面，个体空间内的关系维度形成了以"客观知识"或"真理"为球心的圆周式运动，如此，一个学者方可称之为"知识个体"（知识成为定位个体特征的唯一限制）（参见图9-1），知识既居于形而上的层面，则带领精神空间进入超越

① ［英］保罗·吉尔罗伊：《黑色大西洋：现代性与双重意识》，沈若然译，上海：上海书店出版社，2022年，中文版序言第7页。
② 叶隽：《"寂寞之原则"与"纯粹之知识"》，《社会科学报》，2022年4月14日，第8版。

现实物质空间才有了可能，这也是最大限度的精神自由，在自由的精神空间内，对学术的纯粹追求方显可能。

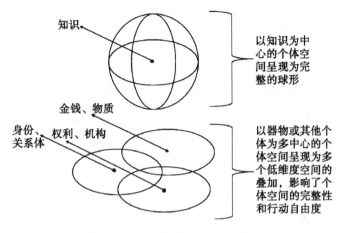

图 9-1 "球形个体空间"示意图

然而，在精神空间不断追求完满和超越的同时，在物质和制度层面却呈现出越来越多的"分""裂"景象（比如凯泽林时代的民族主义浪潮以及带来的价值观大分裂），原因一方面固然与现代社会日益凸显的个体身份多样性有关（这就导致了以不同身份为中心的个体空间不断叠加，个人的行动范围和精神存续空间被限制在不同空间的交集内，身份越复杂，则存续空间越多、相应的交集越小、自由越少），同时也与价值观不断裂变、尤其是伦理价值出现"丛簇"（cluster，如上图中多个不同价值为中心的空间形成了典型的叠加态，这样的空间越多，个体所处的"丛簇"越密集和拥挤）趋势相关。一切与物质、制度层面相关的世界性概念无不同时体现出"非世界"的矛盾性。如世界贸易仍处在地域贸易和政治对抗的层面，物流和供应链也远未达到世界层面的畅通，"全球贸易"在本质上与区域贸易并无二差；而各类"世界＋组织"则成为局部差异化的伦理价值观念的机构依托……因而，世界学术的概念具有更纯粹的学术空间特征，是最具有空间完满实现可能的"世界"概念。因此，学者共和国（参见图 9-2）

是"全球（化）"外之"球"，是一切界外之"外界"（空间），也就在以"独立之精神"和"自由之思想"为基础的知识个体伦理原则和以学者共和国为制度化构想的世界学术概念之间建立了必然且牢固的联系，也在精神和物质、制度的关系层面提供了更完满和谐的预想，尤其在广义的宏观知识生产的层面也可作为另一种"元宇宙"的谋划。从另一个角度来看，这也是对于现代以及现代性带来的"纷繁"景象的一种反馈，"现代人的伟大之处，来自于他们对于杂合体的增殖、对于特定网络的增加、对于踪迹产生过程的推进、对于委派的增加、对于相对普遍性的探索性制造。……与前现代人毫无关联，这是因为外在的伟大分界。正如我所指出的，这是内在分界的一个简单结果"①，在不断进行新的小的空间构建的同时，也在不断地进行旧的分界的扩大——而侨易学所追寻的空间概念，来源于"世界学术"和"学者共和国"的重新解读，即以"知识"为框架和分界来对"杂合体""网络的增加"等现象做出"外在的伟大分界"②。

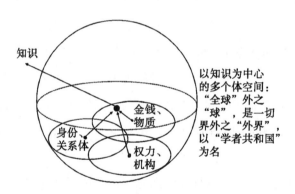

图 9-2　"学者共和国"空间示意图

同时，"学者共和国"概念的提出与世界学术的概念在"二元"视角

---

① ［法］布鲁诺·拉图尔：《我们从未现代过：对称性人类学论集》，刘鹏、安涅思译，苏州：苏州大学出版社，2010 年，第 152 页。

② 参见上书第 113 页对"两个伟大分界"的图示，该图从二维层面对"自然""社会""我们"的空间位置进行了现代、前现代的时序区分。

下形成了对"民族国家学术""东西方学术"等内在分界概念的比照，也与中国的知识转型和现代性影响下的中国未来发展道路、中国现代学术以及现代中国息息相关，这一点，叶隽先生在《"中德二元"结构下的"学者共和"》① 暨"智慧鲲书系"总序中有精彩论述。

此外，"学者共和国"的概念也必然要落实在学术研究和学术"产业"层面，思想层面的互动必然要以制度、器物层面的人际关系互动，物质资产流动为表征和基础。国家之间、机构之间的互动也是世界学术的组成部分，而精神层面的制度化建设以及概念哲学的提出更在现今"逆全球化""脱钩"等经济背景下凸显了重要性。"布尔迪厄把现代社会阐释为一系列相对自主但具有结构同源性的、由各种形式的文化资源与物质资源组成的生产场域、流通场域与消费场域。场域调节着社会结构与文化实践之间的关系。"②

本书对凯泽林的智慧学校分析也是在这一立意下展开的，从路德维希大公的资助、出版商的支持，到达姆施塔特提供的宽松文化氛围，智慧学校作为一种成功的"教育制度"和"学者机构"的底层，尝试验证了"学者共和国"概念可以落地的一种可能。当下，社会关系和文化关系几乎渗透、主导了一切自然空间和人造空间，那么关系的主导者主体，以及形成的网络就具备了更加重要的"文明"层面的作用。

布尔迪厄认为："知识场域不能被还原为孤立的行动者的集合体，或还原为各种简单并列的要素的聚合体，知识场域像一个磁场，由一个权力的轨迹体系组成。换言之，建构性的行动者或行动者系统，可以被描述为众多的力量，这些力量通过其存在、对抗或者组合，决定其在特定时代特

---

① 叶隽：《构序与取象：侨易学的方法》，杭州：浙江教育出版社，2021年，总序第3—12页。

② ［美］戴维·斯沃茨：《文化与权力：布尔迪厄的社会学》，陶东风译，上海：上海译文出版社，2012年，第10页。

定时刻的特定结构。反过来，每个行动者都通过其在场域中的特定位置得到界定，它的位置性特征（positional properties）就是从这个场域中获得的，因而不能被等同于内在特征。"①

在这一知识场域中，凯泽林与政治场域的矛盾体现在纳粹当权阶段，凯泽林的依仗是其贵族身份和一些高层保护，以及他自身认定的"政治不干涉"原则。但不干涉就是不支持，纳粹对凯泽林实行了禁止出版、禁止讲学、禁止公开露面的打击②。凯泽林与思想场域的矛盾体现在：他的感性哲学在哲学构念上宏大，在实践层面上微观，但是这也导致了过于细节的机构事务和活动举办占据了他的绝大部分精力，而对于现实具体机构之上的制度问题，即凯泽林所追求解决的文化问题根源之一：知识教育的制度问题无暇多顾。同时，他的创作风格兼具文学作品和哲学论述两种，其读者群向上或向下都面临一定的矛盾，但这并非读者的问题，读者有权批评、品鉴作品。从凯泽林的理论构建的角度来看，确实缺乏一些根本性的概念的组织建构和阐述，他所使用的概念多为灵感引导下的暂时借用，没有形成自己的理论符号框架和阐释体系，因此在他的著作中，我们可以看到各个哲学流派的概念，"互文性"太强，没有边际，导致读者或者批评者始终游离在"阅读休闲读物"和"阅读艰深哲学书籍"两种感觉之间，无法进入感性哲学的"话语场域"。这种"无法进入"应是凯泽林的责任，即他对于精神冥想和直觉反馈的过度依赖使其文本的"意识流"特质过于突出，使感性哲学成为一种"个人化"的精神成长经验。在智慧学校时期，凯泽林可以通过一对一的谈话来分享、解释这些经验，但对于只见其文的人而言，这无疑是一种拒绝：全息的体验和经验无法通过书面传递给

---

① ［美］戴维·斯沃茨：《文化与权力：布尔迪厄的社会学》，陶东风译，上海：上海译文出版社，2012 年，第 143 页。

② Gahlings, Ute. *Hermann Graf Keyserling Ein Lebensbild*, Darmstadt：Justus von Liebig Verlag，1996，S. 9.

读者，这也是知识生产的技法问题。因此，凯泽林在思想场域的艰难斗争应归结于主流的知识生产模式（即著书立说—广开言路—吸引读者），而不是限于时代条件无法推广的非主流全息模式（即固定场所—讲学问答—个性化定制）。

但从知识侨易的路径上看，凯泽林及其感性哲学的意义在于：对于中国资源（也包括印度以及南美的文化资源）的化用境界的提升。从德国思想史的角度来看，中国最早作为一个陌生的国度，其文化经历了由"大杂烩"的译介，到"宗教""哲学"的有目的"肢解"挪用，到"文学"层面的"有形"互鉴，直至凯泽林的"无形"化用，借日语中的"受容"和"变容"来看，中国文化资源进入德国语境的知识侨易路径恰恰是从最开始的"粗择""外译"① 和"矫解"走向了"择、译、释"三个环节构成的完整路径。凯泽林的"释"使用了他创造的经过了侨易的哲学叙事话语，能更好地解读中国资源，同时对于西方哲学的阐释传统加以"化用"角度的继承，因此达到了较好的效果。为了加强这种"消化"，凯泽林希望通过教育场域的智慧学校尝试一种新的"感性哲学"教育，即不是学院式的"抽象哲学"的专门训练，也不是大学教育对人进行的分门别类的"学科归纳"，而是生活的、完整的、哲学的教育。这就扩展了哲学的维度：从形而上的思维殿堂进入了具体的教育制度场域中。而智慧学校所追求的知识的融通性和"学者共和国"的跨边界尝试也由此可见。

学者共和国的思路以及文化研究中的空间阐释规则也因此更加重要：既是回归"关系"研究的空间本质，在学术侨易空间的背景下提供观察世界学术的范式，又是推进"研究哲学"的一种尝试。在这一思路的指引下，可进一步将多数文化交流个案、文化理论（广义看）还原为空间层面的"关系论"——对立、冲突、差序，而关系的变化趋势则通过代入过程

---

① 指的是脱离译境的翻译，尤其是对于中国文化典籍的粗浅翻译，并没有促进对中国文化的理解，反而损伤了文化互鉴的可能性。

性的侨易因素来展现。由此发现以各种时间因素（现代性、后现代性）和空间因素（非洲黑人文化、美洲黑人文化）作为差异评判依据的丛簇性文化现象中隐藏的连贯性，侨易学称之为"断链点续"[①] 的一条侨易线路。如历史不同阶段、世界不同地域之间所显现的文化差异内在具有的渐变性，对这种内在联系的深度观察也是基于侨易学视阈下的空间意识。

第五节　对侨易学"学域"与"路径"的思考

围绕本书对侨易学的使用过程，我对侨易学在理论层面和方法层面的基本原则有所掌握，同时在实际章节运用中也发现了一些问题，这些未尽的思考其实正说明了侨易学在案例层面具有的宏观的延展性和微观的生命力。目前学界对侨易学的理论假设、核心内容和基本原则均有各方探讨。就理论、方法、案例三个层面而言，不乏宏观理论的呼应，微观案例也不鲜见，然中间还存在一个"中观"[②] 方法维度，这一维度既是维系侨易学理论与案例实践联系的必要组成，也同样是一个理论成熟与否的判别标准。"中观"维度不仅仅是一种抽象的思维方式，更体现在具体的方法论层面：首先是在"侨易"之本义阐发的基础上，但侨易学的方法的构建不仅要依靠"侨""易"二字本义，更需要中观维度的其他概念符号的构建以及"侨""易"二字的持续阐发，如本书中对"交易"概念的探索。再譬如围绕侨易学核心"侨易二元"类型可继续分为三种基本类型：竞型、附型、战型"二元"，这几种重要的侨易二元类型实际上还有待补充。本案所对应展开的"作家""心理学家""资本家"与凯泽林的互动类型也不

---

① 参见叶隽：《思想形成的人文底蕴、社会场域与文化地理——若干个案的侨易学简析》，《比较文学与世界文学》，2014 年第 1 期，第 57—74 页。
② "中观"这一概念参见叶隽：《作为系统结构的侨易游戏——答范劲、杜心源君》，《上海文化》，2020 年第 6 期，第 114—119、127 页。

尽全然吻合，仅作为一种器物层面人际互动的初步阐释。此外，围绕
"侨"和"易"的多义阐释和融合，可继续对侨易组合相生的十六义进行
案例补充和概念完善，本案仅用到了"高易""交易"，但作为基本概念的
"移易""移交"限于篇幅和学力没有再深挖下去，如叶隽先生所示："高
易大致属于一个中端概念，因其下面还有高变、高常、高简、高交的子概
念，虽已经涉及彼此间的关系，但如何更好展现，还可琢磨；包括与其他
子概念的关联，如移易、仿易、桥易等。就文化交域来说，至少移易是不
应忽视的。"其次，中观维度还体现在理论自觉上：不论是从侨易学原理
论出发的"维护主体"的构建，还是从"反"侨易学理论角度出发的"批
判主体"的辩论，均属于在宏观的理论自觉意识层面进行的发覆，这既与
理论创立者——叶隽先生的自释有关，也应该与理论使用者的自觉有关，
即理论比较视域下的思考以及将侨易学作为思维方法在科研工作方法中的
实践。因此最后一点，也是非常重要的一点，是在"中观"的"理论哲
学"批评角度接入侨易学，如叶隽先生所言："侨易学确有一种整体性的
意图，但只是力图寻找到一种可以操作的方式来切入这个已被分科割裂得
过于破碎的世界。"[①] 而所谓"可以操作的方式"必然不会仅仅从侨易学已
有的概念去涵盖世界，而是以世界知识接入侨易学的"系统结构"，在这
个过程中，以一些兼具包容性、通约性的思维方法以及相关的理论阐释作
为中观切入方式可谓水到渠成，如"侨易空间""时-空-人结构"等就是以
"空间认识"这种基本的思维方法、"空间理论"这种具有世界学术讨论通
行性的共同符号为基础，在中观层面就案例分析、叙事模式和理论探索都
有所推进。比如，日语中的"受容"（Juyo-）、"变容"（Henyo-）是对跨
文化交流现象的一种描述，但因进入中国学术研究语言而具有了新的理论
概念生命，如何在中观的概念层面更好地"通约"已有概念，也是在目前

---

① 叶隽：《作为系统结构的侨易游戏——答范劲、杜心源君》，《上海文化》，2020
年第 6 期，第 114—119、127 页。

学科分离的情况下更好地扩展侨易学使用场景的必要思考。再推进一步，则以"中观"思维"超出'科学系统-人文系统'简单二元对立的思维，强调在一个更大的系统——即所谓的'道'，或'知识的融通'维度上思考问题，进而提出一种作为系统结构的侨易游戏命题"①。总之，不但要对侨易学的学域有所拓宽，也对侨易学切入世界的路径加以指向，回到侨易学方法的使用层面，则不止于围绕"侨易十六义"进行案例的补充，更不止于文本与"侨易二元"的互释。因此，无论是以作家主体、作家创作史、文本情节为对象的侨易现象，或是以"知识"为主体的知识侨易现象，分析各主体间的关系模式，均可成为"侨易学"的中观思维施法之所。

因此在探究侨易学方法论的过程中，以"学域"和"路径"为基本抓手，围绕更广阔的"文学世界""跨学科空间"和"侨易空间"，立定侨易学方法坚实的"中观"意义，应是未来侨易学研究的重点。而学域和路径，也依然是在空间意识指引下形成的方法论哲学思考，侨易学的学域涵盖较广，即侨易学的方法论有着极强的学科延展性和覆盖性，既可以在人文学科和科学范围内有效指引具体案例，也可以在社会科学中形成比较理论的视野，为学科史、学术史、思想史和器物史等提供互照的可能。

---

① 叶隽：《作为系统结构的侨易游戏——答范劲、杜心源君》，《上海文化》，2020年第6期，第114-119、127页。

主要参考文献

档案

Keyserling，Hermann Graf：Nachlass；Universitäts-und Landesbibliothek Darmstadt.

Archiv der Bayerischen Akademie der Wissenschaften，Bestand：Nachlass Richard Wilhelm.

西文文献

Biao Xiang. "Theory as vision"，Anthropological Theory，2016，16（2-3）.

Bronisch，Johannes. Der Mäzen der Aufklärung：Ernst Christoph von Manteuffel und das Netzwerk des Wolffianismus，Göttingen：Hubert Co.，2010.

Carl Schirren. Livländische Antwort an Herrn Juri Samarin，Leipzig：Verlag von Duncker und Humblot. 1869.

Cooper，George Edward，JR.. Count Hermann Keyserling and Cultural Decadence：A Response to A Myth，1900-1930，The University of Michigan，Ph. D.，1978.

Daweke，Klaus. Die Mission des Mäzens：Zur öffentlichen und privaten Förderung der Künste. Opladen：Leske und Budrich，1986.

Detlif Henning hrg. Menschen in Bewegung. Migration und Deportation aus dem Baltikum zwischen 1850 und 1950. Nordost-Archiv Zeitschrift für Regionalgeschichte，Neue Folge Band XIX，Lüneburg：Nordost-Institut Lüneburg，2010.

Dyserinck，Hugo. Graf Hermann Keyserling und Frankreich. Ein Kapital deutschfranzösischer Geistesbeziehungen im 20. Jahrhundert，Bonn：Bouvier，1970.

Eggers, Alexander, Hrsg.. Baltische Briefe aus zwei Jahrhunderten, Berlin: Deutsche Bibliothek, 1917.

Franz, Eckhart G. (Hrsg.). Erinnertes. Aufzeichnungen des letzten Großherzogs Ernst Ludwig von Hessen und bei Rhein, Darmstadt 1983.

Gahlings, Ute. Hermann Graf Keyserling Ein Lebensbild, Darmstadt: Justus von Liebig Verlag, 1996.

Gahlings, Ute und Klaus Jork (Hrsg.). Hermann Graf Keyserling und Asien, Beiträge zur Bedeutung Asiens für Keyserling und seine Zeit, Editon Vidya, 2000.

Goodchild, M. F.. The validity and usefulness of Laws in Geographic Information Science and Geography. Annals of the Association of American Geographers, 2004, 94.

Gusejnova, Dina. European Elites and Ideas of Empire, 1917-1957, Cambridge University Press, 2016.

Haskell, Francis, vgl. Maler und Auftraggeber. Kunst und Gesellschaft im italienischen Barock. Köln 1996.

Jonas, Hans. "The Nobility of Sight", Philosophy and Phenomenological Research, 1954, 14 (4).

Jung, C. G.. Letters of C. G. Jung: Volume I, 1906-1950, Routledge, 2015.

Kämpchen, Martin. "Rabindranath Tagore and Hermann Keyserling: A Difficult Friendship", Asiatic, Volume 5, Number 1, June, 2011, http://www.scotstagore.org/keyserling.

Keyserling, Hermann Graf. Das Reisetagebuch eines Philosophen, Bd. 2. Darmstadt: Otto Reichl Verlag, 1923.

Keyserling, Hermann Graf. "Vernunft-Wille-Seele", Heft 3 Innendekoration: mein Heim, mein Stolz.

Keyserling, Hermann Graf. "Das Wesen der Intuition und ihre Rolle in der Philosophie", Periodical issue, Logos, 1912, 3.

Keyserling, Hermann Graf. "Die kommende Aufgabe: das Ziel Europas in der Entwicklung", Heft 6 Innendekoration: Mein Heim, mein Stolz.

Keyserling, Hermann Graf. "Vom Pathos und vom Ethos: das Sachliche und das Persönliche", Heft 9 Innendekoration: mein Heim, mein Stolz.

Keyserling, Hermann Graf. Das Spektrum Europas, Heidelberg: Celle, 1928.

Keyserling, Hermann Graf. Der Weg zur Vollendung, Bücherschau: Richard Wilhelm, Darmstadt, 1925, Heft 10.

Keyserling, Hermann Graf. Reise durch Zeit, II. Abenteuer der Seele, VII. C. G. Jung-Psychoanalyse, Digitale Bibliothek von Schule der Weisheit und Hermann Graf Keyserling.

Keyserling, Hermann Graf. Reise durch Zeit, Innsbruck, 1948. II Abendteuer der Seele, IX, Victoria Ocampo-Südamerika. Digitale Bibliothek von Schule der Weisheit und Hermann Graf Keyserling.

Keyserling, Hermann Graf. Was uns not tut-was ich will, Darmstadt: Otto Reichl Verlag, 1919.

Keyserling, Hermann. Das Ehe-Buch, Eine neue Sinngebung im Zusammenklang der Stimmen Führender Zeitgenossen, Berlin, Niels Kampmann Verlag, 1925.

Keyserling. Weg zur Vollendung, Heft 27.

Khatkhate, Deena R.. "Intellectuals and the Indian Polity", Asian Survey, 1977, 17 (3).

Knodt, Manfred, Ernst Ludwig. Großherzog von Hessen und bei Rhein. Sein Leben und seine Zeit. Darmstadt 1997, 3. Aufl.

Kroll, Renate (Hg.). Victoria Ocampo — Mein Leben ist mein Werk, Aufbau Verlag, 2010.

Lachman, Gary. Jung the Mystic: The Esoteric Dimensions of Carl Jung's Life and Teaching, Penguin Publishing Group, 2012.

Lackner, Michael. "Richard Wilhelm, a 'sinicized' German translator". Alleton, Viviane and Michael Lackner (eds.). De l'un au multiple: Traduction du chinois vers les langues européennes. Paris: Éditions de la Maison des Sciences de l'Homme, 1999.

Lewin, Nicholas Adam. Jung on War, politics, and Nazi Germany: Exploring the

Theory of Archetypes, Karnac Books, 2009.

Mcclelland, Charles E. State, Society, and University in Germany 1700-1914. London: Cambridge University Press, 1998.

MERCIER, Paul. "La correspondance entre le comte de Keyserling et Georges Simenon 1936-1939", Traces : Simenon et la biographie : actes du 3ème colloque international qui s'est tenu à Liège les 22, 23 et 24 octobre 1992, 5, 1993.

Nipperdey, Thomas. Deutsche Geschichte, 1800-1866, München, C. H. Beck Verlag, 1983.

Noll, Richard. The Jung Cult: The Origins of a Charismatic Movement, Simon and Schuster, 1997.

Paulsen, Friedrich. Geschichte des gelehrten Unterrichts auf den deutschen Schulen und Universitäten vom Ausgang des Mittelalters bis zur Gegenwart: Mit besonderer Rücksicht auf den klassischen Unterricht. Leipzig: Veit, 1885. https://www.digitale-sammlungen.de/de/view/bsb11167875? page=8.

Robert T. Tally Jr.. Topophrenia: Place, Narrative, and the Spatial Imagination, Bloomington: Indiana University Press, 2019.

Rothblatt, Sheldon, Bjorn Wittrock. The European and American University Since 1800, Cambridge University Press, 1993.

Rothgeb, Carrie L.. Abstracts of the collected Works of C. G. Jung, Karnac Books, 1994.

Rüegg, Walter. Geschichte der Universität in Europa, Band 3, C. H. Beck, 1993.

Samarin, Juri. Juri Samarins Anklage gegen die Ostseeprovinzen Russlands. Übersetzung aus dem Russischen. Eingeleitet und kommentiert von Julius Eckardt. Leipzig: F. A. Brockhaus. 1869.

Schabbel, Otto. "Die Schule der Weisheit", Hamburger Nachrichten, 1920, 12, 01.

Stephenson, Gunther. Das Lebenswerk Graf Keyserlings aus heutiger Sicht, Zeitschrift für Religions-und Geistesgeschichte, Jan. 1, 1981: 33.

Tagore, Rabindranath. Selected Letters of Rabindranath Tagore, Cambridge University Press，1997.

Vierkandt，Alfred Keyserling，Graf Hermann. Was uns nottut-was ich will（Book Review）Kant-Studien. vol. 28，Berlin：W. de Gruyter，etc. 1923.

Vondran，Hugo. Kritik der Philosophie des Grafen Hermann Keyserling，Erlangen，1927.

Warnke，Martin，vgl. Hofkünstler. Zur Vorgeschichte des modernen Künstlers. Köln：DuMont，1985.

Widmaier，Rita hrg.. Leibniz Korrespondiert mit China. Der Briefwechsel mit den Jesuitenmissionaren（1689-1714）. Frankfurt：Vittorio Klostermann，1990.

Wilfried Schlau. "Eine Einführung in die Wanderungsgeschichte der baltischen Deutschen"，Sozialgeschichte der baltischen Deutschen，hrsg. V. dems. Köln，1997.

Wilhelm，Richard. "Die Eröffnung des China-Instituts zu Frankfurt am Main". Mitteilungen des China-Instituts. 1. 1926.

Wilhelm，Richard. Chinesische Lebensweisheit，Darmstadt：Otto Reichl Verlag，1922.

Wilhelm，Richard. Der Mensch und das Sein，Jena：Diederichs，1931.

Wilhelm，Richard. Lao Tse. Tao te king. Das Buch des Alten vom Sinn und Leben，Düsseldorf-Köln：Eugen Diedrichs Verlag，1957.

Wilhelm，Salome，Richard Wilhelm，Der Geistige Mittler zwischen China und Europa，Düsseldorf-Köln：Eugen Diederichs Verlag，1956.

Wippermann，Dorothea und Georg Ebertshäuser（Hrsg.）. Wege und Kreuzungen der China-Kunde an der J. W. Goethe-Universität. Frankfurt am Main：IKO Verlag，2004.

Woldemar von Bock. Der deutsch-russische Konflikt an der Ostsee. Zukünftiges，geschaut im Bilde der Vergangenheit und der Gegenwart. Leipzig：Verlag von Duncker und Humblot. 1869.

Young-Eisendrath，Polly，Terence Dawson. The Cambridge Companion to Jung，Cambridge University Press，2008.

中文译著

［德］艾克曼辑录：《歌德谈话录》，朱光潜译，北京：人民文学出版社，1978 年。

［德］迪特尔·拉夫：《德意志史——从古老帝国到第二共和国》，波恩：Inter Na-
tiones，1987 年。

［德］弗·鲍尔生著：《德国教育史》，滕大春、滕大生译，北京：人民教育出版
社，1986 年。

［德］海德格尔：《存在与时间》（修订译本），陈嘉映、王庆节译，北京：生活·
读书·新知三联书店，2014 年。

［德］海德格尔：《存在与时间》，陈嘉映、王庆节译，北京：生活·读书·新知三
联书店，1999 年。

［德］赫尔曼·黑塞：《德米安：埃米尔·辛克莱的彷徨少年时》，丁君君、谢莹莹
译，上海：上海人民出版社，2008 年。

［德］赫尔曼·凯泽林：《另眼看共和：一个德国哲学家的中国日志》，刘姝、秦俊
峰译，福州：福建教育出版社，2015 年。

［德］马克斯·韦伯：《非正当性的支配——城市的类型学》，康乐、简惠美译，广
西师范大学出版社，2005 年。

［德］马克思：《不列颠在印度统治的未来结果》，载中共中央马克思列宁恩格斯斯
大林著作编译局编：《马克思恩格斯选集·第二卷》，北京：人民文学出版社，1972 年。

［德］瓦尔特·本雅明：《单行道》，姜雪译，北京：北京师范大学出版社，
2019 年。

［德］韦伯：《韦伯作品集Ⅰ：学术与政治》，钱永祥等译，桂林：广西师范大学出
版社，2004 年。

［德］卫礼贤、［瑞士］荣格著：《金花的秘密：中国生命之书》，邓小松译，合肥：
黄山书社，2011 年。

［德］卫礼贤：《东方思想对西方复兴的意义》，载卫礼贤：《中国人的生活智慧》，
蒋锐译，济南：山东大学出版社，2010 年。

［德］沃尔夫冈·J. 蒙森：《马克斯·韦伯与德国政治：1890－1920》，闫克文译，
北京：中信出版社，2016 年。

［德］乌尔里希·贝克：《世界风险社会》，吴英姿译，南京：南京大学出版社，
2004 年。

［德］乌尔里希·贝克：《什么是全球化》，吴志成、常和芳译，上海：华东师范大学出版社，2008年。

［德］朱迪丝·莎兰斯基：《岛屿书》，晏文玲译，长沙：湖南文艺出版社，2013年。

［俄］阿格诺索夫：《俄罗斯侨民文学史》，刘文飞、陈方译，北京：人民文学出版社，2004年。

［俄］别尔嘉耶夫：《俄罗斯的命运》，汪剑钊译，北京：北京联合出版公司，2014年。

［法］安托瓦纳·贝尔曼：《异域的考验：德国浪漫主义时期的文化与翻译》，章文译，上海：上海三联书店，2021年。

［法］鲍德里亚：《生产之镜》，仰海峰译，北京：中央编译出版社，2005年。

［法］布鲁诺·拉图尔：《我们从未现代过：对称性人类学论集》，刘鹏、安涅思译，苏州：苏州大学出版社，2010年。

［法］丹纳：《艺术哲学》，傅雷译，桂林：广西师范大学出版社，2000年。

［法］笛卡尔：《第一哲学沉思录》，庞景仁译，北京：商务印书馆，1986年。

［法］弗朗兹·法农：《全世界受苦的人》，万冰译，南京：译林出版社，2005年。

［法］弗朗索瓦·马修：《黑塞传：以诗为生》，金霁雯、李琦、张苏婧译，上海：上海文艺出版社，2017年。

［法］高宣扬：《德国哲学通史·第一卷》，上海：同济大学出版社，2007年。

［法］加斯东·巴什拉：《空间的诗学》，张逸婧译，上海：上海译文出版社，2009年。

［法］加斯东·巴什拉：《空间的诗学》，张逸婧译，上海：上海译文出版社，2013年。

［法］米歇尔·福柯：《规训与惩罚：监狱的诞生》，刘北成、杨远婴译，北京：生活·读书·新知三联书店，2007年。

［法］米歇尔·福柯：《规训与惩罚》，刘北成、杨远婴译，北京：生活·读书·新知三联书店，1999年。

［法］米歇尔·福柯：《词与物——人文科学的考古学》，莫伟民译，上海：上海三

联书店，2016 年。

[法] 莫里斯·梅洛-庞蒂：《知觉现象学》，姜志辉译，北京：商务印书馆，2001 年。

[法] 皮埃尔·布尔迪厄：《世界的苦难：布尔迪厄的社会调查（上）》，张祖建译，北京：中国人民大学出版社，2017 年。

[法] 让·鲍德里亚：《物体系》，林志明译，上海：上海人民出版社，2018 年。

[法] 让·鲍德里亚：《消费社会》，刘成富等译，南京：南京大学出版社，2000 年。

[法] 雅克·拉康：《镜像阶段：精神分析经验中揭示的"我"的功能构型》，吴琼译，载吴琼编：《视觉文化的奇观——视觉文化总论》，北京：中国人民大学出版社，2005 年。

[美] E. M. 罗杰斯：《创新的扩散（第五版）》，唐兴通、郑常青、张延臣译，北京：电子工业出版社，2016 年。

[美] 布罗尼斯拉夫·马林诺夫斯基：《西太平洋上的航海者》，张云江译，中国社会科学出版社，2009 年。

[美] 程大锦：《建筑：形式、空间和秩序（第二版）》，刘丛红译，天津：天津大学出版社，2005 年。

[美] 戴维·斯沃茨：《文化与权力：布尔迪厄的社会学》，陶东风译，上海：上海译文出版社，2012 年。

[美] 戴维·斯沃茨：《文化与权力》，陶东风译，上海：上海译文出版社，2006 年。

[美] 段义孚：《空间与地方：经验的视角》，王志标译，北京：中国人民大学出版社，2017 年。

[美] 杰里·H·本特利：《跨文化互动与世界历史分期》，陈冠堃译，载夏继果、[美] 本特利编：《全球史读本》，北京：北京大学出版社，2010 年。

[美] 柯文：《走过两遍的路：我研究中国的旅程》，刘楠楠译，北京：社会科学文献出版社，2022 年。

[美] 纽曼：《发展心理学（第八版）·上册》，白学军译，西安：陕西师范大学出版社，2005 年。

［美］帕特里克·曼宁：《世界史导航：全球视角的构建》，田婧、毛佳鹏译，北京：商务印书馆，2016年。

［美］入江昭：《全球史与跨国史：过去，现在和未来》，邢成吉、滕凯炜译，杭州：浙江大学出版社。

［美］塞缪尔·亨廷顿：《文明的冲突与世界秩序的重建》，周琪等译，北京：新华出版社，2009年。

［美］苏贾·爱德华：《后现代性地理学——重申批判社会理论中的空间》，王文斌译，北京：商务印书馆，2004年。

［美］伊哈布·哈桑：《后现代转向》，刘象愚译，上海：上海人民出版社，2015年。

［日］本居宣长、大西克礼：《物哀》，王向远译，南京：江苏凤凰文艺出版社，2020年。

［瑞士］荣格：《现代人的精神问题》，载冯川译：《荣格文集》，北京：改革出版社，1997年。

［意］翁贝托·埃科：《玫瑰的名字》，沈萼梅、刘锡荣、王东亮译，上海：上海译文出版社，2020年。

［印］A.L.巴沙姆主编：《印度文化史》，闵光沛等译，北京：商务印书馆，1997年。

［印］D.P.辛加尔：《印度与世界文明·下卷》，庄万友等译，北京：商务印书馆，2015年。

［印］师觉月：《印度与中国——千年文化关系》，姜景奎等译，北京：北京大学出版社，2014年。

［英］安东尼·肯尼编：《牛津西方哲学史》，韩东晖译，北京：中国人民大学出版社，2014年。

［英］保罗·吉尔罗伊：《黑色大西洋：现代性与双重意识》，沈若然译，上海：上海书店出版社，2022年。

［英］彼得·伯克：《知识社会史（上卷）：从古登堡到狄德罗》，陈志宏等译，杭州：浙江大学出版社，2016年。

［英］彼得·伯克：《知识社会史（下卷）：从〈百科全书〉到维基百科》，汪一帆

译，杭州：浙江大学出版社，2016 年。

［英］布雷格曼：《以色列史》，杨军译，上海：东方出版中心，2009 年。

［英］大卫·布鲁尔：《知识和社会意象》，艾彦译，北京：东方出版社，2001 年。

［英］霍布斯鲍姆：《革命的年代：1789－1848》，王章辉译，北京：中信出版社，2014 年。

［英］罗伯特·霍奇、冈瑟·克雷斯：《社会符号学》，周劲松、张碧译，成都：四川教育出版社，2012 年。

［英］西蒙·沙玛：《风景与记忆》，胡淑陈、冯樨译，南京：译林出版社，2013 年。

［英］西蒙·温德尔：《日耳曼尼亚：古今德意志》，吴斯雅译，上海：上海社会科学院出版社，2018 年。

［英］以赛亚·伯林：《浪漫主义的根源》，吕梁译，南京：译林出版社，2008 年。

中文专著

包亚明主编：《现代性与空间的生产》，上海：上海教育出版社，2002 年。

陈寿灿：《方法论导论》，大连：东北财经大学出版社，2007 年。

陈中梅：《柏拉图诗学和艺术思想研究》，北京：商务印书馆，1999 年。

辞海编辑委员会编：《辞海》（缩印本），上海：上海辞书出版社，1980 年。

单中惠主编：《外国大学教育问题史》，济南：山东教育出版社，2006 年。

范劲：《卫礼贤之名：一个边际文化符码的考察》，上海：华东师范大学出版社，2011 年。

费孝通：《乡土中国》，北京：人民出版社，2008 年。

费孝通：《中国城乡发展的道路》，上海：上海人民出版社，2016 年。

高宣扬，《布迪厄的社会理论》，上海：同济大学出版社，2004 年。

何培忠主编：《当代国外中国学研究》，北京：商务印书馆，2006 年。

季羡林：《中印文化关系史论文集》，北京：生活·读书·新知三联书店，1982 年。

蒋永福：《东西方哲学大辞典》，南昌：江西人民出版社，2000 年。

李工真：《大学现代化之路》，北京：商务印书馆，2013 年。

李工真：《文化的流亡——纳粹时代欧洲知识难民研究》，北京：人民出版社，2010 年。

梁漱溟：《东西文化及其哲学》，北京：商务印书馆，1999年。

林纯洁：《德意志之鹰：纹章中的德国史》，杭州：浙江大学出版社，2016年。

林语堂：《中国印度之智慧（下册）：中国的智慧》，南京：江苏人民出版社，2014年。

林志宏：《民国乃敌国也：政治文化转型下的清遗民》，桃园：联经出版事业公司，2009年。

刘萃侠主编：《社会心理学》，北京：中国政法大学出版社，2016年。

陆大鹏：《德意志贵族：一个群体的生活、历史与命运》，上海：上海人民出版社，2022年。

吕红周：《符号·语言·人——语言符号学引论》，天津：南开大学出版社，2016年。

马小彦主编：《欧洲哲学史辞典》，郑州：河南大学出版社，1986年。

申荷永、高岚：《荣格与中国文化》，北京：首都师范大学出版社，2018年。

孙尚扬：《利玛窦与徐光启》，北京：中国国际广播出版社，2009年。

王笛：《茶馆：成都的公共生活和微观世界》，北京：社会科学文献出版社，2010年。

王飞：《跨文化视野下的教学论与课程论》，济南：山东人民出版社，2014年。

王铭玉：《语言符号学》，北京：高等教育出版社，2004年。

温馨：《文明碰撞与范式转变：19世纪来华德国人与中国》，北京：社会科学文献出版社，2018年。

吴琼编：《视觉文化的奇观——视觉文化总论》，北京：中国人民大学出版社，2005年。

吴锡源：《韩国儒学的义理思想》，上海：复旦大学出版社，2014年。

武斌：《孔子西游记：中国智慧在西方》，广州：广东人民出版社，2021年。

邢来顺：《德国贵族文化史》，北京：人民文化出版社，2006年。

徐若楠：《中西经典的会通：卫礼贤翻译思想研究》，上海：上海译文出版社，2018年。

徐昭恒、王琪：《走进世界名校：德国》，上海：上海交通大学出版社，2014年。

叶隽：《变创与渐常：侨易学的观念》，北京：北京大学出版社，2013年。

叶隽：《德国学理论初探——以中国现代学术建构为框架》，上海：上海外语教育出版社，2012 年。

叶隽：《德语文学研究与现代中国》，北京：北京大学出版社，2008 年。

叶隽：《构序与取象：侨易学的方法》，杭州：浙江教育出版社，2021 年。

叶隽：《汉学家的中国碎影》，福州：福建教育出版社，2020 年。

叶隽：《文学·比较·侨易》，上海：复旦大学出版社，2014 年。

叶隽：《主体的迁变——从德国传教士到留德学人群》，上海：上海外语教育出版社，2008 年。

元青等：《留学生与中国文化的海外传播：以 20 世纪上半期为中心的考察》，天津：南开大学出版社，2014 年。

张国刚、吴莉苇：《中西文化关系史》，北京：高等教育出版社，2006 年。

张朋园：《中国民主政治的困境》，桃园：联经出版事业公司，2007 年。

张伟、严洁琼：《张园——清末民初上海的社会沙龙》，上海：同济大学出版社，2013 年。

张西平：《传教士汉学研究》，郑州：大象出版社，2005 年。

郑永年：《郑永年论中国：中国的知识重建》，北京：东方出版社，2018 年。

钟鸣旦、杜鼎克主编：《耶稣会罗马档案馆明清天主教文献（第 12 册）》，台北，利氏学社，2002 年。

钟叔河等编：《走向世界丛书：欧游随笔　使德日记》，长沙：岳麓书社，2016 年。

周宁：《跨文化研究：以中国形象为方法》，北京：商务印书馆，2011 年。

周文莲：《镜像、语言和无意识：从马克思到拉康》，北京：人民出版社，2019 年。

周云龙：《别处的世界：早期近代欧洲旅行书写与亚洲形象》，北京：商务印书馆，2021 年。

朱光潜：《西方美学史（下册）》，南京：江苏人民出版社，2015 年。

中文论文及报刊文章

〔东汉〕班固：《白虎通·封禅篇》，载〔清〕金棨辑；陶莉，赵鹏点校《泰山志·上》，济南：山东人民出版社，2019 年，第 344 页。

陈从阳：《视线所窥永是东方：德意志帝国晚期和魏玛共和国时期的中国文化热》，《西华师范大学学报（哲学社会科学版）》，2011 年第 6 期，第 55—60 页。

陈中梅：《"投竿也未迟"——论秘索思》，《外国文学评论》，1998年第2期，第5—14页。

程锡麟：《互文性理论概述》，《外国文学》，1996年第1期，第72—78页。

董琳璐：《侨易路线：青年凯泽林的异文化漫游与哲学志向的形成》，《江苏师范大学学报（哲学社会科学版）》，2016年第4期，第71—77、124页。

董琳璐：《卫礼贤的"道"与凯泽林的"感性哲学观"——中德文化关键词转化中的知识侨易》，《汉学研究》总第三十集，第78—93页。

范劲：《文学史中的符号流向和"易"的框架——一种解决历史书写悖论的尝试》，《文艺研究》，2009年第3期，第13—22页。

范育成：《赫尔曼凯瑟林之世界旅游体验及其文化比较》，《高雄师范大学学报》，2007年第22期，第113—131页。

方维规：《两个人和两本书——荣格、卫礼贤与两部中国典籍》，《清华大学学报（哲学社会科学版）》，2015年第2期，第116—129、189—190页。

方维规：《中国灵魂：一个神秘化过程》，载［德］马汉茂等主编：《德国汉学：历史、发展、人物与视角》，郑州：大象出版社，2005年，第74—94页。

［法］格扎维埃·德·梅斯特：《宅游记》，《世界文学》，2022年第1期，第290—347页。

胡继华：《文化涵濡与中国现代诗学创制》，《文艺争鸣》，2013年第7期，第15页。

胡素萍：《李佳白与尚贤堂——清末民初在华传教士活动个案研究》，《史学月刊》，2005年第9期，第60页。

李新德：《耶稣会士对〈四书〉的翻译与阐释》，《孔子研究》，2011年第1期，第99—100页。

［美］理查德·史密斯：《全球视角中的〈易经〉：几点思考》，侯一菲译，《国际汉学》，2020年增刊，第129—140页。

梁秋：《别尔嘉耶夫宗教哲学的现代性批判维度》，黑龙江大学博士论文，2012年。

刘元成、孙家政译：《卫礼贤德译本〈易经〉序言和引言》，《国际汉学》，2016年第3期，第126—133页。

[德] 罗丹美（Dr. Dagmar Lorenz）：《卫礼贤和他向往的地方——中国》（Richard Wil-helmundsein Sehnsuchtsland China），中文版 https://www.goethe.de/ins/cn/zh/kul/mag/20658065.html，德文版 https://www.goethe.de/ins/cn/de/kul/mag/20658065.html，查询日期：2021年1月25日。

[美] 罗伯特·塔利：《文学空间研究：起源、发展和前景》，方英译，《复旦学报》，2020年第6期。

谭渊：《歌德的"中国之旅"与"世界文学"之创生》，载叶隽主编：《侨易》第一辑，北京：社会科学文献出版社，2014年。

王立新：《殖民主义、民族主义和知识分子：印度现代化模式的历史起源》，《江西科技师范学院学报》，2010年第5期，第37页。

王涛：《从〈妇女乐园〉看资本语境下百货商店的产生》，《江苏师范大学学报（哲学社会科学版）》，2014年第5期，第12—19页。

[加] 夏瑞春：《欧洲化中国：过去和未来》，潘琳译，《中国文化研究》，2004年秋卷，第60—61页。

徐若楠、王建斌：《以经释经，以典释典——卫礼贤〈道德经〉翻译研究》，《西安外国语大学学报》，2016年第2期，第122—125页。

叶隽：《"典籍旅行"与"知识侨易"——〈永乐大典〉迁移史表现出的中德学者交谊及其学术兴趣》，载叶隽：《汉学家的中国碎影》，福州：福建教育出版社，2020年，第1—34页。

叶隽：《"歌德再释"与"诗哲重生"——在学术史与知识史视域中重审歌德》，《社会科学论坛》，2022年第6期，第5—13页。

叶隽：《"寂寞之原则"与"纯粹之知识"》，《社会科学报》，2022年4月14日，第8版。

叶隽：《"理论旅行"抑或"观念侨易"——以萨义德与卢卡奇为中心的讨论》，载叶隽主编：《侨易》第一辑，北京：社会科学文献出版社，2014年。

叶隽：《"中德二元"与"易道源一"——卫礼贤和劳乃宣交谊与合作之中国文化背景》，载《世界汉学》第12卷。

叶隽：《从"普通知识"到"高深知识"的范式转型及其制度依托——以严复、辜鸿铭、王国维、陈寅恪的侨易背景与代际评价为中心》，《中山大学学报（社会科学版）》，2022 年第 6 期，第 112 页。

叶隽：《德国汉学传统的三元建构及其意义：以孔好古、福兰阁、卫礼贤等第一代学者为中心》，载叶隽：《文学·比较·侨易》，上海：复旦大学出版社，2014 年，第 174—179 页。

叶隽：《德国文学里的侨易现象及侨易空间的形成》，《同济大学学报（社会科学版）》，2016 年第 2 期，第 2—9 页。

叶隽：《帝国的消解与现代的兴起——以安治泰与卫礼贤比较为中心》，《德国研究》，2008 年第 4 期，第 66—74、80 页。

叶隽：《匡超人的"精神三变"——一个文学意象的侨易学阐释》，《中国文化研究》，2020 年第 2 期，第 40—48 页。

叶隽：《侨像、冲突与二元三维——〈南方与北方〉所反映的资本语境与文化交域》，载《英美文学研究论丛》第 35 辑，上海：上海外语教育出版社，2021 年。

叶隽：《侨易视域里的精英个体及其文明体"载像"——以卡内蒂与卡夫卡所表现的"犹太之奥"与"犹太之华"为例》，《国际比较文学（中英文）》，2020 年 3 月第 1 期，第 31—51 页。

叶隽：《身无彩凤双飞翼？——卫礼贤的"中国情"与"德国心"》，《中华读书报》，2013 年 9 月 25 日，第 19 版。

叶隽：《思想形成的人文底蕴、社会场域与文化地理——若干个案的侨易学简析》，《比较文学与世界文学》，2014 年第 1 期，第 57—74 页。

叶隽：《译文质变的侨易节点与"翻译心灵"的呈现——以陈望道、成仿吾等的〈共产党宣言〉汉译为中心》，载复旦大学历史学系，中国近现代新闻出版博物馆编：《"近现代马列主义文献汉译出版"学术研讨会论文集》，2021 年，第 3—35 页。

叶隽：《作为系统结构的侨易游戏——答范劲、杜心源君》，《上海文化》，2020 年第 6 期，第 114—119、127 页。

叶隽：《作为中国现代大学德文系师资的汉学家——以卫礼贤、艾锷风、傅吾康等为中心（下）》，《中华读书报》，2016 年 1 月 20 日，第 19 版。

叶隽：《中国现代学术场域之型构及其侨易格局——以 20 世纪前期的南北学术与

留美学人为线索》，《清华大学学报（哲学社会科学版）》，2022 年第 2 期，第 153—165、216 页。

余中先：《世界文学五十年》，《世界文学》，2003 年第 4 期，第 1 页。

张雪：《19 世纪德国现代大学及其与社会、国家关系研究》，华中师范大学博士论文，2012 年。

赵松：《西默农，神一样的存在》，《深圳晚报》，2016 年 7 月 3 日，第 A11 版。

朱晓映：《"门罗景观"中的后女性主义微观政治》，《文艺报》，2020 年 2 月 10 日，第 005 版。

邹振环：《近代"百科全书"译名的形成、变异与文化理解》，载叶隽主编：《侨易》第一辑，北京：社会科学文献出版社，2014 年。

网络资源

http://frobenius-institut. de/publikationen/paideuma，查询日期：2017 年 1 月 5 日。

http://schuledesrades. org/palme/schule/gefuege/，查询日期：2022 年 11 月 20 日。

http://userwikis. fu-berlin. de/display/sozkultanthro/Paideuma，查询日期：2022 年 11 月 20 日。

http://www. haodoo. net/?M＝book&P＝14L7，作品中译列表：http://hao-doo. net/?M＝hd&P＝mystery，查询日期：2016 年 12 月 5 日。

http://www. schmitt-rousselle. de/maison/erwinRousselle. html，查询日期：2017 年 1 月 10 日。

http://www. simenon-gesellschaft. de/，查询日期：2016 年 12 月 5 日。

http://www. spiegel. de/spiegel/print/d-45763673. html，查询日期：2016 年 12 月 5 日。

http://schuledesrades. org/palme/schule/erbe/? Q＝4/7/38/188&QI＝7390，查询日期：2016 年 12 月 5 日。

http://xh. 5156edu. com/html5/83515. html，查询日期：2016 年 1 月 18 日。

https://de. wikipedia. org/wiki/Peterspfennig Papst Benedikts XVI. bei der Audienz für den Circolo San Pietro am 25. Februar 2006，查询日期：2022 年 11 月 20 日。

https：//de. wikipedia. org/wiki/Reichsmark，查询日期：2022 年 11 月 20 日。

https：//de. wikipedia. org/wiki/St%C3%A4ndeordnung，查询日期：2016 年 12 月 5 日。

https：//de. wiktionary. org/wiki/Entzauberung，查询日期：2022 年 11 月 20 日。

https：//de. wiktionary. org/wiki/Weisheit，查询日期：2016 年 12 月 1 日。

https：//schuledesrades. org/palme/schule/reisetagebuch/？Q＝4/7/66/110，查询日期：2022 年 11 月 20 日。

https：//schuledesrades. org/palme/schule/reisetagebuch/？Q＝4/7/66/147，查询日期：2022 年 11 月 20 日。

https：//schuledesrades. org/palme/schule/reisetagebuch/？Q＝4/7/66/120，查询日期：2022 年 11 月 20 日。

https：//utlib. ut. ee/eeva/index. php？lang＝de&do＝tekst _ detail&eid＝23790&fit＝true&full＝true&lens＝true&loupe＝130&off＝1&rotation＝0&thumb＝false&tid＝441&zoom＝100，查询日期：2022 年 9 月 8 日。

https：//webcache. googleusercontent. com/search？q ＝ cache：KNySagz9-FiwJ：https：//de. wikipedia. org/wiki/Georges _ Simenon＋&cd＝2&hl＝zh-CN&ct＝clnk&gl＝de，查询日期：2016 年 12 月 5 日。

https：//www. britannica. com/topic/nonfictional-prose/Dialogues，查询日期：2022 年 11 月 20 日。

https：//www. dhm. de/lemo/biografie/ludwig-ernst，查询日期：2022 年 11 月 20 日。

https：//www. mathildenhoehe-darmstadt. de/mathildenhoehe/personen/alexander-koch-18/show/，查询日期：2022 年 11 月 20 日。

https：//www. regionalgeschichte. net/bibliothek/biographien/ernst-ludwig-grossherzog-von-hessen-und-bei-rhein. html，查询日期：2022 年 11 月 20 日。

https：//www. theparisreview. org/interviews/5020/georges-simenon-the-art-of-fiction-no-9-georges-simenon，查询日期：2016 年 12 月 5 日。

中文关键词索引

西文-中文名词对照表索引

后　记

　　材料的充分程度往往和结论的正确性有着强烈的相关性，也与作者和读者的信任关系密不可分。这里我要坦诚布公地说，我对材料的理解程度还很浅显，虽然材料的搜集工作耗费了不小的功夫，但是其价值还远远没有得到充分的挖掘。这也是本书尚未能画上句点的原因，也由衷希望收获批评、反馈和讨论。凯泽林成为我的论文研究对象是我的幸运，这份幸运得赐于我的导师——叶隽师，他将自己浩瀚的问题体系中一个充满生机的枝杈分享给我，我也希望这个枝杈能够继续生长，长成脉络清晰、结构完整、生命力旺盛的"问题树"。

　　本书的主题内容是人的旅行和知识生产，为了更直观地展示两者之间的关系，我选取了赫尔曼·凯泽林这个人物以及他的世界旅行、感性哲学观作为具体研究对象，侨易学的方法和思维方式提供了最主要的研究视角。当我主观上对某一学科的某种方法或概念产生亲近时，也会试着将那一种视角移植或者嫁接过来，比如国际关系或者经济学研究中的理论和方法。如果全书的理论脉络在枝叶末节上显得"不协调"，那可能是作者作为持刀人"手术"失败的缘故，而非器官或受体不健康。理论、研究对象之间的结合是否和谐确实有赖于作者能否精密使用这种理论对研究对象进行切割、剖析、缝合，但也与研究者对研究对象的同情理解密不可分，这也是研究成果是否具有"生气"的前提，也因此，我特别希望展示出一个活生生的、有感情的人的形象，他被观察到的性格弱点、自制与挣扎并非研究的副产品，而是唤醒研究者、阅读者的好奇心，不断挖掘前行的动力。无疑，社会精英、思想个体始终是历史研究和文学研究的主角，但这并非推动历史和社会发展的唯一原因或创造主体。以凯泽林为例，一个个节点分明、脉络清晰的社交网络、公共空间、知识流转通道作为隐形发动机不断生产着（某些东西）、移动着（某些东西）、改变着（某些东西）。哲学家和文学家在其中（作为受体）被生产、被移动、被改变。

而经由书、文本为媒介构成的阅读，不仅是作者接受着读者的检视，读者也透过字里行间被作者观察着，甚至改变着。所以，本书的实际生产者有很多：一长串以姓氏排序的作者们、一小群对凯泽林和侨易学有兴趣的读者们。以"生产"来概念化我们的阅读和创作行为似乎是将人最宝贵的思维活动简单化了，但也不妨在实际的劳动生产中带入我们的思考和阅读，获得与提高生产率无关的快乐。

最后要感谢家人一直以来对我漫长学业的支持，感谢上海外国语大学德语系领导和同事的关怀鼓励，让我在工作中不断获得动力，完成这项"马拉松"。

董琳璐

2023 年元月于崇明